Ralf Hinz

Cultural Studies und Pop

Ralf Hinz

Cultural Studies und Pop

*Zur Kritik der Urteilskraft
wissenschaftlicher und journalistischer
Rede über populäre Kultur*

Westdeutscher Verlag

Die Deutsche Bibliothek – CIP-Einheitsaufnahme

Hinz, Ralf:
Cultural studies und Pop : zur Kritik der Urteilskraft
wissenschaftlicher und journalistischer Rede über populäre Kultur /
Ralf Hinz. – Opladen : Westdt. Verl., 1998
  ISBN 978-3-531-13199-3   ISBN 978-3-663-07754-1 (eBook)
  DOI 10.1007/978-3-663-07754-1

Alle Rechte vorbehalten
© Westdeutscher Verlag GmbH, Opladen/Wiesbaden, 1998

Der Westdeutsche Verlag ist ein Unternehmen der Bertelsmann Fachinformation GmbH.

Das Werk einschließlich aller seiner Teile ist urheberrechtlich geschützt. Jede Verwertung außerhalb der engen Grenzen des Urheberrechtsgesetzes ist ohne Zustimmung des Verlags unzulässig und strafbar. Das gilt insbesondere für Vervielfältigungen, Übersetzungen, Mikroverfilmungen und die Einspeicherung und Verarbeitung in elektronischen Systemen.

http://www.westdeutschervlg.de

Höchste inhaltliche und technische Qualität unserer Produkte ist unser Ziel. Bei der Produktion und Verbreitung unserer Bücher wollen wir die Umwelt schonen: Dieses Buch ist auf säurefreiem und chlorfrei gebleichtem Papier gedruckt. Die Einschweißfolie besteht aus Polyäthylen und damit aus organischen Grundstoffen, die weder bei der Herstellung noch bei der Verbrennung Schadstoffe freisetzen.

Umschlaggestaltung: Christine Huth, Wiesbaden

ISBN 978-3-531-13199-3

Inhalt

Vorwort 7

1 Einleitung 11

2 Soziale und ökonomische Bedingungen der Popkultur 17
   2.1   Politische Ökonomie im intellektuellen Diskurs
        seit der Studentenbewegung 17
   2.2   Produktion, Distribution und Konsumtion
        der Ware Popmusik 21
   2.3   Marx' Kritik der politischen Ökonomie
        und Bourdieus radikale Bildungs- und Kultursoziologie 39
   2.4   Fazit 47

3 Kritik der Jugendsoziologie 49
   3.1   Einleitung 49
   3.2   Jugend- und Subkulturen im Lichte der Jugend-
        soziologie 50
   3.3   Neuere Versuche einer Differenzierung
        jugendkultureller Milieus 58
   3.4   Funktionen und Defizite jugendsoziologischer
        Forschung 63

4 Cultural Studies 65
   4.1   Intellektuelle und populäre Kultur 65
   4.2   Zur akademischen Institutionalisierung der
        Cultural Studies 70
   4.3   Theoriehistorische Referenzen der Cultural Studies 77
   4.4   Subversion durch Stil 89
   4.5   Rock- und Pop-Sensibilität 93
   4.6   Zur affektiven Ökonomie der Popmusik 103
   4.7   Pornographie als populäre Kultur 108
   4.8   'Empowerment' 114
   4.9   Popmusik in ästhetischer und geschmacks-
        soziologischer Sicht 118
   4.10 Hardcore: materialistische und semiotische Analyse
        einer Subkultur 125
   4.11 Zum affirmativen Charakter der Cultural Studies 131
   4.12 Cultural Studies und avancierter Musikjournalismus 136
   4.13 Fazit 142

5	**Fanzines**	143
	5.1 Zum Stellenwert von Fanzines und zur Begründung der Textauswahl	143
	5.2 Zur Entstehung und Machart von Fanzines im Punk	145
	5.3 Zur Abgrenzung zwischen Fanzines und Musikzeitschriften	148
	5.4 Versuch einer Typologie der neueren Fanzine-Produktion	152

6	**Sounds**	156
	6.1 Zur Form Plattenkritik	156
	6.2 Pop-Diskurs und Feuilleton: Unterschiede, Ähnlichkeiten	159
	6.3 Sounds: Entstehung, Entwicklung	167
	6.4 Traditionelle Schreibweisen: 1976 bis 1978	172
	6.5 Erste Annäherungen an Punk und New Wave: 1977 bis 1979	186
	6.6 Loslösung vom Rock-Journalismus: 1979 bis 1982	190
	6.7 Diedrich Diederichsen: Pop-Theorie	197
	6.8 Kid P.: Pop-Leben	210

7	**Spex**	219
	7.1 Entstehung, Ziele, materielle Grundlagen	219
	7.2 Stationen der Entwicklung	221
	7.3 Schreibweisen und Haltungen	222
	7.4 Musik nach Pop: 1983 bis 1985	224
	7.5 Erkundung neuer Richtungen: 1986 bis 1990	225
	7.6 Streben nach Verbindlichkeit unter Bedingungen stilistischer Vielfalt: 1990 bis 1995	230
	7.7 Anmerkungen zum neuesten Pop-Diskurs in Spex	235
	7.8 Clara Drechsler: Pop als Idiosynkrasie	236
	7.9 Thomas Hecken: Pop, Sachlichkeit, exzentrische Subjektivität	246
	7.10 Harald Hellmann: Pop jenseits der Normalität	254
	7.11 Diedrich Diederichsen: Pop-Theorie als Politik	259
	7.12 Schluß	268

Literaturverzeichnis ... 270
Namenregister ... 291

Vorwort

Argumentationen, Meinungen und Geschmacksentscheidungen, die in der akademischen und journalistischen Befassung mit populärer Kultur, vor allem Musik, wirksam werden, lassen sich, wie in aller kultur- und geisteswissenschaftlichen Beschäftigung mit Meinung und Wertung, nicht unabhängig von intuitiven, körperlich spürbaren Identifikationen und Abneigungen ihres jeweiligen Beobachters beschreiben und einschätzen. Auch wenn sich in der wissenschaftlichen Auseinandersetzung aus guten Gründen verschiedene Praktiken eingespielt haben, die intersubjektive Nachvollziehbarkeit sichern sollen, sind Spannungen oder gar Brüche zwischen Parteinahme und dem kühlen, objektivierenden Duktus der vorgetragenen Überlegungen, die sich wahlweise den kritischen Einwand mangelnden Einfühlungsvermögens oder fehlender wissenschaftlicher Distanz zum Gegenstand einhandeln, kaum zu vermeiden. Offensichtlicher noch als in der Auseinandersetzung mit jenen Diskursen, die ihrerseits zu objektivierbaren Einsichten über ökonomische, politische und soziologische Sachverhalte zu gelangen versuchen, die sich den sozio-kulturellen Bedingungen unterschiedlicher Geschmäcker, ihrer hoch- und popkulturellen Vorlieben annehmen, ist die nachfolgende Analyse der Schreibweisen von Plattenkritiken kaum von meinen Bewertungen der dort vorgenommenen Einschätzungen abzulösen. Das setzt bereits bei der Auswahl der analysierten Texte hinsichtlich ihrer ideologischen und rhetorisch-literarischen Qualitäten an, die darauf abzielt, bislang unterschätzte ästhetische, politische Gesichtspunkte des Schreibens in Zeitschriften und Fanzines die ihnen gebührende Aufmerksamkeit zukommen zu lassen. Sind Entscheidungen über die Stimmigkeit von Bewertungen, über die Bedeutsamkeit bestimmter Schreibstile und Meinungen untrennbar an die Kontingenzen meines intellektuellen und geschmacklichen Werdegangs gebunden, erscheint es sinnvoll, den folgenden Ausführungen einige knappe autobiographische Bemerkungen zur Entstehung der vorliegenden Arbeit, einige stichwortartige Angaben zu meinen musikalischen Vorlieben und Interessen voran zu schicken.

Ausgangspunkt war zunächst einmal natürlich mein starkes, weit zurückreichendes Interesse an Popmusik in ihren vielfältigen Spielarten, Stilen und Idiomen; Musik war und ist für mich kein abstraktes Hobby, sondern das elementare Vergnügen an bestimmten Platten, die Aufnahme und Umwandlung jener Energien, die von der Musik in alltägliche Situationen hineinstrahlen. Um zu wissen, welche Musik, welche Platten diesen Zwecken am ehesten entgegenkommen, sind Informationen über die jeweils aktuellen Bands, Neuerscheinungen und sonstigen Ereignisse in der Pop-Welt nötig. Schon früh habe ich daher alle mir in Bibliotheken und Zeitschriftenläden zugänglichen Zeitschriften und Bücher über Popmusik aufgesogen. Noch unsicher in der eigenen Geschmacksbildung, unvertraut mit wichtigen Unterschieden in der pop-journalistischen Rede über Musik, zudem standen nur knappe Geldmittel zur Verfügung, habe ich mir am Anfang meist nur die Platten gekauft, auf die sich Kritiker ganz unterschiedlicher Ausrichtung einigen konnten. Mit der Ausnahme von Punk allerdings, der mich trotz der Polemik vieler Musikkritiker („drei Akkorde") und der meisten meiner Mitschüler („die können doch überhaupt nicht Gitarre spielen") begeisterte. Bis Punk waren Progressive-Rock in Radiothek-Sendungen und Mal Sandocks Hitparade mit 70er Teenie-Pop im WDR-Hörfunk mein musikalischer Kosmos. Punk waren für mich dann die Sex Pistols, die Stranglers und die Disco in der Pappschachtel in Gelsenkirchen, wo ich zu einer kleinen Gruppe von Jungs gehörte, die zu „Pretty Vacant" und „Holidays In The Sun" pogten. Aufkeimendes Theorieinteresse, fehlender Kontakt zu musikalisch Gleichgesinnten und vor allem die üblichen pubertären Wirrungen führten in den folgenden Jahren dazu, daß sich konsistente Vorlieben nicht ausbildeten, mir statt dessen unvermittelt und gleichzeitig die damaligen New Wave-Acts und eklig-sentimentaler Mainstream gefielen. Mit Josef K. und den Associates, die John Peel in seiner BFBS-Sendung um 1980 spielte, kamen wieder bessere Zeiten. An der Uni hielt ich begeisterten Jazz-Fans Hektor Rottweiler vor, Adornos Pseudonym in seiner Abrechnung mit dem Jazz, und der 60er Hippie-Seligkeit setzte ich Punk entgegen. In den ersten Uni-Jahren standen jedoch zunächst Theorieinteressen an Adorno, Habermas, Bourdieu, Poststrukturalismus und Systemtheorie im Vordergrund; die faszinierte Aneignung dieser Vokabulare wurde dann allmählich von ganz anderen Vorlieben, an der Musik von u.a. Cabaret Voltaire, ABC, Soft Cell, Scritti Politti, Joy Division, New Order und Prefab Sprout, an der Art, wie z.B. in *Spex* darüber geschrieben wird, überlagert, und die Diskussionen in der Cafeteria drehten sich immer mehr um Popmusik. Ich startete mühsame Versuche, meine theorieinteressierten Freunde, deren kultureller Horizont Programmkino und Schauspielhaus war, davon zu überzeugen, daß Popmusik ein relevanter ästhetisch-politischer Gegenstand sei und nicht als Privatvergnügen abgetan werden könne, dem man sich im Bewußtsein seiner kulturellen und intellektuellen Minderwertigkeit allenfalls verschämt und mit schlechtem Gewissen hingibt. Mit HipHop ab Ende 1985 intensivierte sich noch einmal mein Interesse an Popmusik und dem Diskurs, der in den verschiedenen Medien darüber geführt wird. Ich kaufte mir sofort alle Maxis und LPs von Schoolly D. Mittlerweile ist meine langjährige Begeisterung für HipHop allerdings etwas gedämpft. Seit 88 hören Thomas Hecken und ich uns bei Treffen ein breites musikalisches Spektrum von Hardcore bis House an. Mit Acid und Folgen konnte ich zunächst nicht allzuviel anfangen. Erst 1989 kam ich mit 808 State richtig auf den Geschmack.

Die ursprüngliche Idee meiner Arbeit, deren erste Umrisse sich Mitte 1990 abzeichneten, war noch sehr theorielastig. Wahnwitzig und höchst eklektizistisch wollte ich Foucault, Bourdieu, Althusser und Luhmann zusammenzwingen, um Schreibweisen in Musikzeitschriften und Fanzines gleichzeitig als Diskurs, als

Bemühung um Distinktion, als anti-hegemoniale Praxis und als sekundäre Entdifferenzierung zu begreifen. Auch meine methodische Vorgehensweise konzipierte ich anfangs recht wild: Textanalysen von Plattenkritiken, Essays und sonstiger Artikel in Musikzeitschriften und Fanzines sollten mit Interviews mit Mitarbeitern und Redakteuren von Musikzeitschriften und Fanzines, mit Vertretern der Plattenindustrie etc. kombiniert werden. Mittlerweile habe ich große Zweifel an überzogenen Theoriehoffnungen, am Erklärungswert soziologischer Methoden in Anbetracht eines hochgradig literarisch-ästhetisch geprägten Gegenstandes wie Plattenkritiken. Die Lektüre zentraler Texte des Pragmatismus und des Neopragmatismus hat mich darin bestärkt, möglichst ohne umständliche Theoriereferate in eine Auseinandersetzung mit den inhaltlichen und formalen Merkmalen meines Gegenstandes einzutreten. Die gleichwohl nötige objektivierende Distanz zu Thesen, Meinungen und Schreibweisen, die in der wissenschaftlichen und journalistisch-essayistischen Rede über den generellen Stellenwert und spezifische Produkte populärer Kultur zirkulieren, versuche ich durch Anknüpfung an die Kritik der politischen Ökonomie und die der gesellschaftlichen Urteilskraft, wie sie vor allem Friedrich Engels, Karl Marx und Pierre Bourdieu vorangetrieben haben, herzustellen. Daraus resultiert eine politische Sichtweise, die sich mit dem liberalen und humanistischen Ethos des Pragmatismus nicht begnügt.

Mein Unternehmen hat bei Leserinnen, die mit den hier verhandelten Gegenständen, Popmusik und ihre avancierte journalistische Begleitung, vertraut sind, mit dem folgenden bedenkenswerten Einwand zu rechnen: Es werde vom sicheren Ort akademischer Betrachtung, mit autoritativem Gestus Kritik der Kritik geübt. Das sei eine Anmaßung gegenüber den Autorinnen, die mit ihrem Schreiben in einer spezifischen Situation wenig weltbewegende Zwecke verfolgt haben. Dem Vorwurf akademischer Arroganz und Abstraktion ist entgegenzuhalten, daß der Zweck von Bemühungen wissenschaftlicher Provenienz darin besteht, eingespielte, alltagspraktisch bewährte Betrachtungsweisen und Bewertungsstandards in eine verfremdende Perspektive zu bringen. Darüber hinaus kann meine Arbeit vielleicht auf die eine oder andere Musik neugierig machen oder gar das Interesse an Plattenkritiken und anderen Textsorten in Zeitschriften und Fanzines wecken. Kurzum möchte ich nicht auf Kritik der Kritik verzichten, was mir bei meiner Arbeit naturgemäß auch nicht gelänge. Der letztlich ausschlaggebende Grund dafür ist jedoch, daß ich ästhetisch gelungene, pragmatisch brauchbare Schreibweisen über Popmusik als aufregende, intelligente Form der Artikulation von Meinungen plausibel und attraktiv zu machen versuche. Musik und mit ihr assoziierte Horizonte werden dort emphatisch verhandelt, über Meinungen und Einschätzungen heftig gestritten; plaudernd oder in expressiver Dringlichkeit entfaltet man dort eine individualistisch-verschrobene und ironisch-witzige Sicht auf Musik und Welt. Dagegen nimmt sich die übliche Meinungspublizistik in Zeitungen, Zeitschriften, Rundfunk und Fernsehen, aber auch in Büchern und Blättern, die sich an ein akademisch-intellektuelles Publikum wenden, oft blaß und konturlos aus. Bedenken dieser Gruppe gegen die hier dem Popjournalismus zugestandene Aufmerksamkeit, seine proklamierte Relevanz werden sich vielleicht in einem gewissen Umfang im Nachvollzug der Argumentation zerstreuen, die einen großen Bogen spannt, ein breites Spektrum von Meinungen und Einschätzungen, wenn auch oft unter kritischem, polemischem Vorzeichen zu Wort kommen läßt. Es bleibt natürlich dem Urteil der hoffentlich nicht zu schnell gelangweilten Leserin der vorliegenden Arbeit überlassen, ob ihr die Lektüre einer Analyse zu Texten über Popmusik intellektuell anregend oder gar gelegentlich überzeugend erscheint.

Für Unterstützung, Hilfe und Anregungen danke ich Dr. Thomas Hecken, Danièle Huberty, meinem Bruder Ulrich und vor allem meinen Eltern Charlotte und Erich Hinz.
Professor Dr. Gerhard Plumpe hat die Idee der Arbeit engagiert unterstützt und ihren Fortgang mit kritischer Sympathie und Geduld begleitet.
Hilfreich bei der Beschaffung von Materialien waren Uwe Husslein, Guido Portmann und Karl-Heinz Stille, der mir zudem wertvolle Informationen in Sachen Fanzines hat zukommen lassen.
Das Graduiertenförderungsprogramm des Landes Nordrhein-Westfalen gewährte mir ein Stipendium zur Finanzierung der wissenschaftlichen Arbeit.

1. Einleitung

Ereignisse, Produkte und Wirkungen der populären Kultur sind an sehr unterschiedlichen diskursiven Orten Gegenstand der Betrachtung und Begutachtung. Um wissenschaftliche Objektivierung, die vor allem an den psychischen, sozialen und politischen Folgen des Konsums populärer Kultur interessiert ist, bemühen sich Buchpublikationen und Zeitschriftenaufsätze, für journalistische Berichterstattung und Kommentierung, die sich vorrangig des je aktuellen Bild-, Ton- und Schriftmaterials annimmt, sorgen Fernseh- und Radiosendungen, Tages- und Wochenpresse und einschlägige Fach- und Fanzeitschriften. Gegenstand der vorliegenden Arbeit werden vor allem die Betrachtungsweisen populärer Kultur in Wissenschaft und avanciertem Journalismus sein. Wie die neueste wissenschaftliche Beschäftigung mit Pop- und Jugendkultur in den anglo-amerikanischen Ländern unter dem Signum Cultural Studies belegt, berühren sich nicht nur die scheinbaren Extreme der objektiven, akademischen Wissenschaft und des subjektiven, subkulturell verankerten Journalismus, sondern sie teilen Grundannahmen über ihren Gegenstand, die freilich mitunter in sehr unterschiedlichen Darstellungsformen und Schreibweisen artikuliert werden.

Sind die gegenwärtig in großem Umfang betriebenen Cultural Studies von dem Impuls getragen, populärer Kultur im Medium ihrer akademischen Betrachtung größere Gerechtigkeit widerfahren zu lassen, so waren ihre wissenschaftlichen Vorläufer von einer wesentlich distanzierteren Sicht auf Jugend- und Popkultur, auf objektive und subjektive Bedingungen ihres Entstehens getragen. Bis vor wenigen Jahren gaben jugendsoziologische Bemühungen, die starke Befürchtungen, gelegentlich aber auch sozialfürsorgerische Hoffnungen über die Auswirkungen der Popkultur auf die Lebens- und Denkweisen ihrer Anhänger im jüngeren Bevölkerungssegment erkennen ließen, in diesem Feld den Ton an. Interessierte Auftraggeber und Abnehmer fanden Studien dieses Zuschnitts vor allem in Politik und Presse. Wenig Aufmerksamkeit schenkte man feineren Differenzierungen innerhalb des weiten Spektrums jugendlicher Lebensformen. Zwar konzentrierten sich die Jugendforscher auf zahlenmäßig eher marginale Subkulturen, die optische, ideologische und lebenspraktische Auffälligkeiten kultivieren, sich bewußt vom Üblichen zugleich abgrenzen und ausgegrenzt werden, gelangten dabei jedoch nur selten über grob gestrickte sozialpsychologische Einlassungen hinaus.

Mit den Cultural Studies entwickelt sich in Großbritannien und in den USA eine Beschäftigung mit Popkultur seit nunmehr fast vierzig Jahren, im größeren Umfang ab Mitte der siebziger Jahre und mit einer wahren Publikationsflut seit der zweiten Hälfte der achtziger Jahre. Mit neuen theoretischen Werkzeugen arbeitet man sich dort am Gegenstand ab, sucht nach Spuren des Widerstands gegen herrschende Übereinkünfte, Ideologien, Formen der Wahrnehmung in der Popkultur, jedoch vor allem in der subkulturellen Rezeption und Aneignung ihrer Produkte und Ereignisse. Das führt zu einer Annäherung an Bestrebungen des avancierten Musikjournalismus. Beide begnügen sich nicht mit sozialpsychologischen Ableitungen, sondern lassen sich stärker auf die Funktionsweise des Pop-Diskurses ein: auf die symbolischen Strukturen in den Gegenständen der Popkultur, auf ihre sozio-kulturell divergierende, selektive Aneignung und Beobachtung. In der journalistischen Rede tritt naturgemäß das analytische Moment hinter dem Interesse an Beförderung, Propagierung von symbolischen Tätigkeiten zurück, denen ästhetisch-kulturelles oder gar politisches Irritationspotential zugeschrieben und damit tendenziell subversive Züge attestiert werden.

Dieses Vertrauen in die befreienden Wirkungen populärer Kultur und ihrer subkulturellen Aneignung, das sowohl akademische als auch journalistische Beobachter teilen, konkurriert mit der düsteren Sichtweise, daß es das herrschende Diskursuniversum sehr wohl verstehe, auch scheinbar oppositionelle und abweichende Bestrebungen und Meinungen zu integrieren, wie gerade das führende Massenmedium Fernsehen immer wieder eindrucksvoll unter Beweis stelle. Folgt man der spekulativen These von der allmächtigen Vereinnahmungsmaschinerie der Medien, dann ist nur noch in der Vermehrung unverständlicher und absurder symbolischer Äußerungen ein Ausbruch aus dem totalitären System medialer Gleichschaltung zu denken. Voraussetzung dieser Überlegung ist eine enge Verknüpfung von Popkultur und Politik, von Auseinandersetzungen im kulturellen mit Gegensätzen im politischen Feld. So bleiben radikale Angriffe auf Basisinstitutionen des bürgerlichen Staats und der kapitalistischen Wirtschaft, egal ob sie in einem Fanzine, einer politischen Zeitschrift oder im Fernsehen geäußert werden, vereinnahmungsresistent, was freilich nichts über die Qualität ihrer Begründungen und ihre faktischen Erfolgsaussichten besagt.

Daß in den diskursiven Auseinandersetzungen der Meinungen und Geschmäcker über Gegenstände populärer Kultur oft Stilmittel der politischen Rhetorik verwandt werden, bedeutet nicht, daß z.B. die Entscheidung für eine bestimmte Musik ein genuin politischer Akt ist. Einfache Rückschlüsse von Musikvorlieben auf politische Meinungen und umgekehrt sind unzulässig, was jedoch nichts daran ändert, daß das Spiel der politisch aufgeladenen semantischen Kurz- und Rückschlüsse in der Rede über Popmusik als Bewertungsschema und Abgrenzungsmodus funktioniert. Es ist diese Verfahrensweise, die den ästhetischen und politisch-ideologischen Reiz des Pop-Diskurses ausmacht. Das Spiel mit der Durchlässigkeit der Grenze zwischen Pop und dem Raum sozialer Lagen und politischer Strategien überzieht seinen symbolischen Kredit jedoch dann, wenn die prinzipielle Eigenständigkeit der jeweiligen Musikpräferenzen einerseits und des Feldes politischer Meinungen anderseits geleugnet werden. Hörertypen und politische Einstellungen gehen allenfalls in stark ausdifferenzierten Subkulturen eine sehr enge und über einen größeren Zeitraum stabile Verbindung ein. Bei subkulturell eher indifferenten Hörergruppen sind hingegen vielfältige und rasch wechselnde Kombinationen von Pop und Politik zu beobachten. Ganz abgesehen einmal von den vielen Hörern, die ihr Vergnügen an Musik, zumeist wohl eher gedankenlos, als gänzlich unpolitische Angelegenheit betrachten.

Ein Ansatzpunkt für die politische Deutung kulturellen Konsums im Feld der Popmusik ist die Erfahrung des sinnlichen Vergnügens beim Hören einer Musik, beim Tanzen zu ihren unwiderstehlichen Schlägen und seltsamen Geräuschen, am eigenen stilisierten Körper (Frisur, Kleidung) und seiner motorischen Enthemmung. Für wenige kostbare Momente findet sich das atomisierte Individuum über das Normalmaß seiner mehr oder weniger freudlosen Alltagsexistenz unter den herrschenden gesellschaftlichen Verhältnissen erhoben. Der ideologische und praktische Einsatz für eine solche Musik, der sich dann z.B. in der Publikation von Zeitschriften und Zines, in der Organisation von Veranstaltungen, Produktion und Vertrieb, dem Betreiben von Läden dokumentieren kann, gerät mitunter zum Surrogat für politischen Kampf. Im missionarischen Eifer für eine ästhetisch aufregende Musik wird verdrängt, daß Popmusik vor allem gute Dienste im Kampf gegen Langeweile, geistige Erstarrung, vorschnelles Altern und selbstzufriedenes Spießertum in historisch wechselnden Gestalten zu leisten vermag. Unter ihrem Einfluß sind ungewöhnliche, soziokulturell gewagte Formen symbolischer Selbsterschaffung entstanden: abweichende Lebensformen, Meinungen, Stile und Moden werden unter den hier und heute gegebenen Rahmenbedingungen selbstbewußt gelebt und ausprobiert. Um diese Möglichkeiten prinzipiell allen zu eröffnen und das möglichst zu beliebigen Zeitpunkten, an beliebigen Orten, dazu sind politische Kämpfe nötig, die zugleich auf überzeugenden politischen, ökonomischen Analysen beruhen und rhetorisch wirkungsvoll geführt werden. Die konsequente Parteinahme für eine Platte, eine Gruppe oder einen Stil gegen kleinbürgerliche Ängste und Bedenken ersetzt nicht die politische Auseinandersetzung mit einer Gesellschaft und einem Staat, in dem breiten Schichten der produzierte Reichtum, der einer Verfeinerung und Vervielfältigung der Lebens- und Erfahrungsmöglichkeiten dienen könnte, vorenthalten wird.

In den subkulturellen Kreisen von Fanzines, wenig bekannten Bands, kleinen Plattenfirmen und Konzertveranstaltern führt der vielfach anzutreffende Generalvorbehalt gegen alles Etablierte und Gängige oftmals zur gestenreichen Beschwörung unkorrumpierbarer Autonomie und der komplementären Abwehr aller Tendenzen, die kommerzielle Interessen von Firmen und Musikern erkennen lassen. Im Gegenzug ergeht man sich in der normativen Überhöhung von Erfolglosigkeit und des Scheiterns von Bands und Kleinbetrieben. Mit dieser Haltung wird das Festhalten an den hochfliegenden Ansprüchen subkultureller Praxis unter Bedingungen sanktioniert, die alltäglich die Penetranz real existierender Marktmechanismen spüren lassen. Darüber hinaus dient sie als Ausweis der legitimen Zugehörigkeit zu einer wie auch immer marginalisierten Geschmackselite. Der Bruch mit konsentierten Vorlieben, Denk- und Schreibweisen zielt dann nicht mehr auf eine egalitäre Veränderung des Massengeschmacks; sein Zweck ist bereits erfüllt, wenn die Differenz zwischen dumpfer Masse und eingeweihter Elite aufrechterhalten werden kann. Ein ähnliches Phänomen ist in Zeitgeist- und Stadtmagazinen zu beobachten. Dort werden die jungen Vertreter der neuen Mittelschichten in ihrem Abgrenzungsbedürfnis gegen Vorlieben der Unterschicht und der biederen Fraktionen der Mittelschicht bedient, die nur allzu leicht der Lächerlichkeit zu überführen sind. Musikgeschmack, Wissen über und Einstellungen zur Popmusik repräsentieren ein kulturelles Kapital, dessen Investition bislang zwar nur sehr begrenzt ökonomischen Nutzen verspricht, jedoch in gleicher Weise wie seine legitime Konkurrenz das Lancieren von Distinktionsstrategien und die Realisierung von Distinktionsgewinnen erlaubt.

Zu den konstitutiven Merkmalen des Pop-Diskurses in unterschiedlich begrifflich elaborierten und ästhetisch avancierten Zeitschriften, Magazinen und Fanzines zählen Übertreibungen, weitreichende Behauptungen, überraschende Kausalitäten und Verknüpfungen, spielerischer Umgang mit unterschiedlichen sprachlichen Niveaus, semantische und syntaktische Manierismen. Sie können sowohl der gelegentlichen Artikulation eines moralisch imprägnierten Rigorismus als auch kulturbeflissenen Bemühungen dienlich sein, dem eigenen Unternehmen durch Adaption der anerkannten Rhetorik feuilletonistischer Diskurse höhere Weihen verschaffen zu wollen, um der sozialen und kulturellen Außenseiterposition des Pop-Diskurses zu entkommen. Sicherlich lassen sich die erwähnten Aufwertungsanstrengungen zugunsten bislang nicht-legitimer kultureller Produkte als Strategien im Kampf unterschiedlicher sozialer Klassen um die Bewertung differentieller Sorten kulturellen Kapitals begreifen, gleiches gilt jedoch auch für die Abwehrgefechte der Vertreter traditionalistischer Kultur- und Lektüremodelle. Eine solche recht hilfreiche Objektivierung beleuchtet allerdings nur einen Teil der darin eingehenden Interessen. In der Betrachtung des Strebens nach Absicherung oder Veränderung sozialer Positionen und ökonomischer Nutzenkalküle bleibt ausgespart, daß in solchen Auseinandersetzungen unterschiedliche Lebensweisen miteinander konkurrieren und jeder Einzelne nur sehr bedingt von seinen aktuellen Vorlieben, Fähigkeiten und Bedürfnissen zugunsten eines in der Zukunft winkenden sozialen Aufstiegs abstrahieren kann und möchte. Man unterschätzt die 'power of persuasion', die in unterschiedlichen Diskursen generiert wird; sie kann im Rahmen gegebener materieller und kultureller Bedingungen zu anderen, nicht vorgesehenen Bewertungen, Zielen und Lebensentwürfen verführen.

Wissenschaftliche und journalistische Formen der Rezeption von populärer Kultur, vor allem jedoch von Popmusik, die deren ästhetische und politische Gehalte zu berücksichtigen beanspruchen, sind daran zu bemessen, inwieweit sie in ihren Überlegungen den ökonomischen und sozialen Rahmen angemessen berücksichtigen, der den Spielraum für symbolische Aktivitäten in subkulturellen Nischen festlegt. Ein geeignetes Mittel, nicht in selbstvergessene Textimmanenz zu verfallen, sind die ernüchternden und grundlegenden Einsichten der politischen Ökonomie, wie sie von Marx und Engels formuliert wurden. Um damit substantielle Ergebnisse bei der Betrachtung der Musikindustrie und des sie begleitenden Musikjournalismus erzielen zu können, sind die Besonderheiten für profitable Geschäfte mit der Ware Musik, die spezifischen Strukturen moderner Massenkommunikation zu berücksichtigen, wie sie sich bereits in den zwanziger Jahren in den USA und seit den fünfziger Jahren in Europa durchgesetzt haben. Nach einer knappen Explikation der Produktionsverhältnisse des Musikgeschäftes und seiner Zwänge und Zumutungen für Musiker und Konsumenten wird auf jene unterschiedlichen Habitusformen einzugehen sein, wie sie sich aus der ungleichen Verteilung ökonomischen und kulturellen Kapitals ergeben. Das Schreiben und Reden über Popmusik vollzieht sich im Rahmen der Strukturen einer Klassengesellschaft, in der Abgrenzung über Geschmacksentscheidungen stets nicht nur von oppositionellen und subkulturellen Kräften betrieben wird, sondern einen zentralen und allgegenwärtigen Modus der Reproduktion sozialer Unterschiede abgibt. Ästhetisch-ideologische Positionen und Auseinandersetzungen im symbolischen Universum des Pop-Diskurses in diese Perspektive zu rücken, ist nicht mit dessen ökonomistischer Reduktion, mit seiner Depotenzierung als marginales Überbauphänomen zu verwechseln. Nur eine desillusionierte Kenntnisnahme der ökonomisch-sozialen und ideologisch-kulturellen Rahmenbedingungen des Funktionierens von Popmusik ermöglicht eine realistische Einschätzung der von ihr ausgelösten Irritationen und Polarisierungen. Als zeitgemäße Verfeinerung der von Marx und Engels vorangetriebenen Objektivierung des gesellschaftlichen Seins ist Bourdieus radikale Geschmackssoziologie zu verstehen; ohne deren materialistische Sensibilität verkommt die konventionell kultursoziologische Erforschung von sozio-kulturell differierenden Vorlieben und Einstellungen zu leerlaufendem Empirismus und trüber Zeitdiagnostik. (Kapitel 2)

Darauf laufen in vielen Fällen auch die unablässigen Anstrengungen von Wissenschaftlern unterschiedlicher fachlicher und politischer Provenienz hinaus, Auskunft darüber geben zu wollen, wie es um die Jugend steht. Exemplarisch, stets mit besonderem Augenmerk auf die Thematisierung jener Jugend- und Subkulturen, in denen die Entscheidung für eine bestimmte Form der Popmusik ein wichtiges Bestimmungsmoment ihres Aufkommens darstellt, werden einige Stationen dieser Jugendforschung kritisch beleuchtet. (Kapitel 3)

Jene habituell besorgten Soziologen, Pädagogen, Psychologen und Sozialarbeiter, die sich ein Bild vom Treiben bestimmter Gruppen von Jugendlichen und sonstiger abweichender Subkulturen zurechtmachen, das sich im politischen Raum entweder in die Forderung nach sozialen Reformen und nach intensiverer sozialpädagogischer Betreuung übersetzt oder - wie seit den frühen achtziger Jahren - oft nur noch das ideologische Inventar anreichert und gelegentlich von Trendforschern dankbar aufgegriffen wird, haben, verstärkt vor allem in den letzten 15 Jahren, wissenschaftliche Konkurrenz bekommen. Vorwiegend in den USA und in Großbritannien haben sich Akademiker, die gewöhnlich aus geisteswissenschaftlichen Fakultäten hervorgegangen sind, den Gegenständen und Produkten der populären Kultur zugewandt. Die Resultate dieser Bemühungen fallen sehr unterschiedlich aus. Defensive Varianten meinen ihr Interesse oder gar ihr Vergnügen an Popkultur durch umständliche Widerlegung der schlichtesten Topoi der Kulturkritik rechtfertigen zu müssen; durch das Herausstellen eigenwilliger

Rezeptionsweisen des vordergründig Banalen verspricht man sich eine Aufwertung des in ihnen steckenden kulturellen Kapitals. Dem stehen Ausprägungen der Cultural Studies gegenüber, denen es ohne verschämte Verneigungen vor den Anmaßungen legitimer Kultur um die ästhetisch-ideologische Signifikanz ihres Gegenstandes zu tun ist. Bevor einige Beispiele solcher Studien, die sich mit den hier maßgeblichen Interessen an Pop- und Jugendkultur treffen, vorgestellt und einer kritischen Einschätzung unterzogen werden, sind zunächst eine Reihe maßgeblicher theoretischer Vorläufer der heutigen Cultural Studies zu rekapitulieren. Schließlich sind die bedenkenswerten Einwände jener Kritiker der Cultural Studies zu diskutieren, die diesem Unternehmen einen durchgängig affirmativen Charakter attestieren. (Kapitel 4)

Inwieweit mit gutem Grund von einer Nähe zwischen Cultural Studies und avanciertem Musikjournalismus auszugehen ist, dürfte in der exemplarischen Analyse einzelner bundesdeutscher Zeitschriften und Fanzines deutlich werden. (Kapitel 5-7) Deren Auswahl orientiert sich an der unstrittigen Relevanz, den der seit 1976 durch Punk ausgelöste Einschnitt in der Geschichte der Popmusik markiert. Dieser ästhetisch-stilistische Bruch in der Musik hat auch in den bundesdeutschen subkulturellen Medien, wenn auch im Vergleich zur englischen Musikpresse verzögerte, nachhaltige Wirkungen ausgelöst. Sukzessive verändern sich bei vielen Autoren in Musikzeitschriften und Fanzines die Schreibweisen über Popmusik. Dieser Wandel setzt sich in der nachfolgenden Auseinandersetzung mit New Wave, Hardcore, verschiedenen Metal-Varianten, Grunge, HipHop, House, Acid, Techno fort und läßt weitere Verfeinerungen aufkommen. Gleichzeitig sieht jedoch ein großer Teil der Musikpresse keine Veranlassung, seine überkommenen ästhetischen Maßstäbe, das Vokabular und den Duktus seiner musikkritischen Tätigkeit zu überprüfen und zu revidieren. Eine Behandlung des Mediums Fanzine ist geboten, weil sich in ihm der real existierende Underground in seinen unterschiedlichen Fraktionen mehr oder weniger kraftvoll, aggressiv, moralisierend und gewitzt darstellt. Die inhaltliche und formale Differenzierung zwischen unterschiedlichen Fanzinetypen berücksichtigt vor allem jene Hefte, die durch regelmäßige Erscheinungsweise über einen längeren Zeitraum hinweg ein markantes Profil entwickeln konnten. Für die Fokussierung auf *Sounds* und *Spex* spricht das in diesen Zeitschriften erreichte, auch international beachtliche intellektuelle und ästhetische Niveau der Auseinandersetzung mit Popmusik.

2. Soziale und ökonomische Bedingungen der Popkultur

2.1 Politische Ökonomie im intellektuellen Diskurs seit der Studentenbewegung

Damit wie auch immer innovative Prozesse der subkulturellen Aneignung von Popmusik und populärer Kultur überhaupt anlaufen können, müssen bereits Produkte und Ereignisse erzeugt worden sein, die sich als Gegenstand einer ästhetisch-intellektuellen Überhöhung darbieten. In einer kapitalistischen Ökonomie unterliegt die Herstellung von Waren der populären Kultur den Gesetzmäßigkeiten der exklusiven privaten Aneignung gesellschaftlicher Arbeit. Unter Rückgriff auf elementare Kategorien der Marxschen Kapitalanalyse sollen hier vor allem Bestimmungsmerkmale der Produktion, Distribution und Vermarktung popmusikalischer Waren entfaltet werden. In dieser Perspektive bildet die Musikpresse, die das vorliegende Warenangebot sondiert, Kaufempfehlungen vornimmt oder nahelegt, einen Bestandteil des Zirkulationsprozesses jenes Kapitals, das sich zuvor in popmusikalischer Ware vergegenständlicht hat. Da heute ein Rekurs auf die Marxsche Kritik der politischen Ökonomie keine Selbstverständlichkeit mehr darstellt, wenn es um die Erklärung ökonomischer Sachverhalte geht, soll zunächst ein Blick auf einige Etappen der Rezeption des Marxismus in der Bundesrepublik seit der Studentenbewegung geworfen werden.

Diese hob größtenteils weniger auf jene zentralen Annahmen im 'Kapital' und an anderen Stellen in den Schriften von Friedrich Engels und Karl Marx ab, um an deren analytische Schärfe und polemische Wucht auch in aktuellen Kämpfen kritisch anzuknüpfen,[1] sondern handelte sich schon bald eine philosophische Schlagseite ein, deren Folgen sich in den Jahren politischer Depression zeigten. Indem man sich, durchaus mit philologischem Recht, darauf konzentrierte, die humanistisch-anthropologischen, entfremdungstheoretischen und geschichtsphi-

---

[1] Dabei steht natürlich dann *Das Kapital,* 1. Band, Kap. 4-24 im Mittelpunkt; vergleiche aber u.a. auch *Das Kapital,* 2. Band, Kap. 6, Kap. 20, besonders S. 409f. über „relative Prosperität der Arbeiterklasse", Kap. 21, besonders S. 510-512 über Versuche, den Arbeiter „zur Würde eines rationellen Konsumenten" zu „erheben"; *Das Kapital,* 3. Band, Kap. 1-5, Kap. 10, besonders S. 191 darüber, „wie absolut nichts aus dem Verhältnis von Nachfrage und Zufuhr erklärt werden kann, bevor die Basis entwickelt ist, worauf dieses Verhältnis spielt", Kap. 48-50; *Theorien über den Mehrwert,* 1. Teil, Kap. 4; *Theorien über den Mehrwert,* 2. Teil, Kap. 15-18, *Theorien über den Mehrwert,* 3. Teil, S. 234-309, S. 472-511; *Grundrisse der Kritik der politischen Ökonomie,* S. 45, 199-230, 321-323 über die „Entwicklung von einem stets sich erweiternden und umfassenden System von Arbeitsarten, Produktionsarten, denen ein stets erweitertes und reicheres System von Bedürfnissen entspricht", S. 601-607; *Ökonomisches Manuskript,* S. 98-128, 159-181.

losophischen Prämissen auch beim späten Marx, aber vor allem beim frühen Marx mehr oder weniger kritisch herauszuarbeiten und praktisch fruchtbar machen zu wollen, wurde ein Gebrauch des polemisch-analytischen Vokabulars bei Marx/Engels zunehmend obsolet. Noch Anfang der siebziger Jahre hieß es in einer Arbeit über „Arbeitswert, Mehrwert und Verteilung": „Keine marxistische Analyse [...] kann in der heutigen Zeit der grundlegenden Klärung *dieses* Problems (wie der Mehrwert im heutigen System des Kapitalismus *empirisch* nachzuweisen ist, R.H.) ausweichen, da sie sonst eine subjektiv-moralische Stellungnahme [...] bleibt." Damals zeichnete sich bereits eine weitgehende Revision, ja vollständige Zurückweisung der Mehrwerttheorie und anderer Kernbestandteile der Kritik der politischen Ökonomie in der akademischen und intellektuellen Linken ab, die ihre Bemühungen jedoch zumeist noch als undogmatischen Marxismus verstanden wissen wollte.[2] Marxens scharfer Kritik des Kapitalismus meint J. Habermas in seinem Hauptwerk aus dem Jahre 1981 keinerlei Beachtung schenken zu müssen. Denn ohne auch nur ein einziges Marx-Zitat anzuführen, gelangt Habermas zu dem Schluß, daß Marx „den Versuchungen des Hegelschen Totalitätsdenkens nicht widerstanden und die Einheit von System und Lebenswelt als ein 'unwahres Ganzes' konstruiert" habe. Es fehle an einer begrifflichen Trennung „zwischen einer Verelendung, die die materielle Reproduktion der Lebenswelt betrifft, und Störungen der symbolischen Reproduktion der Lebenswelt". Letztere seien heute von besonderem Interesse, während „in Verbindung mit der kontinuierlichen Steigerung eines, wie auch immer nach Schichten differenzierten Lebensstandards die Beschäftigtenrolle ihre krankmachenden proletarischen Züge (verliert)."[3] Auch A. Giddens hält es für zeitgemäß, „von den spezifisch ökonomischen Theoremen der Marxschen Mehrwertökonomie" abzusehen und sich „statt dessen auf Webers Begriff der 'Lebenschancen'" zu beziehen. „Ich definiere Ausbeutung als jegliche gesellschaftlich bedingte Form asymmetrischer Produktion von Lebenschancen. 'Lebenschancen' heißt hier Chancen eines Individuums, an den gesellschaftlich produzierten ökonomischen oder kulturellen 'Gütern' in irgendeiner gegebenen Gesellschaft teilzuhaben."[4]

Die soziologisch orientierte linksintellektuelle Fraktion kapriziert sich also auf eine immer vorsichtiger und kleinlauter werdende Zeitdiagnostik, die der bestehenden Ordnung krisenhafte Tendenzen in vielerlei Hinsicht nachzuweisen bemüht ist. Das Unterfangen, marxistische Annahmen durch soziologische Anleihen gegen Kritik an ihrer historischen Hinfälligkeit zu immunisieren, verführt zu einer Überbewertung des Geflechts sozio-kultureller Einstellungen, die sich allerdings tatsächlich seit den frühen sechziger Jahren erstaunlich schnell wandeln. Offe unterstellt den westlichen Demokratien in Verkennung der Wucht ideologischer Integrationsmechanismen wie Anti-Kommunismus und Nationalismus eine ernsthafte Legitimationskrise: „Das volle Gewicht des Legitimationsproblems

---

[2] Himmelmann, *Arbeitswert*, S. 15.
[3] Habermas, *Theorie des kommunikativen Handelns*, S. 501, 513 und 514.
[4] Giddens, *Die Klassenstruktur fortgeschrittener Gesellschaften*, S. 159.

zeichnet sich deutlich erst dann ab, wenn wir neben der Erhöhung des 'Bedarfs' an normativ vermittelten Rechtfertigungen die Destruktion jenes Traditions*bestandes* an legitimationskräftigen Normen in Rechnung stellen, welche die Gefügigkeit gegenüber Inhalt und Bedingungen der Arbeit sowie der Verteilung ihrer Resultate verbürgen."5 Zwölf Jahre später wird mit den vertrauten Mitteln soziologischer Rhetorik in den westlichen Industrieländern eine „Krise der Arbeitsgesellschaft" diagnostiziert: „[...] und sie (die hochentwickelte kapitalistische Industriegesellschaft, R.H.) verfügt nicht über die kulturellen Ressourcen oder ökonomischen Zwangsmittel, die erforderlich wären, gleichwohl die subjektive Zentralität der Orientierung an Arbeit, Leistung und Erwerbseinkommen über kulturelle Normen oder den stummen Zwang von Marktprozessen zu stabilisieren. Nicht nur objektiv ist die Arbeit aus ihrem Status als einer zentralen und selbstverständlichen Lebenstatsache verdrängt worden, sondern auch subjektiv hat sie [...] diesen Status im Motivhaushalt der Arbeitenden eingebüßt." Offe behauptet allen Ernstes, es sei „auf die individuell und unmittelbar disziplinierende und sanktionierende Wirkung der ökonomischen Not als eines Integrationsmittels der Arbeitsgesellschaft wenig Verlaß."6 Der Mißachtung fortbestehender materieller Zwänge, denen sich zwar voluntaristisch marginale gesellschaftliche Gruppen um den Preis der Pauperisierung entgegenstellen, jedoch ihnen gerade dadurch sich nicht entwinden, korrespondiert eine zunehmend defensiver ausgerichtete politische Perspektive. Konsequent beugt sich auch Offe im Jahre 1989 - übrigens noch vor der Selbstaufgabe der DDR - der realpolitischen Weisheit, „daß der Begriff des 'Sozialismus' als eine umfassende Strukturformel für eine Gesellschaftsordnung verwirklichter Emanzipation heute (und nicht erst *seit* heute) operativ leer ist." Auf der Tagesordnung stehe nun, „*Minima zu gewährleisten*, statt Maxima zu realisieren [...]."7 Einstmals kritische Soziologen werden immer bescheidener, und so verwundert es nicht, daß anstelle der Artikulation materieller Interessen die mangelnde geistige Vorbereitung auf die Zeit nach der Arbeitsgesellschaft in den Mittelpunkt rückt.8

In den letzten fünfzehn Jahren haben die unterschiedlichen Derivationen des Marxismus zunehmend das Feld der Geistes- und Sozialwissenschaften geräumt.9

---

5 Offe, *Strukturprobleme des kapitalistischen Staates*, S. 62, vergleiche auch S. 48f. Was für den Linksintellektuellen gute Nachrichten sind, erscheint einem konservativ-liberalen Zeitdiagnostiker wie D. Bell, *Die Zukunft der westlichen Welt*, S. 38, 71, 163 und 173, in umgekehrter Übertreibung als ernsthafte Bedrohung des Fortbestandes der grundlegenden Strukturen des Kapitalismus. An anderer Stelle besinnt sich Offe, *Strukturprobleme des kapitalistischen Staates*, aber noch auf die Erklärungskraft von Kategorien wie einfacher und erweiterter Reproduktion der Arbeit. (ebd., S. 153-160)
6 Offe, *'Arbeitsgesellschaft'*, S. 36 und 34.
7 Offe, *Bindung, Fessel, Bremse*, S. 746 und 746f.
8 So übt sich Guggenberger, *Wenn uns die Arbeit ausgeht*, S. 19, in pfäffischer Besinnlichkeit: „Es steht zu befürchten, daß wir, die wir im Okzident kaum anderes gelernt haben als zu arbeiten, auf das sich abzeichnende Ende der Arbeitsgesellschaft schlecht vorbereitet sind. Nicht die Schwielen an den Händen sind unser Problem, sondern die Hornhaut auf der Seele."
9 Soziologische Ausnahmen sind u.a. J. Ritsert, *Gesellschaft*, S. 232-250; *Der Kampf um das Surplus-*

Seit Mitte der neunziger Jahre sehen sich unter dem Eindruck stetig wachsender Arbeitslosenzahlen, eines gestiegenen publizistischen Interesses am weltweiten Börsengeschehen, der Konjunktur von Schlagworten wie Globalisierung und shareholder-value sowohl realpolitisch-staatstragende als auch moralisch empörte linke Interpreten des Zeitgeistes wieder genötigt, dem intellektuell anspruchsvollen Publikum das Weltgeschehen in polemischer Abgrenzung zu marxistischen Kategorien oder mittels des Versuchs ihrer wie auch immer vagen Nutzbarmachung zu erläutern. So geben die Herausgeber der 'Deutschen Zeitschrift für europäisches Denken' im Doppelheft des Herbstes 1997 indirekt, aber deshalb nicht weniger kategorisch zu verstehen, daß die Titelfrage „Kapitalismus als Schicksal?" nur affirmativ zu beantworten ist. Ein humanistisch resigniertes „Leider nein" wird denen auf den Weg gegeben, die aus mangelnder Einsicht in die Notwendigkeit des globalen Kapitalismus weiter nach einer „Alternative", nach „Utopien und Visionen" fragen.[10] Solche sehen jene publizistisch regen Vertreter der deutschen Linken, die mit zwei prominenten linken italienischen Intellektuellen, Pietro Ingrao und Rossana Rossanda, eine 'Debatte über die Entwicklung des Kapitalismus und die Aufgaben der Linken'[11] führen, in Konzepten einer radikalen ökologischen Steuerreform (Altvater), einer neo-keynesianischen (Bischoff) oder gramscianisch (Deppe) orientierten Politik. Konturen einer Analyse, die sich zunächst einmal Klarheit darüber verschafft, mit welchen Maßnahmen und Ideologien die maßgeblichen Kräfte der führenden Nationen des globalen Kapitalismus den innen- und außenpolitischen Schranken ihrer politischen und ökonomischen Ambitionen begegnen, ohne vorschnell Fragen nach dem Subjekt revolutionärer, hier allerdings bloß reformistischer Politik zu erörtern, sind nur schemenhaft ausgebildet. Nur noch in Randbereichen der politischen Publizistik hat marxistische Kapitalismuskritik, die ihr Anliegen mit analytischer Genauigkeit und polemischer Schärfe vorantreibt, heute ihren Ort.[12] Ihr sind die stets umkämpfte Abfederung marktinduzierter Disparitäten durch wohlfahrtsstaatliche Einrichtungen, die Erosion traditioneller Milieus, welche einst die Basis einer radikalen Arbeiterbewegung abgegeben haben, die weniger offenkundige Hierar-

---

produkt; und R. Kreckel, *Klassenbegriff*, der sich mit Luhmanns Einlassungen zum Klassenbegriff kritisch auseinandersetzt. Dessen jüngste Bemerkungen zur marxistischen Kapitalismustheorie, *Kapitalismus und Utopie*, heben erneut auf das in den heutigen westlichen Gesellschaften vorherrschende horizontale Nebeneinander selbstreferentiell prozessierender, funktional differenzierter Subsysteme ab, womit sich die marxistische Fixierung auf Kapital und Staat erledigt habe; vergleiche auch Luhmann, *Politische Theorie im Wohlfahrtsstaat*, *Zum Begriff der sozialen Klassen* und *Kapital und Arbeit*.
[10] *Merkur*, 51. Jg., Editorial.
[11] So der Untertitel des Bandes Ingrao, Rossanda, *Verabredungen zum Jahrhundertende*.
[12] Prägnant in „Gegenstandpunkt: Politische Vierteljahreszeitschrift". Seit Beginn ihres Erscheinens Anfang 1992 widmet man sich dort, gestützt auf das aktualisierte Instrumentarium einer Kritik der politischen Ökonomie, der Wirkungsweise des bürgerlichen Staats, der kapitalistischen Weltwirtschaft und ihrer miteinander konkurrierenden nationalen Standorte; in ideologiekritischer Absicht den Rechtfertigungen, mit denen deren maßgebliche Akteure ihre Absichten und Maßnahmen ausstaffieren, ebenso der Interpretation und Begutachtung dieses Tuns im demokratischen Meinungswesen.

chie im Felde alltagsästhetischer Selbstdarstellung, kulturellen Konsums ebensowenig wie das Ende des einst real existierenden Sozialismus und der Triumph des kapitalistischen Westens ein überzeugender Grund, relevante Kategorien der Kritik der politischen Ökonomie zu verabschieden. Abgelöst von unnötigem geschichtsphilosophischen Ballast lassen sich mit ihrer Hilfe zentrale aktuelle Konflikte und ihre jeweiligen Einsätze mit analytischem Gewinn beobachten. So prallen z.B. Lohnforderungen und das Interesse am Erhalt von Arbeitsplätzen weiter auf die von Staat und Wirtschaft angemahnten Sachzwänge der Sicherung nationaler Standorte, und die Selbstzerstörung der ehemaligen Sowjetunion macht Platz dafür, daß die kapitalistischen Großmächte mit aggressiver Entschiedenheit daran arbeiten, sich die nötigen Voraussetzungen für eine starke Position in der globalen politischen und ökonomischen Konkurrenz zu verschaffen. Zeitdiagnostisch interessierte Soziologen wie U. Beck und G. Schulze bringen in ihren wirkungsmächtigen Arbeiten[13] zwar neuere kulturelle und ideologische Entwicklungen und Gegensätze lose mit ökonomischen Veränderungen in Zusammenhang, sorgen sich jedoch in erster Linie darum, wie und ob sich die daraus hervorgehenden vielfältigen Lebensformen noch weiter in ein sinnstiftendes Ganzes integrieren lassen, weniger darum, welche divergierenden Interessen und Ansprüche einander gegenüberstehen.

2.2 Produktion, Distribution und Konsumtion der Ware Popmusik

Im Rahmen einer Betrachtungsweise, die ökonomische und politische Interessen und Funktionen kenntlich zu machen versucht, ist einer der zentralen Gegenstände dieser Arbeit - Musikjournalismus - zunächst einmal ein relevanter Teil der Distributionssphäre. Die in den unterschiedlichen Zeitschriften und Fanzines stattfindende Überhöhung, Erwähnung und mediale Repräsentation industriell gefertigter Produkte stimuliert ihren Konsum, womit zur rascheren Verwertung des in ihnen investierten Kapitals beigetragen wird.[14]

Damit ist natürlich bereits das System der hergestellten Öffentlichkeit vorausgesetzt, wie es F. Böckelmann mit funktionalistischen Kategorien in Abgrenzung von der Kommunikation in der bürgerlichen Öffentlichkeit beschreibt: „Mehr Menschen wollen und müssen miteinander kommunizieren (auch unter dem Gesichtspunkt der Produktivitäts- und Profitmaximierung); [...] mehr Menschen müssen sich über dasselbe verständigen - aber über alles kann nicht zur selben

---

[13] Beck, *Risikogesellschaft*, und Schulze, *Erlebnisgesellschaft*.
[14] Allerdings ist die Bedeutung der Musikpresse für eine erfolgreiche Vermarktung von Schallplatten - im Vergleich zu den offensichtlich sehr wirkungsvollen Medien wie Radio und neuerdings Fernsehen (MTV, VIVA) - nicht unumstritten. Vergleiche dazu die Aufbereitung statistischen Materials bei Faulstich, *Auf dem Weg zur totalen Mediengesellschaft*, S. 123-127 und 132. In Denisoffs Buch über die Musikindustrie, *Tarnished Gold*, firmiert entsprechend das Kapitel, das sich mit der Rolle der Musikpresse im Prozeß der Verwertung des investierten Kapitals in Plattenproduktionen beschäftigt, unter dem Titel „Print: A Necessary Evil?". (S. 289-328)

Zeit gesprochen werden. Freilich wird die unumgängliche Organisierung nicht als solche, nicht interessenneutral, sondern zur Aufrechterhaltung einer bestimmten Sozialordnung durchgesetzt."[15] An Böckelmanns analytischen Scharfsinn reichen die in diesem Kontext obligatorisch zitierten Bücher von Habermas[16] und Negt/Kluge[17] nicht heran. Während Habermas' Ausführungen zur gegenwärtigen Situation massenmedialer Kommunikation analytische Genauigkeit vermissen lassen, statt dessen immer wieder einen demokratischen Idealismus beschwören, der sich der normativistischen Überhöhung der Frühformen bürgerlicher Öffentlichkeit verdankt, huldigen Negt/Kluge einer konkretistischen, anthropologisch-entfremdungstheoretischen Motiven des jungen Marx verpflichteten Erfahrungsmetaphysik. Wenn sich die Autoren an einigen Stellen auf neuere Medien und Formen der Öffentlichkeit einlassen, kommen sie über sozialpsychologische Gemeinplätze und die Konstruktion fiktiver Widersprüche nicht hinaus.[18] Ebenfalls um eine linke Variante zur traditionellen Kommunikationsforschung, die von staatlichen und privaten Interessen in Regie genommen wird, bemüht sich D. Prokop, der jedoch einer schlichten Analyse von Medienwirkungen verhaftet bleibt.[19]

Böckelmann unterscheidet also die der Massenkommunikation immanente von der „historisch-konkrete(n) Selektivität". Er betont, daß kommerzielle Interessen der hergestellten Öffentlichkeit nicht länger äußerlich sind: „Die 'Kommerzialisierung' der Presse und der audiovisuellen Medien beginnt aber nicht erst dort, wo die wirtschaftlichen Interessen der Medienunternehmer sich bewußt in Absatzstrategien umsetzen, und sie endet nicht dort, wo bestimmte Organe des kulturpolitischen Underground alle Inserate (bzw. bestimmte Inserate) ablehnen. [...] Auf die eine oder andere Weise werden alle Bedürfnisse 'künstlich' erzeugt und sind alle Handlungen und Zustände Akte des Warenkonsums. Begriffe wie 'Kulturindustrie' und 'Bewußtseinsindustrie' sind strenggenommen nicht differentiell."[20]

Der eigentliche Entstehungsprozeß der Musik, die als fertig abgemischte Studio- oder Live-Aufnahme das Muster für den dann anlaufenden Vervielfältigungsprozeß abgibt, ist immer noch eher durch Strukturen handwerklich-tech-

---

[15] Böckelmann 1975, S. 17.
[16] J. Habermas, *Strukturwandel der Öffentlichkeit*.
[17] Negt, Kluge, *Öffentlichkeit und Erfahrung*.
[18] Vergleiche z.B. ebd., S. 184-191.
[19] Prokop, *Massenkultur und Spontaneität* und *Faszination und Langeweile*. Vergleiche auch seine aktuelle, enzyklopädisch angelegte Publikation aus dem Jahre 1995, *Medien-Macht und Medien-Wirkung*.
[20] Böckelmann, *Theorie der Massenkommunikation*, S. 30, Fußnote. Eine liberale, solide argumentierende, wenn auch wenig aktuelle Zusammenfassung des Forschungsstandes in diesem wissenschaftlichen Feld, die sich z.B. von den Spekulationen McLuhans (vergleiche dazu die aktuelle Ausgabe zentraler Texte des Autors in *Medien verstehen. Der McLuhan-Reader*), welche ja heute wieder in medientheoretischen Zirkeln (vergleiche Agentur Bilwet, *Medien-Archiv*) als revolutionäre Einsichten gefeiert werden, in keiner Weise beeindrucken läßt, findet sich bei F. Ronneberger, *Sozialisation durch Massenkommunikation*.

nischer Arbeit gekennzeichnet. Die ideologische Überfrachtung der Popmusik - besonders ihrer sich selbst als Rock bezeichnenden Varianten - verdankt sich nicht unwesentlich einer Dämonisierung bzw. Idealisierung ihres ökonomischen Funktionierens als produktive und unproduktive Arbeit. Die auf der Straße oder in nicht-kommerziellen Veranstaltungen dargebotenen musikalischen Leistungen werden als mehr oder weniger angenehme Dienstleistung vom Publikum umgehend konsumiert und die Musiker für ihre Dienste durch angemessene Unkostenbeiträge entschädigt. Wie groß auch immer das Vergnügen war, das die Musiker dem Publikum bereitet haben: ökonomisch betrachtet wurde ausschließlich unproduktive Arbeit geleistet. Ganz anders jedoch stellt sich die Situation im Falle von Schallplattenaufnahmen und eines kommerziellen Konzertbetriebs dar. Als Resultate vorgeschossenen Kapitals und angewandter Arbeitskraft von Musikern, Technikern und Arbeitern sind Schallplatten und Konzerte produktive Arbeit, die bei entsprechendem Plattenverkauf und Konzertbesuch einen gewissen Profit abwerfen. Journalisten und andere Autoren, die der Rockmusik eine authentische rebellische Aura verleihen wollen, neigen zu einer Fetischisierung all jener Elemente, die die Musik tatsächlich oder nur mit dem Schein unproduktiver Arbeit ausstaffieren: kleine Clubs, akustische Instrumente, kleine Labels mit kleinen Stückzahlen usw.[21]

An einer marxistischen Ableitung der Ökonomie der Musikproduktion mit Blick auf den Fall der E-Musik versuchen sich Ch. Kaden[22] und H G Helms.[23] Der sinnvolle Rekurs auf einschlägige Ausführungen von Marx/Engels erstarrt bei Helms zur verdinglichenden Rede über das ungreifbare Walten imaginärer gesellschaftlicher Großsubjekte („die Bourgeoisie"). Kaden argumentiert zwar differenzierter, läßt sich jedoch nur beiläufig auf die Situation im 20. Jahrhundert ein. Sein defensiver, realsozialistischer Schluß lautet: „Gewiß, vor allem die sozialistischen Länder haben durch kluge Subventionspolitik und ein vielfächriges Auftragswesen manches für die materielle Situation des Komponisten getan. Da sie gleichzeitig jedoch, zumindest im Urheberrecht, mit den Musikverhältnissen kapitalistischer Länder sich liieren müssen - wer Musik der Welt spielen und in aller Welt gespielt sein will, hat die Regeln des Weltmusikmarktes zu respektieren -, ist auch in ihnen der Zwitterstatus des Komponisten, als Warenproduzent und als Nicht-Warenproduzent, erhalten geblieben. Vielleicht wird erst eine kommunistische Gesellschaft, die aus dem vollen schöpft und kein Tauschgeschäft mehr nötig hat, dieser Zwittrigkeit ihr wohlverdientes Ende bereiten."[24]

Gegen eine kulturidealistische Betrachtungsweise, die sich an der Konsumentensouveränität berauscht, die vorliegenden Produkte entweder je nach Belieben feiern oder verwerfen zu können, und sich geflissentlich über einige un-

---

[21] Vergleiche die Ausführungen von Marx über produktive und unproduktive Arbeit in *Grundrisse der Kritik der politischen Ökonomie*, S. 226f.
[22] Kaden, *Musiksoziologie*, S. 240-250.
[23] Helms, *Zu den ökonomischen Bedingungen der neuen Musik*.
[24] Kaden, *Musiksoziologie*, S. 249f.

angenehme Aspekte ihrer Herstellung und der materiellen Voraussetzungen ihrer Konsumtion hinwegsetzt, gilt es den ökonomischen Zusammenhang der Produktion, Distribution und des Konsums von Popmusik im Auge zu behalten. So ist folgender Vorgang zu gewärtigen, der sich mit leichten Variationen im Musikgeschäft immer wieder abspielt: eine Musikerin stellt ihre Arbeitskraft (u.a. musiktechnisches Können, kompositorisch-literarisches Talent, Aussehen) zur Verfügung, die von interessierten Plattenfirmen, Konzertagenturen etc. angeeignet und in konsumierbaren Produkten (Tonträger, Veranstaltungen) vergegenständlicht wird. Mit dem vereinseitigten Interesse an Vielfältigkeit, Unausrechenbarkeit des kulturellen Konsums gerieten jene Zusammenhänge und Sachverhalte in den Hintergrund, die immer noch die Voraussetzungen für die Aktivitäten der Konsumenten abgeben: ökonomische und politische Machtverhältnisse und ihre juristische Absicherung in gesetzlichen Regelungen. Spielräume für abweichenden Konsum sind nur dann ohne mystifizierende Überhöhung halbwegs angemessen zu beschreiben, wenn die Faktizität des ungleichen Verhältnisses zwischen machtvollen staatlichen Institutionen und privaten Unternehmungen und den individualisierten Abnehmern ihrer Produkte unmißverständlich anerkannt wird. So läßt sich die Geschichte der Schallplattenindustrie als die einer profitablen, mit juristischen und politischen Maßnahmen operierenden Nutzbarmachung technologischer Innovationen schreiben.[25] Besondere Aufmerksamkeit verdient dabei die historische Entwicklung des Urheberrechts in der Musikindustrie. Simon Frith entfaltet die These, daß sich das musikalische Urheberrecht an seinen historischen Vorgänger im Bereich der literarischen Produktion orientiert: „[...] copyright law defines music in terms of nineteenth-century Western conventions [...]." Die speziell in der Popmusik entscheidende Bedeutung dessen, was ein Musikstück den spezifischen Aufnahmetechniken und Spielfertigkeiten der beteiligten Musiker, Produzenten und Tontechniker verdankt, dem abkürzend als Sound bezeichneten Komplex, finde keine Berücksichtigung im Rahmen des rechtlichen Schutzes, den das Urheberrecht gewährt. Daß Sound einen solchen Schutz nicht genießt, machte z.B. in den fünfziger Jahren die Produktion von weißen Coverversionen geeigneter R 'n' B-Titel zu einem lukrativen Geschäft: „There can be copyright in the arrangement of a piece of music (if it involves sufficient 'skill and labour') but not in particular instrumental sounds or rhythmic combinations. Bo Diddley, for example, could not copyright the familiar Bo Diddley beat [...]."[26] Eine Zuspitzung erfuhr der Streit um Fragen des musikalischen Urheber-

---

25 Frith, *Art Versus Technology*.
26 Frith., *Copyright and the Music Business*, S. 63. In unterschiedlichen theoretischen Kontexten hat sich Gerhard Plumpe der juristischen und ästhetischen Bedeutung des Urheberrechts für literarische Produktion seit der zweiten Hälfte des 18. Jahrhunderts, für „Lichtbildwerke" seit Mitte des 19. Jahrhunderts und seiner gegenwärtigen Probleme bei der Bestimmung des Schöpfers unter Bedingungen aktueller computergestützter Texterzeugung angenommen. (vergleiche ders., *Der Autor als Rechtssubjekt*, S. 179-193, ders., *Kunst und juristischer Diskurs*, S. 330-345, ders., *Der tote Blick*, S. 53-65, und ders., *Ästhetische Kommunikation der Moderne*, Band 1, S. 42-45) Das beigebrachte, überzeugende Belegmaterial wird in der These pointiert, „daß auf die *Frage des Rechts, wie geistiges*

rechts in der Popmusik im Zuge des Aufkommens der Cut- und Sample-Technik, die eine Zitation bereits fertigen Klangmaterials ermöglichte, die in Techno und HipHop konstitutiver Bestandteil des musikalischen Idioms ist.

Steve Jones[27] beleuchtet den vergleichsweise aktuellen Stand der Rechtsprechung. Mit dem Titel seines Beitrages, der auf die bekannte Single „I Fought The Law" von The Clash anspielt, bekundet der Autor zwar Sympathie für das subversive, anarchische Moment von Punk, er läßt jedoch keinen Zweifel daran, daß die maßgeblichen Akteure im Streit um Recht und Gesetz mächtige staatliche Instanzen und privatwirtschaftlich organisierte ökonomische Interessenten sind. Auch J.J. Beadle[28] kokettiert in jenem Abschnitt seines Essays, der sich rechtlichen Fragen von „Pop Music in the Soundbite Era" widmet, mit einer Anspielung auf den erwähnten Clash-Titel: „And the Law Won (but the Jury is Still Out)". Zu seiner großen Überraschung muß nämlich Beadle feststellen: „To date (Ende 1991, R.H.) no breach of copyright involving sampling has reached court in the UK. To date every breach of copyright involving sampling in the UK has been settled out of court."[29]

Postmoderne Vorstellungen über die Einführung der Sample-Technologie, die W. Benjamins Hoffnung auf einen radikalen Einschnitt in der Produktion und Rezeption ästhetischer Artefakte anläßlich des Tonfilms fünfzig Jahre zuvor in „Das Kunstwerk im Zeitalter seiner technischen Reproduzierbarkeit"[30] zeitgemäß reproduzieren, entdramatisiert Andrew Goodwin: „Pop might be eating itself, but the old ideologies and aesthetics are still on the menu."[31] Auch der britische Popjournalist Simon Reynolds täuscht sich nicht über die kulturrevolutionären Auswirkungen der Sampling-Technologie: „The sampler is not a kidney-machine to give new life to the punk values of groundswell, breakthrough, subversion, a merry street of dance egalitarianism." Dennoch könnte die Popmusik mit dieser Technik zu einer Revitalisierung avantgardistischer Impulse gelangen: „Sampling should not be the cue for pop to eat itself so much as to breach itself. Sampling can mean disorientation, expansion, the disruption and death of the song, sonic architecture, futurism."[32] In seiner Zusammenfassung dieser Diskussion macht es sich U. Poschardt zu einfach, wenn er Reynolds als Vertreter eines „gemäßigten Traditionalismus" einführt, den die Perspektive einer „herzlose(n) futuristische(n) Welt" ängstige. Gegen die treuherzige Annahme, „daß sowohl House als auch Hip-Hop Sampling zur Konstruktion und nicht zur Dekonstruktion von Bewußt-

---

Eigentum möglich sei, eine Antwort gegeben wurde, die wesentliche Bestimmungen des ästhetischen Diskurses vor- und mitformulierte." (Plumpe, *Der tote Blick*, S. 64) Zweifelhaft ist dabei die allzu schwache Gewichtung ökonomischer Zwänge und Interessen für eine juristische Kodifizierung des geistigen Eigentums.
[27] Steve Jones, *Who Fought The Law?*
[28] Beadle, *Will Pop Eat Itself?*
[29] Ebd., S. 199.
[30] Benjamin, *Das Kunstwerk*, S. 7-45.
[31] A. Goodwin, *Sample and Hold*, S. 272.
[32] Reynolds, *Blissed Out*, S. 171.

sein genutzt haben",[33] behält Reynolds' illusionslose, wenn auch feuilletonistisch verbrämte, Beschränkung auf das ästhetische Potential der neuen Technologie recht.

Die Musikindustrie, so Frith, sei heute nur noch bedingt vom Verkauf von Schallplatten abhängig, da Musik sich als ausgezeichnetes und vielfältig einsetzbares Mittel der Verkaufsförderung bewährt habe. „The musical commodity can circulate within the media, generating income from the exploitation of performing rights alone." Durch politische, ökonomische Interessenunterschiede zwischen konkurrierenden Nationen und Unternehmen gerate das musikalische Urheberrecht zu einer umstrittenen Angelegenheit. Das Konglomerat aus großer Musikindustrie als Inhaber von Rechtstiteln, aus internationalen Medienkonzernen, die als ihr Hauptkunde auftreten, habe mit Widerständen zu rechnen, die kleinere Nationen mit ihren speziellen Vorkehrungen zum Schutz ihres jeweiligen nationalen Kulturschaffens dem Interesse der multinationalen Kulturindustrie an einer weltweiten Marktpenetration ihrer Produkte entgegensetzen. Der schlichte Umstand, daß Urheberrechtsfragen Gegenstand der politischen und ökonomischen Auseinandersetzung sind, ist für Frith Anlaß für reichlich abstrakte Hoffnungen: „[...] the technological changes that given moguls like Rupert Murdoch and Richard Branson their opportunity to dominate our leisure opportunities have also give us the means to resist them. And in this struggle copyright law is a decidedly double-edged weapon."[34]

Anstatt sich müßiger Spekulation über Widerstandsmöglichkeiten der vereinzelten Konsumenten angesichts der Entfaltung der Produktivkräfte hinzugeben, scheint es sinnvoll, sich etwas genauer der kapitalistischen Produktionsverhältnisse anzunehmen, um dann zu einer begründeten Einschätzung gelangen zu können, welche Macht die lohn- und gehaltsabhängige Bevölkerung auf dem Felde des Konsums den Eigentümern der begehrten, käuflich zu erwerbenden Güter und Dienstleistungen entgegenzusetzen hat. Zunächst ist daran zu erinnern, was Marx über den Kauf und Verkauf der Arbeitskraft als Bedingung kapitalistischen Wirtschaftens ausführt. Die profitable Selbstbezüglichkeit des Kapitals, der Wert als „automatisches Subjekt", das Geld als „geldheckendes Geld", setzt den gewohnheitsmäßigen und unproblematischen Kauf einer Ware besonderer Art voraus: „[...] unser Geldbesitzer (müßte) so glücklich sein, innerhalb der Zirkulationssphäre, auf dem Markt, eine Ware zu entdecken, deren Gebrauchswert selbst die eigentümliche Beschaffenheit besäße, Quelle von Wert zu sein, deren wirklicher Verbrauch also selbst Vergegenständlichung von Arbeit wäre, daher Wertschöpfung. Und der Geldbesitzer findet auf dem Markt eine solche spezifische Ware vor - das Arbeitsvermögen oder die Arbeitskraft." Sie ist für Marx der „Inbegriff der physischen und geistigen Fähigkeiten, die in der Leiblichkeit, der lebendigen Persönlichkeit eines Menschen existieren und die er in Bewegung setzt, sooft er Gebrauchswerte irgendeiner Art produziert." Sich dieser Potenzen

---

[33] Poschardt, *DJ-Culture*, S. 278 und 279.
[34] Frith, Video Pop, S. 73 und 74.

durch Kauf von Arbeitskraft zu bemächtigen, ist vorrangiges Ziel des Kapitalbesitzers: „Das Kapital hat aber einen einzigen Lebenstrieb, den Trieb, sich zu verwerten, Mehrwert zu schaffen, mit seinem konstanten Teil, den Produktionsmitteln, die größtmögliche Masse Mehrarbeit einzusaugen. Das Kapital ist verstorbne Arbeit, die sich nur vampyrmäßig belebt durch Einsaugung lebendiger Arbeit und um so mehr lebt, je mehr sie davon einsaugt."[35]

In ihrem weitverbreiteten und immer wieder neu aufgelegten Handbuch für Musiker schreiben S. Shemel und M.W. Krasilovsky: „A recording agreement is an employment contract, and the results and proceeds of the artists' services, unless otherwise provided, will belong to the record company. The artist retains no interest in the physical tapes or masters, and is restricted to a claim for compensation and royalties."[36] Die Aneignung, Ausbeutung und Verwertung dieser Dienstleistung durch die Musikindustrie[37] verlangt einen mehr oder weniger kapitalintensiven Einsatz aufwendiger Produktionsmittel (u.a. Instrumente, Studios, Plattenpresswerke). Das Studiopersonal und die Beschäftigten in der Fabrikation und ästhetischen Gestaltung von Compact Discs, Vinyl und Verpackungsmaterial (Cover) verausgaben ihre Arbeitskraft und damit weitere Mehrarbeit in das entstehende Wertprodukt.[38] Marx beschreibt die Funktionsweise solcher Vorgänge so: „Der Geldbesitzer hat den Tageswert der Arbeitskraft gezahlt; ihm ge-

---

[35] MEW, *Das Kapital*, 1. Band, S. 169, 170, 181 und 247.

[36] Shemel/Krasilovsky, *This Business of Music*, S. 10; dort findet sich auch die Standardausführung eines Plattenvertrags, ebd., S. 401-403. W. Born mahnt in der Gestaltung von Auftrittsverträgen für Rock- und Popmusiker zur juristischen Anerkennung der kapitalistischen Wirklichkeit mit ihrer Allgegenwart von Werbung: „[...] man (sollte) sich von dem überlieferten und realitätsfremden Idealbild der künstlerischen Leistung (trennen), welches der Vermarktung von Kunstwerken grundsätzlich ablehnend gegenübersteht und akzeptieren, daß sich das Musikgeschäft von anderen Geschäften im Wirtschaftsverkehr nicht unterscheidet." (Born, *Der Auftrittsvertrag*, S. 152; seinen Vorschlag für einen Mustervertrag legt der Autor im Anhang vor, S. 190-195)

[37] H. Hirsch, *Schallplatten zwischen Kunst und Kommerz*, S. 11-55, möchte seine theoretisch anspruchslosen, partiell informativen, jedoch affirmativ auf die Interessen der Musikindustrie festgelegten Beiträge gerne als „Antwort der Praxis" (ebd., S. 10) auf abgehobene theoretische Betrachtungen über die Musikindustrie verstanden wissen. Mit den Mitteln der funktionalistischen Organisationstheorie nähert sich P.M. Hirsch in seinem klassischen Aufsatz *Processing Fads and Fashions* aus dem Jahre 1972 den Abläufen, Berechnungen und Unwägbarkeiten, die das Musikgeschäft mit sich bringt. Aktuellere Versuche, dem Publikum die Funktionsweise der Musikindustrie verständlich zu machen, fügen den bis Mitte der siebziger Jahre versammelten Gesichtspunkten nichts Neues hinzu. (vergleiche z.B. Ryan, *Making Capital from Culture*, und Negus, *Producing Pop*)

[38] Kritische Bemerkungen zu einer mehrwerttheoretischen Ableitung der Funktionsweise von Kulturwaren macht P. Willis: „Gewiß läßt sich aus der Produktion von Kulturwaren Mehrwert herausholen. Es ist aber alles andere als klar, wie sich die Arbeitswerttheorie bei der Erklärung der Ausbeutung der in ihrer Produktion ursprünglich verausgabten Arbeit bewährt, weil die - wie auch immer intensivierte - vergegenständlichte Arbeitszeit hier sehr gering sein kann." (Willis, *Jugend-Stile*, S. 162, Anmerkung 3) Dieser Einwand besagt jedoch nicht mehr, als daß auf die warenspezifischen Eigentümlichkeiten bei der Erzeugung von Mehrwert einzugehen ist. Willis zielt aber mit seiner Kritik auf eine generelle kulturalistische Wendung: „Bei den Kulturwaren müßte sich unser Interesse, müßte die politische Intervention und Anteilnahme sich weniger auf das beziehen, was vor oder während der Herstellung geschieht, sondern auf das, was danach passiert." (ebd., S. 162f.)

hört daher ihr Gebrauch während des Tages [...]. Der Umstand, daß die tägliche Erhaltung der Arbeitskraft nur einen halben Arbeitstag kostet, obgleich die Arbeitskraft einen ganzen Tag wirken, arbeiten kann, daß daher der Wert, den ihr Gebrauch während eines Tages schafft, doppelt so groß ist als ihr eigner Tauschwert, ist ein besondres Glück für den Käufer, aber durchaus kein Unrecht gegen den Verkäufer."[39] Marx stilisiert die Auseinandersetzung zwischen Kapital und Arbeit über die Länge des Arbeitstags, in der sich der „Kapitalistenheißhunger nach Mehrarbeit", weiter unten spricht Marx gar vom „Werwolfsheißhunger für Mehrarbeit", und das Interesse der Verkäufer von Arbeitskraft nach „gesunder Erhaltung des Körpers" gegenüberstehen, als „Antinomie", in der also „Recht wider Recht" steht: „Zwischen gleichen Rechten entscheidet die Gewalt. Und so stellt sich in der Geschichte der kapitalistischen Produktion die Normierung des Arbeitstags als Kampf um die Schranken des Arbeitstags dar - ein Kampf zwischen dem Gesamtkapitalisten, d.h. der Klasse der Kapitalisten, und dem Gesamtarbeiter, oder der Arbeiterklasse."[40] Vor allem der Widerspruch zwischen dem Interesse des Staates als 'ideellen Gesamtkapitalisten', dem daran gelegen ist, die Bedingungen für eine kontinuierliche kapitalistische Benutzung der Arbeitskraft zu sichern, und dem kurzfristigen und schrankenlosen „Werwolfshunger für Mehrarbeit" des Einzelkapitalisten hat den Bemühungen der Arbeiter um Arbeitszeitverkürzungen gewisse Erfolge eingebracht. Da also eine absolute Verlängerung des Arbeitstages hinfällig geworden ist, konzentrieren sich Staat und Wirtschaft auf Maßnahmen zur Verdichtung und Flexibilisierung der Arbeitszeiten.

Marx vermeidet eine moralisierende Betrachtungsweise des Konflikts zwischen Kapitalinteressen und den Interessen der lohnabhängigen Arbeitskräfte, die einer reformistischen Strategie zur partiellen Verbesserung der rechtlichen Situation der Arbeiterschaft gemäß ist, aber nicht dem Programm einer revolutionären Veränderung der Produktionsverhältnisse. Marx' Parteinahme für die Interessen der Arbeiterklasse will nicht deren höhere moralische Berechtigung einklagen, sondern eine Beschreibung der Lebenssituation der Lohnabhängigen in einem Vokabular liefern, das im selbstbewußten Kampf gegen die ihnen aufgenötigte Ausbeutung und Armut zugleich analytisch und polemisch zu gebrauchen ist. Nach Marxens bekannter Bestimmung macht die Mehrarbeit jenen Teil der Arbeitszeit aus, der über die Zeit zur Produktion der zur Wiederherstellung der Arbeitskraft notwendigen Güter (notwendige Arbeitszeit) hinausreicht. Im 'Kapital' finden sich die bekannten Differenzierungen zwischen den unterschiedlichen Teilen der Arbeitszeit. Die Phase der notwendigen Arbeit ist dazu bestimmt, „daß der Arbeiter während eines Abschnitts des Arbeitsprozesses nur den Wert seiner Arbeitskraft produziert, d.h. den Wert seiner notwendigen Lebensmittel." Deren Maß läßt sich nicht aus der Natur des Arbeiters ableiten, sondern ist von historisch und kulturell variierenden Bestimmungen abhängig, was jeweils zu den 'notwendigen Lebensmitteln' gehört. Der für die zur Verfügung gestellte

---

[39] Marx, *Das Kapital, 1. Band*, S. 208.
[40] Ebd., S. 254, 258, 280 und 249.

Arbeitskraft gezahlte Lohn läßt, vermittelt über sein jeweiliges 'historisch-moralisches Element', durchaus eine bescheidene Teilhabe der Lohnabhängigen an den neueren Errungenschaften des Konsums zu: „Andererseits ist der Umfang sog. notwendiger Bedürfnisse, wie die Art ihrer Befriedigung, selbst ein historisches Produkt und hängt daher größtenteils von der Kulturstufe eines Landes, unter andrem auch wesentlich davon ab, unter welchen Bedingungen, und daher mit welchen Gewohnheiten und Lebensansprüchen die Klasse der freien Arbeiter sich gebildet hat. Im Gegensatz zu den andren Waren enthält also die Wertbestimmung der Arbeitskraft ein historisches und moralisches Element."[41] Ein solches räumen bereits die klassischen Vertreter der von Marx kritisierten bürgerlichen politischen Ökonomie ein. D. Ricardo spricht davon, „daß der natürliche Preis der Arbeit" auch „von den Gewohnheiten und Gebräuchen des Volkes"[42] abhängt; A. Smith gesteht ebenfalls einen Spielraum für Lohnschwankungen ein.[43]

Die Mehrarbeit charakterisiert Marx so: „Die zweite Periode des Arbeitsprozesses, die der Arbeiter über die Grenzen der notwendigen Arbeit hinaus schanzt, kostet ihm zwar Arbeit, Verausgabung von Arbeitskraft, bildet aber keinen Wert für ihn. Sie bildet Mehrwert, der den Kapitalisten mit allem Reiz einer Schöpfung aus Nichts anlacht. Diesen Teil des Arbeitstages nenne ich Surplusarbeitszeit, und die in ihr verausgabte Arbeit: Mehrarbeit (surplus labour)." Und: „Durch die Betätigung der Arbeitskraft wird also nicht nur ihr eigner Wert reproduziert, sondern ein überschüssiger Wert produziert. Dieser Mehrwert bildet den Überschuß des Produktenwerts über den Wert der verzehrten Produktbildner, d.h. der Produktionsmittel und der Arbeitskraft."[44] Marxens bürgerliche Referenzautoren Smith und Ricardo haben unterschiedliche und heute noch mehr oder weniger zeitgemäße Vorstellungen vom gebotenen Umgang mit dem kapitalistischen Verzehr menschlicher Arbeitskraft. Ricardo vertritt einen mittlerweile ideologisch nicht mehr opportunen rücksichtslosen Wirtschaftsliberalismus.[45] Smith hingegen bekundet eine recht zeitgemäße, aristotelisch inspirierte, paternalistische Sorge für diejenigen, die im Streben nach befriedigendem Lohn „ihre Gesundheit durch Überanstrengung ruiniert haben".[46] Ein bürgerlicher Ökonom des 20. Jahrhunderts wie Schumpeter übergeht kurzerhand den realen Produktionsprozeß zugunsten einer Apotheose der unternehmerischen „Persönlichkeit" und ihrer „Vision"; er verzweifelt dann am „ökonomische(n) Prozeß, der die Stellung der Bourgeoisie unterhöhlt, indem er die Bedeutung der Unternehmer- und der Kapitalistenfunktion vermindert [...] und eine Atmosphäre der Feindseligkeit schafft". Zu dieser

---

[41] Ebd., S. 230 und 185, vergleiche auch S. 246f.
[42] Ricardo, *Grundsätze der politischen Ökonomie*, S. 87f.
[43] A. Smith, *Der Wohlstand der Nationen*, S. 67.
[44] Marx, *Das Kapital*, 1. Band, S. 231 und 223.
[45] Vergleiche Ricardo, *Grundsätze der politischen Ökonomie*, S. 89f und 90.
[46] A. Smith, *Wohlstand der Nationen*, S. 71f.

trage nicht unwesentlich „der stetig steigende Lebensstandard" der Arbeiter bei, der „das beste Rezept zur Erzeugung sozialer Unruhe" sei.[47]

Festzuhalten bleibt, daß die Arbeitskraft von Musikern und Lohnabhängigen in je unterschiedlichen Phasen des Produktionsprozesses in das entstehende Produkt eingeht, welches dann als Ware zum Gegenstand der ausschließenden privaten Verwertung und Nutzung durch jene wird, die als Besitzer der Produktionsmittel oder als deren rechtlich sanktionierte Stellvertreter fungieren. Deren Investition in Produktionstechnologie und Arbeitskraft, die Anlage eines Kapitals mit fixen und variablen Bestandteilen muß sich nun in der Verwertung der fertiggestellten Produkte als tatsächlich profitables Geschäft erweisen. Dazu ist es erforderlich, daß die auf den Markt geworfenen Waren in einem möglichst großen Umfang kaufkräftige Nachfrage anziehen. Damit das einem Einzelkapital im Wettstreit mit den konkurrierenden Angeboten anderer Einzelkapitale gelingt, ergreift es mehr oder weniger intensive und flächendeckende Marketing-und PR-Maßnahmen, die nicht unwesentliche weitere Kapitalaufwendungen erfordern. Dadurch soll sein spezielles Warenangebot ins rechte Licht gerückt werden, was zumindest die Wahrscheinlichkeit eines erfolgreichen Geschäfts erhöht, dieses freilich auch bei größtem Werbeaufwand nicht erzwingen kann.

Böckelmann betont, daß „die in den Konsumzusammenhang eingebettete Öffentlichkeit in allen kommunizierten Inhalten einseitige Verbrauchererziehung (betreibt). Nicht nur Werbesendungen, sondern auch Unterhaltung, Kommentar und Information führen ihre Angebote vor und schaffen so Ad-hoc-Öffentlichkeiten, die im Bewußtsein der Medienverbraucher zu einer einzigen zusammenfließen. Plebiszitäre Zustimmung wird den werbeorientierten Inhalten nicht erst durch spätere Kaufentscheidungen, sondern bereits durch die Rezeptionsprozesse zuteil [...]."[48] Erzeugte Aufmerksamkeit in Abschöpfung von zahlungskräftiger Kaufkraft zu verwandeln, gelingt freilich nur, wenn die medial repräsentierten und explizit beworbenen Waren rechtzeitig und in geeigneten Mengen im Handel auftauchen, wofür ein flächendeckendes Vertriebsnetz und gut bestückte Läden benötigt werden.[49] Nachhaltige Veränderungen im Warensortiment der Plattengeschäfte, die die Entstehung internationaler Handelsketten im Schallplattenverkauf begünstigt haben, ergaben sich durch den Niedergang der Single, im Zuge des Durchbruchs der CD, durch die Omnipräsenz von Musik-Videos, durch den wachsenden Stellenwert des Verkaufs von Merchandising-Produkten (u.a. T-Shirts und andere Kleidungsstücke mit Motiven der jeweiligen Lieblingsmusiker).[50] Ausgehend von den erwähnten Veränderungen in der Vermarktung von Popmusik gelangt Frith zu einem Bild der gegenwärtigen „leisure economy", welches auf der falschen Prämisse beruht, daß die „relations of consumption" zu

---

[47] Schumpeter, *Kapitalismus, Sozialismus und Demokratie*, S. 216, 261 und 234f.
[48] Böckelmann, *Theorie der Massenkommunikation*, S 29.
[49] Die Entwicklung des Schallplattenhandels in England bis zur Mitte der achtziger Jahre skizziert Qualen, *The Music Industry*, S. 23-28. In den letzten zehn Jahren wird der Schallplattenhandel auch in der Bundesrepublik durch kapitalkräftige Ladenketten dominiert.
[50] Vergleiche Frith, *Video Pop*, S. 3-4 und 88-130.

einem genauso wichtigen Teil der Klassenauseinandersetzung wie die „relations of production" geworden sein sollen.[51] So variiert Frith zum einen die in den frühen neunziger Jahren immer wieder bemühte Generation X - These: „But in the leisure economy projected for the 1990s young people will be the workers - low paid, low skilled, subservient. Pleasure will be an adult privilege, a mark of economic power, class status and moral superiority." Zum anderen aber, wohl um die heraufbeschworene Allmacht von Staat und Kapital abzuschwächen, begnügt sich Frith mit folgender Binsenweisheit: „[...] 'the leisure economy' is thus dependent on essentially unstable, individual, market needs and choices."[52]

W. Straw sieht die Entwicklung des „record superstore" im Zusammenhang mit der „ascendant popularity of mammoth, warehouse retail outlets" und mit der Tendenz zur Konzentration im Tonträgergeschäft. Darüber hinaus seien die neuen Plattengeschäfte „an architectural expression of the broader reordering which has gone on within the culture of popular music - one through which musical tastes and consumption habits have come to be fragmented, distributed across an expanding array of niches." Diese neuere Situation auf dem Musikmarkt, die sich am 'point of sale' des Schallplattengeschäfts spiegele, veranlaßt Straw zum nostalgischen, resignativen Sinnen über deren ästhetische Konsequenz: „What has been lost, arguably, are those (political ambiguous) moments of crossover or convergence which regularly undermined music's usual tendency to reinforce social and racial insularity. Stumbling around the record superstore, 'lost, driven crazy', the paths we follow are likely, nevertheless, to map the stubborn lines of social division."[53]

Neben den Märkten, die über große Verkaufsflächen verfügen, hat sich im Gefolge neuerer musikalischer Richtungen seit den späten siebziger Jahren eine Vielzahl kleinerer Läden etabliert, in denen auch sehr abgelegene und nur in kleinen Stückzahlen aufgelegte Platten zu kaufen sind. Dieses Sortiment wird von einer Vielzahl sehr heterogen strukturierter Kleinunternehmen geliefert, deren Besitzer entsprechend recht unterschiedliche Ambitionen hegen. Einige sind auf der Suche nach einer lukrativen Marktlücke, um auch langfristig zur Phalanx der großen Firmen aufzuschließen, andere begnügen sich damit, daß sie aus ihrer Begeisterung für eine bestimmte Musik einen Beruf machen können, der bestenfalls einen bescheidenen Lebensunterhalt ermöglicht. Diese ökonomischen Nischen firmieren üblicherweise als Independent-Labels (auch kurz 'Indies' genannt). Das Verhältnis der großen Medienkonzerne zu dieser Konkurrenz richtet sich danach, welche ökonomischen Ertragschancen deren Acts in Aussicht stellen: harter Verdrängungswettbewerb, Aufkauf vielversprechender Acts und scheinbar indifferentes Gewährenlassen wechseln einander ab. Solange bei den Produkten der 'Indies' kleine Stückzahlen zu erwarten sind, ist das Interesse des Großkapitals gering. Eine kontinuierliche Beobachtung des Treibens in den Rand-

---

[51] Frith, *Frankie said*, S. 180.
[52] Ebd., S. 180 und 181.
[53] Straw, *'Organized Disorder'*, S. 58f., 59 und 64f.

bezirken der Popmusik hat sich allerdings für die großen Firmen als sinnvoll erwiesen. Nur wer möglichst früh erfolgsträchtige Produktreihen vermarktet, kann Marktanteile stabilisieren oder gar erweitern. Von ganz besonderem Interesse für die marktbeherrschenden Firmen sind jedoch vor allem aufstrebende Newcomer, die bis dato bei einer kleinen Plattenfirma unter Vertrag stehen: sie werden auf mehr oder weniger aggressive Weise aus ihren rechtlichen Bindungen herausgelöst, ins eigene Unternehmen eingegliedert und zukünftig mit der Wucht geballter Kapitalkraft vermarktet. S. Frith hebt die ungleiche Komplementarität zwischen den marktführenden und den randständigen Firmen hervor: „From the capitalist's point of view the sensible long-term strategy is to control the means of transmission and distribution [...] and to leave the risk of cultural production to small, more competitive business. This has certainly been the record industry strategy: in the last ten years the major companies have consolidated their control of manufacture and distribution of records, tapes and videos while leaving more and more of the musical enterprise to the 'independent'."[54] Deren Geschäft fußt vielfach auf Selbstausbeutung der Besitzer, Mitarbeiter und Musiker im Namen von Selbstverwirklichung und weniger entfremdeter Arbeit. Moralischer Rigorismus in Indie- und Fanzine-Kreisen, der Abweichungen vom Subsistenzniveau verketzert, gelegentlich linksradikale, anarchistische Züge aufweist, findet einen geeigneten Nährboden in den materiellen und sozio-kulturellen Existenzbedingungen der pauperisierten, bohemistischen Fraktion des neuen Kleinbürgertums.[55]

Die von kleinen Firmen organisierte Vermarktung von Waren, die auch ungewöhnliche Vorlieben bedienen, überlagert sich oft mit politisch radikaler und prophetisch-kulturrevolutionärer Rhetorik. Übertriebene ästhetische Hoffnungen in die Produktion dieser Firmen, wie sie bei Cutler und Attali zu finden sind, kontrastiert Georgina Born mit einem „more prosaic view": „[...] all three musics („1960s free jazz to 1970s experimental rock to late 1970s punk and new wave", R.H.) were petty capitalist forms of enterprise in the small-scale sector, engaged in reproducing their position as small and specialist markets, with political rhetoric, avantgardist styles and semiotics as their selling points."[56]

---

[54] Frith, *Frankie said*, S. 181; den Marktanteil der großen Firmen beziffert Qualen, *The Music Industry*, S. 4, im Hinblick auf England mit 70%, der allerdings bei Berücksichtigung ihrer Position in der Herstellung und im Vertrieb auf 90% steige. Ein Blick in „Das Nachrichtenmagazin für die Musikbranche" verdeutlicht, daß ca. 85% der meistverkauften Schallplatten in Deutschland von den auch weltweit fünf größten Firmen (Sony Music, BMG Ariola, Warner Music, PolyGram und EMI/Virgin) vertrieben werden (*MUSIKWOCHE*, 1. Jg., 1993, Nr. 33, S. 40). Weitere aufschlußreiche Angaben zu den Verhältnissen auf dem bundesdeutschen Musikmarkt finden sich bei Faulstich, *Auf dem Weg zur totalen Mediengesellschaft*, S. 113-115); zur Situation auf dem Weltmarkt siehe Garofalo, *Whose World, What Beat*.
[55] Diese Gruppe findet bei Bourdieu - im Gegensatz zu den eingehenden Ausführungen über jene Fraktion des neuen Kleinbürgertums, deren Aspirationen unumwunden auf gesellschaftliche Respektabilität ausgerichtet sind - nur in wenigen Andeutungen Berücksichtigung; vergleiche ders., *Die feinen Unterschiede*, S. 149, 237, 242f., 247f. und 259f.
[56] Born, *Modern Music Culture*, S. 71. Die Autorin bezieht sich auf Chris Cutler, *File Under Popular*, und Jacques Attali, *Noise*. Letzterer entwirft in seiner 'Political Economy of Music' eine ge-

Die konventionelleren großen Anbieter, die ihre ökonomischen Investitionen auf der Basis verläßlicher Kalkulation zu tätigen versuchen, setzen ein Publikum voraus, das weniger erhabene Kaufgründe hat. Ein hinreichendes Maß an Homogenität und Konformität jener Motive, die den Absatz eines überschaubaren Warensortiments wahrscheinlich machen, erzeugen Agenturen wie Lohnarbeit, staatlich und privatrechtlich organisierte Institutionen wie Familie, Schule und Medien. Deren Beitrag zur Disziplinierung und Deformierung des Publikums in physischer wie psychischer Hinsicht macht die je individuelle Rezeption zu einer Größe, die berechenbar und mit geeigneten Themen zu bedienen ist. Das spezifische „Selektionsinteresse richtet sich nur auf das, was vorab als verallgemeinerungsfähig qualifiziert ist. Die 'individuelle Nutzung' unterbindet nicht den Ratifizierungsprozeß, der zur generellen Anerkennung von Themen führt, sondern setzt ihn fort." Diese allgemeine Bestimmung der Funktionsweise von Massenkommunikation wird durch Verweis auf die Rahmenbedingungen heutiger kapitalistischer Gesellschaften spezifiziert: „Politisches System und ökonomisches System [...] bestimmen weitgehend die Eigentumsverhältnisse und die Organisationsformen der Massen*medien*. In Interdependenz mit generalisierten Verhaltenserwartungen der Massen*kommunikation* und relativ verselbständigten, abstrakten soziokulturellen Motivationsmustern konstituieren sie die verbindlichen Aufmerksamkeitsregeln [...] So läßt sich die historische Bedeutung des gegenwärtig institutionalisierten Themenzusammenhangs nur in der Konstellation mit ausgehöhlten, aber nach wie vor verhaltenssteuernden privatistischen Leistungsmotiven, kapitalistischen Produktionsverhältnissen und den Mechanismen postdemokratischer Entscheidungsfindung erfassen."[57] All diese objektiven Vorgaben für heutige massenmediale Kommunikation ändern freilich nichts daran, daß der Erfolg je spezifischer Medienware von den Anbietern kaum zu programmieren ist. Die Bemühung um die Abgrenzung immer feiner differenzierter Rezeptions- und Konsummilieus endet gelegentlich in reiner „Medienfiktion".[58]

---

schichtsphilosophische Skizze dreier verschiedener Ordnungen ('Sacrifice', 'Representation' und 'Repetition'), die er dann mit dem apokalyptisch-eschatologischen Szenario vervollständigt, daß diese Situation Raum für die Entstehung einer völlig neuen Ordnung der Musik biete: „Composition can emerge. Composition, nourished on the death of codes." Die dann möglichen Formen utopischer Sozialität seien „collective production and exchange of transcendence"; als Beispiel für diese neue Ordnung der 'Komposition' führt Attali weiter unten den Free-Jazz an, der zudem mit Versuchen einiger schwarzer Musiker einhergehe, eine eigenständige Organisation von Produktion und Distribution zu etablieren (Attali, *Noise*, S. 36, 45 und 138-141).
[57] Böckelmann, *Theorie der Massenkommunikation*, S. 45f. und 59.
[58] Vergleiche dazu die Beobachtungen von S. J. Schmidt et al., *Wo lassen Sie leben?*, S. 153-156. Der vielzitierte Roman *Generation X* des Kanadiers Douglas Coupland aus dem Jahre 1991 versieht die literarische Darstellung eines Lebensabschnitts einiger junger Leute mit umfangreichen Randbemerkungen, die mit ihren hypertrophierten Soziologismen aus Marketing-Studien und Jugendforschung eine objektivierende Distanz zum Erzählten herstellen. Zugleich relativiert jedoch die individualisierende literarische Gestaltung die Erklärungskraft dieser wissenschaftlichen Konstrukte. Die produktive Widersprüchlichkeit von Couplands Verfahrensweise stachelte wiederum Feuilletonisten, Sozialforscher und Zeitgeistsucher zu neuen Vereindeutigungen an (vergleiche vielfältige Referenzen auf Coupland in *SPIEGEL*-Heften des Jahres 1992/93 und vor allem *WIENER* 3/94; in diesem Heft

Die von soziologischer Seite gern bemühte These, daß sich in den entwickelten kapitalistischen Gesellschaften die Lebenslagen individualisieren und kohärente soziale Milieus auflösen, so daß Gemeinsamkeiten im Wahrnehmen, Erleben und Handeln über kleine subkulturell ausdifferenzierte Gruppen hinaus extrem unwahrscheinlich werden, relativiert sich durch die - bei aller Programmvielfalt - homogenisierende Macht massenmedialer Kommunikation. In ihren Produkten, Sendungen und Veranstaltungen werden sinnliche Reize, selbstgeschaffene Themen und bearbeitete Ereignisse zumeist so präsentiert und aufbereitet, daß aus dem scheinbar diffusen Heer hochindividualisierter Geschöpfe ein verantwortungsbewußtes oder eher passiv resignatives Volk von loyalen Staatsbürgern und Konsumenten wird, die zur Kalkulation ihres mehr oder weniger knappen Budgets genötigt sind. Im Habitus der unterschiedlichen sozialen Klassen sieht Bourdieu jene Instanz, die Bedürfnisse, Wünsche und materielle Möglichkeiten der jeweiligen Konsumentengruppe aufeinander abstimmt: „Wenn es danach aussieht, als gäbe es eine direkte Beziehung zwischen Einkommen und Konsum, dann liegt das daran, daß der Geschmack fast immer aus denselben ökonomischen Bedingungen hervorgeht, in deren Rahmen er agiert, so daß sich dem Einkommen eine kausale Wirkung zuschreiben läßt, die es aber tatsächlich nur in *Verbindung mit* dem Habitus ausübt, der ihn hervorgebracht hat. In der Tat zeigt sich der *Einfluß des Habitus*, wenn denselben Einkünften verschiedene Konsumgewohnheiten entsprechen [...]."[59]

Nur eine solche Kommunikation, an die mehr oder weniger große, grob berechenbare Publikumsfraktionen erwartbare Wünsche und Interessen knüpfen,[60] bietet die geeigneten Voraussetzungen für das Interesse der Wirtschaft an der Durchsetzung neuer Produkte und an der Erschließung neuer Märkte. In der Werbung stellen jene privaten und öffentlich-rechtlichen Sender und sonstigen Medien, die erfolgreich große Bevölkerungsgruppen als Zuschauer, Hörer und Leser gewinnen können, dieses Publikum den Maßnahmen der Werbefirmen als Zielgruppe zur Verfügung. Bekanntlich geht es der Werbung nicht nur um eine möglichst große Zahl von Kontakten,[61] sondern um das sozio-kulturelle und öko-

---

wird eine empirische Studie zur 'Generation X' präsentiert, die naturgemäß nicht über die Abstraktionen und Platitüden herkömmlicher Meinungsforschung hinauskommt).
[59] Bourdieu, *Die feinen Unterschiede*, S. 590. Ähnliche Unterschiede macht Bourdieu im Bereich der politischen Meinungsbildung aus. Er geht von der Annahme aus, daß die aktive Teilnahme an den medialen Meinungsdiskursen („sich eine eigene Meinung bilden", „gut informiert sein", „mitreden können") an sozialisatorische Voraussetzungen gebunden ist, die für große Teile der Mitglieder unterer Schichten nicht gegeben sind: „Tatsächlich kann davon ausgegangen werden, daß Kompetenz im Sinne sachlicher Fähigkeit (politische Bildung) genauso variiert wie Kompetenz im Sinne von Rechtsfähigkeit, [...] deren Kehrseite zugleich Ohnmacht und objektive ('Das ist nicht meine Sache') wie subjektive ('Das interessiert mich nicht') Ausgrenzung sind." (ebd., S. 623f.)
[60] Denisoff, *Tarnished Gold*, S. 344f., weist darauf hin, daß die Unsicherheiten bei der Einführung von MTV durch vorherige Untersuchungen zur „psychographics" des Publikums aufgefangen wurden. Vergleiche auch die aus der kritischen Theorie hervorgegangene, mit manipulationstheoretischen Argumenten operierende Analyse von Werbung bei Aufermann, *Werbung*.
[61] Generell berechnet sich der Preis für die Werbung einer Ware nach ihrer Zeitdauer und der Ein-

nomische Profil der anvisierten Rezipienten. Hauptzielgruppe der aktuellen Fernseh- und Zeitschriftenwerbung ist das gut verdienende, konsumfreudige junge Bevölkerungssegment.

Immer wieder aufs neue sind durch raffinierte Verführung, Stimulation sozialer Ängste, Vorspiegelung sozialen Erfolgs und sonstiger Gebrauchswertversprechen jene Schranken der Massenkommunikation zu überwinden, die ihr durch die sehr unterschiedlichen sozialen, kulturellen und biographischen Voraussetzungen ihrer Adressaten gesetzt sind. Ihnen werden allerdings durch die „willkürliche Selektiviät" der Massenkommunikation in der spezifischen historischen Gestalt, die dieses Verhältnis in der heutigen kapitalistischen Gesellschaft angenommen hat, Aufmerksamkeitsregeln eingeschärft, die „durch den Ausschluß ganzer Themenbereiche [...] gekennzeichnet" sind und damit für eine „restriktive Öffentlichkeit" sorgen.62 Zu den zehn heute „dominierenden Aufmerksamkeitsregeln" zählt Böckelmann u.a.: „Der Bezug aufs PERSÖNLICHE, PRIVATE und INTIME", „Symptome des ERFOLGS", „NEUHEIT, NEUARTIGKEIT, 'MODERNITÄT' von Ereignissen", „Unterscheidung von NORMALITÄT UND ANOMALITÄT". Anschließend kontrastiert er diesem Regelkanon eine Liste „nichtsanktionierter Themen": u.a. „Dokumentationen über das Familienleben in verschiedenen sozialen Klassen", „Warentests", „Öffentliches Ansprechen von Partialtrieben", „Sexuelle Bedürfnisbefriedigung von Kindern und Jugendlichen", „Die Bedeutung der Klassenunterschiede für das eigene Selbstverständnis", „Alltägliche Phantasien, Wunschträume, ernst genommen und konsequent entfaltet", „Mode als Zeichensystem, als Kommunikationssystem, als Form der Verwandlung, als Resultat und Ausdruck von Gruppenprozessen, als von Firmenmärkten unabhängiges Medium".63

Auf besonders ambitionierte Gebrauchswertversprechen, die mit aufwendigen Mitteln ästhetischer Inszenierung hergestellt werden müssen, sind Markenartikel verwiesen. Ihre höher angesetzte Gewinnspanne im Verkauf kann nur durch geeignete „Markenpflege" mit hohen Werbekosten realisiert werden, die sich einerseits gegen „No-Name"-Produkte abgrenzt und andererseits konkurrierende Markenartikel zu verdrängen versucht. Haug unterschätzt in seiner „Kritik der Warenästhetik", daß in einer Gesellschaft, die sich auch über Mechanismen sozialer Distinktion reproduziert, Markennamen als Abbreviatur des angeeigneten kulturellen und symbolischen Kapitals „lebensnotwendig" werden: „So wählt der Käufer, wenn er sich zwischen konkurrierenden Markenartikeln entscheiden muß, zwischen Namen, Formen, Bildern. Für die in der Konkurrenz verbleibenden Verkäufer sind die Namen, Formen und Bilder desto lebensnotwendiger. Um sie werden Prozesse geführt [...]."64 In den letzten Jahren hat Popmusik eine wichtige

---

schaltquote der umrahmenden Sendung: in Fachkreisen der Werbewirtschaft wird vom „Hundert bzw. Tausend-Kontakt-Preis" gesprochen.
62 Vergleiche Böckelmann, *Theorie der Massenkommunikation*, S. 60-63.
63 Ebd., S. 63-75.
64 Haug, *Kritik der Warenästhetik*, S. 31; vergleiche dazu auch die im Umfeld der Cultural Studies anzusiedelnde Arbeit von J. M. Gaines, *Contested Culture*, die sich mit Rechtsstreitigkeiten befaßt,

Rolle in der Werbung für Markenartikel eingenommen. M. Eliot erstellt während des Zeitraums der Entstehung seines Buches eine Liste, in der 125 Beispiele für den Bereich der US-Werbung verzeichnet sind und die den besonders starken Einsatz dieses Werbemittels im Food-Bereich (u.a. Snacks, alkoholische und nicht-alkoholische Getränke) erkennen läßt.[65] Auch in der BRD bedient sich die Werbewirtschaft verstärkt aus den Arsenalen der Pop-Geschichte. Die parallel dazu einsetzende Wiederveröffentlichung des historischen Materials auf einschlägigen Kompilationen oder gar als Einzelveröffentlichung ist ein besonders lukratives Geschäft, da aufwendige Produktions- und Marketingkosten entfallen. Eine weitere Entwicklung in der wechselseitigen Durchdringung von Popmusik und Werbung ist noch festzuhalten: Pop-Songs, die zunächst für Werbezwecke hergestellt werden, dann aber durch den Dauereinsatz im Werbeclip und aufgrund ihrer hohen Eingängigkeit größeres Interesse als eigenständige Musiktitel finden, gelangen in obere Positionen der Verkaufscharts.[66]

Im Musikgeschäft funktionieren die Namen von Plattenfirmen, von gut eingeführten Zeitschriften, Musiksendern und Musiksendungen als Markenartikel, woraus man vor allem im ertragreichen Geschäft mit Kompilationen, das durch massive Werbung in den Medien unterstützt wird, Nutzen zu ziehen versucht. Marken im werbeökonomischen Sinne sind natürlich auch die Namen publikumswirksamer Stars, bekannter und geschätzter Musiker und Produzenten.[67] Im Unterschied zur sonstigen Preisgestaltung bei Markenartikeln werden die Produkte der gut verkaufenden Namen zum gleichen oder sogar zum etwas niedrigeren Preis als die weniger aussichtsreichen Artikel angeboten: der höhere Gewinn aus 'Markenartikeln' soll also durch höhere Verkaufsziffern erzielt werden. Ein ähnliches Verhältnis wie im sonstigen Markenartikelgeschäft ergibt sich in der Musikbranche allerdings durch die Existenz eines Billigpreis-Sortiments, das sowohl von gefloppten bzw. mittlerweile nur noch wenig Kaufinteresse erzeugenden, veralteten Produkten der großen Firmen als auch von gezielten Niedrigpreisangeboten kleiner und mittlerer Firmen bestritten wird.

Nach Darlegung der politisch-ökonomischen Bedingungen des Funktionierens der Musikindustrie stellt sich die Frage, wie sich dieses Wissen zu der Tatsache verhält, daß sowohl der Konsum der Produkte der großen Musikindustrie als auch der ihres mehr oder weniger unabhängigen Pendants großes Vergnügen bereiten. Der Umstand ihrer Warenförmigkeit mindert offensichtlich nicht, wie auch im Falle aller übrigen Konsumgüter, den Genuß ihres Gebrauchswerts. Doch die wuchernde Produktion von Luxusgütern wie Musik und Mode, der schnelle Rhythmus ihrer Erneuerung und ihres Veraltens sind in besonderer Weise mit ihrer heutigen kapitalistischen Funktionsweise verknüpft, was nicht in gleicher

---

die sich z.B. an der kommerziellen Verwendung von Bildmaterial entzünden, das Personen des öffentlichen Lebens zeigt.
[65] M. Eliot, *Rockonomics*, Anhang.
[66] Vergleiche z.B. Titel aus der Werbung für Bacardi, Diebels, C&A.
[67] Vergleiche dazu die partiell analogen Funktionen des Starkults im Filmgeschäft, die R. Dyer, *Stars*, herausarbeitet.

Weise für andere Lebensmittel (Nahrung, Wohnung) gilt. Wenn man sich klarmacht, daß die ungeheuere Vielfalt und Produktivität in der Popmusik unter den herrschenden ökonomischen Bedingungen sich gleichermaßen materiellen Zwängen und der vagen Aussicht auf kommerziellen Erfolg verdankt, worauf besonders solche Gruppen ihre Hoffnungen richten, die bei der Verwertung ihrer Arbeitskraft aufgrund von Herkunft, Hautfarbe und Geschlecht diskriminiert werden, stellt sich die - freilich heute sehr spekulative - Frage nach der Existenzweise dieser Musik unter nicht-kapitalistischen Vorzeichen. Werden endlich die deprimierenden Zumutungen abgeschafft, die heute noch an die materielle Reproduktion geknüpft sind, ist zu erwarten, daß sich für viele die Bemühung erübrigt, alle Mittel einzusetzen und die ganze Existenz darauf auszurichten, interessante und aufregende ästhetische Resultate hervorzubringen.

Der Spekulation, daß die Überwindung des Kapitalismus und die damit mögliche kollektive Aneignung des gesellschaftlichen Reichtums nur um den Preis relativer ästhetischer Armut zu haben sein dürfte, wollten die linksradikalen Vertreter der Avantgardebewegungen in der ersten Hälfte dieses Jahrhunderts nicht folgen. Ihnen schien es unstrittig, daß der Prozeß der sozialen Befreiung mit einer Freisetzung des ästhetischen Potentials der bislang unterdrückten Massen einhergehen werde. Demgegenüber plädiert Trotzki in seiner Auseinandersetzung mit dem linken Futurismus in der jungen Sowjetunion zu Beginn der zwanziger Jahre für „ein Minimum an historischem Augenmaß": es gelte „zu begreifen, daß bei unserer gegenwärtigen wirtschaftlichen und kulturellen Armut noch die Gebeine mehrerer Generationen vermodern müssen, bevor die Kunst mit dem Alltag verschmilzt, das heißt bis zu einem derartigen Aufschwung des Alltags, daß er völlig von der Kunst geformt wird." Die oft als großbürgerliches Vorurteil mißverstandene These Trotzkis, „daß es eine proletarische Kultur nicht nur nicht gibt, sondern auch nicht geben wird", wobei für ihn „wahrhaftig keinerlei Veranlassung dazu (besteht), dies zu bedauern", ist Konsequenz seines Beharrens auf dem Primat der materiellen Veränderungen im Zuge des revolutionären Prozesses: „[...] Das Proletariat hat ja gerade dazu die Macht ergriffen, um ein für allemal der Klassenkultur ein Ende zu setzen und der Menschheitskultur den Weg zu bahnen."[68] T. Hecken differenziert zwischen den unterschiedlichen Intentionen des dezidiert politischen linken Avantgardismus, wie ihn der von Benjamin emphatisch rezipierte Sergej Tretjakow vertritt, und einer ästhetischen Avantgarde, die auch politisch wirken möchte: „Die Politisierung der Kunst [...] findet in dem sachverständigen Bericht des Arbeiters eine Erfüllung, die von der avantgardistischen Forderung einer Überführung der Kunst ins Leben profitiert, ohne deren provokante oder humorvoll anarchische Verfremdungsattitüde zu übernehmen." Trotzki sieht Hecken als möglicherweise ersten Vertreter der Forderung nach einer „'realistische(n)' Form der Verbindung von (avantgardistischer) Kunst und Leben"; die avantgardistische Idee einer vollständigen Entdifferenzierung von Kunst und Leben weicht dem „bescheidenen Wunsch, sich mit schön

---

[68] Trotzki, *Literatur und Revolution*, S. 141 und 188.

anzuschauenden Dingen für den täglichen (keineswegs immer funktionalen) 'Gebrauch' zu umgeben und, weg von optisch-distanziert erfahrbaren Objekten, sich in speziell hergerichteten Erlebniswelten nicht nur als Zuschauer unterhalten zu lassen."[69] Chapple/Garofalo malen die Möglichkeit aus, daß Rock-Musik zur universellen Volksmusik unter elektronischen Bedingungen avancieren könnte: „[...] rock music has the potential if our social system were changed radically, to become one basis of a revolutionary mass culture."[70]

Vorläufig bleiben jene Tatsachen des kapitalistischen Alltags festzuhalten, die dafür sorgen, daß die Produktion, Distribution und Konsumtion von Popmusik und ihrer Nebenprodukte unter Bedingungen stattfindet, die sowohl für die meisten Produzenten als auch den größten Teil der Konsumenten wenig erfreulich sind. So wird zusätzlich zur oftmals nur mäßig einträglichen umfassenden ökonomischen Ausbeutung ihrer ästhetisch-musikalischen Arbeitskraft die körperliche Attraktivität von Musikerinnen sexistisch instrumentiert, weiterer ideologischer Nutzen und ökonomischer Profit aus der heute obligaten Verpflichtung zu liberal-humanitärer Wohltätigkeit geschlagen. Speziell auf die Funktion und Stellung der Popmusiker in den Produktionsverhältnissen der Musikindustrie bezogene Analysen schwanken zwischen ihrer Konzeptualisierung als bloße Verkäufer kapitalistisch anzueignender Arbeitskraft und einer Betonung ihrer Rolle als Kleinunternehmer, die durch ihren Vertrag mit einer Plattenfirma als Inhaber von Urheberrechten an möglichst hohen Stückzahlen von Reproduktionen des ursprünglichen Musters, nämlich des von ihnen eingespielten, komponierten oder getexteten Musikstücks, interessiert sind. Die beiden scheinbar gegensätzlichen Bestimmungen vereinseitigen jeweils unterschiedliche Aspekte des Musikgeschäfts: ein Live-Auftritt und die Tätigkeit von Studiomusikern und sonstigem Studiopersonal werden gewöhnlich durch entsprechende einmalige Zahlungen für die geleistete Darbietung entlohnt; anders ist die Situation beim Verkauf von Schallplatten, dessen reproduktionsfähiges Muster unter dem Namen und der Beteiligung jener Musiker und Gruppen erstellt wird, die vertraglich an die federführende Plattenfirma gebunden sind.[71] Jene partizipieren üblicherweise und mehr oder weniger korrekt abgerechnet mit einem gewissen Prozentsatz - zwischen 5 und 10% - am Verkaufserlös, von dem allerdings zumeist der Vorschuß für die Produktionskosten und sonstige Vorleistungen abgezogen werden. Der prozentuale Anteil an Verkäufen steigt naturgemäß in dem Falle, daß die Musiker weitere Rechte an Komposition und Text besitzen. Faktisch ist zwischen wenigen Großverdienern, die über eigene Firmen und kompetente Anwälte ihre Rechte wahrnehmen und Verträge aushandeln, und dem überwiegenden Teil der Musiker und Bands zu differenzieren, die bestenfalls - unter Berücksichtigung des histo-

---

[69] Hecken, *Kunst und/oder Leben*, S. 121und 134, Anmerkung 36.
[70] Chapple, Garofalo, *Rock 'n' Roll Is Here To Pay*, S. 315.
[71] Vergleiche D. Laing, *One Chord Wonders*, S. 123 und 19-21, der sich auf Frith, *Sociology of Rock*, S. 77, bezieht; Attali, *Noise*, zählt Musiker zur Gruppe der „*molders*", die als „creator of the program that all of the capitalist production plugs into" fungieren. (ebd., S. 40)

risch-moralischen Elements des Lebensstils von Popmusikern und dem damit vielleicht zeitweilig möglichen Luxus - eine erträgliche Entschädigung für die ihnen abverlangte umfassende Indienstnahme herausschlagen können, die oft mit dem Raubbau an ihrer physischen und psychischen Konstitution einhergeht.[72] Am Ende ihrer Karriere sind die meisten Musiker zu einer bescheidenen kleinbürgerlichen Existenz oder aber zu einem - freilich oft selbstgewählten - ärmlichen Boheme-Leben verdammt.

Den Konsumenten wird die Freude an deren Musik, an lustvollen Bedingungen ihrer ästhetisch-sinnlichen Rezeption regelmäßig durch die penetrante Erinnerung an jene Zwänge und Zumutungen vergällt, die mit der Teilhabe an diesen Vergnügungen verbunden sind: Musik, Drogen, Kleidung, Kneipen- und Discobesuche, Zeitschriften kosten Geld, wofür im Normalfall die eigene Arbeitskraft zur Ausbeutung feilgeboten werden muß oder man auf sehr knapp bemessene staatliche Alimentierungen verwiesen ist. Das Unbehagen an dieser Aussicht artikulierte sich seit den fünfziger Jahren in den Texten der Popmusik und in sonstigen Gestaltungen der Popkultur in immer neuen Variationen der subkulturell-hedonistischen Vision, durch wie von selbst gewonnenes Geld dem Zwang entgehen zu können, seinen Lebensunterhalt durch fremdbestimmte und geregelte Arbeit verdienen zu müssen.[73] Gelegentlich nimmt dieser zunächst individualistisch artikulierte Unwille utopisch-kollektive Züge an: die Maximierung von Möglichkeiten zum Ausleben je eigener Vorlieben und Idiosynkrasien für alle oder zumindest für die eigene Subkultur oder Gruppe soll durch Selbstorganisation in gesellschaftlichen Nischen und/oder durch politischen Kampf erreicht werden. Die politische Tagesordnung, die sich daraus dann ergibt, wird jedoch nur von Splittergruppen konsequent formuliert und in entsprechende strategisch-taktische Schritte übersetzt. Vorrang hat vielfach das Interesse an der Verteidigung selbsteingerichteter Enklaven; die schlechten Erfahrungen mit vereinheitlichenden, repräsentationistischen politischen Bewegungen haben im subkulturellen Spektrum politisch indifferente und libertär-anarchistische Positionen begünstigt.

2.3 Marx' Kritik der politischen Ökonomie und Bourdieus radikale Bildungs- und Kultursoziologie

Bourdieus Analyse von Distinktionskämpfen läßt sich als Applikation der Marxschen Analyse des Klassenkampfes auf den Bereich von Kultur und Bildung verstehen. Natürlich sind die unterschiedlichen Kapitalsorten Bourdieus nicht

---

[72] Den von M. Eliot, *Rockonomics*, dokumentierten Rechtsstreit zwischen den ökonomisch und juristisch ebenbürtigen Kontrahenten BEATLES und NIKE, dem führenden amerikanischen Sportartikelhersteller, hätten weniger gut abgesicherte Musiker kaum führen können. (ebd., S. 204-209)
[73] Nur ein Beispiel. In einem Fanzine sagt ein Musiker, der sich zwischenzeitlich aus finanziellen Gründen zu Lohnarbeit gezwungen sah: „Arbeit versaut einem das ganze Leben." Offensichtlich werden die oftmals nicht besonders angenehmen Bedingungen der Musikexistenz den Zumutungen gewöhnlicher Arbeit in Betrieben, Verwaltungen und an sonstigen Arbeitsplätzen vorgezogen.

umstandslos mit der polit-ökonomischen Bedeutung des Kapitalbegriffs bei Marx und Engels zu identifizieren, der dort im Rahmen einer umfassenden Theorie des Kapitalismus fungiert.[74] Bei Bourdieu hantieren die ökonomischen Subjekte als Mitglieder verschiedener sozialer Klassen mit unterschiedlichen Mengen an Kapital, das wiederum in distinkte Kapitalarten zerfällt (ökonomisches Kapital im engeren Sinne, kulturelles Kapital und soziales Kapital). Ihr Interesse richtet sich auf Reproduktion und Erweiterung (z.B. durch Festlegung möglichst günstiger Konvertibilitätsbedingungen für ihre spezifische Zusammensetzung des Kapitalvolumens) des bereits vorhandenen Kapitals. Bourdieus Kapitalbegriff richtet seine Aufmerksamkeit also in einem eher neoklassischen Sinne und in Anlehnung an Veblens „Ökonomische Untersuchung der Institutionen"[75] auf die Verfügung einzelner Haushalte über finanzielle Mittel, kulturelle Kompetenzen, Bildungstitel und soziale Beziehungen, wohingegen Marx und Engels in erster Linie an der Stellung der unterschiedlichen sozialen Klassen im Rahmen der kapitalistischen Produktionsverhältnisse interessiert sind. So schreibt Engels im 'Anti-Dühring' über die zentrale Bedeutung der Mehrwerttheorie für die 'Kritik der politischen Ökonomie': „Indem Marx [...] nachwies, wie Mehrwert entsteht und wie allein Mehrwert unter der Herrschaft der den Austausch von Waren regelnden Gesetze entstehen kann, legte er den Mechanismus der heutigen kapitalistischen Produktionsweise und der auf ihr beruhenden Aneignungsweise bloß, enthüllte er den Kristallkern, um den die ganze heutige Gesellschaftsordnung sich angesetzt hat."
In der Einleitung dieser Schrift resümiert Engels die entscheidende Bedeutung der „Entdeckung des *Mehrwerts*", die gemeinsam mit der „materialistischen Geschichtsauffassung" die „beiden großen Entdeckungen" abgeben, die, wie Engels in seiner typischen übertriebenen Bescheidenheit vermerkt, auf Marx zurückgehen und eine Erklärung der „kapitalistische(n) Produktionsweise" möglich machen, aus der auch, dabei allerdings in geschichtsphilosophische Spekulation zurückfallend, „die Notwendigkeit ihres Untergangs" abgeleitet werden könne.[76]

Bei allen Differenzen bleibt die Gemeinsamkeit des materialistischen Zugriffs auf gesellschaftliche und ökonomische Zusammenhänge bei Bourdieu und Marx festzuhalten: die Aneignung hochbewerteter Bildungstitel, die Nachfrage nach exklusiven kulturellen Gütern und die gleichzeitige Entwertung gewöhnlichen

---

[74] Darauf hat schon in der ersten Phase der deutschen Rezeption von Bourdieus 'Feinen Unterschieden' Axel Honneth, *Die zerrissene Welt der symbolischen Formen*, hingewiesen.

[75] So der Untertitel von dessen kultursoziologisch bahnbrechender *Theorie der feinen Leute*; siehe vor allem die Kapitel II-IX. Vergleiche Bourdieu, *Ökonomisches Kapital*, wo er seine Kapitaltheorie als Ausgangspunkt für „eine wirklich allgemeine Wissenschaft von der ökonomischen Praxis" (ebd., S. 184) profiliert. Marx bezeichnet die Rede vom Arbeitsvermögen des Arbeiters als „Kapital des Arbeiters" als „belletristische Phrasen, die nach irgendeiner Analogie alles unter alles rangieren, sogar geistreich scheinen (mögen), wenn sie das erstemal gesagt werden, und um so mehr, je mehr sie das Disparateste identifizieren. Wiederholt, und nun gar mit Selbstgefälligkeit, als Aussprüche von wissenschaftlichem Wert wiederholt, sind sie tout bonnement albern." (*Grundrisse der Kritik der politischen Ökonomie*, S. 215; vergleiche die daran anknüpfende Kritik von F. Huisken, *Zur Kritik bürgerlicher Didaktik*, S. 268f., am bildungsökonomischen Begriff des 'Humankapitals'.)

[76] F. Engels, *'Anti-Dühring'*, S. 190 und 26.

Konsums sowie die Prämierung spezieller Umgangsweisen mit Sexualität und Körper und ausgezeichneter Wahrnehmungsmuster in der Betrachtung von Kunst und auch ganz alltäglicher Gegenstände sind für Bourdieu nicht als Relikte überkommener Bildungs- und Kulturideale zu betrachten, sondern als Strategien unterschiedlicher Fraktionen des (Klein-) Bürgertums zur ökonomisch-sozialen Selbstbehauptung unter den Bedingungen eines demokratisch verwalteten und wohlfahrtsstaatlich temperierten Kapitalismus. Diese Gesellschaftsformation kombiniert also zwei zentrale Selektionsmechanismen: die sozialen Klassen differenzieren sich nicht mehr nur unter dem Gesichtspunkt der Verfügung über Produktionsmittel und der Nachfrage nach ausbeutbarer Arbeitskraft bzw. dem Zwang zur Veräußerung des eigenen Arbeitsvermögens, sondern gleichzeitig werden die Arbeitskraftanbieter daraufhin überprüft und entsprechend selegiert, ob sie glaubhaft den Anschein vermitteln, über den geeigneten Habitus zu verfügen, um den unterschiedlichen Aufgaben des Verkaufs, der Verwaltung und Erziehung gerecht zu werden. Gefragt ist nun, ob sie den richtigen Ton beim Kunden treffen, dem kulturell anspruchsvolle Güter verkauft werden sollen, ob sie die nötige Szene-Kenntnis und sprachliche Gewitztheit haben, um die Vermarktung aktueller Trends in der Popmusik zu garantieren, ob sie den Eindruck vermitteln, Schüler und Studenten als demokratiegläubige und kulturbeflissene Staatsbürger ins Leben zu entlassen.

Auf eine ausführliche Darlegung der Kultursoziologie Bourdieus, ihrer theoretischen Grundbegriffe und ihrer empirischen Basis wird hier verzichtet. Gleiches gilt für eine Auseinandersetzung mit seinen Kritikern und Bewunderern. Festzuhalten ist, daß die Rezeption Bourdieus um theoretische und empirische Fragen seiner Arbeiten kreist: um die Begriffe des kulturellen Kapitals, des Habitus, des sozialen Raums etc.;[77] um die empirische Übertragbarkeit seiner Untersuchungen auf die BRD,[78] um ihre methodische Validität.[79] Sie krankt daran, daß sich in ihr - bei aller Berechtigung einzelner Einwände und Korrekturen - kaum Ansätze erkennen lassen, Bourdieus Qualitäten, seine genau beobachtende, idiosynkratisch motivierte, rücksichtslose Darlegung der sozialen Distinktionskraft alltäglicher Geschmacksurteile, Gesten, Haltungen und Meinungen, in Studien über geschmackssoziologische Konturen der hiesigen Gesellschaft zur Geltung zu bringen.[80]

Immer wieder betont Bourdieu die besondere Eignung des Musikgeschmacks, soziale Distinktion zu leisten. So spricht er in einem Interview davon, „daß es

---

[77] Vergleiche H.-P. Müller, *Kultur, Geschmack und Distinktion*, B. Krais, *Soziales Feld, Macht und kulturelle Praxis*.
[78] Siehe Hradil, *System und Akteur*.
[79] Vergleiche die Kontroverse zwischen Blasius/Winkler, *Gibt es die 'feinen Unterschiede'?*, *Feine Unterschiede*, und Höher, *Auf dem Weg zu einer Rezeption der Soziologie Pierre Bourdieus?*.
[80] Doch anders als noch J. Zinneckers, *Jugend im Raum gesellschaftlicher Klassen*, uninspirierter Versuch auf dem Feld der Jugendsoziologie zeigen die von Gebauer, Wulf, *Praxis und Ästhetik*, sowie von Mörth, Fröhlich, *Das symbolische Kapital der Lebensstile*, herausgegebenen Bände erste fruchtbare Ansätze einer sinnvollen Applikation der Bourdieuschen Kultursoziologie.

keine Praxis" gebe, „die stärker klassifizierend, distinktiv, das heißt enger an die soziale Klasse und den Besitz von Bildungskapital gebunden ist als der regelmäßige Konzertbesuch oder das Spielen eines Musikinstruments". Über den von Bourdieu angesprochenen Bereich der Musikpraxis in der legitimen Kultur hinaus spricht einiges dafür, daß auch die Präferenzen für spezifische Formen von Popmusik, die Nähe oder Distanz zu Szenen und zum symbolischen Universum der Popkultur Distinktion erzeugt. Auch dort gilt: „In unserem Geschmack drücken wir uns ja auch viel deutlicher aus und verraten uns vielmehr als in unseren Urteilen, etwa den politischen. Und nichts dürfte schwerer zu ertragen sein als anderer Leute 'schlechter' Geschmack. Ästhetische Intoleranz kann eine furchtbare Gewalt entwickeln."[81] Es ist jedoch zu bedenken, daß die Popmusik gerade dieser Haltung ihrer Exponenten wichtige Impulse verdankt. Liegt die Stärke von Bourdieus Arbeiten in ihrer Fähigkeit, Geschmacksfragen, sei es im hier vornehmlich interessierenden Feld der populären Kultur, aber natürlich auch im Geltungsbereich ihres legitimen Widerparts, soziologisch zu objektivieren, so hat sie sich in der Auseinandersetzung mit einigen neueren soziologischen Versuchen zur Beschreibung und Erklärung von Prozessen kultureller Segmentierung, die im folgenden dargestellt und kritisiert werden, zu bewähren.

Gerhard Schulzes 'Erlebnisgesellschaft' tritt mit einem wenig bescheidenen Anspruch auf.[82] Sein Herunterspielen der Bedeutung von Knappheit, Mangel und Armut unter den obwaltenden gesellschaftlichen Bedingungen[83] - grotesker Höhepunkt ist die prognostische Charakterisierung des Anschlusses der DDR an die Bundesrepublik als „kurzer Marsch einer politisch kontrollierten Mangelgesellschaft in eine demokratische Überflußgesellschaft"[84] - läuft parallel mit kritischen Bemerkungen zu Bourdieu, der angeblich „das Frankreich des 20. Jahrhunderts so (schildert), daß wir das Deutschland des 19. Jahrhunderts wiederzuerkennen glauben."[85] Von der Amalgamierung verschiedener neuerer soziologischer Theoreme gelangt Schulze zu einem ungewöhnlichen und neuen leitenden Gesichtspunkt der Betrachtung: ein unbändiger Erlebnishunger mit all seinen Paradoxien des Erzwingens von spontaner Freude treibe die sehr unterschiedlichen Milieus an und verdränge überkommene Orientierungsmuster der Klassengesellschaft wie Wettbewerb, Neid und Geiz. Hauptsorge der Gesellschaftsmitglieder in ihren jeweiligen Milieus sei nicht länger die Versorgung mit materiellen Gütern, das Streben nach wohldotierten und angenehmen Berufen und Jobs und einem angesehenen gesellschaftlichen Status, sondern vielmehr die Angst, vielleicht den falschen Erlebnissen nachgejagt und die wahren verpaßt zu

---

[81] Bourdieu, *Soziologische Fragen*, S. 148.
[82] Schulze, *Erlebnisgesellschaft*, S. 29.
[83] Ebd., S. 16, 22 und 33.
[84] Ebd., S. 30.
[85] Ebd., S. 20. An anderer Stelle heißt es: „Zu dieser Zeit (in den fünfziger Jahren, R.H.), aber nur zu dieser, finden wir in der Bundesrepublik Deutschland Verhältnisse vor, die sich gut durch die Theorie Bourdieus beschreiben lassen." (Ebd., S. 544)

haben.⁸⁶ Diese ziemlich aberwitzige Grundannahme möchte Schulze zwar gelegentlich nur als „eine komparative Charakterisierung der Gesellschaft" verstanden wissen, was jedoch nichts daran ändert, daß die Rolle der erwähnten materiellen Bedingungen und Aspirationen „für den Aufbau der Sozialwelt" marginalisiert wird.⁸⁷

Schulze schließt mit seinen Überlegungen an neuere soziologische Annahmen über Tendenzen der Individualisierung von Lebenslagen, der Pluralisierung von Lebensstilen und der Biographisierung von Lebensläufen an. Im Gegensatz zu herkömmlichen schichttheoretischen Modellen, die Beruf, Bildung und Einkommen als entscheidende Variablen ansetzen, und der zentralen marxistischen Differenzierung der Klassen nach ihrer Stellung im Produktionsprozeß wird ein 'Jenseits von Stand und Klasse' diagnostiziert. Zwar seien „[...] die Abstände in der Einkommenshierarchie und fundamentale Bestimmungen der Lohnarbeit, allgemein betrachtet, gleichgeblieben. Auf der anderen Seite tritt für das Handeln der Menschen die Bindung an eine soziale Klasse (im Sinne Max Webers) eigentümlich in den Hintergrund. Es entstehen der Tendenz nach individualisierte Existenzformen und Existenzlagen, die die Menschen dazu zwingen, sich selbst - um des eigenen materiellen Überlebens willen - zum Zentrum ihrer eigenen Lebensplanung und Lebensführung zu machen."⁸⁸

All die von Beck vorgetragenen Belege und Evidenzen laufen auf den Schluß hinaus, daß 'Auf dem Weg in die individualisierte Arbeitnehmergesellschaft' - so der Untertitel des zitierten Aufsatzes von Beck - mit vielen neuen Gefahren, Konflikten, Risiken und Zwängen zu rechnen sei. Als verantwortungsbewußter Staatsbürger sieht der Autor darin gleichermaßen „Gefährdungen *und* Chancen"; für überkommen hält er hingegen die Vorstellung, daß in dieser Situation noch eine Entscheidung über den „Gegensatz von Kapitalismus und Sozialismus" anstünde.⁸⁹ Beck macht den historischen Abstand der heutigen Gesellschaft zu den Marxschen Annahmen über Klassen und Klassensolidarität geltend. Mit der Auflösung der an bestimmte Industrien und Berufe gekoppelten Milieus sei es „immer weniger möglich", „die Entstehung von Solidaritäten gruppenspezifisch, *arbeiterspezifisch* auf das historische Urbild des 'proletarischen Produktionsarbeiters' festzulegen".⁹⁰ Das ist indes keine überzeugende Widerlegung der oben explizierten Einsichten von Engels und Marx, deren Hauptaugenmerk sich nicht darauf richtete, wie Arbeiter sich in Armut und Beschränkung einrichteten, sondern auf die ihnen aufgeherrschten Zwänge als lohnarbeitende Klasse.

Anders als Beck macht sich Schulze gar nicht mehr die Mühe, Argumente, daß die gegenwärtige Bundesrepublik eine Klassengesellschaft sei, theoretisch und empirisch zu widerlegen. Er begibt sich umstandslos in die Konsumsphäre und

---
86 Vergleiche ebd., S. 541f.
87 Ebd., S. 15.
88 Beck, *Jenseits von Klasse und Stand*, S. 486.
89 Beck, *Risikogesellschaft*, S. 361.
90 Beck, *Jenseits von Klasse und Stand*, S. 493.

kann dort „zum größten Teil Wunschkonsum" entdecken. „Angeeignete Dinge und Dienstleistungen [...] weisen fast immer auf Verzichtbares hin; nicht auf Lebensbedürfnisse, sondern auf Erlebnisorientierungen."[91] Unter nur metaphorischer Bezugnahme auf Veblens Begriff des demonstrativen Konsums[92] imaginiert Schulze den individualistischen Fluchtpunkt eines heute bereits wahrnehmbaren Zugs im distinktiven Konsumverhalten: „Man kann sich jedoch zumindest vorstellen, daß die Distinktionsbedeutung persönlichen Stils nur noch darin liegt, sich gegen den Rest der Welt abzugrenzen." Konkurrenz auf dem Felde des sichtbaren Konsums, die sehr unterschiedlich betrieben wird (angeberisch, bescheiden, vornehm oder exzentrisch), sei nicht länger in ein „vertikales Modell" zu pressen, das „eine allgemeine Hackordnung von Dünkel und symbolischer Unterordnung" impliziere.[93]

Schulze phantasiert sich die BRD als Konsumparadies zusammen, in dem die Differenz zwischen fortbestehendem Mangel, mit dem Sozialhilfeempfänger, Arbeitslose und auch der größte Teil der in Industrie, Handel und öffentlichem Dienst beschäftigten Arbeitnehmer sich zu arrangieren haben, und angehäuftem Reichtum, über den Unternehmer, höhere leitende Angestellte und Beamte und erfolgreiche Freiberufler verfügen, verschwindet. Daß Konsumenten ihre mit knappen Mitteln kalkulierende Entscheidung zwischen ähnlich teuren Gebrauchsgütern tatsächlich auch aufgrund ihres unterschiedlichen 'Erlebniswertes' treffen, der ihnen von der Werbung und anderen kulturellen Agenturen vermittelt wird, ändert nichts daran, daß sie sich viele attraktive und kostspielige Angebote versagen bzw. mühsam auf ihren Erwerb hin ansparen müssen.

Die entscheidende Konkurrenz finde nicht zwischen den unterschiedlichen alltagsästhetischen Schemata,[94] sondern *innerhalb* der Milieus statt, die sich entweder ausschließlich auf ein Schema beziehen oder aus der Kombination mehrerer Schemata ergeben.[95] An anderer Stelle spricht Schulze davon, daß heute „statt einer Schönheitskonkurrenz viele statt(finden), deren Regeln durch milieuspezifische existentielle Anschauungsweisen bestimmt werden. Jedes Milieu veranstaltet seinen eigenen Jahrmarkt der Eitelkeiten."[96] Die Studentenbewegung erhält das fragwürdige Lob, daß sie „nicht etwa destruktiv" gewesen sei, sondern vielmehr der „Motor einer Milieusegmentierung". Der angemaßte politische Charakter ihrer Bemühungen und das gebrauchte „klassenkämpferische Vokabular" könnten nicht darüber hinwegtäuschen, daß es schlicht „ein Kampf der Bessergestellten um unterschiedliche Lebensauffassungen" war. Auch diese Ausein-

---

[91] Schulze, *Erlebnisgesellschaft*, S. 186.
[92] Vergleiche Veblen, *Theorie der feinen Leute*, Kap. IV.
[93] Schulze, *Erlebnisgesellschaft*, S. 110.
[94] Ebd., S. 142-157.
[95] Ebd., S. 405.
[96] Ebd., S. 404.

andersetzung sei inzwischen „einem sozialen Frieden gegenseitigen Nichtverstehens" gewichen.[97]

Die Standortgebundenheit der Beobachtung der verschiedenen Schemata und Milieus aus der Sicht eines Soziologieprofessors ist offenkundig: die im akademischen Raum dominierenden Milieus und Schemata (Niveau, Selbstverwirklichung,[98] Hochkultur) werden recht ausführlich geschildert; die Bemerkungen zum Trivalschema samt der in seinem Bann stehenden Milieus (Harmonie, Integration) wirken blaß und kreisen um eine mühselige Illustration von Konzepten wie Gemütlichkeit und Normalität. In den Beschreibungen der Milieus wirkt sich nachhaltig die sehr ungleichgewichtige Behandlung aus, die zuvor der Erläuterung der einzelnen Schemata gewidmet wurde. Das belegt schon ihr differentielles quantitatives Gewicht: Hochkulturschema mit acht Seiten, Trivalschema und Spannungsschema mit jeweils gut drei Seiten Die Beschreibungen der Milieus fallen zwar ungefähr gleich lang aus (ca. zehn Seiten jeweils), dennoch schwankt der Informationsgehalt sehr beträchtlich.[99]

Schulzes Ausführungen zum Spannungsschema beruhen auf schiefen Einschätzungen zur Geschichte der Popmusik. In ihr seien angeblich „inzwischen die gesellschaftskritischen und lebensphilosophischen Konnotationen (verschwunden)" und deren Entwicklung bewege sich scheinbar „ständig in Richtung auf Steigerung des Ausdrucks von 'Action'" fort.[100] So überrascht natürlich nicht, daß die Einlassungen zu dem Milieu, das in seinem alltäglichen Gebaren ausschließlich auf dieses Schema eingespielt sein soll, weitere Verzerrungen, Abneigungen und Vorbehalte hervortreten lassen. Schuldig bleibt Schulze zudem eine nähere Charakterisierung, wie die gleichzeitige Nähe zum Hochkultur- und Spannungsschema im Selbstverwirklichungsmilieu den Umgang mit jenen Milieus (Niveau, Unterhaltung) bestimmt, die sich eher einseitig an anspruchsvoller Kultur bzw. aufregendem Spaß orientieren. Auch interne Spannungen in bestimmten Segmenten des Selbstverwirklichungsmilieus spielen bei Schulze keine Rolle. Eine Vorstellung von „Scham und Statuskämpfe(n)" im 'alternativen' Mi-

---

[97] Ebd., S. 407 und 408. Eine weniger behutliche und verharmlosende Sicht dessen, wodurch die Studentenbewegung ausgelöst wurde, was sie bewirkt hat und was aus ihren Aktionen und Meinungen heute für Schlüsse zu ziehen sind, geben das Vorwort zum Reprint von *linkeck* aus libertär-anarchistischer und *Die Studentenbewegung - Eine Abrechnung mit Jubiläumslügen* aus marxistischer Sicht.
[98] Welche konkreten ästhetischen Optionen in einer typischen Gruppe innerhalb dieses Milieus vorherrschen, geht aus E. Liebaus Umfrage unter Tübinger Pädagogik-Studenten aus dem Frühjahr 1990 hervor: im Pop-Bereich liegen Pink Floyd, Tracy Chapman und Dire Straits vorn. Auch wenn der Autor nicht genau expliziert, was für ihn „avantgardistischer Musik-Geschmack" ist, so kommt er doch zu dem richtigen Schluß, daß ein solcher bei den befragten Studenten auf keinen Fall vorliege. Problematisch ist jedoch der abschließende Versuch, gerade daraus eine besonders günstige Voraussetzung „zur ästhetischen Qualifizierung der jeweiligen 'Klientel'" abzuleiten. (Liebau, *Die Bildung des Geschmacks*, S. 250, 253 und 268)
[99] Schulze, *Erlebnisgesellschaft*, S. 142-150, 150-153, 153-157 und 283-330.
[100] Ebd., S. 154.

lieu" versucht S. Neckel zu vermitteln.[101] Neckels Kritik an der „postmodernen Kultur" und dem milieutypischen „mittelständischen Individualismus", der „in den moralischen Grundlagen des gesellschaftlichen Lebens nur noch lästige Faktoren sieht, deren Erträge man gerne konsumiert, sie aber zugleich abwertet", fällt jedoch mit ihrer Berufung auf „die Instituierung von Würde" ziemlich moralisierend aus.[102]

Schulze war angetreten, um Bourdieu zum Soziologen einer mittlerweile nicht mehr greifbaren Realität klassengesellschaftlicher Unterscheidungskämpfe herabzustufen. Der Ertrag seiner theoretischen Explikationen sowie seiner empirischen Forschung kann diesen Anspruch in keiner Weise einlösen. Etwas informativer als Schulzes Ausführungen zu Schemata, Milieus und Szenen sind die Milieuskizzen von B. Flaig et al. im Anschluß an verschiedene Sinus-Studien. Sie differenzieren zwischen neun Milieus, wobei noch einmal die Verhaltensweisen und Geschmäcker der unterschiedlichen Altersgruppen berücksichtigt werden. Intuitiv überzeugend ist das dokumentierte Photomaterial, das die unterschiedlichen Einrichtungsstile der jeweiligen Milieus anschaulich darstellen soll.[103] Dennoch zeichnen Flaig et al. folgendes, reichlich wirklichkeitsfremd anmutendes Bild der Bundesrepublik: „Mit folgenreicher Geräuschlosigkeit treten Entfremdung, der Abbruch von Kommunikationsbeziehungen und das Erlahmen gegenseitigen Interesses an die Stelle der alten sozialökonomischen Konfliktlinien und ihrer subkulturellen Ausdrucks- und Erlebnisformen. [...] Die neue Form sozialästhetischer Entfremdung [...] zerreißt soziale und politische Kommunikations- und Lebenszusammenhänge, ohne daß dieser Sachverhalt ins öffentliche Bewußtsein dringt und politisches Handeln auf den Plan ruft." Und die Autoren versteigen sich gar zu der Annahme, daß dieser Zustand „möglicherweise folgenreicher und schwerer zu beheben ist, als es die Vorherrschaft der sozialökonomischen Klassenteilung der Gesellschaft sein konnte."[104]

Selbst ein flüchtiger Vergleich zwischen Bourdieu und den behandelten Autoren kultursoziologischer Provenienz offenbart gewaltige Unterschiede in der Schärfe der Beobachtung sozialer und kultureller Unterschiede und ihrer sprachlichen Objektivierung: den dichten, präzis formulierten Beschreibungen bei

---

[101] Neckel, *Status und Scham*, S. 228-231. Vergleiche auch die postalternative Prosa der 'Stadtbesichtigung' und die soziologisch verkrampfte Suche nach dem „demokratische(n) Gehalt der Politik der Lebensstile" in Berking/Neckel, *Die Politik der Lebensstile*, S. 483-485, 487, 489, 494 und 498.
[102] Ebd., S. 174 und 176. Von einem ähnlichen Tonfall sind dessen Ausführungen zur Scham in bestimmten Teilen der Bevölkerung der untergehenden DDR bestimmt: „Viele von denen, die trotz alledem an die Ideale des Sozialismus geglaubt haben, haben sich gerade deswegen geschämt, weil er so ohne Würde zugrundegegangen ist, beerdigt in den Kaufhäusern der westlichen Städte." (ebd., S. 14)
[103] Flaig et al., *Alltagsästhetik und politische Kultur*, S. 79-87 und 126-134; zu den Geschmäckern, Vorlieben und Einstellungen in den neun Milieus vergleiche ebd., S. 88-99.
[104] Ebd., S. 28. Stärken und Schwächen solcher Varianten der Erforschung von Lebensstilen aus einer an Bourdieu geschulten kultursoziologischen Sicht benennt H.-P. Müller, *Lebensstile*, S. 62f. und 67, sowie ausführlich in *Sozialstruktur und Lebensstile*.

Bourdieu steht ein soziologischer Jargon in 'Erlebnisgesellschaft' gegenüber, der seinen Gegenstand mit unscharfen, pragmatisch wenig brauchbaren begrifflichen Entitäten überschwemmt. Bourdieu arbeitet in seiner 'Kritik der gesellschaftlichen Urteilskraft' Unterscheidungen zwischen Klassen und Klassenfraktionen heraus, die bei Schulze zugunsten der grotesken Überbewertung der Erlebniskategorie unterschlagen werden.[105]

Zwar gibt die oben skizzierte Verknüpfung von Marxens Kapitalismuskritik und Bourdieus Kultursoziologie ein brauchbares analytisches Instrumentarium zur Beschreibung der Wirkungsweise gegenwärtig wirksamer politisch-ökonomischer bzw. kulturell-sozialer Herrschaftsmechanismen ab, doch scheint Bourdieus Bildungsreformismus keine geeignete politische Perspektive zu sein, um den Selektionsmechanismen von Markt, Bildung und Herkunft wirksam entgegenzutreten. Zudem beläßt es Bourdieu trotz oder vielleicht auch wegen seiner privilegierten institutionellen Position als Mitglied des Collège de France bei einer soziologischen Objektivierung avantgardistischer Projekte, womit deren vermeintlich kulturrevolutionärer Gehalt, der angestrebte Bruch mit der legitimen Kultur sich als Strategie marginalisierter Gruppen im Rahmen ihrer Bemühungen um Anerkennung und Aufwertung des ihnen zur Verfügung stehenden kulturellen Kapitals zu erkennen gebe, die im Erfolgsfalle zur Kanonerweiterung beitrage. Es fehlt an einer entspannten Reaktion auf das Treiben aufstiegsorientierter kultureller Außenseiter, die stärker den ambivalenten Charakter jener Versuche betonte, ins Abseits gedrängte Themen, Vergnügungen und Wahrnehmungen der populären Kultur auf die Tagesordnung der Medien, von Kultur und Wissenschaft zu setzen und sich selbst gleich dem herrschenden Kulturbetrieb als deren Experten anzudienen.[106]

2.4 Fazit

Einige der wesentlichen Argumentationsschritte dieses Kapitels seien hier noch einmal zusammengestellt. Mit dem Instrumentarium der politischen Ökonomie, dessen Stichhaltigkeit in Abgrenzung zu einer sich kritisch dünkenden Soziologie und anderen aktuellen Theorieangeboten dargelegt wurde, galt es, die ökonomische Funktionsweise der Musikindustrie zu beschreiben. Der Weg vom ein-

---

[105] So die Differenzierungen zwischen herrschender und beherrschter Fraktion der herrschenden Klasse, Bourdieu, *Die feinen Unterschiede*, S. 396ff., 420-427 und 442ff.; weitere wertvolle Unterscheidungen betreffen die verschiedenen Fraktionen des Kleinbürgertums, ebd., S. 541-584. Unter maßgeblicher Berufung auf Schulze meint T. Bezzola, *Das Lachen der Beatles*, ein Schwinden der Differenz zwischen Massenkultur und bohemistischen Subkulturen feststellen zu können. Plakativ wird das in breiten sozialen Schichten zunehmende Bestreben, je individuelle Neigungen ausleben zu wollen, zur „Massenbohemisierung" stilisiert. Eine genauere Kenntnisnahme der Boheme-Tradition, wie sie z.B. H. Kreuzer in seinem Standardwerk *Die Boheme*, überblicksartig im *Exkurs über die Boheme*, vermittelt, hätte vor solchen voreiligen Begriffsbildungen bewahrt.
[106] Vergleiche vor allem Bourdieus Äußerungen in einem Interview in der Zeitschrift *Texte zur Kunst*, 2.Jg. (Juni 1992), S. 115ff.

zelnen Musiker oder einer Gruppe von Musikern über die industrielle Fertigung von Tonträgern bis hin zur beworbenen, im Handel erhältlichen Schallplatte wurde nachgezeichnet. Gegen Betrachtungsweisen der Popmusik, die sich mit kulturkritischen Vorbehalten gegen Tendenzen der Kommerzialisierung und der Universalisierung des Warenverhältnisses beruhigen oder schnell die wenig erwärmende ökonomische Sphäre abtun, um sich im Reich der Bedeutungen und symbolischen Gehalte der Musik häuslich einzurichten, war daran zu erinnern, daß die Verwertungsinteressen der Musikindustrie den sehr unterschiedlichen Agenten des Produktionsprozesses abverlangen, daß sie ihre Arbeitskraft und sonstige vermarktbare Qualitäten zur Verfügung stellen, jedoch ihnen der daraus resultierende mögliche Reichtum vorenthalten bleibt. Parallel zur Darlegung dieses ökonomischen Arguments wurden grundlegende Strukturen heutiger massenmedialer Kommunikation expliziert. Ihre Wirksamkeit zeigt sich in der erfolgreichen Bedienung eines Publikums, dem, ohne daß nennenswerter Widerstand zu gewärtigen ist, Programme offeriert werden, die einer massiven thematischen Restriktion unterliegen. Die globalen Differenzierungen zwischen Anbietern und Verwertern von Arbeitskraft, zwischen den Betreibern und dem Publikum von massenmedialer Kommunikation wurden im nächsten Schritt durch Darlegung mehr oder weniger feiner Unterschiede ergänzt: es ist von unterschiedlich qualifizierten Anbietern von Arbeitskraft auszugehen, die mit ihren Bildungstiteln und sonstigem kulturellen und sozialen Kapital Anwartschaft auf entsprechende Stellen erheben; Differenzen in der Verfügung über kulturelles Kapital lassen gleichzeitig das Publikum von massenmedialer Kommunikation in Fraktionen zerfallen, die jeweils selektiven Gebrauch vom gesamten Programmangebot machen. Aktuellen soziologischen Versuchen, die Tendenzen der Individualisierung von Lebenslagen, des Strebens nach Erlebniskonsum, der Abschottung gesellschaftlicher Milieus vereinseitigen, wurde entgegengehalten, daß sie sowohl die Gewalt weiter fortbestehender ökonomischer Verhältnisse als auch die Bedeutung kultureller Unterscheidungskämpfe marginalisieren.

In der folgenden kritischen Auseinandersetzung mit der Jugendsoziologie (Kapitel 3) ist zu zeigen, daß diese wenig brauchbare Resultate in der Beschreibung und Einschätzung jener Subkulturen und Gruppen hervorgebracht hat, die sich über Identifikation mit spezifischen Formen von Popmusik definieren. Dieser Gegenstandsbereich ist heute nicht mehr ausschließlich der Jugendsoziologie vorbehalten, sondern auch in den kulturwissenschaftlich erweiterten, postmodern gestimmten Geisteswissenschaften zugelassen. Diese neue Entwicklung hat in den angelsächsischen Ländern unter dem Titel Cultural Studies ihre bemerkenswerteste Ausprägung gefunden, die entsprechend im Anschluß an die Beschäftigung mit den Thesen und Einschätzungen der Jugendsoziologie ausgiebig gewürdigt wird. (Kapitel 4)

3. Kritik der Jugendsoziologie

3.1 Einleitung

Das staatliche Interesse an einer Erforschung der Lebensbedingungen, Vorlieben, Erwartungen und Meinungen von Jugendlichen sorgt für die Dominanz eines pädagogischen Blicks auf Jugend- und Subkulturen. Das änderte sich auch nicht in den siebziger Jahren, als die normativen Vorzeichen der Jugendforschung von Anpassung auf Emanzipation umgestellt wurden. Weder gelangte die modernisierte Jugendforschung zu einer schlüssigen, kritischen Analyse der materiellen Lebensbedingungen des sozio-kulturell differenzierten jungen Bevölkerungssegments, noch schenkte man den ästhetischen Vorlieben und Praktiken subkultureller Jugendlicher die nötige Aufmerksamkeit. Auch die späte, stark selektive Rezeption von Forschungen aus dem Feld der Cultural Studies änderte kaum etwas an dieser Situation. Zwar ergriff die Ästhetisierung des intellektuellen Diskurses in den achtziger Jahren auch Teile der jugendforscherisch Tätigen, doch der neue Sinn für sinnlich schöne, reizvolle Oberflächen fand nur seinen Niederschlag in feuilletonistischen Stilübungen als glanzloser Schmuck einer Wissenschaftsprosa, die ansonsten den in der Soziologie gängigen, abstrakten Jargon variiert.

Daß Jugendliche Popmusik hören, zu ihr tanzen, sich in auffälliger Kleidung an speziellen Orten treffen, sich mehr oder weniger gravierende Verstöße gegen die Straßenverkehrsordnung und Sachbeschädigungsdelikte zu Schulde kommen lassen, in Prügeleien verwickelt werden oder diese aber auch provozieren, das alles könnte man als typisch jugendliches Verhalten abtun und der üblichen staatlichen Reaktion auf solches Gebaren überantworten. Doch dem widerspricht der erwähnte pädagogische Auftrag, dem sich die Jugendforschung verpflichtet weiß. Abweichendes Verhalten Jugendlicher, das nicht mit gängigen kriminellen Motiven zu erklären ist, bedarf einer genauen Untersuchung. Es könnte sich ja um ein Verhalten handeln, so der professionelle Verdacht, das, anders als gewöhnliches kriminelles Tun, das die moralische Ordnung ex negativo bekräftigt, die eingespielten Konventionen des gesellschaftlichen Miteinanders in ihrem Bestand bedroht. In den Dienst der Abwehr dieser wie auch immer begründeten Gefahr, der man mit gröberen und feineren pädagogischen Mitteln praktisch begegnet, stellt sich Jugendforschung. Das spüren auch bewußt oder unbewußt ihre Objekte, verhaltensauffällige Jugendliche, wenn sie auf teilnehmende Beobachtung, wie deren Vertreter immer wieder zu Protokoll geben, mit Beklemmung, Ablehnung oder gar Aggression reagieren.

Das folgende Kapitel zeichnet eine kritische Skizze der Bemühungen jugendsoziologischer Provenienz seit den fünfziger Jahren. Maßstab ihrer Betrachtung der soziologischen, pädagogischen und psychologischen Jugendforschung sind zum einen Einsichten der Kritik der politischen Ökonomie und einer konsequenten geschmackssoziologischen Objektivierung ästhetischer Vorlieben, wie sie im vorangegangenen Kapitel entfaltet wurden, zum anderen jene Gesichtspunkte, die im einleitenden 1. Kapitel als Charakteristika einer tendenziell subversiven Aneignung von populärer Kultur, insbesondere von Popmusik herausgestellt wurden.

3.2 Jugend- und Subkulturen im Lichte der Jugendsoziologie

Bis in die sechziger Jahre hinein war es in der Jugendforschung weitgehend unstrittig, daß das Verhalten der nachwachsenden Generation daraufhin zu beobachten, danach zu bewerten sei, inwieweit ihre Aktivitäten in Schule, Ausbildung, Beruf und Freizeit beruhigende Anzeichen vermittelten, die ihr reibungsloses Einfügen in die bestehenden Institutionen und Machtverhältnisse erwarten lassen konnten. Das schloß eine liberale oder jugendbewegte Sympathie mit wenig bedrohlichen Forderungen nach einer größeren Eigenständigkeit der jungen Leute nicht aus. Zudem war in der Soziologie schon längst die Vorstellung einer möglichst identischen Reproduktion kultureller und sozialer Strukturen verabschiedet worden. In einer funktional differenzierten Gesellschaft mit sehr unterschiedlichen Rollenanforderungen an die jeweiligen Individuen avancierte die Fähigkeit zu flexibler und situativ angemessener Reaktion auf neue Situationen zu einem respektablen Erziehungsziel.[1]

Abweichendes Verhalten wurde vor Aufkommen der neueren Jugend- und Subkulturen zumeist nur an den schmalen Rändern der nachwachsenden jungen Generation ausgemacht: in vernachlässigten Stadtvierteln amerikanischer Metropolen beheimatete Banden und Cliquen jugendlicher Kleinkrimineller riefen Devianzsoziologen auf den Plan. Gestützt auf Feldforschung versuchten sie einige Funktionen der Gruppenbildungen für ihre depravierten, gesellschaftlich chancenlosen Mitglieder herauszuarbeiten: der Zusammenhalt und die Stärke der Gruppe kompensiere symbolisch die Schwäche des Einzelnen, Diebstähle und andere kriminelle Delikte verschafften die materiellen Mittel, um bescheidene

---

[1] Entgegen dem weit verbreiteten Vorurteil vom normativen Konservatismus des Struktur-Funktionalismus gilt das auch für die jugendsoziologisch relevanten Arbeiten von T. Parsons und S. N. Eisenstadt, worauf Allerbeck, Rosenmayr, *Einführung in die Jugendsoziologie*, S. 94-96, hinweisen. Zu einem ähnlichen Befund, auch wenn er eine mangelnde Berücksichtigung der Dynamik des sozialen Wandels, des Ausmaßes an „Rollenunklarheit und Rollenkonflikt", der klassenspezifischen Unterschiede bezüglich handlungsleitender Normen und der damit verbundenen „Tatsache der ideologischen Auseinandersetzung um die Jugend" bei Eisenstadt und Parsons konstatiert, kommt H. Kreutz, *Soziologie der Jugend*, S. 23-26, 75, 79-81 und 122-131, der eine differenzierte Darstellung und Kritik ihrer Theorien und Annahmen im Hinblick auf ihre Fruchtbarkeit für jugendsoziologische Forschung vornimmt.

Konsumwünsche zu realisieren und Anerkennung in der Gruppe zu gewinnen. In wenig nutzbringender Gewalttätigkeit sieht man das Produkt einer nicht geglückten Anpassung an den zwar anerkannten, aber lebenspraktisch nicht umsetzbaren Wertekosmos der Mittelschicht; es wird aber auch die partielle Eigenständigkeit einzelner 'focal concerns' wie toughness, smartness und excitement in bestimmten Milieus der Unterschicht betont.[2] In den soziologischen Blick geriet später auch, daß die Weichen für eine delinquente Karriere, ob von vorübergehender oder lebenslänglicher Dauer, oder für eine auf legale Mittel verwiesene ökonomische Existenz, zumeist im Rahmen schlechtbezahlter Hilfsarbeiten, schon durch das familiale Herkunftsmilieu gestellt werden. Subkulturelle Lizenzen, die als Flucht vor diesen Aussichten erstrebt werden, führten paradoxerweise zur Einübung solcher Verhaltensweisen, Einstellungen, die für die passive Hinnahme der trostlosen, bereits vorgezeichneten sozialen und ökonomischen Perspektiven sorgen. In all diesen Beschreibungen dominiert die Sichtweise, daß die betrachteten Gruppen und Individuen Opfer ihrer mangelnden Abstimmung auf die ihnen aufgenötigten sozialen und ökonomischen Lebensbedingungen sind. Entsprechend werden zumeist die Intensivierung der sozialarbeiterischen Betreuung und die Durchsetzung statusverbessernder Sozialreformen als konsequente politische Forderungen angesehen. In neueren Ansätzen hingegen, die in Soziologie und Psychologie unter Titeln wie 'labeling-approach' und Anti-Psychiatrie fungieren, wobei vor allem letztere über verschiedene Vermittlungen in die Politik der neuen Linken Eingang fand, fungiert G. Pearson zufolge immer wieder „the deviant as hero": „To raise the misfit's inarticulate voice to a level of coherent discourse is a immensely difficult task. It requires of us more than compassion, and more than a vaguely underdog sympathy. For example, misfit social thought is a stab in those directions, but it is always in danger of lapsing into a loose and hopeful romanticism."[3] In der BRD hielt man für die sog. 'Halbstarken-Krawalle' der fünfziger Jahre, als deren Auslöser und Verstärker der Rock 'n' Roll identifiziert wurde, eher kulturkritische, psychologisierende Erklärungen bereit.[4]

---

[2] Einen informativen Überblick über die Beobachtungen und Hypothesen jener Soziologen, die sich eingehend mit abweichendem Verhalten in jugendlichen Banden und Subkulturen beschäftigt haben, gibt S. Lamneck, *Theorien abweichenden Verhaltens*, S. 145-174.
[3] Pearson, *The Deviant Imagination*, S. 22 und 207. Vergleiche die Arbeiten aus dem Umfeld des Center for Contemporary Cultural Studies (CCCS) in Birmingham, besonders P. Willis' Studie, *Learning to labour*, dt. *Spaß und Widerstand*, aus dem Jahre 1977. B. Mahnkopf, *Verbürgerlichung*, S. 215-224, beschreibt den Einfluß der Devianzsoziologie auf die Anlage der Forschungen im Umfeld des CCCS.
[4] U. Beer, *Familien- und Jugendsoziologie*, S. 123-130, referiert die in psychologischen und pädagogischen Fachzeitschriften und in Monographien niedergelegten Beobachtungen von Autoren wie G. Kaiser und H. H. Muchow zum „Zivilisationskonflikt der randalierenden Jugend": deren Inbegriff, der „Halbstarke", sei „ein Entwurzelter einer geborgenheitssterilen Umwelt". Kaiser fährt in diesem pathologisierenden Duktus fort: „Seine Neigungen (des 'Halbstarken', R.H.) zum exzessiven Lärm und rauschhaften Genuß der Geschwindigkeit, die ekstatische Hingabe an die Ur-Rhythmik, das Außer-sich-sein in der Gruppen- und Massensituation, das rauschhafte Erleben bei der vandalistischen Raserei und nicht zuletzt der Alkoholgenuß gemahnen an die seelische Grundbefindlichkeit des Süchtigen, der von 'Leere zu Leere geht'." (ebd., S. 129)

Hingegen mahnt H. Schelsky soziologische Nüchternheit an: „[...] in dieses aus publizistischen Bedürfnissen aufgeblasene Schlagwort (vom 'Halbstarken', R.H.) ist von der Jugendkriminalität über die Jugendverwahrlosung, von Jugendstreichen und -flegeleien bis zu dem Konsumrowdytum gelegentlicher Alkoholexzesse, von den Jazzfans und Beboptänzern bis zu den Motorradrasereien und den Krawallen und Aufläufen so ziemlich alles hineingestopft worden, was den Erwachsenen als 'Notstand' oder wenigstens als unerfreulich, wenn nicht nur unverständlich an der Jugend einmal wieder auffiel." Läßt man sich nicht auf diese moralische Panik ein, so könnte das wirklich Neuartige des gegenwärtigen Jugendverhaltens als eine „in vitalen Bedürfnissen verwurzelte Ausbruchsreaktion der Jugendlichen gegen die manipulierte Befriedigung des modernen Lebens und gegen den unangreifbaren Konformitätsdruck der modernen Gesellschaft" begriffen werden.[5]

Eine Ausnahme von den bis dahin gewohnten Mustern der Abweichung schienen die Beatniks zu sein. Sie gehören im Sinne der Unterscheidung R. Schwendters zwischen freiwilligen (Gammler, Hippies, Provos) und unfreiwilligen (Prostituierte, Obdachlose) Subkulturen zu ersteren. Dessen seit 1971 immer wieder unverändert neu aufgelegtes, nur durch ergänzende Nachworte aktualisiertes Hauptwerk, obwohl es überdeutlich die Spuren seiner Entstehungszeit trägt, ist offenkundig eine Form der Bewältigung der nach 1968 einsetzenden Depression unter linken Aktivisten. Im Umkehrschluß zur denunziatorischen Abrechnung mit der angeblichen „Polizeiknüppelsoziologie des Talcott Parsons" werden die zersprengten Nachfolger der Studentenbewegung und der verschiedensten Experimente mit neuen Lebensformen seit den fünfziger und sechziger Jahren in einer politisch-ökonomisch und soziologisch aberwitzigen Konstruktion nach ihrer politischen Grundhaltung differenziert (regressiv vs. progressiv) und letztere als ernsthafte Bedrohung der herrschenden Ordnung verrechnet.[6] Eine gewisse Distanz zu dieser bekundeten die Beatniks, die zumeist in Mittelschichtkreisen aufgewachsen waren, zunächst einmal dadurch, daß sie mehr oder weniger freiwillig auf jene mittleren oder vielleicht auch besseren Jobs verzichteten, auf die sie sich berechtigte Hoffnung hätten machen können. Statt dessen setzten sie sich dem ökonomischen und sozialen Wagnis einer bohemistischen Lebensweise aus, die ungewöhnliche und befreiende Erfahrungen mit Drogen, Sexualität, Musik und Zen-Buddhismus versprach.[7] Das dadurch ausgelöste Medien-Echo,[8]

---

[5] Schelsky, *Die skeptische Generation*, S. 387. Zur Versachlichung trägt auch T. Grotum, *Die Halbstarken*, bei.

[6] Schwendter, *Theorie der Subkultur*, S. 23 und 33-75. Vergleiche auch Schwendters *Theoretiker der Subkultur*: eine Übersicht über Positionen der Subkulturforschung in einem weitgefaßten Sinne, die den Zeitraum zwischen Durkheim und der deutschen Rezeption des CCCS-Ansatzes bei R. Lindner umfaßt.

[7] Einen Überblick über die ideologischen und literarischen Strömungen innerhalb der Beat-Generation kann man sich in einem von A. Charters herausgegebenen Sammelband verschaffen: *The Penguin Book of the Beats*. Ein ausgezeichnetes Porträt der New Yorker Beat-Szene entwirft J. C. Holmes in seinem Roman *Go* aus dem Jahre 1952; zur klassischen Lektüre für Jugendliche der Mit-

seine Mischung aus voyeuristischer Faszination und moralischer Verdammung, beschreibt der amerikanische Soziologe E. H. Powell so: „Social protest rarely gets beyond the stage of hating cops, which may explain the strange popularity of the beat rebellion among the conservative press: The New York Times, Mademoiselle, and Esquire were the first to discover the beats and bring them to national attention, not without concealed admiration." Für Powell sind die Beatniks Ausdruck eines Zeitalters, dem alle Ideologien und Utopien abhanden gekommen sind. Politisch sei der Beatnik „neither reactionary nor revolutionary", er sei vielmehr „the anarchist in waiting". Aus seinen eigenen sowie den von verschiedenen Autoren formulierten Beobachtungen und Einschätzungen zur Literatur, Moral, Sprache, Kommunikation und Zukunftsperspektive der Beatniks zieht er folgenden Schluß: „The beat scene is one where only the *moment, not* the *process*, of interaction comes into focus, where people have encounters rather than involvements. Just as men and women are stripped out of the context of past and future, leaving only a raw present, so too their art and their religion and their lives disintegrate into kicks. After the kick subsides, the person is left precisely where he was before - in the bored morass of self." Diesem Urteil liegt ganz offensichtlich das klassische Bildungsideal als normative Folie zugrunde: der Mensch habe sich aktiv und kontinuierlich mit seiner Umwelt auseinanderzusetzen, erwirbt in diesem Prozeß allerlei Kompetenzen, um dann seinerseits gestaltend auf die Welt einzuwirken. Powell verleiht den diskontinuierlichen Momenten in der Beatnik-Existenz ein starkes Gewicht, doch im Gegenzug wird dann ihre Abweichung von den damaligen Standards der amerikanischen middle class durch Verzicht auf bürgerliche Karrieren, durch Experimente mit Drogen und Sexualität, Musik und Literatur wieder relativiert. Der Beatnik sei auch nur Ausdruck der allgemein verbreiteten Ziellosigkeit in der modernen Gesellschaft: „The beat and the square, more than either realizes or admits, are cut from the same cloth." Und: „Since there is no basis for choosing one direction over another, the final alternative is to lapse into that dark inertia which is just beneath the neon surface of American life."[9]

Anders als die jungen Delinquenten fanden die Beatniks allerdings, ähnlich

---

telschichten, die sich von den Zwängen einer bürgerlichen Existenz bedrückt fühlen, avancierte J. Kerouacs *On the Road*. Eher soziologisch ist N. Polskys Abhandlung über *The Village Beat Scene: Summer 1960*, S. 144-182, gehalten. Im Reportagestil, jedoch durchsetzt von ausgiebigen kulturkritischen Einlassungen und Erwägungen, berichtet L. Lipton, *The Holy Barbarians*, über die Beat-Szene in Venice, Kalifornien. G. Spengemann, *Jack Kerouac: Spontaneous Prose*, vermittelt einen Eindruck davon, welche zeitgenössischen Reaktionen das Beat-Phänomen hervorrief.

[8] Die Reaktion auf das Beat-Phänomen gab das Muster für zukünftige Reaktionen auf subkulturelle Strömungen vor. Instruktiv zu dieser Reaktionsform ist Stanley Cohens klassische Studie, *Folk Devils and Moral Panics*. S. Thornton, *Moral Panic, the Media and British Rave Culture*, und *Club Cultures*, nimmt eine aktuelle Applikation der 'Moral Panic'-These vor, wendet sich jedoch in einem wenig einfühlsamen Rekurs auf Bourdieu kritisch gegen die dieser These angeblich inhärente Unterstellung, daß Subkulturen, speziell die neueren 'Club Cultures', sich den herrschenden Verhältnissen in irgendwie relevanter Weise widersetzten.

[9] Powell, *Beyond Utopia*, S. 365, 366 und 372.

wie die Hippies seit Mitte der sechziger Jahre, die an deren bohemistischen Lebensstil anknüpften, Intellektuelle, die diesen Bewegungen nicht nur sozialpädagogische Fürsorglichkeit, sondern starke Sympathie und vitales Interesse zukommen ließen. Hatten Kritiker der Beat-Bewegung utopische Energien attestiert, die als Belebung der zeitgenössischen kulturellen Ödnis gefeiert wurden, so muteten Soziologen und Philosophen der Hippie- und Studentenbewegung gar eine geschichtsphilosophisch relevante Rolle zu. Die 'eindimensionale Gesellschaft' schien den zentralen Konflikt zwischen Lohnarbeit und Kapital stillgestellt zu haben, und nur noch an den subkulturell sensibilisierten und lumpenproletarisch bzw. rassistisch diskriminierten Rändern regten sich revolutionäre Kräfte: zum Kampf gegen das herrschende System sollten die einen durch ihre weitreichenden, differenzierten Wünsche nach befreiter Sexualität und friedvollem Miteinander, die nicht durch Konsum und familialen Privatismus zu befriedigen seien, die anderen durch ihre besondere Benachteiligung, die ihnen die politischen und ökonomischen Verhältnisse auferlegen, bewegt werden. Anhaltspunkte für diese Konstruktion konnten vor allem bei H. Marcuse gefunden werden.[10]

Der geschichtsphilosophischen Überhöhung der kleinen und großen Verweigerungen sind vor allem die Theoretiker und Historiographen der Subkultur verfallen: die bereits erwähnte Arbeit von Schwendter sowie W. Hollstein[11] und D. Baacke, der in „Beat - die sprachlose Opposition" zu einer partiell treffenden Bestimmung der produktiven Reaktionsweisen von Jugendlichen auf die Musik der Beatles und Rolling Stones kommt. Seine Überlegungen werden jedoch von Interpretationen überfrachtet, die auf das spekulativ psychoanalytische und utopischgesellschaftskritische Vokabular bei Marcuse und Adorno rekurrieren und pädagogisch wertvolle Effekte der Beat-Musik entdecken wollen: „Die Erfahrung des Glücks kann vielmehr eine Motivation sein, für dieses Glück später in Verantwortung vor der Gesellschaft für die Gesellschaft einzutreten." Im ungebremsten pädagogischen Eifer merkt Baacke gar nicht, daß er sich in Paradoxien verstrickt, wenn er als „wichtige Schlußfolgerung" formuliert, „daß wir dem Beat, wenn er schon einmal ein Medium der Kommunikation ist, das die jungen Leute akzeptieren, zu mehr Authentizität verhelfen sollten [...]." Im Schlußwort verbreitet der Autor die frohe Kunde über die „Affinität des Beat zum Bereich der Kunst", über „seine Wertschätzung bei jüngeren Schriftstellern" und über die „Artifizialisierung des Beat", wie sie von avantgardistischen Popmusikern und aufgeschlossenen Vertretern der E-Musik vorangetrieben wird. Mit der Formel „Lernen durch Kreativität" gewinnen diese Errungenschaften auch gleich wieder eine pädagogische Nutzanwendung, die ihren abstrakten politischen Gehalt: „nichts braucht ewig so zu sein, wie es ist" als „nicht geringe Chance für die 'Kinder von Karl Marx und Coca-Cola'" anbietet.[12]

Auch als der illusionäre Charakter der 'Randgruppen-These' nicht mehr zu

---

[10] Marcuse, *Der eindimensionale Mensch*, S. 267; *Versuch über die Befreiung*, S. 43-76.
[11] Hollstein, *Der Untergrund*.
[12] Baacke, *Beat*, S. 212, 217, 222, 224 und 228.

leugnen war, ließen viele Intellektuelle nicht davon ab, sozialrevolutionäre Hoffnungen auf den jüngeren Teil der Bevölkerung zu projizieren, der in Schule und Freizeit noch nicht jenen Zwängen und hierarchischen Einteilungen unterworfen sei, die im Berufsleben für grobe und feine Differenzierungen zwischen Oben und Unten, Reichtum und Armut, Herrschaft und Beherrschte sorgen. Der an der Studentenbewegung beteiligte akademische Nachwuchs, nun in mittleren und später auch in professoralen Positionen an geistes- und sozialwissenschaftlichen Fakultäten, übernahm den oben skizzierten pädagogischen Auftrag der bisherigen Jugendforschung, nämlich der Jugend die für sie vorgesehenen Verhaltensmuster und Denkweisen nahezubringen und - im Falle bereits offensichtlicher Abweichung - mit geeigneten pädagogischen Mitteln auf den Pfad der Tugend zurückzuholen, um ihm jedoch eine linke Wendung zu verleihen. Die konventionelle Jugendforschung beobachtet die Jugendlichen unter dem Gesichtspunkt, ob sich bei ihnen die Ausbildung der erhofften geistigen, moralischen Voraussetzungen abzuzeichnen scheint, die ihrer späteren Existenz als Arbeitskräfte und Staatsbürger keine ernsthaften Hindernisse in den Weg stellen. Ihre linken Nachfolger suchten statt dessen nach solchen sozialen Lagen, Verhaltensweisen, Meinungen und Haltungen in der jüngeren Bevölkerung, die für eine politische Mobilisierung gegen die bestehenden Verhältnisse geeignet schienen.

In orthodoxeren Kreisen richtete sich die Hoffnung naturgemäß auf Arbeiterjugendliche. Die meistzitiertesten Vertreter einer solchen Perspektive sind H. Lessing und M. Liebel, die „Jugendarbeit" als „dialektische Einheit von politischem Kampf- und Lernprozeß" verstehen. Sie wissen sich auf der Seite von „inzwischen wesentlich breiter und 'politischer' gewordenen Initiativen und Kämpfen von Teilen der Arbeiterjugend". Weniger engagierte Teile dieser Jugend, die sich in „kompensatorische Ersatzhoffnungen" oder „irreale Traumvorstellungen" flüchten, sollen durch „Schaffung neuer Identifikationsmöglichkeiten" für die gute Sache gewonnen werden.[13] E. Stark-von der Haar breitet umfangreiches empirisches Material zur damaligen Lebenssituation der Arbeiterjugend aus. Poli-

---

13 Lessing, Liebel, *Jugend in der Klassengesellschaft*, S. 8, 20 und 117. Kreutz, *Soziologie der Jugend*, S. 63-72 und 109-119, faßt Überlegungen dieser Art, auch die einschlägigen Einlassungen von Engels, Marx und Lenin berücksichtigend, aus einer eher liberalen Perspektive kritisch zusammen; weniger ausführlich referiert Schäfers, *Soziologie des Jugendalters*, S. 34-37. In seiner kompetenten, kritischen Übersicht *Sozialwissenschaftliche Jugendtheorien* handelt H.M. Griese die Einlassungen von Lessing/Liebel im Kapitel über „Jugendsoziologische ad-hoc-Theorien" ab (ebd., S. 141-151), die dem Autor im Gegensatz zu den anschlußfähigen klassischen jugendsoziologischen Ansätzen (Schelsky, Eisenstadt, Tenbruck) „zur Erklärung und Beschreibung der gegenwärtigen Jugend ungeeignet" scheinen. (ebd., S. 18) Weniger überzeugend sind allerdings Grieses schlichte Auskünfte zum Charakter der neueren Jugendkultur, die sich zunehmend im Medium der Popkultur und Mode definiert: sie habe „immer ihre zwei Seiten, da Jugendliche wohl einerseits durchaus innovativ und kreativ verändernd wirken können [...], aber andererseits immer auch Konsumenten darstellen und entsprechend manipuliert und in das Konsumsystem integriert werden." (ebd., S. 215) Auch das Festhalten des Autors an der „Chance einer integrierten Theorie der Jugend" (ebd., S. 217), die für ihn durch Entwicklungen im Feld der Identitätstheorie an Substanz gewinne, ist nicht dazu geeignet, der soziologischen Jugendforschung kraftvolle intellektuelle und politische Resonanz zu verleihen.

tisch soll daraus „die Notwendigkeit des Kampfes in einer einheitlichen Gewerkschaftsorganisation" folgen. Auch diese Autorin sieht sich durch die tatsächliche Entwicklung bestätigt: „eine wachsende Aktionsbereitschaft der Jugend" sei zu erkennen.[14] Eher abstrakt-theoretisch betrachtet B. v. Onna die spezifische Situation der Arbeiterjugend. Seine Betonung der durch „Schule und Ausbildung" ermöglichten „Anwendung des systematisch qualifizierten Arbeitsvermögens", der damit verbundenen „gesellschaftliche(n) Fähigkeiten und Chancen", die sich darüber hinaus „bei einem späteren, 'optimalen Verkauf von Arbeitskraft'" auszahlen könnten, überhöht in geschichtsphilosophischer Weise den Stellenwert schulischer und beruflicher Qualifikationen.[15]

Eher spontaneistisch gesonnene Akademiker konzentrierten ihre Aktivitäten auf anti-autoritäre Erziehungsformen, die bei ihren Adressaten Interesse und Spaß an kulturellem und politischem Widerstand wecken sollte,[16] reformistische Kräfte verlegten ihre politischen Aspirationen ebenfalls auf das Bildungssystem und spekulierten bei ihrer Parteinahme für die neue Schulform Gesamtschule auf eine Steigerung des kulturellen Kapitals von Arbeiterkindern, auf zukünftig veränderte politische und soziale Kräfteverhältnisse zugunsten benachteiligter Gruppen im Zuge wachsender Chancengleichheit.[17] Auch wenn sich im Verlauf der siebziger Jahre die Hoffnungen auf eine Mobilisierung der Arbeiterjugend, auf antiautoritäre Erziehung, auf eine Schulform, die zumindest Chancengleichheit in Aussicht stellt, als hinfällig erwiesen, wurden viele der damit verknüpften Projekte in nun realpolitischer Bescheidenheit fortgeführt. Zwar ernüchtert über die politische Entwicklung, jedoch mittlerweile gut auf professionelle Routinen und Ideologien eingespielt, fanden die Vertreter der neuen Jugendforschung endlich am Ende des Jahrzehnts Anlaß für neue Hoffnungen, Befürchtungen und Vorbehalte: Alternativbewegung, Hausbesetzer, Punks, Skinheads, Fußball-Fans, später dann Hooligans, manieristische Hedonisten, Heavy-Metal-Fans, Rapper usw. geben in der Folgezeit den Stoff ab, der jugendsoziologische Expertisen im Auftrag unterschiedlicher Institutionen bis heute entstehen läßt.[18] Besonders Punks avancierten seit Anfang der achtziger Jahre zu einem Gegenstand, dem fast jede eher allgemein angelegte Arbeit zum Treiben der Jugend- und Subkulturen ihre Reverenz erweisen mußte. Theoretische Unterstützung sucht und findet man bei den Arbeiten aus dem Umfeld des Birminghamer „Center for Contemporary Cultural

---

[14] E. Stark-von der Haar, *Arbeiterjugend - heute*, S. 8 und 177.

[15] B. v. Onna, *Jugend und Vergesellschaftung*, S. 103f und 145; vergleiche auch die aktualisierte und komprimierte Version des gleichen Ansatzes in *Jugend in der Klassengesellschaft*, S. 129-132.

[16] Eine Übersicht über die verschiedenen Versuche einer „Gegensozialisation" findet man bei Schwendter, *Theorie der Subkultur*, S. 219-226.

[17] Eine Einschätzung dazu, was von diesen Hoffnungen übriggeblieben ist, gibt H.-G. Rolff, *Sozialisation und Auslese durch die Schule*.

[18] Die bekanntesten und folgenreichsten Untersuchungen dieser Art legte das Jugendwerk der Deutschen Shell vor: *Jugend '81, Jugendliche und Erwachsene '85, Jugend '92* und *Jugend '97*. Die ungewöhnlich starke, auch kritische und polemische Rezeption, die der Studie aus dem Jahre 1981 zuteil wurde, ist in *Näherungsversuche* dokumentiert.

Studies", die zeitweilig recht intensiv in den Sozial- und Geisteswissenschaften rezipiert wurden.[19]

Konkurrierende Stellungnahmen, wie die Vorstellungen der befragten, beobachteten Jugendlichen zu bewerten seien, ob sie eher Anlaß zu Optimismus oder Pessimismus geben, ob die Hervorbringungen jugendlicher und subkultureller Alltagsästhetiken gute Gründe für kulturkritisches Räsonnement oder kulturalistische Affirmation abgeben, ob entweder empirische Verfahren oder teilnehmende Beobachtung oder doch eher eine kluge Kombination dieser Instrumente die Treffsicherheit jugendsoziologischen Bemühens versprechen, nähren die Diskussion. Der schlichten Frage, was von der Fülle des gemessenen, beobachteten und interpretierten Materials in sowohl ästhetischer und politischer Hinsicht zu halten sei, wenn man sich nicht mit der tautologischen und banalen Auskunft zufriedengibt, daß die Jugend nun einmal so denkt, meint, auswählt, produziert, handelt, collagiert usw., entzieht sich die Jugendsoziologie durch Verweis auf die methodische Dignität ihrer Verfahrensweisen, die parteiliche Stellungnahmen ausschlössen, oder durch ein mehr oder weniger unterschwelliges Signalisieren von Sympathien mit der einen oder anderen Manifestation jugendlichen Gebarens. Ihr realpolitisches Arrangement mit den herrschenden politischen Prozeduren und Machtverhältnissen, ihre stillschweigende Identifikation von authentisch jugendkulturellem Ausdruck mit seinen historischen Formen in den sechziger und siebziger Jahren läßt die Jugendsoziologie unter den heutigen Bedingungen gar nicht erst auf die Idee kommen, ästhetische und politische Anliegen offensiv zu formulieren. So fragt man sich lieber mit großem wissenschaftlichem Eifer, ob die jeweilige Jugend mehr als nur ein Bündel kontingenter Meinungen und Einstellungen darstellt und vielleicht zu einer „Generationengestalt" aufgerückt sei, wobei sich natürlich gleich eine ganze Reihe von 'Ansätzen' anheischig macht, solche Fragen mit dem richtigen Instrumentarium anzugehen.[20] Hochkonjunktur haben

---

[19] Vergleiche u.a. U. Maas, *Nachwort*, R. Lindner, *Jugendkultur und Subkultur als soziologische Konzepte*. Zum durchgängigen Bezugspunkt vieler Arbeiten avanciert D. Hebdige, *Subculture. The Meaning of Style*. So in einer Studie, die statistische Daten und theoretische Überlegungen kombiniert, Jugendwerk, *Jugend '81*, S. 486-489 und 533-547; in Untersuchungen auf der Basis teilnehmender Beobachtung, May, *Provokation Punk*, und L. Roman, *Intimacy, Labor, and Class*. Punks sind Gegenstand in mehr oder weniger analytisch angelegten Beschreibungen von Sub- und Jugendkulturen: M. Brake, *Soziologie der jugendlichen Subkulturen*, S. 93-97; W. Behr, *Jugendkrise und Jugendprotest*, S. 69; J. Zimmer, *Jugendkulturen und Jugendstile*, S. 357; Bruder-Bezzel, Bruder, *Jugend*, S. 65-73; Tippelt, Berger, *Jugendforschung in der Bundesrepublik*, S. 94-103; D. Baacke, *Jugendkulturen und Pop-Musik*, S. 158, 161 und 170; J. Zinnecker, *Jugendkultur 1940 - 1985*, S. 361f.; M. Naumann, *Alltagsmythen*, S. 135; R. Kabel u.a., *Jugend der 80er Jahre*, S. 15; D. Baacke, *Jugend und Jugendkulturen*, S. 60-65; H. Peters, *Devianz und Kontrolle*, S. 75-78. H.-G. Soeffner, *Stil und Stilisierung*, trägt zunächst brauchbare Beobachtungen vor, gerät jedoch auf geistes- und emblemgeschichtliche Abwege und endet bei einer zu unspezifischen, religionssoziologisch inspirierten Ableitung des Punk als Überhöhung alltäglicher Gewohnheiten.

[20] Besonders abschreckende Beispiele sind, von wenigen Lichtblicken abgesehen, Sammelbände wie H.-H. Krüger, *Handbuch Jugendsoziologie*, und W. Breyvogel, *Pädagogische Jugendforschung*. Souveräner im Umgang mit der wissenschaftlichen Tradition verfahren Kreutz, *Soziologie der Jugend*, und Rosenmayr, *Zur theoretischen Neuorientierung der Jugendsoziologie*; vergleiche auch

dabei die schon oben erwähnten soziologischen Zeitdiagnosen: tief beeindruckt läßt man Habermas[21] mit seiner Kolonialisierungs-Metaphorik, Beck[22] mit seinem Szenario atomisierender Individualisierung und apokalyptischer Risiken und Hirsch[23] mit seiner Skizzierung postfordistischer Tendenzen zu Wort kommen. Aber auch Autoren des Poststrukturalismus, Bourdieus Klassentheorie und identitätstheoretische Annahmen finden im allgemeinen theoretischen Synkretismus der Jugendforschung ihre Anhänger.

3.3 Neuere Versuche zur Differenzierung jugendkultureller Milieus

Etwas gegenstandsnäher sind mitunter die Beschreibungen und Versuche zur Schematisierung unterschiedlicher jugendlicher Milieus. Daran haben sich vor allem D. Baacke und W. Ferchhoff in eigenen und gemeinsamen Arbeiten zu schaffen gemacht. Wenig überraschend sind der Ausgangspunkt ihrer Bemühungen die schon mehrfach erwähnten Forschungen im Umfeld des CCCS.[24] Deren zentrale theoretische Idee ist bekanntlich die Verknüpfung von subkulturellem Ausdruck und der Klassenherkunft ihrer Exponenten. Über spezielle Vorlieben für Musik, Mode und sonstige Vergnügungen grenzen sich die Erfinder und Adepten subkultureller Stile, obligatorisch in den einschlägigen Publikationen ist deren Revue entlang der Stationen Teds, Mods, Skinheads und Punks, von den gängigen Mustern jugendlichen Verhaltens scharf ab, wobei damit provozierte Reaktionen der Umwelt kurioserweise oft larmoyant beklagt werden. Doch bei aller Eigenständigkeit der Aneignungsweise symbolischer Güter verweisen viele Merkmale des subkulturellen Tuns und Lassens auf den Habitus, die Lebensweise

---

Allerbeck, Rosenmayr, *Einführung in die Jugendsoziologie*. Auch L. Clausen, *Jugendsoziologie*, gibt seiner Darstellung durch Anschluß an Überlegungen von N. Elias einen eigenständigen Charakter, gleitet aber des öfteren in einen allzu selbstgefälligen Plauderton ab.
[21] Vergleiche dazu J. Habermas, *Theorie des kommunikativen Handelns*.
[22] Vergleiche dazu U. Beck, *Jenseits von Stand und Klasse* und *Risikogesellschaft*, sowie die Ausführungen in Kapitel 2 der vorliegenden Arbeit zu Beck und ähnlichen Positionen in der neueren Kultursoziologie.
[23] Vergleiche dazu J. Hirsch, *Auf dem Wege zum Postfordismus*.
[24] Baacke, Ferchhoff, *Jugend, Kultur und Freizeit*, S. 309-315. P. Willis, *'Profane Culture'*, S. 29f., 111f., stellt z.B. den Kontakt zu den von ihm untersuchten Gruppen durch das Angebot her, gemeinsam Musik zu hören und über das Gehörte zu reden. Durch seine genaue Kenntnis der relevanten Strömungen der Popmusik gelingt es Willis, den symbolischen und lebenspraktischen Stellenwert von Rock 'n' Roll bzw. Progressive-Rock bei den befragten „'*Motorrad-Jungs*'" (ebd., S. 58-64, 89-100 und 105-108) und „*Hippies*" (ebd., S. 139-141, 184-187 und 193-212) angemessen zu berücksichtigen. T. Simon, *Rocker in der Bundesrepublik*, konstatiert eine Vorherrschaft kriminologischer und kriminalsoziologischer Beschreibungen zum Rockerphänomen, die „zur Stigmatisierung von Rockern beigetragen" habe. (ebd., S. 2) Er gelangt zu der etwas hilflosen Einschätzung, daß die Rockerkultur „von der Spannung geprägt" sei „zwischen dem jeder Subkultur immanenten Protestpotential und dem Umstand, daß eine ganze Reihe der innerhalb der Subkultur gültigen Normen nichts anderes als Überspitzungen von Normen (sind), die generell in unserer Gesellschaft Gültigkeit besitzen." (ebd., S. 3)

jener Klasse, der ihre jungen Anhänger entstammen. Unterstellt man nun, daß sie sich, aber auch ihre Eltern, als Angehörige der Arbeiterklasse, der drückende materielle Zwänge auferlegt werden, eigentlich zum revolutionären Klassenkampf entschließen müßten, dann erscheint ihre zeitlich befristete, zumeist auf die Freizeit beschränkte Suche nach mehr oder weniger anstößiger lustvoller Zerstreuung und exzentrischer Selbstdarstellung als wenig konsequentes Verhalten: „[...] im subkulturellen Milieu gibt es keine 'Lösung' für Probleme, die durch die großen strukturierenden Erfahrungen der Klasse aufgeworfen werden."25 Diese Konstruktion samt ihrer Variationen, die sich an Gramsci und strukturalistische Autoren anlehnen, leidet daran, daß sie ihre radikalen Intentionen nicht als Kritik gesellschaftlicher Verhältnisse und ideologischer Auseinandersetzungen artikulieren, sondern man sich als Vertreter einer linken Devianzforschung auf die, freilich schnell enttäuschte, Suche nach einem revolutionären Subjekt in abweichenden Gruppen macht. Deren differentielle Qualität konstituiert sich nicht auf der Ebene erhöhten Klassenbewußtseins, sondern im Hinblick auf die in ihnen produzierten Bedeutungen und gelebten Praktiken, die nachfolgende Generationen, die sich im Medium der Popkultur definieren, für ihre Zwecke der Abgrenzung und Lebenssteigerung benutzen können.

Baacke/Ferchhoff plädieren für den Verzicht auf den in ihren Augen allzu unhandlichen, mißverständlichen Begriff der Subkultur, ersetzen ihn durch den der Jugendkulturen. In deren Ausdrucksformen meinen sie „eine kulturell produktive Antwort auf eine Welt, die die Erosion von Traditionen und Bindungen [...] zumutet", eine bislang zu wenig gewürdigte „kulturelle Kreativität" erkennen zu können.26 Sie unterscheiden zwischen fünf jugendkulturellen „'Antworten' auf die heutigen Lebenslagen und Lebenssituationen": 1. Anhänger von Jugendsekten und Drogenabhängige zeichneten sich durch „eher regredierende Formen des sozialen Rückzugs" aus; 2. den „besser ausgebildeten, moralisch engagierten und vorwiegend postadoleszenten Jugendlichen der sogenannten 'neuen (vornehmlich dienstleistungsbezogenen) Mittelschichten'" bescheinigen die Autoren mit offenkundiger Sympathie die anspruchsvollen Voraussetzungen für „demokratisches Engagement"; 3. große Schwierigkeiten bereiten den Jugendforschern naturgemäß jene Jugendlichen, die sich vorwiegend im Medium der Popkultur definieren: ihre Stilisierungen, Vorlieben und Meinungen firmieren als die „auf Kälte, Neon und Plastik gestylte Ästhetik der sich vom 'bürgerlichen Lebensalltag' zynisch distanzierenden Großstadt'kids'". Das diesen zugeschriebene „ichbezogene lustbetonte Ausleben von Gegenwartsstimmungen und Gefühlen in kultureller Vielfalt" erscheint den Autoren, wobei sie einem gemäßigten Hedonismus folgen, der sich in den achtziger Jahren auch in Intellektuellenkreisen durchsetzt, als verständliche Gegenbewegung zum „moralinsauren Ökorigorismus". Doch diese

---

25 J. Clarke u.a., *Jugendkultur als Widerstand*, S. 95.
26 Baacke, Ferchhoff, *Jugend, Kultur und Freizeit*, S. 318f., und Baacke, *Jugend und Jugendkulturen*, S. 107; mit stärker pädagogischem Vorbehalt wird „die stilistische Kreativität der Jugendkultur" in einem früheren Text des Autors behandelt: *Jugendkulturen und Pop-Musik*, S. 173f.

"allzeit fröhlichen Konsumenten, die Hedonisten unserer Zeit" entgehen nicht dem Vorwurf, daß sie in ihren hochfliegenden Aspirationen bloß eine „Kopie der Hochglanz-Anzeigen und Werbespots" seien; 4. knapp werden „jugendkulturelle städtische Milieus" abgehandelt, in denen „gegenwartsbezogenes Handeln mit vollem körperlichen Risikoeinsatz" dominiere: nämlich „Rockergruppen, Fußballfans, Moped-Gangs, Street-Fighter etc."; und 5., entweder als implizite Norm unterstellt oder als ungeeignetes Objekt für moralisch-politisch Projektionen ignoriert, friste das Gros der „in der Regel unkomplizierten, angepaßten und 'auffällig'-unauffälligen Jugendlichen" in der Jugendforschung eher ein Schattendasein. Selbstironisch werden sie von den Autoren als dankbares Objekt einer verunsicherten Pädagogik gepriesen: „[...] hier können die Deutungskategorien, Maßstäbe, Maßnahmen und Einfälle der Erziehung noch hinreichen [...]."[27]

Die partielle Brauchbarkeit einer solchen Typologisierung steht in starkem Kontrast zu den dürftigen Resultaten umständlicher theoretischer Anstrengungen und aufwendiger empirischer Forschung.[28] Die jugendforscherische Anmaßung, allen signifikanten jugend- und popkulturellen Strömungen ihre oft unzulängliche Darstellung und Bewertung angedeihen zu lassen, beleuchtet die wissenschaftliche Vernachlässigung eines gesamten Feldes, in dem elementare Anforderungen an Genauigkeit, Sorgfalt und Umsicht immer wieder unterschritten werden.[29] Offensichtlich finden einschlägige Publikationen mit ihrer eigentümlichen Mischung aus rhetorischer Dreistigkeit, argumentativer Schlichtheit und moralischer Aufrüstung großen Anklang[30] beim verunsicherten Lehrpersonal, bei den im sozialpädagogischen Bereich Beschäftigten und natürlich in Universitätsseminaren, die wiederum den Nachwuchs für diese Berufe ausbilden.

---

[27] Baacke, Ferchhoff, *Jugend, Kultur und Freizeit*, S. 319-322; aktualisierte Fassungen der vorgestellten Differenzierung unterschiedlicher „*jugendkultureller Milieus*" finden sich bei Ferchhoff, *Jugend und Jugendforschung*, S. 108-112, und *Jugend an der Wende des 20. Jahrhunderts*, S. 143-168.
[28] So geht den sozialökologischen Exerzitien Baackes jeglicher Zusammenhang zu jenen Beobachtungen und Verallgemeinerungen ab, die sich noch an spezifische Themen und Ereignisse knüpfen: *Sozialökologische Ansätze in der Jugendforschung* vs. *Jugend und Jugendkulturen*. In diesem, wie in vielen anderen Fällen illusionärer Theoriehoffnung ist wohl jenes Motiv anzunehmen, das Stanley Fish, *Doing What Comes Naturally*, S. 23, in seiner pragmatistischen Kritik des „theory talk" erwähnt: „[...] having or being a theory is a mark of seriousness and respectability." Einen guten Eindruck von der Diffusität empirischer Studien vermittelt die Lektüre der Übersicht von R. Kabel et al., *Jugend der 80er Jahre*.
[29] Vergleiche die mit Fehlern und spekulativen Vermutungen gespickte Darstellung von HipHop in der 2. Auflage von Baackes *Jugend und Jugendkulturen*, S. 67-70, aus dem Jahre 1993. Immer wieder produziert das bei Jugendforschern neuerdings beliebte Amalgam aus soziologistischem Jargon und Zeitgeist-Journalismus, der Anschaulichkeit bloß simuliert, unsägliche Resultate: z.B. Ferchhoff, *Jugend an der Wende des 20. Jahrhunderts*, S. 84-88. Was man dort zu lesen bekommt, adelt sich sich selbst als Beobachtungen desjenigen, der „in den 90er Jahren kultursoziologisch und sozialphänomenologisch-alltagsweltlich interessiert mit 'hellwachen' Sinnen durch die Straßen einer beliebigen bundesrepublikanischen Großstadt geht [...]." (ebd., S. 83; die zitierte Formulierung taucht erneut in Ferchhoff, *Jugendkulturelle Individualisierungen*, S. 60, auf)
[30] Über ständige Neuauflagen ihrer Bücher können sich z.B. Schäfers, *Soziologie des Jugendalters*, und Baacke, *Die 13- bis 18jährigen*, freuen.

Regelmäßig wird dann das aufgehäufte Inventar aus Ansätzen, empirischen Beobachtungen und Ergebnissen, Hoffnungen und Befürchtungen handlich zusammengefaßt, wobei man die sich bietende Gelegenheit zu selbstkritischer Reflexion nicht ungenützt läßt. So weist W. Hornstein neuere Tendenzen in ihre Schranken, die sich unkritisch der „Ästhetisierung der Jugendphänomene" verschrieben hätten: „[...] Jugendkultur (wird) zu einem Gegenstand gemacht, den man [...] bewundert, von dem man sich faszinieren, schockieren, auf jeden Fall beeindrucken läßt [...]." Die bewährten Dauerthemen, die entweder „dem Abweichenden und damit Bedrohlichen" oder dem „Politisch-Innovativen" in den Verhaltensweisen der jungen Leute nachspürten, erhielten postmoderne Konkurrenz, die sich „keinem anderen Aspekt als dem des Ästhetischen" widme.[31] In Anbetracht der „zu einem großen Teil politisch oder wirtschaftlich motivierten Auftragsforschung" akzentuiert Hornstein im liberalen Gestus die Bedeutung „der von politischen und ökonomischen Abhängigkeiten freien 'akademischen' Jugendforschung", die eine „kontinuierliche Analyse der Wandlungsprozesse" zu leisten habe, „denen Jugend unterworfen" sei. In einer solchen theoretisch und empirisch ambitionierten Perspektive müsse jedoch auch „erzieherisches Handeln" angemessen einbezogen werden.[32] Bedenken, die hinsichtlich der wissenschaftlichen und politischen Brauchbarkeit des ganzen Bemühens aufkommen, verwandeln sich fast mühelos in eine unabsehbare Menge von Forschungsdesiderata.[33] Neue Projekte warten schon auf die Anerkennung ihrer Förderungswürdigkeit, um die Fortsetzung und Kontinuität jugendforscherischer Anstrengungen zu gewährleisten,[34] um aufkommende Selbstzweifel angesichts dürftiger Forschungserträge, mangelnder Prognosefähigkeit, eingestandener Distanz zum Forschungsgegenstand und spürbarer Abhängigkeit von politisch und ökonomisch interessierten Auftraggebern zu zerstreuen.[35]

Den aufgeführten, ansonsten recht unterschiedlichen Perspektiven ist gemein-

---

[31] Hornstein, *Ein halbes Jahrzehnt 'Pädagogische Jugendforschung'*, S. 245f. Doch Sammelbände und Ausstellungskataloge wie *Schock und Schöpfung* und *Land der Krise* aus den Jahren 1986 und 1987 sind vor allem wegen der mangelhaften Kenntnis ihres popkulturellen Gegenstandes, die freilich nicht das Aufschwingen zu soziologisierenden Verallgemeinerungen verhindert, ärgerlich. Den Zusammenhang zwischen Druck- und Denkfehlern, der dort gut zu studieren ist, erläutert T. Hecken, *Die neuen Volljährigen*, S. 120f.
[32] Hornstein, *Ein halbes Jahrzehnt 'Pädagogische Jugendforschung'*, S. 254.
[33] Ein typisches Beispiel ist Krüger, *Pädagogische Jugendforschung. Einleitende Bemerkungen zur Vermittlung von Gesellschafts- und Subjekttheorie*, S. 28f.
[34] Um Anschluß an die Cultural Studies-Tradition bemüht sich der vom SPoKK (Arbeitsgruppe für Symbolische Politik, Kultur und Kommunikation) herausgegebene Sammelband *Kursbuch JugendKultur*. Doch neben den abgedruckten anglo-amerikanischen Beiträgen wirken Bemühungen wie die von R. Vollbrecht, *Von Subkulturen zu Lebensstilen* (vergleiche auch ders., *Die Bedeutung von Stil*), von Ch. Meueler, *Pop und Bricolage*, *Auf Montage im Techno-Land*, und M. Büsser, *Die verwaltete Jugend*, blaß; über kultursoziologische bzw. musikjournalistische Gemeinplätze kommt man nicht hinaus.
[35] Vergleiche P. Cloos, *Jugend als Avantgarde ihrer eigenen Abschaffung*, S. 38f., der von einem in der *TAZ* veröffentlichten Gespräch aus dem Jahre 1997 berichtet, in dem erfahrene Jugendforscher ihr eigenes Geschäft „einer äußerst kritischen Analyse unterziehen".

sam, daß sie im Unterschied zur konventionellen, an sozialer und kultureller Reproduktion interessierten Jugendforschung[36] weniger geeignet scheinen, politische und sozialtechnische Maßnahmen zur disziplinierenden Regulierung abweichender Meinungen, Haltungen und Lebensstile zu befördern bzw. ihre marktkonforme Aufbereitung anzubahnen. Mittlerweile sind jedoch die skizzierten Begriffsstrategien und Beobachtungsweisen mit ihrer Konzentration auf jugendkulturelle Stile, Milieus und Ästhetiken ein gewöhnlicher Bestandteil feuilletonistischer Zeitdiagnostik.[37] Presseorgane, die über ein junges, mit den neueren Entwicklungen in den Sozial- und Geisteswissenschaften halbwegs vertrautes Personal verfügen, betreiben 'trend-scouting', um die Effektivität von Marketingstrategien zu erhöhen,[38] und Forschungsverfahren wie teilnehmende Beobachtung und offene Interviews gehören zu den Standards jugend- und kultursoziologischer Forschung. Offensichtlich ist die Überwindung alter kulturkritischer Positionen kein Garant dafür, daß sich Wissenschaft und andere veröffentlichte Meinungen ernsthaft und eingehend mit populärer Kultur beschäftigen. Doch nicht nur die leerlaufende Kritik der Kulturkritik,[39] die für einen Gegenstand Partei ergreift, an dem ihr dann doch wenig liegt - wichtig scheint vor allem, daß man sich von einer konkurrierenden Intellektuellenfraktion abhebt und aus dem Streit publizistisches Kapital geschlagen werden kann -, sondern auch andere Freunde und Parteigänger der populären Kultur tun dieser durch ihre Art der Sympathie keinen Gefallen. Gemeint sind die bereits im einleitenden 1. Kapitel angesprochenen Versuche einer politischen Überfrachtung popkultureller Ereignisse und Entwicklungen. In der Fixierung auf die Mikropolitik von Szenen und Subkulturen rücken jene Haupt- und Staatsaktionen, jene unspektakuläre Politik kontinuierlicher Maßnahmen und Entscheidungen in den Hintergrund, die weiterhin die politische und ökonomische Tagesordnung bestimmen.

---

[36] Aus der normativen Perspektive des „modernen okzidentalen Rationalismus" im Anschluß an M. Weber schreibt H. Fend, *Sozialgeschichte des Aufwachsens*. Nach deren Lektüre überrascht nicht (vergleiche vor allem die Vorbehalte gegen „Hedonismus", ebd., S. 165 und 170), daß sich der Autor gemüßigt fühlt, seine ohnehin nur rhetorisch reklamierte „gesellschaftskritisch-emanzipatorische Position" durch realpolitische Weisheiten reicher Lebenserfahrung zu korrigieren und damit die „konservative Betrachtungsweise der Welt" partiell ins Recht zu setzen: „Je dichter aber mein Kontakt zu den Wirklichkeiten und Grausamkeiten dieses Lebens geworden ist, um so weniger läßt sich die Einschätzung unterdrücken, daß es tatsächlich Deformationen und Überforderungen des Individuum gibt, daß Pathologien der Egozentrik heute mehr denn je möglich sind." (ebd., S. 305 und 306) H. Vouillème, *Die Faszination der Rockmusik*, sieht sich in bildungstheoretischer Mission genötigt, darauf hinzuweisen, daß „an Hand des Romans 'Ulysses' von James Joyce mehr von komplexer Wirklichkeit verstehbar werden kann, als durch noch so eine vorzügliche Rockmusik." (ebd., S. 101)
[37] Gleich eine ganze Reihe von Beiträgen dieser Art sind in *SPIEGEL SPEZIAL* 2/1994, *Pop und Politik*, zu finden.
[38] So preist sich der *PRINZ-STADT-MONITOR* als Organ an, das über „ein in zehn Großstädten verankertes Scouting-System alle Veränderung in 'Echtzeit' erfassen und nutzbar machen soll." (Feb. 93, S. 1)
[39] Diese Haltung durchzieht z.B. das Sonderheft des *Merkur* über Medien und Medienkritik (47 Jg., 1993, H. 9/10).

3.4 Funktionen und Defizite jugendsoziologischer Forschung

Das zentrale Defizit des größten Teils der bisherigen Jugendforschung ist deren Konstitution des Jugendlichen als geheimnisvolles und tendenziell sprachloses Wesen, über dessen Motive, Interessen und Idiosynkrasien eifrig spekuliert werden darf, was dann einerseits besorgtes kulturkritisches Räsonnement auf den Plan ruft, andererseits das freudige Verkünden neuer Trends und Entwicklungen hervorbringt, das - mehr oder weniger direkt - in Marketing-Strategien umgemünzt werden kann. Daneben werden natürlich weiter die üblichen empirisch-statistischen Erhebungen im Stile der etablierten Meinungsforschung durchgeführt. Die Produktion der entsprechenden Thesen, Annahmen und Daten wird zum großen Teil von interessierten politischen Institutionen und Wirtschaftsunternehmen in Auftrag gegeben. Auf politischer Seite erhofft man sich Aufschlüsse darüber, in welcher moralisch-politischen Verfassung sich die jungen Staatsbürger befinden und welche Selbstdarstellungsformen und administrativen Maßnahmen geeignet sein könnten, ihr Mitmachen bei den relevanten Staatszwecken zu befördern. Wirtschaftsunternehmen haben ebenfalls einen unerschöpflichen Datenhunger, denn vor der Einführung und Vermarktung neuer Produkte und der darauf abgestimmten Selbstpräsentation des Unternehmens durch flankierende Marketing- und PR-Maßnahmen möchte man sich vergewissern, welche momentan relevanten Einstellungen und Vorlieben bei den kaufkräftigen Gruppen der Jugendlichen zu berücksichtigen und symbolisch-warenästhetisch zu befriedigen sind. Den Nutzwert empirischer Jugendforschung für ökonomische Interessen taxieren R. Kabel et. al. nicht besonders hoch: „Die Produzenten und Verkäufer von Konsumware und die Medienleute wollen wissen, was sie auf welche Weise an die Jugendlichen bringen können. Sie stellen bei der Analyse der Umfrageergebnisse schnell fest, daß ihnen die Wissenschaft bei der Produktgestaltung kaum helfen kann; denn sie wenden sich aus wirtschaftlichen Gründen immer an die Mehrheiten, und die soziologischen Studien streichen die Auffälligkeiten von Minderheiten heraus."[40] Die Autoren lassen unberücksichtigt, daß gerade von kleinen Gruppen Anregungen ausgehen, die sich dann in Produkte für einen breiteren Markt umsetzen lassen. Abgesehen von der Verquickung des größten Teils der Jugendforschung mit politischen und ökonomischen Interessen, kommen auch die meisten betont seriösen, nur der Wissenschaft verpflichteten Beobachter von Jugendkulturen nicht über eine symptomatische Lektüre ihres Gegenstandes hinaus: begierig sucht man nach sozialpsychologischen Formeln, mit der irritierende Symbole, Ausdrücke, Schreibweisen, Ideologien, Stile und Moden erklärt werden sollen. Die genaue Funktionsweise und der ästhetisch-politische Charakter subkultureller Diskurse bleibt ungeklärt.[41] Unterschlagen wird die innere rhetorisch-

---

[40] R. Kabel et al., *Jugend der 80er Jahre*, S. 12.
[41] Vergleiche z.B. den defensiven Gestus der Arbeiten von W. Vogelsang, *Jugendliche Video-Cliquen* und *Jugend- und Medienkulturen*. Im üblichen jugendsoziologischen Rahmen bleibt auch P.F.N. Hörz, *Beton macht Spaß*, mit seinen Beobachtungen zur Subkultur der Skater.

diskursive Strukturierung und Organisation des symbolischen Materials, wie sich in der Popkultur ästhetische Gehalte und Verfahrensweisen, abweichende Meinungen und Einstellungen symbolisch artikulieren. Ihr innovativer Charakter verbietet es, sich mit einer ansonsten natürlich unerläßlichen soziologischen und politisch-ökonomischen Objektivierung zu bescheiden. Wenig entwickelt ist eine Wahrnehmung, die symbolische Tätigkeit in der Popkultur, ihr hochgradig eigensinniges, selbstbezügliches Funktionieren, ihre ästhetischen-literarischen Ambitionen und die in ihr wirksamen Abgrenzungsstrategien ernstnimmt.

4. Cultural Studies

4.1 Intellektuelle und populäre Kultur

Daß Jugend- und Popkultur in der Perspektive jener Jugendforschung, die sich hehren pädagogischen Idealen verschrieben hat, der Verdammung, Verachtung, Ignoranz, Instrumentalisierung und Vereinnahmung anheimfällt, so das Fazit des vorangegangenen Kapitels, korrespondiert der Wahrnehmung populärer Kultur in weiten Intellektuellenkreisen, wie sie noch bis vor kurzem die Diskussion bestimmt hat. Kulturkritische Argumente in einer konservativen und emanzipatorischen Spielart leuchteten universitär situierten Akademikern, Lehrern, Journalisten und Schriftstellern ein. Den einen ist populäre Kultur vor allem ein Gegenstand stumpfen Vergnügens jener Massen, deren mangelnde Kultiviertheit und grobe Sinnlichkeit abstoßend wirkt; entsprechend sind Bemühungen angezeigt, um die als naturgegeben betrachtete Distanz zwischen kultiviertem Bürgertum und barbarischem Pöbel zu wahren. Die anderen hingegen gehen von der sozialen Determination der unterschiedlichen Geschmäcker aus, erkennen deren entscheidende Differenz als hierarchische: hier Verfeinerung, die nur den privilegierten Klassen offensteht, dort grober Genuß, der den kleinbürgerlichen und proletarischen Klassen angedient wird. Für diese Situation seien gesellschaftliche Verhältnisse verantwortlich, in denen der Kulturkonsum der Massen nicht nur ein minderwertiger sei, sondern zugleich auch das Mittel abgebe, jene mit den bestehenden Verhältnissen auszusöhnen, klassenkämpferische Auseinandersetzungen erst gar nicht aufkommen zu lassen. Seine pointierteste Gestalt hat dieses Argument bei Adorno gefunden; in den Händen seiner apologetischen Adepten verblaßten zusehends dessen Konturen und der Unterschied zur konservativen Kulturkritik verwischte sich.

Doch auch jenseits dieses Schemas haben sich Intellektuelle in diesem Jahrhundert auf populäre Kultur bezogen;[1] zu nennen sind hier vor allem Vertreter der Avantgardebewegungen von Futurismus über Dadaismus bis hin zur Pop-art. Als Feinde der etablierten legitimen Kultur lag es für sie nahe, sich deren Feind, nämlich die populäre Kultur, die von breiten Massen rezipiert wurde, zum Freund zu machen. Doch aus diesem antibürgerlichen Affekt heraus ließ sich kein Verständnis dafür entwickeln, daß populäre Kultur für dessen Publikum nicht das schlechthin andere der legitimen Kultur ist, sondern von diesem ohne Brechung durch

---

[1] Grundsätzliche Überlegungen zu diesem Verhältnis, das weiter im Banne jener Unterscheidungen steht, die Kant in seiner *Kritik der Urteilskraft* entfaltet hat, stellt T. Hecken, *Der Reiz des Trivialen*, an.

avantgardistische Intentionen, die auf die Überwindung der Differenz zwischen Kunst und Leben, Künstler und Publikum, Kunstwerk und künstlerische Tätigkeit abzielten, genossen werden wollte.[2]

Eine andere Spielart, der populären Kultur etwas abzugewinnen, ergab sich in den zwanziger und dreißiger Jahren aus Überlegungen, die sich der revolutionären Arbeiterbewegung im Rahmen ihrer propagandistischen Anstrengungen unter vor- bzw. nachrevolutionären Bedingungen stellten. Um den Erfolg der russischen Genossen in den industriell fortgeschritteneren westlichen Ländern zu wiederholen, setzte man dort auf eine zweckgerechte Aneignung von Formen und Medien populärer Kultur wie Heftchenroman, Film und Radio im Dienste politischer Überzeugungsarbeit. W. Benjamin ging noch einen Schritt weiter, ihm erschien schon die spezifische Rezeptionsform, die das Kino dem Publikum abverlangt, als Einübung einer Haltung, die der revolutionären Überwindung des Kapitalismus entgegenkommt.

Intellektuelle Begeisterung für populäre Kultur in der Zeit nach dem zweiten Weltkrieg artikuliert sich abgesehen von ersten Regungen der Pop-art in Großbritannien vor allem in den USA seit den frühen sechziger Jahren. Faszinosum der Pop-Intellektuellen sind jene Situationen, in denen Produktion und Rezeption avancierter Popmusik und Akte politischer Rebellion ununterscheidbar werden. Doch die Enttäuschung über das Scheitern der Revolte, die am Ende der sechziger Jahre ihre Parteigänger bedrückt, bereitet in der gesamten westlichen Welt den Boden für die Fortsetzung einer ideologie- und kulturkritischen Haltung gegenüber populärer Kultur, die sich vor allem auf die ihr angeblich inhärente Tendenz zur Kommerzialisierung und zur Vereinnahmung ursprünglich subversiver Impulse kapriziert.

Generell gilt es zu beachten, daß das Verhältnis der Intellektuellen zur populären Kultur stark durch nationale Unterschiede geprägt ist. Die europäischen Nationalstaaten verschafften sich ihr ideologisches Fundament unter Rekurs auf eine je eigene Sprache und Kultur, was zur staatlichen Festlegung einer Hochsprache führt, die regionalspezifische Idiome zur Folklore degradiert, und spätestens im Verlaufe des 19. Jahrhunderts die mehr oder weniger kodifizierte Festlegung eines Bildungskanons hervorbringt, dem sich selbst die aufstrebende Sozialdemokratie verpflichtet fühlt. Da in den USA die Errichtung eines nationalen bürgerlichen Gemeinwesens nicht im Kampf gegen feudale Strukturen erkämpft werden muß, setzt sich dort die liberale Auffassung durch, daß der Pflege des jeweiligen Kulturguts, das den zumeist europäischen Herkunftsländern der eingewanderten Bevölkerung entstammt, solange Toleranzspielräume zu gewähren sind, wie sie den Geschäftsgang einer kapitalistischen Demokratie nicht behindern. Nicht oder nur partiell in den Genuß dieser Übereinkunft kommt vor allem die rassistisch diskriminierte afro-amerikanische Bevölkerung. Unter diesen Voraussetzungen konnten auch, gemessen am europäischen Bildungskanon, ab-

---

[2] Zum ambivalenten Verhältnis der Avantgardebewegungen zur populären Kultur vergleiche T. Hecken, *Kunst und/oder Leben*.

seitige kulturelle Überlieferungen zum Gegenstand wissenschaftlicher Betrachtung erhoben werden. Zunächst bildet sich ein vorwiegend positivistisches, sozialhistorisches, interaktionistisch und anthropologisch-ethnographisch orientiertes Interesse an Folklore, an urbanen und ländlichen Subkulturen.[3] So hat z.B. Erving Goffman mit seinem Gespür für solche Gesten, Sprachmuster und Verhaltensweisen, die der Aufrechterhaltung einer symbolischen Ordnung dienen oder aber ihre Störung verursachen, Maßstäbe gesetzt, an denen sich auch noch aktuelle Arbeiten aus dem Umfeld der Cultural Studies zu messen haben.[4] Dort transformieren sich die überlieferten wissenschaftlichen Bestrebungen in eine kulturpolitische Programmatik. In den Cultural Studies, deren Konjunktur in den USA ungefähr zur Mitte der achtziger Jahre einsetzt, postuliert man die prinzipielle Gleichrangigkeit dessen, was vordem als legitime und populäre Kultur in ein hierarchisches Verhältnis gesetzt wurde. Den Erzeugnissen und Ereignissen populärer Kultur, den Stilisierungen und Praktiken ihrer Anhänger soll eine Analyse zuteil werden, die einst den kanonisierten Kunstwerken vorbehalten war. Ästhetische Strukturen der Popmusik, Trivialliteratur, Videoclips, soap operas und Fanzines gilt es genauer zu untersuchen. Mit dem Ernstnehmen der ästhetischen Oberfläche erhält die Frage nach den politisch-moralischen Folgen, die sich im Prozeß der Rezeption populärer Kultur ergeben, einen neuen Stellenwert. Analysen ihrer Wirkung waren früher der Kern wissenschaftlicher Beschäftigung mit populärer Kultur, während das Pendant dazu auf dem Feld der kanonisierten Kultur eine randständige Existenz in den Arbeiten politisch und pädagogisch engagierter Interpreten fristete. Nun soll gleichermaßen im Falle populärer wie legitimer Kultur geklärt werden, was deren Rezeption im Zuschauer, Hörer, Leser bewirkt, welchen Beitrag dieser Prozeß zur Verwirklichung wie auch immer bestimmter besserer Lebensverhältnisse zu leisten vermag.

Resümierend läßt sich festhalten, daß der gesellschaftliche Lebensbereich „populäre Kultur" in den letzten beiden Jahrzehnten als relevanter, wenn auch immer noch umstrittener, in vielen westlichen Ländern weiterhin marginalisierter Gegenstand wissenschaftlicher Erforschung durchgesetzt worden ist.[5] Das Gewicht je spezifischer nationaler kultureller Traditionen erschwerte in den meisten europäischen Ländern die Beschäftigung mit den alltäglichen Lebensweisen und Praktiken unterschiedlicher gesellschaftlicher Gruppen; starke bildungsbürgerli-

---

[3] Vergleiche dazu die instruktiven Ausführungen von Mukerji, Schudson, *Introduction: Rethinking Popular Culture*. Neben den genannten Annäherungsweisen sehen die Autoren noch eine im weiteren Sinne literaturtheoretische Tradition der Beschäftigung mit dem Thema, die in den weiteren Ausführungen dieses Kapitels, vor allem im Abschnitt über die theoriehistorischen Referenzen der Cultural Studies zu berücksichtigen sein wird.
[4] Vergleiche u.a Goffman, *Fun in Games, On Cooling the Mark Out, Wo was los ist - wo es action gibt*, und vor allem *Rahmen-Analyse*, S. 376-408.
[5] Über die unterschiedlichen Annäherungen an populäre Kultur bis Mitte der siebziger Jahre informieren W. Fluck, *Populäre Kultur*, und G.H. Lewis, *The Sociology of Popular Culture*. Vorsichtig erörtert Th. M. Leitch, *The Case for Studying Popular Culture*, die Fragen, die sich im Zuge einer akademischen Beschäftigung mit populärer Kultur aufdrängen; eine typische Skizze für ein neueres Forschungsvorhaben in diesem Feld hat D. C. Robinson, *Youth and Popular Music*, vorgelegt.

che Traditionen und Vorbehalte legten die Forschung auf eine kulturhistorische und soziologische Betrachtungsweise fest. Günstigere Voraussetzungen für Studien, die eine breitere kulturwissenschaftliche Ausrichtung anstrebten, in der auch ästhetische Gesichtspunkte Berücksichtigung finden sollten, fanden sich in Großbritannien und vor allem in den USA, wo populäre Kultur schon früh zum ökonomischen Exportschlager und zum zentralen Integrationsmedium einer kulturell heterogenen Bevölkerung avancierte. W. Fluck erklärt die „erstaunliche Wirksamkeit der amerikanischen Populärkultur" u.a. damit, daß „aufgrund der Multikulturalität der eigenen Gesellschaft und immer neuer Einwanderungswellen um 1900, also dem Zeitraum der Entstehung der modernen Populärkultur, die amerikanische Kulturindustrie früh gezwungen (war), quasi-'internationale', von Mitgliedern ganz verschiedener Kulturen und Bildungshintergründe gleichermaßen verständliche Kommunikationsformen zu entwickeln."[6] Daß nationale Spezifika des Verhältnisses der Intellektuellen zur populären Kultur bei der Einschätzung von Forschungsarbeit im Feld der Cultural Studies zu berücksichtigen seien, stellt auch A. Ross heraus. In Großbritannien sind das: „[...] the ethnic and regional coherence of working-class institutions and experience, the bourgeois-aristocratic strength of the cultural establishment, the power of monarchic and imperialist histories [...]." Im Gegensatz dazu akzentuiert Ross die Situation in den USA: „[...] it is probably fair to say that popular culture has been socially and institutionally central in America for longer and in a more significant way than in Europe. The historical role, for example, of popular commercial culture in the 'Americanization' of immigrants can be contrasted with the role of high bourgeois culture in 'Europeanizing' colonial populations."[7]

Der akademische Durchbruch jener Bemühungen, die sich selbst mit dem Signum 'Cultural Studies' belegen, fällt in die Zeit, in der die mittlerweile stark verblaßte Postmoderne-Debatte ihren Höhepunkt erlebte. Dort stand das moderne kulturkritische Beharren auf Hierarchien und Trennungen der postmodernen Idee eines Spiels mit Vermischungen und Grenzüberschreitungen gegenüber. Folgerichtig machten sich ganz unterschiedliche Kräfte daran, den Gegenständen und Ereignissen populären Vergnügens zu akademischer und feuilletonistischer Respektabilität zu verhelfen, zu einer Lockerung eingespielter Kulturhierarchien beizutragen. So spricht F. Jameson davon, daß in der Postmoderne die „traditionelle Trennung zwischen 'hoher' Kultur und sogenannter Massen- oder kommerzieller Kultur (ein wesentliches Kennzeichen der klassischen Moderne) aufgehoben (wird) [...]." Man sei von der „'korrumpierten' Welt des Ramschs und des Kitschs fasziniert, von Fernsehserien und von der Readers' Digest-Kultur, von Reklame und Motels, der late show, von der sogenannten Paraliteratur der Kiosk-Genres wie Gruselgeschichte, Liebesroman, Memoiren, Krimis, von Sciencefiction und Fantasy; Materialien, die sich nicht mehr nur 'zitiert' finden wie etwa bei Joyce oder Mahler, sondern hineingenommen werden in die 'Substanz' des

---

[6] Fluck, *'Amerikanisierung' der Kultur*, S. 14 und 14f.
[7] Ross, *No Respect*, S. 233, Anm. 4 und S. 7.

Postmodernen."8 Doch Ausgangspunkt ist dabei bezeichnenderweise nicht das ungebrochene ästhetisch-sinnliche Vergnügen an den Hervorbringungen populärer Kultur, an Popmusik, ihrem wirkungsmächtigsten, ästhetisch fortgeschrittensten Medium. Vielmehr sorgt der Rückgriff auf Versatzstücke des Populären nur für das Material, aus dessen ironischer Verfremdung der Kunstcharakter postmoderner Artefakte resultieren soll.9 Populäre Kultur, ihre individuelle und kollektive Rezeption, ihre Funktion als Medium kontinuierlicher ästhetischer Distinktion, ihr Stellenwert in alltäglichen Situationen mit ihren jeweiligen emotionalen Valeurs,10 bleibt dort außen vor.

Mit kritischer Wendung gegen sowohl ältere, aber heute immer noch wirksame Vorstellungen, die in der Eigenart der Vorlieben wenig gebildeter Leute nur das vorhersehbare Resultat ihrer Bedienung mit Produkten und Ereignissen erkennen, die von ökonomisch und politisch interessierten Unternehmen und Institutionen ins Werk gesetzt wird, als auch in Distanz zum „delirious claim of postmodernism to have transcended the problem of elitism or paternalism",11 geht A. Ross dem spannungsreichen, widersprüchlichen, gar dialektischen Verhältnis nach, das Intellektuelle in diesem Jahrhundert zu den Erzeugnissen der populären Kultur unterhalten. Er wendet sich gegen die von Humanisten, Marxisten und Vertretern neuerer Gegenkulturen getragene „tradition of suspicion, recruitism, and disaffiliation". Seine Arbeit soll „a few useful rules of thumb for constructing a more popular, less guilt-ridden, cultural politics for our time" beisteuern. „Elements of disrespect and opposition, however incorporated or contained", seien in der populären Kultur auszumachen, die sich stärker hochkulturell oder eher subkulturell verankerte Intellektuelle, die dabei recht unterschiedliche Ziele verfolgen, mit Hilfe solcher Kategorien wie „'hip', 'camp', 'bad', or 'sick' taste, and, most recently, postmodernist 'fun'" anzueignen und zu Abgrenzungszwecken zu gebrauchen versuchen.12

An dieser Stelle ist auch an die Revitalisierung der pragmatistischen Tradition im akademisch-intellektuellen Leben der USA seit den frühen achtziger Jahren zu erinnern, die immer wieder von Kritikern, aber auch zeitweise von ihrem Exponenten Richard Rorty, der mit seinen Schriften13 entscheidenden Anteil an dieser Entwicklung hat, mit postmodernen Tendenzen identifiziert wurde.14 Im

---

8 Jameson, *Postmoderne - zur Logik der Kultur im Spätkapitalismus*, S. 46 und 46f.
9 Polemisch schreibt Jameson, *Postmoderne - zur Logik der Kultur im Spätkapitalismus*, S. 91: „Diese selbstgefällige und vor sich hin phantasierende, an 'camp' erinnernde Zelebrierung einer im Ästhetischen neuen Welt [...] ist ganz unannehmbar."
10 Eine genaue Vorstellung davon, was es heißt, ein Leben im Medium populärer Kultur zu führen, vermittelt Gordon Legges großartiger Roman *The Shoe*.
11 Ross, *No Respect*, S. 5 und 7.
12 Ebd., S. 12, 13 und 5.
13 Vergleiche u.a. Rorty, *Philosophy and the Mirror of Nature, Consequences of Pragmatism, Kontingenz, Ironie und Solidarität* und die Aufsatzsammlungen *Objectivity, Relativism, and Truth* sowie *Essays on Heidegger and others*.
14 Vergleiche dazu R. J. Westbrook, *John Dewey and American Democracy*, C. West, *The American Evasion of Philosophy*, und R. Hinz, *Die Kontroverse um Rortys postmodernen Liberalismus*.

historischen Rückblick würdigen Mukerji/Schudson die Bedeutung der pragmatistischen Tradition für eine Beschäftigung mit populärer Kultur: „The sociological studies of culture that most often acknowledge an American heritage grow out of symbolic interactionism. Here, in a direct line that goes back to Robert Park and George Herbert Mead at the University of Chicago (and can be traced back further to American pragmatism generally in John Dewey and William James and others), a distinctive emphasis on how people make meaning and make society through the experience of everyday social interaction emerged. This approach is tailor-made for the quietly leveling or more openly pedestal-blasting tendencies in popular culture."[15] In Anknüpfung an John Deweys Ästhetik[16] hat sich Richard Shusterman[17] weitgehend unabhängig von den Bestrebungen der Cultural Studies in einem betont philosophischen Diskurs der populären Kultur angenommen. Doch sein Bemühen leidet daran, daß es sich weder von Rortys philosophiekritischen Impulsen leiten läßt, noch dem ästhetischen Gehalt herausragender Ausprägungen populärer Kultur gerecht wird. Gerade das, worauf T. Bennett dem intellektuellen Diskurs über populäre Kultur Verzicht zu leisten anrät, praktiziert Shusterman: „There are countless books which seek to justify, even dignify, the study of popular culture by claiming that popular culture is just as complex, as richly rewarding, historically exciting, and so on, as 'high culture'. It is not that the argument is wrong but that the constant making of it merely confirms the existing hierarchy of the arts in accepting the claim that 'high culture' constitutes a pre-given standard to which popular culture must measure up or be found wanting."[18]

4.2 Zur akademischen Institutionalisierung der Cultural Studies

Der schwachen Resonanz, die den britischen Cultural Studies an bundesdeutschen Universitäten, sei es an sozial- oder auch geisteswissenschaftlichen Fakultäten, zuteil wurde, steht ihre intensive Rezeption und produktive Aneignung in den USA seit Mitte der achtziger Jahre gegenüber. In Ergänzung zu den oben angeführten nationalen Differenzen, die das Verhältnis der Intellektuellen zur populären Kultur berühren, sehen I. Ang und D. Morley einen wichtigen Grund für das schwache Echo, das die Cultural Studies bislang in den kontinentaleuropäischen und skandinavischen Ländern gefunden haben, in deren starker Bindung an die sozialdemokratische Idee, daß Kultur etwas sei, das möglichst allen zugänglich zu machen wäre: „[...] culture (generally still defined in high-cultural

---

[15] Mukerji, Schudson, *Introduction: Rethinking Popular Culture*, S. 29.
[16] Dewey, *Art as Experience*.
[17] Shusterman, *Pragmatist Aesthetics*.
[18] Bennett, *Introduction: 'the turn to Gramsci'*, S. XViii. Kritisch zu Shusterman äußern sich auch G. Plumpe, *Die Literatur der Philosophie*, S. 178-180, und N. Werber, *Die Form des Populären*, S. 80f. Ausführlicher auf Shusterman und seinen Rekurs auf Dewey kann hier nicht eingegangen werden: vergleiche jedoch demnächst R. Hinz, *John Deweys pragmatistische Ästhetik und die Folgen*.

terms) is seen as a fixed value that needs to be disseminated throughout the whole population. As a result, the role assigned to 'the people' is exclusively that of receivers, not of producers of culture - an assumption fundamentally at odds with the perspective developed within British cultural studies."[19] Doch mittlerweile mehren sich die Anzeichen dafür, daß auch hierzulande eine stärkere Auseinandersetzung mit den britischen und amerikanischen Spielarten der Cultural Studies in Gang kommt.[20] Auffällig ist dabei das insgesamt schwache Gewicht einer Beschäftigung mit dem produktiven Feld der Popmusik und ihrer Rezeption.[21] Wenig verheißungsvoll präsentieren sich auch die aktuellen Versuche, der Literatur- und Geisteswissenschaft Germanistik ein kulturwissenschaftliches Gepräge zu geben.[22] Ebenfalls kaum Anknüpfungspunkte zur 'Cultural Studies'-Tradition lassen jene Bemühungen erkennen, die im Kontext anderer Fakultäten eine neue Disziplin 'Kulturwissenschaft' zu begründen versuchen.[23]

Bislang ist es noch nicht zu einer klaren disziplinären Ausdifferenzierung des Forschungsbereichs 'Cultural Studies' gekommen. Sehr vorsichtig verfahren etwa die Herausgeber eines wichtigen Sammelbandes bei ihrem Versuch einer Konturierung des neuen Forschungsfeldes: „[...] cultural studies is an interdisciplinary, transdisciplinary, and sometimes counter-disciplinary field that operates in the tension between its tendencies to embrace both a broad, anthropological and a more narrowly humanistic conception of culture. Unlike traditional anthropology, however, it has grown out of analyses of modern industrial societies. It is typically interpretive and evaluative in its methodologies, but unlike traditional humanism it rejects the exclusive equation of culture with high culture and argues that all forms of cultural production need to be studied in relation to other cultural practices and to social and historical structures."[24] Ebenfalls eine sehr umfassende Bestimmung des zentralen Gegenstands der Cultural Studies, nämlich populärer Kultur, schlagen Mukerji und Schudson vor: „[...] popular culture refers to the beliefs and practices, and the objects through which they are organized, that are widely shared among a population. This includes folk beliefs, practices and objects rooted in local traditions, and mass beliefs, practices and ob-

---

[19] Ang, Morley, *Mayonnaise Culture*, S. 136f. und 137.
[20] Davon zeugen Monographien wie U. Göttlich, *Kritik der Medien*, R. Winter, *Der produktive Zuschauer*, J. Kramer, *British Cultural Studies*, Sammelbände wie Hepp, Winter, *Kultur - Medien - Macht*, I. Schneider, *Serien-Welten*, M. Jurga, *Lindenstraße*, M. Charlton, S. Schneider, *Rezeptionsforschung*, und Aufsätze wie F. Krotz, *Fernsehrezeption kultursoziologisch betrachtet*, T. Hecken, *Der Reiz des Trivialen*, und R. Hinz, *Cultural Studies*.
[21] Dieser Thematik haben sich bislang weitgehend Vertreter eines avancierten Musikjournalismus angenommen, deren Verhältnis zum Feld der Cultural Studies weiter unten noch zu diskutieren sein wird.
[22] Beispielhaft sind die Sammelbände Glaser, Luserke, *Literaturwissenschaft - Kulturwissenschaft*, und Böhme, Scherpe, *Literatur und Kulturwissenschaften*, zu nennen.
[23] Vergleiche dazu C. Winter, *Kulturwissenschaft*. Der Band möchte einen „Überblick über Perspektiven, Erfahrungen und Beobachtungen der neuen interdisziplinären und berufsfeldorientierenden Kulturwissenschaft" geben. (ebd., Klappentext)
[24] Grossberg et al., *Cultural Studies*, S. 4.

jects generated in political and commercial centers. It includes elite cultural forms that have been popularised as well as popular forms that have been elevated to the museum tradition."[25] Noch einmal erweitert werden die Grenzen einer disziplinären Festlegung von L. Rado: „Cultural studies is thus less a theory than a loosely connected series of critical approaches and methodologies whose unifying principle is the assumption that since cultures have unique historical contexts, an understanding of these contexts and the interactions between them is central to the understanding of any form of cultural production."[26]

Doch schon sprießen historische Darstellungen über dieses sehr weitläufige Feld: theoretische Referenzen werden rekapituliert, Gegenstandsbereiche umrissen, wirkungsmächtige Veröffentlichungen noch einmal zusammengefaßt, Lehrbücher konzipiert.[27] So heißt es in einem Band, der eine Neulektüre etwas älterer, aber folgenreicher Arbeiten unter pädagogischem Vorzeichen bietet: „We [...] believe that it is empowering for students to revisit texts that were important in the history of cultural studies, in order to ask themselves: what project did they participate in? What proposal were they making? How do we - not just as 'given' culturally formed individuals, but as people who will have to make social and political choices - now feel about these projects and proposals? What equivalents are open to us, and where might they take us?"[28] Schließlich erlaubt man sich allerlei Spekulationen darüber, was noch in der Zukunft zu leisten sein wird, welche Gefahren im Zuge der erfolgreichen Karriere dieser Studien an britischen, aber vor allem an amerikanischen, demnächst vielleicht gar an kontinentaleuropäischen Hochschulen,[29] zu gewärtigen sind und welche fruchtbaren politischen Auswirkungen von richtig verstandenen und praktizierten Cultural Studies ausgehen könnten.[30]

Trotz der unter ihren Parteigängern verbreiteten Scheu vor inhaltlichen und methodischen Festlegungen sollen hier einige zentrale thematische Schwerpunkte und analytische Verfahrensweisen genannt werden: das starke Interesse an populärer Kultur, Subkulturen und Mediendiskursen artikuliert sich vor allem in semiotischen, dekonstruktiven und diskurs- und psychoanalytischen Lesarten. Den

---

[25] Mukerji, Schudson, *Introduction: Rethinking Popular Culture*, S. 3f.
[26] Rado, *The Case for Cultural/Gender/Modernist Studies*, S. 3f. Vergleiche auch die Bestimmung in T. O'Sullivan et al., *Key Concepts in Communication and Cultural Studies*, S. 71.
[27] Vergleiche u.a. Brantlinger, *Crusoe's Footprints*, Turner, *British Cultural Studies*, Agger, *Cultural Studies as Critical Theory*, Curran, Morley, Walkerdine, eds., *Cultural Studies and Communications*.
[28] Barker, Beezer, eds., *Reading into Cultural Studies*, S. 17. Expliziten Lehrbuchcharakter haben u.a. M. R. Real, *Super Media: A Cultural Studies Approach*, und Thwaites, Davis, Mules, *Tools for Cultural Studies*.
[29] Im informativen Cultural Studies-Special der Zeitschrift *Spex* aus dem Sommer 1995 (7/95, S. 48-55; 8/95, S. 46-51) werden nicht nur thematische Schwerpunkte, theoretische Herangehensweisen und politische Strategien dieser neuen akademischen Richtung dargestellt und kritisch beleuchtet, sondern auch die aktuellen Möglichkeiten aufgezeigt, sich solchen Studien an bundesdeutschen Hochschulen und Akademien zu widmen.
[30] In literarisierendem Gestus gibt Brantlinger, *Crusoe's Footprints*, S. 11, seinen Hoffnungen Ausdruck.

vielfältigen und sehr heterogenen Bemühungen, diesem Forschungsfeld durch historische Vergegenwärtigung und durch Selbstreflexion auf Gegenstandsbereich, Methodologie und theoretisch-politische Ziele etwas klarere Konturen zu geben, steht eine akademische Praxis gegenüber, in der den unterschiedlichsten Forschungsvorhaben ohne Rücksicht auf bislang versuchte definitorische und programmatische Festlegungen der modische Status Cultural Studies verliehen wird. Dem in Titeln und Untertiteln von Sammelbänden Reklamierten versucht man z.B. dadurch gerecht zu werden, daß Autoren wie Barthes und Bachtin vertreten sind, die sich allerdings in anderen Beiträgen als Vorläufer der Cultural Studies erwiesen haben, und daß man die mit den Cultural Studies weitläufig verbundene Kanon-Diskussion antippt.[31] In einem anderen Fall verdeutlichen die spärlichen Referenzen auf das mittlerweile recht breite Forschungsfeld Cultural Studies eigentlich nur das Bestreben der universitären Disziplin Rhetorik, das eigene Fach in ein zeitgemäßes Gewand zu hüllen.[32] Rhetorisch ausgebildete Intellektuelle gäben genau das Personal ab, das ein wirklich kritischer „public discourse" benötigt: „Our research skills, analytical abilities, and argumentative prowess make us formidable public intellectuals. The sort of work involved in cultural studies is particularly valuable: media criticism, the ability to trace the ideological work of texts, the ability to argue that categories taken as 'natural' or 'normal' are better understood as 'constructed' and historically contingent, the ability to situate an individual sign or group of signs into a larger context of meaning - these are some of the specific skills that cultural critics bring to bear."[33]

Viele Themen, Gegenstandsbereiche, Debatten und Theorien, die bereits eine langjährige Geschichte aufweisen, werden also nun in diesem neuen Zusammenhang diskutiert, ohne daß sich die vorgetragenen Argumente und Positionen geändert hätten. In politischer und ideologischer Hinsicht knüpfen viele Vertreter der Cultural Studies an jene historischen Versuche an, die aus einer linken Perspektive populärer Kultur etwas abgewinnen konnten (Brecht, Benjamin, Bachtin). Darauf wird im Zusammenhang der Behandlung theoriehistorischer Vorläufer der Cultural Studies noch näher einzugehen sein. Die bereits bei den genannten Intellektuellen recht diffuse Unterstellung, daß der massenhaften Aneignung bestimmter Sorten populärer Kultur ein widerständiges Moment gegen die gesellschaftlich geforderte Konformität eigne, droht sich in einigen Spielarten der Cultural Studies in immer vageren Umschreibungen aufzulösen.

In den USA gerieten die Cultural Studies im Zuge des konservativen Angriffs auf 'multiculturalism' und 'political correctness' ebenfalls in die Schußlinie: ihre linke Kritik an Staat und Gesellschaft bedrohe das Fundament der akademischen Freiheit, und ihre Aufweichung des kulturellen Kanons zerstöre die geistigen

---

[31] Vergleiche R. C. Davis, R. Schleifer, eds., *Contemporary Literary Criticism: Literary and Cultural Studies*.
[32] J. F. Reynolds, ed., *Rhetoric, Cultural Studies and Literacy*.
[33] E. Schiappa, *Intellectuals and Cultural Critique*, S. 26.

Grundlagen der amerikanischen Demokratie.[34] Die allgemeine Unsicherheit, wie universitäre Forschung und Lehre unter den gegebenen Bedingungen diskriminierte Gruppen und Minderheiten bei ihren jeweiligen Anliegen unterstützen kann, wird oft durch die rhetorische Beschwörung der Trias aus „class, race and gender" kaschiert, die politische Relevanz suggerieren soll. Diesen Kategorien laufen mittlerweile 'representation' und 'identity', an die sich auch entsprechende 'politics' knüpfen lassen, den Rang ab. P. Gilroy verweist auf „the limits of the quietly nationalistic vision advanced by British cultural studies imaginary founding fathers", die es heute zu überwinden gelte. R. Williams lasse in seiner Hoffnung auf eine kulturelle und politische Revitalisierung der britischen Arbeiterklasse die Neigung erkennen, den „ambiguities of identity" auszuweichen,[35] bei R. Hoggart[36] sei dessen „comprehensive exclusion of 'race'" unübersehbar. Doch Gilroys Einschätzung, daß „identity" als ein „popular, valuable and useful concept" zu begrüßen sei, erscheint wenig überzeugend, wenn der Beitrag dieses Begriffs im Rahmen der Cultural Studies sich darauf beschränkt, „to dispense of the idea that identity is an absolute and to find the courage necessary to argue that identity formation - even body-coded ethnic and gender identity - is a chaotic process that can have no end." Zweifel am tautologischen Charakter des Identitätsbegriffs, sein implizites Beharren darauf, daß etwas nun einmal so sei oder auch geworden ist, sind durch eine anti-naturalistische Wendung des Begriffs, wie sie Gilroy vornimmt, nicht auszuräumen.[37]

War die Ausrichtung der oben skizzierten Jugendforschung eine sozialwissenschaftliche, ging es doch darum, wie auch immer verstandene empirische Belege für die jeweils vorgenommene Beschreibung und Bewertung des Verhaltens der jüngeren Generation beizubringen, so bewegen sich die Cultural Studies eher auf geisteswissenschaftlichen Pfaden. Mukerji und Schudson schreiben nach ihrer Darlegung anthropologisch-ethnographischer, alltags- und sozialhistorischer und soziologischer Traditionen der wissenschaftlichen Thematisierung populärer Kultur: „Perhaps the most dramatic rethinking of popular culture has been initiated by literary critics, many of whom have left behind altogether traditional allegiances to high culture as the priviledged subject matter of serious criticism. They have led a series of critical revolutions with a proliferating set of theoretical schools (structuralism, semiology, poststructuralism, deconstruction, discourse theory) and a startling opacity of terminology that intimidates outsiders and makes not a few insiders shake their heads."[38] Tätigkeiten wie Singen, Tanzen, Lesen, Schreiben, Reden, Hören und Sehen werden Gegenstand einer Textlektüre, einer

---

[34] Vergleiche dazu Newfield, *What Was Political Correctness?*, der sich bereits eine historische Bestandsaufnahme erlaubt. Instruktiv in einer ansonsten oft aufgeregt geführten Diskussion sind Aufsätze von Diederichsen, *PC zwischen PoMo und MuCu*, Frith, *Political Correctness*, und vor allem Fish, *Boutique Multiculturalism*.
[35] P. Gilroy, *British Cultural Studies and the Pitfalls of Identity*, S. 47 und 44.
[36] Hoggart, *Uses of Literacy*, aus dem Jahre 1957.
[37] P. Gilroy, *British Cultural Studies and the Pitfalls of Identity*, S. 46, 36 und 48.
[38] Mukerji, Schudson, *Introduction: Rethinking Popular Culture*, S. 37.

interpretativen Aneignung. M. Shiach verweist darauf, daß auch die gewöhnliche Fernsehkritik in Zeitungen und Zeitschriften Programme und Sendungen wie literarische Texte behandelt: „The commonest response of reviewers to television is not to it as television at all. The economic, technological and cultural transformations represented by television are ignored, and it is treated as just another, though inferior, form of literature."[39] C. Geertz beschreibt die Tätigkeit des Ethnographen auf eine basale Weise, die so auch die Arbeit im Feld der Cultural Studies umfaßt: „Analyse ist [...] das Herausarbeiten von Bedeutungsstrukturen - Ryle hat sie feststehende Codes genannt, eine etwas irreführende Bezeichnung, da sie vermuten läßt, es gehe dabei um die Arbeit eines Dechiffrierers und nicht vielmehr um die eines Literaturwissenschaftlers - und das Bestimmen ihrer gesellschaftlichen Grundlage und Tragweite." Auch Geertz' weitere Erläuterung dessen, was unter „dichte Beschreibung" (thick description) zu verstehen sei, deutet auf die Parallelen zwischen neuerer Ethnographie und Cultural Studies: Tätigkeiten wie „Interviews mit Informanten, die Beobachtung von Ritualen" sorgen für die materialen Voraussetzungen einer Ethnographie, die dem Versuch gleiche, „ein Manuskript zu lesen (im Sinne von 'eine Lesart entwickeln'), das fremdartig, verblaßt, unvollständig, voll von Widersprüchen, fragwürdigen Verbesserungen und tendenziösen Kommentaren ist, aber nicht in konventionellen Lautzeichen, sondern in vergänglichen Beispielen geformten Verhaltens geschrieben ist."[40] Folgerichtig werden nicht in erster Linie statistische Daten erhoben und ausgewertet, sondern vornehmlich Deutungen und Bedeutungen sowohl produziert und analysiert als auch dekonstruiert und kritisiert.

Institutionellen Niederschlag findet diese methodische Präferenz vor allem in den USA; dort stellen die Literatur- und Kommunikationswissenschaften das größte Kontingent an wissenschaftlichem Personal, das in den Cultural Studies involviert ist. Bekanntlich vollzog sich auch die Gründung des britischen Center for Contemporary Cultural Studies (CCCS) in Birmingham zu Beginn der sechziger Jahre in einem geisteswissenschaftlichen Rahmen.[41] J. McGuigan zeichnet nach, wie Hoggart in seiner Antrittsvorlesung an der Birminghamer Universität aus dem Jahre 1964 „the programme of the new research centre", des Centre of Contemporary Cultural Studies, entwickelt, von dem oben bereits mehrfach die

---

[39] Shiach, *Discourse on Popular Culture*, S. 190. Mukerji, Schudson, *Introduction: Rethinking Popular Culture*, S. 11, konstatieren: „Today it is common to use 'reading' as a metaphor for the interpretation of any cultural object, a piece of art as much as a book, a social ritual as much as a pamphlet."
[40] C. Geertz, *Dichte Beschreibung*, S. 15.
[41] Vergleiche dazu die klassischen Texte von R. Hoggart, *The Uses of Literacy*, und R. Williams, *Culture and Society 1780 - 1850*; über Williams' Herkunft, seine Arbeitsweise und seinen pädagogischen Impetus gibt die Einleitung zu *Keywords*, S. 9-24, Aufschluß; eine brauchbare Darstellung der Entwicklung der Cultural Studies in Großbritannien bietet G. Turner, *British Cultural Studies*. B. Schwarz, *Where Is Cultural Studies?*, kann in seinem Versuch, eine „cultural geography of cultural studies" (ebd., S. 389) zu schreiben, der bisherigen Geschichtsschreibung zu diesem Forschungsfeld wenig abgewinnen. Vergleiche seine gedrängte Kommentierung jener Literatur, der zumeist jegliche „historical imagination" abgehe. (ebd., S. 390, Anm. 2)

Rede war: „The point was to 'evaluate' the forms of popular culture, determine their place in society and clear up the 'muddle' of the culture debate." Folgende Projekte sollten in Angriff genommen werden: „1 Orwell and the Climate of the Thirties; 2 The Growth and Change in the Local Press; 3 Folk Song and Folk Idioms in Popular Music; 4 Levels of Fiction and Changes in Contemporary Society; 5 Domestic Art and Iconography in the Home; 6 Pop Music and Adolescent Culture; 7 The Meaning of Sport and its Presentation."[42] R. Williams hat nicht nur mit seiner „resonant phrase from 1958, 'culture is ordinary'", der neuen Haltung gegenüber dem bis dahin sakralisierten Gegenstand Kultur prägnanten Ausdruck verliehen. Auch seine spätere Differenzierung des Hegemoniebegriffs Gramscis in „dominant, residual and emergent formations, with both residual and emergent subdivided into alternative and oppositional", wobei die neuen sozialen Bewegungen zu ersteren, die Arbeiterbewegung zu letzteren zu zählen seien, hat auf die Cultural Studies-Arbeiten der siebziger Jahre nachhaltige Wirkungen ausgeübt.[43] Doch zur weiteren Entwicklung des Birminghamer 'Centre', das besonders unter der Leitung von Stuart Hall eine stark theoretisch ambitionierte, (post-)strukturalistisch geprägte marxistische und psychoanalytische Richtung einschlug, geht Williams immer stärker auf Distanz. In einem Aufsatz aus dem Jahre 1989 mobilisiert Williams pathetisch sein humanistisches, linkssozialistisches Verständnis dessen, was Cultural Studies als Erbe jener Initiativen der „adult education", von denen er zu Beginn mit autobiographischem Bezug erzählt hatte, zu leisten hätten: ihre Aufgabe wäre „taking the best we can in intellectual work and going with it in this very open way to confront people for whom it is not a way of life, for whom it is not in any probability a job, but for whom it is a matter of their own intellectual interest, their own understanding of the pressures on them, pressures of every kind, from the most personal to the most broadly political - if we are prepared to take that kind of work and to revise the syllabus and discipline as best as we can, on this site which allows that kind of interchange, then Cultural Studies has a very remarkable future indeed."[44]

Bevor im folgenden einige Grundströmungen der Cultural Studies genauer betrachtet werden, gilt es zunächst, wichtige theoriehistorische Inspirationsquellen - hier zu nennen vor allem Adorno, Bachtin, Barthes, Benjamin, Brecht, Baudrillard, Eco und Sontag - der heutigen Bemühungen zu vergegenwärtigen, ohne die Cultural Studies kaum denkbar wären. Die im Anschluß daran behandelten Arbeiten sind unter drei zentralen Gesichtspunkten ausgewählt und angeordnet worden. *Exemplarität*: in ihnen sollen Themen und Argumente entfaltet werden, die Wirksamkeit in der weiteren Entwicklung des Forschungsfelds Cul-

---

[42] J. McGuigan, *Cultural Populism*, S. 51; vergleiche dazu auch die essayistisch pointierte Darstellung bei T. Dunn, *The evolution of cultural studies*, S. 72-74; weiter unten erinnert Dunn an avancierte amerikanische Schriftsteller und Soziologen wie N. Mailer, W. S. Burroughs, M. McLuhan, D. Riesman und P. Goodman, die die moderne Gesellschaft zum Gegenstand einer instruktiven „*cultural analysis*" gemacht hätten. (ebd., S. 82f.)
[43] J. Mc Guigan, *Cultural Populism*, S. 24-26.
[44] Williams, *The Future of Cultural Studies*, S. 154 und 162.

tural Studies erlangt haben und/oder exemplarischen Charakter aufweisen. Sie sollen also, gleich ob sie ausführlicher behandelt oder nur verweisend erwähnt werden, eine Vorstellung davon vermitteln, welche Themen verstärktes und kontinuierliches Interesse finden. *Fokussierung auf Popmusik*: im Kontext einer Arbeit, die sich mit den ökonomischen Mechanismen der Musikindustrie im Bereich der Popmusik, mit der kultur- und jugendsoziologischen Behandlung von Pop- und Jugendkultur, mit Schreibweisen in Musikzeitschriften beschäftigt, liegt es nahe, den Beitrag der Cultural Studies zu einer Klärung der Diskurse und Rezeptionspraktiken, die sich an die sinnliche Erfahrung von Popmusik knüpfen, in den Mittelpunkt des Interesses zu rücken. *Akzentuierung unterschiedlicher, auch kontroverser wissenschaftlicher Arbeitsweisen und ästhetisch-politischer Optionen*: es soll deutlich werden, daß in den Cultural Studies, wie auch sonst in den Geistes- und Sozialwissenschaften, die Auseinandersetzung mit dem jeweiligen Gegenstand auf nicht konsensuell abgestimmten theoretischen, ästhetischen und politischen Entscheidungen beruht. So ist in den Cultural Studies die Frage umstritten, welches Gewicht politisch-ökonomischen und geschmackssoziologischen Überlegungen in der Auseinandersetzung mit populärkulturellen Gegenständen zukommen soll. Nicht zufällig ist der Abschnitt zu Fiskes Arbeiten ungefähr in der Mitte des Kapitels angeordnet, weil seine Form, Cultural Studies zu treiben, zum einen sicherlich dazu beigetragen hat, der neuen Forschungsrichtung große Resonanz zu verschaffen, eröffnet sie doch die Möglichkeit, einer Vielzahl symbolischer Praktiken im Prozeß ihrer kulturwissenschaftlichen Betrachtung gesellschaftliche Relevanz zu bescheinigen, ohne begründete ästhetische Entscheidungen fällen, geschmackssoziologische Untersuchungen durchführen und größere politische und ökonomische Zusammenhänge klären zu müssen, zum anderen innerhalb der Cultural Studies massiven Widerspruch provozierte, die zu einer Wiederbesinnung auf die erwähnten Dimensionen der Analyse und Bewertung geführt hat. In den Cultural Studies stehen sich Intellektuelle gegenüber, die, entweder aus starker ästhetischer Parteinahme oder von theoretischen Interessen geleitet, sich ihrem jeweiligen Gegenstand zuwenden.

4.3 Theoriehistorische Referenzen der Cultural Studies

Die zentralen Annahmen der 'Kulturindustrie'-These von Horkheimer/Adorno, die sie in der „Dialektik der Aufklärung"[45] im Jahre 1944 erstmals ausführlich entfaltet haben, sind auch noch bei einer großen Anzahl von Vertretern der

---

[45] Horkheimer, Adorno, *Dialektik der Aufklärung*, S. 108-150. Die weiteren Ausführungen Adornos zum Thema in: *Minima Moralia*, S. 21f., 53f., 57f., 73-77, 84f., 115-117, 126f., 138f., 152-157, 176f., 181-187, 191-198, 259-261, 267-277, 316-321; *Prismen*, S. 144-161; *Dissonanzen*, S. 9-45; *On Popular Music*, S. 301-314; *Ohne Leitbild*, S. 60-70, 79-88; und *Ästhetische Theorie*, S. 32-34, 65, 181, 286, 336, 355-357, 361f., 364f., 370, 411, 461, 466 u. 473f., sowie die Diktion von „Kulturindustrie. Aufklärung als Massenbetrug" sprechen dafür, daß Adorno die Abfassung dieses Kapitels dominiert hat.

Cultural Studies Anlaß zu heftiger kritischer Distanzierung, aber auch Gegenstand differenzierter Aneignung. Von Impressionen zum Siegeszug der neuen Massenmedien („Film, Radio, Magazine") und zur Unterbringung ihrer Konsumenten in „Wohnzellen" kommen die Autoren schnell zu ihrer zentralen Annahme, die dann die folgenden Ausführungen zugleich variieren und in analytischer, scharfsinniger Durchdringung ihres Gegenstandes entfalten: mit der Herrschaft der Kulturindustrie sei „die falsche Identität von Allgemeinem und Besonderem"[46] zur schrecklichen Wirklichkeit geworden. Die Interessen und Bedürfnisse der Individuen seien nicht in einer befreiten, vernünftig organisierten Gesellschaft aufgehoben, sondern die Befriedigung der kulturindustriell zugerichteten Wünsche der Massen sorge dafür, daß ihnen dieser Betrug an ihren Bedürfnissen, „der Zirkel von Manipulation und rückwirkendem Bedürfnis", nicht als solcher ins Bewußtsein trete. Es handele sich um eine rationalisierte Form von „Massenbetrug", die sich ihren Verzicht auf rigide Formen religiöser und ideologischer Indoktrinierung, ihre Berücksichtigung dessen, was die Massen wollen, zugute hält.[47] Weiter unten reklamieren die Autoren, daß die ernste Kunst „der richtigen Allgemeinheit" dadurch verpflichtet sei, daß sie sich den Zwecken „der falschen Allgemeinheit" verweigert. Horkheimer/Adorno verwahren sich folgerichtig gegen die falsche Aufhebung des Unterschieds zwischen hoher und niedriger Kultur: „Leichte Kunst hat die autonome als Schatten begleitet. Sie ist das gesellschaftlich schlechte Gewissen der ernsten. Was diese auf Grund ihrer gesellschaftlichen Voraussetzungen an Wahrheit verfehlen mußte, gibt jener den Schein sachlichen Rechts. Die Spaltung selbst ist die Wahrheit; sie spricht zumindest die Negativität der Kultur aus, zu der die Sphären sich addieren. Der Gegensatz läßt am wenigsten sich versöhnen, indem man die leichte in die ernste aufnimmt oder umgekehrt. Das aber versucht die Kulturindustrie."[48] Ihr Geschäft betreiben demnach in jüngster Zeit postmoderne Intellektuelle und gewitzte Vertreter staatlicher Kulturbetreuung, die von kultureller Hierarchie nichts mehr wissen wollen.

Zwar sind Horkheimer und Adorno verzweifelt darum bemüht, den Verblendungszusammenhang der Kulturindustrie zu zerreißen, doch der unbestimmte Adressat ihrer dialektisch reflektierten Aufklärung behaftet den kritischen Impetus mit dem Ruch des Vergeblichen. Anders hatte sich die Situation dem Kreis junger Philosophen, Soziologen und Ökonomen um Horkheimer zu Beginn der dreißiger Jahre dargestellt: im Medium empirischer und theoretischer Forschung sollte Aufklärungsarbeit für die Sache einer Überwindung des kapitalistischen Systems geleistet werden, auch wenn schon zu diesem Zeitpunkt die Erfolgsaussichten eines solchen Unterfangens eher skeptisch eingeschätzt wurden. Denn man hatte zwar in den ausgebeuteten proletarischen Massen das historische Subjekt dieses

---

[46] Horkheimer, Adorno, *Dialektik der Aufklärung*, S. 108.
[47] Ebd., S. 108, 109. In der *Ästhetischen Theorie*, S. 461, schreibt Adorno: „Sie (die Kulturindustrie, R.H.) plant das Glücksbedürfnis ein und exploitiert es. Kulturindustrie hat ihr Wahrheitsmoment daran, daß sie einem substantiellen, aus der gesellschaftlich fortschreitenden Versagung hervorgehenden Bedürfnis genügt; aber durch ihre Art Gewährung wird sie zum absolut Unwahren."
[48] Horkheimer, Adorno, *Dialektik der Aufklärung*, S. 121 und 121f.

Prozesses ausgemacht, doch durch deren wenig revolutionäre Gesinnung sah man sich zunächst einmal genötigt, diesen Befund unter Rekurs auf sozialpsychologische Annahmen zu erklären.⁴⁹

Dieser frühen theoretischen Ausrichtung folgen die Autoren auch im 'Kulturindustrie'-Aufsatz, insofern sie auch dort nicht offensiv das geschädigte Interesse derer in den Mittelpunkt ihrer Überlegungen stellen, die sich als Konsumenten mit zumeist knapp bemessenen materiellen Möglichkeiten bescheidene Freuden vom Genuß kulturindustrieller Produkte versprechen. In Verkennung des Unterschieds zwischen fremdbestimmter Arbeit, die mehr oder weniger rücksichtslos körperliche und geistige Fähigkeiten der Arbeitnehmer in Anspruch nimmt, ja vernutzt, und wie auch immer scheinhaft selbstbestimmter Freizeit, begreifen sie diese als „Verlängerung der Arbeit unterm Spätkapitalismus".⁵⁰ Die Agenten der Kulturindustrie könnten auf die „böse Liebe des Volkes zu dem, was man ihm antut", rechnen. Es bleibt bei vagen Hinweisen, daß sich die Kulturindustrie Probleme einhandelt, die Massen „bei der Stange zu halten".⁵¹ Der gegenwärtige Kapitalismus erscheint den Autoren als Ordnung, in der Ausbeutung und materielle Not, die der Zwang zur Veräußerung der bloßen Arbeitskraft mit sich bringt, die Leidtragenden nicht mehr zu wie auch immer artikulierter Unzufriedenheit drängt. Unter diesen Voraussetzungen hat die Kulturindustrie dann leichtes Spiel, ihre Waren den Massen anzudrehen: „Die Konsumenten sind die Arbeiter und Angestellten, die Farmer und Kleinbürger. Die kapitalistische Produktion hält sie mit Leib und Seele so eingeschlossen, daß sie dem, was ihnen geboten wird, widerstandslos verfallen."⁵² Wenn Adorno später polemisch vom „Schwachsinn vieler Freizeitbeschäftigungen" redet, verliert er allerdings nie die gesellschaftlichen Bedingungen aus dem Auge, die das florierende „Freizeitgeschäft" hervorbringen: „Der Zerstreuung, wegen deren Flachheit sie vom Kulturkonservativismus begönnert oder geschmäht werden, bedürfen sie (die Menschen, R.H.), um in der Arbeitszeit die Anspannung aufzubringen, welche die vom Kulturkonservativismus verteidigte Einrichtung der Gesellschaft ihnen abverlangt. Nicht zuletzt dadurch sind sie an ihre Arbeit und das System gekettet, das sie zur Arbeit dressiert, nachdem es dieser weitgehend bereits nicht mehr bedürfte."⁵³ Ihre Annahme einer lückenlosen Integration der Massen in den kulturindustriellen Zusammenhang gestattet dabei Horkheimer/Adorno die vollkommene Vernachlässigung der Ebene manifester Meinungen und Überzeugungen, auf der gesellschaftliche Zustände, politische Maßnahmen, aber auch Produkte der legitimen und populären Kultur zum Gegenstand ideologischer, sozio-kultureller Auseinandersetzungen und Abgrenzungen werden.

---

⁴⁹ Vergleiche dazu A. Honneth, *Kritische Theorie*, S. 5-8. Dort auch Verweise auf die mittlerweile sehr umfangreiche Literatur zur Geschichtsschreibung der kritischen Theorie.
⁵⁰ Horkheimer, Adorno, *Dialektik der Aufklärung*, S. 123.
⁵¹ Ebd., S. 120 und 130.
⁵² Horkheimer, Adorno, *Dialektik der Aufklärung*, S. 120.
⁵³ Adorno, *Stichworte*, S. 59 und 63.

In der kontroversen Rezeption der älteren kritischen Theorie, besonders jedoch der Schriften Adornos seit Ende der sechziger Jahre, und in neueren akademisch-intellektuellen Diskursen (Cultural Studies) werden mögliche Schwachstellen der kritischen Rede von der Kulturindustrie verhandelt. Im deutschsprachigen Bereich haben sich in den letzten Jahren P. Kemper und H. Steinert an einer nur bedingt brauchbaren Erklärung versucht, warum Adorno „die Beatles verschmähte" bzw. „Jazz-Musik nicht leiden konnte".[54] Überzeugender gelangt B. Gendron[55] an die Grenzen der Suggestivkraft von Adornos Argumentation. Ihm drängt sich eine ganz andere Erzählung der Geschichte der populären Musik auf, die vorhandene Differenzen in der Popmusik nicht dadurch zum Verschwinden bringt, indem sie, wie Adorno, kompositorische Standards der Bildungsmusik seit Beethoven normativ verabsolutiert. Darauf reduzieren sich Adornos Vorbehalte, da dieser selbst wenig von einem umfassenden Modell der Standardisierung überzeugt ist. In einem späten Aufsatz verweist er selbst auf die Grenzen des Vergleichs zwischen den Kernbereichen industrieller Produktion und der Produktion von Kulturgütern: „Der Ausdruck Industrie ist dabei nicht wörtlich zu nehmen. Er bezieht sich auf die Standardisierung der Sache selbst - etwa die jedem Kinobesucher geläufige der Western - und auf die Rationalisierung der Verbreitungstechniken, nicht aber streng auf den Produktionsvorgang."[56] Gendron wendet diesen Gedanken mit Blick auf die Musikbranche ins Positive: „Technology does not put the same constraints on the production of recorded musical sounds. If anything, it greatly expands the possibilities of variation." Er geht über die wohlfeile Kritik der kulturkritischen Klage über Standardisierung einen Schritt hinaus: Standardisierung als solche sei ganz zu Unrecht Gegenstand polemischer Abfertigung. Sie könne durchaus „a source of pleasure" abgeben: Freude an vertrauten musikalischen Formen, die weit in die Kindheit zurückreiche, sei ebenso wie das Interesse an kleinen und größeren Differenzierungen bestehender Formen ein legitimer Bestandteil in populärer und hochkulturell sanktionierter Musik.[57]

Den aufgezeigten Grenzen der Tragfähigkeit des 'Kulturindustrie'-Theorems stehen viele Einsichten, eine Reihe von Begriffen und jene unzähligen scharfen, idiosynkratisch geprägten Beobachtungen Adornos gegenüber, die immer noch nicht überholt wirken, deren semantischer Gehalt noch heute einen gewichtigen Beitrag zum Verständnis der Funktionsweise des kulturellen Überbaus leistet: Eine kleine Auswahl muß an dieser Stelle genügen: „Pseudo-Individualität"[58] als Kategorie zur Bestimmung der Produktion und konsumierenden Aneignung kulturindustrieller Güter, Asymmetrie zwischen kulturindustriellem Apparat und

---

[54] Kemper, *'Der Rock ist ein Gebrauchswert'*, und Steinert, *Die Entdeckung der Kulturindustrie*.
[55] Gendron, *Theodor Adorno Meets the Cadillacs*.
[56] Adorno, *Résumé über Kulturindustrie*, S. 62f.
[57] Gendron, *Theodor Adorno Meets the Cadillacs*, S. 26 und 29.
[58] Vergleiche Horkheimer, Adorno, *Dialektik der Aufklärung*, S. 139; Adorno, *Soziologische Schriften I*, S. 63.

vereinzeltem Konsument,[59] die Diversifizierung des Kulturangebots als Versuch „der Klassifikation, Organisation und Erfassung des Konsumenten",[60] die Depotenzierung von Kritik an gesellschaftlichen Zuständen in wohlfeile „realitätsgerechte Empörung",[61] das Abdrängen des reinen, sinnlosen zugunsten des gängigen, ideologisch überhöhten Amusements,[62] Pseudo-Radikalismus als prestigeträchtiges „Gruppenritual".[63]

Erfordert eine angemessene Rezeption Adornos differenzierte Überlegungen, die die Übernahme grundsätzlicher Einsichten und das Anmelden ebensolcher Einwände zusammendenken, sehen viele Vertreter der Cultural Studies in der Adaption einiger Ideen von Antonio Gramsci die Möglichkeit zu einer recht eindeutigen identifikatorischen Anlehnung. Ein Schlaglicht auf diesen Rezeptionsmodus wirft Andrew Ross' Behandlung eines längeren Artikels aus dem amerikanischen Nachrichtenmagazin *Time*, der die Errungenschaften, Werte und internationale Attraktivität der US-Populärkultur anpreist und offenkundig in nationalistischer Manier als Ermächtigung für imperiale Ansprüche verrechnet. Den Text erklärt Ross, schottischer Literaturwissenschaftler, der mittlerweile seit geraumer Zeit in den USA lehrt und lebt, kurzerhand zum Inbegriff des „common sense", der ernstgenommen zu werden verdient. Ihm gebühre eine kritische Diskussion, die sich nicht abgehoben außerhalb des „market of popular meanings" stelle, sondern die Tugenden der „low theory" zur Geltung bringe: „[...] putting aside the big social picture, forsaking polemical purity, speaking out of character, taking the messy part of consumption at the cost of a neat, critical analysis of production; in short, all of the occupational hazards and heresies of a cultural criticism that eschews the intellectual option of hectoring from on high."[64]

Zweifellos ist es wenig sinnvoll, wenn Intellektuelle ihre Auseinandersetzung mit populären Vorlieben, Urteilen und Werten ausschließlich aus objektivierender Distanz führen, anstatt ihre eigenen ästhetischen Optionen unumwunden ins Spiel zu bringen. Das erfordert allerdings nicht, wie bei Ross, eine populistische Respektbezeugung vor dem „common sense" und seinen „American values". Dazu treibt ihn seine Referenz auf Gramsci, der bekanntlich jene kulturellen Traditionen der Bevölkerung, die nicht vollständig von der herrschenden Klasse absorbiert worden sind, zum möglichen Ausgangspunkt eines anti-hegemonialen Blocks erklärte. Mit aktiver Unterstützung „organischer" Intellektueller werden widerständige kulturelle Strömungen zu „einer kohärenten und einheitlichen Weltanschauung" umgeformt, wird „die Herstellung einer ganzen kulturell-sozialen Einheit" vorangetrieben, um zunächst die Zustimmung zu den Zielen und Zwecken der Herrschenden zu verweigern und schließlich die revolutionäre Um-

---

[59] Vergleiche Horkheimer, Adorno, *Dialektik der Aufklärung*, S. 127 und 132; Adorno, *Minima Moralia*, S. 273.
[60] Vergleiche Horkheimer, Adorno, *Dialektik der Aufklärung*, S. 110.
[61] Vergleiche ebd., S. 118.
[62] Vergleiche ebd., S. 128.
[63] Vergleiche Adorno, *Minima Moralia*, S. 275-277.
[64] Ross, *No Respect*, S. 8f.

gestaltung in Angriff zu nehmen.[65] Die offenbar der Zensur geschuldete Redeweise von „Philosophie der Praxis", die den Gebrauch des gefährlichen Begriffs „Marxismus" ersetzen sollte, ist dennoch, wie auch die unter weniger riskanten Umständen vollzogene Selbstetikettierung von Horkheimer, Adorno, Marcuse et al. als Vertreter einer „kritischen Theorie", keineswegs ein rein äußerlich erzwungenes Manöver. Die starke philosophische Tönung in Gramscis Ausführungen verweist auf sein spezifisches Modell des politischen Kampfes, in dem Kommunisten sich nicht in pragmatistischer, philosophiekritischer Haltung mit politischer und ökonomischer Agitation begnügen sollen, sondern vor allem die Meinungsführerschaft in philosophischen Fragen, aber auch in sonstigen kulturpolitischen Angelegenheiten zu erzielen hätten. Diese Vorstellung kam naturgemäß den linken Intellektuellen in den westlichen Demokratien sehr gelegen, als sich im Gefolge der Studentenbewegung keine nennenswerten Erfolge in der Mobilisierung der Arbeiterklasse für ökonomisch-politische Kämpfe einstellen wollten. Mit Gramsci konnten sie sich eine revolutionäre Rolle auf dem ihnen ohnehin zugedachten Terrain kultureller Produktion und Reproduktion zurechtlegen. Unsentimental formuliert C. MacCabe diesen wichtigen Grund der neueren linken Gramsci-Rezeption: „The left's interest in popular culture has always had this element in it: that battles lost economically and politically can be turned into cultural victories."[66]

Zur starken Rezeption von Gramscis Schriften hat sicher L. Althusser mit seinem Interesse an dessen Hegemoniebegriff[67] erheblich beigetragen. Althusser war in seiner Lektüre der Schriften von Marx und besonders eines Briefes des späten Engels zu dem später berühmt gewordenen Schluß gelangt, daß die „einsame Stunde der 'letzten Instanz' (nie) schlägt [...]."[68] Seine Kritik an ökonomistischen, geschichtsphilosophisch und humanistisch geprägten Spielarten des Marxismus vollzieht sich im Rahmen eines Theoretizismus, dem die Erörterung erkenntnistheoretischer, „epistemologischer" Fragen zum Mittelpunkt marxistischen Denkens gerät.

So sinnvoll eine Politisierung kultureller Erzeugnisse und ihrer Rezeption auch sein mag, die sich des breiten Spektrums ihrer legitimen bis hin zu vormals verächtlich gemachten populären Ausprägungen annimmt, eingespielte Hierarchien, Deutungen und Bewertungen verwirft, hedonistische und rebellische Haltungen attraktiv macht, so darf die Wirkung, die diese Bemühungen ausstrahlen, nicht

---

[65] Gramsci, *Marxismus und Kultur*, S. 82 und 257.
[66] MacCabe, *Defining popular culture*, S. 4. Kritisch zur linken Gramsci-Renaissance äußern sich die Autoren des Sammelbandes N. Abercrombie, St. Hill und B. S. Turner, eds., *Dominant Ideologies*. Differenzierter, aber nur partiell überzeugend fallen D. Harris', *From Class Struggle to the Politics of Pleasure*, kritische Bedenken aus. Eine gedrängte Zusammenstellung der Gründe, warum eine linke Kulturanalyse gut beraten ist, sich auf Gramsci zu besinnen, bietet T. Bennett, *Introduction: 'the turn to Gramsci*, S. Xiiif. Sowohl Gramsci als auch dem oben genauer zu behandelnden Bachtin widmet sich E. San Juan, Jr., *Hegemony and Strategies of Transgression*, S. 35-50 und 61-70.
[67] Vergleiche Althusser, *Für Marx*, S. 82, Anm. 28.
[68] Ebd., S. 81.

überschätzt werden. Solange substantielle politisch-ökonomische Argumente nicht bei jenen Leuten verfangen, auf deren Kosten der materielle und kulturelle Reichtum produziert wird, sind die Kämpfe zwischen unterschiedlichen Intellektuellenfraktionen um kulturelle Definitionsmacht wenig mehr als ein für Intellektuelle und ihr relativ kleines Publikum interessantes und wichtiges Feld der Auseinandersetzung. A. Ross unterstellt diesen intellektuellen Gefechten zunächst weitreichende politische Implikationen: „[...] the status of popular culture - what is popular and what is not - is also an unstable political definition, variably fixed from moment to moment by intellectuals and tastemakers, and in this respect, is often seen as constituting, if not representing, a political identity for the 'popular classes'." Doch dieser Einschätzung widerspricht Ross weiter unten, abwägend wird nun die zunächst evozierte politische Relevanz stark gedämpft: „[...] we cannot attribute any purity of political pression to popular culture, although we can locate its power to identify ideas and desires that are relatively opposed, alongside those that are clearly complicit, to the official culture."[69] Was auch immer mit diesen Überlegungen anzufangen ist, schon aus ganz eigennützigem Interesse an Stellen in Staat, Medien und in der sonstigen Wirtschaft werden schulisch, akademisch und ästhetisch-intellektuell qualifizierte Kräfte im kulturellen Bereich tätig. Ihre Wirkung auf andere Lebensbereiche schlägt sich bestenfalls in einem Gewinn an Liberalisierung nieder.

Bereits in den Debatten zur Kulturindustriethese der späten sechziger und frühen siebziger Jahre fungierte Walter Benjamin als wie auch immer zuverlässiger Gewährsmann für diejenigen, die darunter litten, daß Adorno ihnen die Absolution für ihr Vergnügen an Produkten der Kulturindustrie nicht erteilt hatte.[70] Das kulturtheoretische Interesse an Benjamin konzentrierte sich vor allem auf dessen 'Kunstwerk'-Aufsatz. In diesem Text aus dem Jahre 1936 heißt es, daß „dem heutigen Film [...] kein anderes revolutionäres Verdienst zu(zu)schreiben" sei, „als eine revolutionäre Kritik der überkommenen Vorstellungen von Kunst zu befördern."[71] Eine deutlich politische Wendung gibt Brecht im Jahre 1932 seinem Vertrauen in das vorantreibende, utopische Element der Produktivkraftentwicklung am Beispiel des damals neuen Mediums Rundfunk - für den Autor „der denkbar großartigste Kommunikationsapparat [...], wenn er es verstünde, nicht nur auszusenden, sondern auch zu empfangen, also den Zuhörer nicht nur hören, sondern auch sprechen zu machen und ihn nicht zu isolieren, sondern ihn in Beziehung zu setzen" -, wobei er seine zuvor entwickelte Idee einer Demokratisierung des Mediums als dialektisches Moment verstanden wissen will: „Undurchführbar in dieser Gesellschaftsordnung, durchführbar in einer anderen, dienen die

---

[69] Ross, *No Respect*, S. 9 und 10.
[70] Zur Debatte zwischen Benjamin und Adorno im Hinblick darauf, wie eine politisch und ästhetisch sinnvolle Auseinandersetzung mit den Medien und Gegenständen populärer Kultur zu führen sei, vergleiche B. Lindner, *Technische Reproduzierbarkeit und Kulturindustrie*.
[71] Benjamin, *Das Kunstwerk im Zeitalter seiner technischen Reproduzierbarkeit*, S. 28.

Vorschläge, welche doch nur eine natürliche Konsequenz der technischen Entwicklung bilden, der Propagierung und Formung dieser anderen Ordnung."[72]

Das Interesse an Benjamin steigerte sich noch einmal im Zusammenhang der Postmoderne-Debatte. Dessen naives Vertrauen auf das fortschrittliche Element der Produktivkräfte fand sein aktuelles Pendant in der Dramatisierung der Konsequenzen, die sich aus den technologischen Veränderungen in der musikalischen Produktion durch Sampling ergeben werden. Postmodernen Vorstellungen über die Wirkungen der Einführung von Sample-Technologie, die Benjamins Hoffnung auf einen radikalen Einschnitt in der Produktion und Rezeption ästhetischer Artefakte anläßlich des Tonfilms fünfzig Jahre zuvor in „Das Kunstwerk im Zeitalter seiner technischen Reproduzierbarkeit" zeitgemäß reproduzieren, hält A. Goodwin entgegen: „Pop might be eating itself, but the old ideologies and aesthetics are still on the menu."[73]

Sind vor allem die Überlegungen von Adorno, Brecht und Benjamin zur Funktionsweise und zum Potential neuer Medien und darauf abgestimmter Vermittlungsformen durch deutliche Referenz auf marxistische Grundannahmen gekennzeichnet, lockern sowohl Gramsci als auch Michail Bachtin ihre Bezugnahme auf dieses freilich kontrovers interpretierte Fundament, versprechen sich dadurch einen unmittelbareren Zugang zur Kultur breiter Bevölkerungsschichten. Bachtin begnügt sich mit der rhetorischen Beschwörung einer materialistischen Analyse, die ansonsten in seiner Betrachtung der Renaissance-Volkskultur keine Rolle spielt - Auskünfte über den Reproduktionsmodus spätmittelalterlicher Gesellschaften sucht man vergeblich -, wenn er davon spricht, daß die damalige volkstümliche Lebensauffassung eine „materialistische und dialektische" gewesen sei.[74] Zunächst erscheint es recht ungewöhnlich, daß die Behandlung eines Renaissance-Autors wie Rabelais vor dem Hintergrund der Volkskultur seiner Zeit, durchgeführt von einem sowjetrussischen Literaturwissenschaftler wie Bachtin, eine derart starke Rezeption in den Cultural Studies erfahren hat. So konstatiert T. Bennett bei Intellektuellen zur Mitte der achtziger Jahre: „More recently, the work of Mikhail Bakhtin has proved influential, enabling a reconstruction of the popular tradition of carnival and of the potentially subversive effects of its echoes in later cultural forms, popular and 'high'."[75] Doch bei genauerem Hinsehen zeigt sich, daß Bachtin auf kraftvolle Weise das unternommen hat, was sich heute in den Cultural Studies oft wenig eindrucksvoll oder gar banal ausnimmt: eine Be-

---

[72] Brecht, *Der Rundfunk als Kommunikationsapparat*, S. 134 und 140.
[73] Goodwin, *Sample and Hold*, S. 272.
[74] Bachtin, *Rabelais und seine Welt*, S. 103.
[75] T. Bennett, *The politics of the 'popular'*, S. 14. Vergleiche auch K. Hirschkop, *Introduction: Bakhtin and cultural theory*. M.V. Montgomery, *Carnivals and Commonplaces*, macht sich Bachtins theoretische und materiale Arbeiten für seine filmanalytischen Zwecke zunutze. Stärker assoziativ, akademische Aufmerksamkeit durch den Titel heischend, rekurriert D. Rubey, *Voguing at the Carnival: Desire and Pleasure on MTV*, auf Bachtin. Weiter unten, im Abschnitt über „Pornographie als populäre Kultur", wird noch auf L. Kipnis' Bachtin-Rezeption in ihrem Aufsatz *(Male) Desire, (Female) Disgust: Reading Hustler* einzugehen sein.

schreibung kultureller Praktiken, die diesen ein utopisches, emanzipatorisches, subversives Potential, ein wie auch immer geartetes transzendierendes Moment attestiert, ohne die dafür nötigen Belege anführen zu können, ja zu wollen. So läßt Bachtin bei aller Bemühung um eine historische Sichtweise nämlich immer wieder durchblicken, daß „das Karnevalsprinzip im Grunde unausrottbar ist", betont mehrfach, daß es auch heute noch Spuren des Karnevalesken zu beobachten gibt, stellt das Beharrende der Feiertags- und Festtagskultur heraus: ihre Außerkraftsetzung des Gewöhnlichen, Bedrückenden, der angsterregenden Normalität.[76]

Zur Vorstellung davon, was populäre Kultur bei Bachtin und seinen Adepten je schon auszeichne, gehört die Idee dort anzutreffender widerständiger Energien gegen die Anmaßungen der offiziellen, legitimen Kultur. Anstatt anhand politischer Umbruchsphasen zu untersuchen, inwieweit ein solcher Prozeß der Umwälzung von populärkulturellen Strömungen begleitet oder gar angeregt und beschleunigt wurde, gibt man sich mit der Darlegung und Illustration solcher kulturellen Praktiken zufrieden, die entweder von den Vertretern der offiziellen Kultur auf klar begrenzte Orte und Zeiten festgelegt wurden oder an den Rändern des kulturindustriell bedienten Geschmacksspektrums toleriert werden.[77]

In direkte Auseinandersetzung mit Bachtins Theorie des Karnevalesken und ihrer sozialgeschichtlichen Rezeption treten P. Stallybrass und A. White. In ihrer psychoanalytisch geprägten Sicht auf die Entwicklung des Karnevalesken seit jener Hochzeit, die in Bachtins Rabelais-Buch vergegenwärtigt wird, kann weder Bachtins Sublimierungsthese noch die konkurrierende sozialhistorische These einer „elimination of the carnivalesque" voll überzeugen. Dagegen postulieren sie: „[...] a convincing map of the transformation of carnival involves tracing migrations, concealment, metamorphoses, fragmentations, internalization and neurotic sublimations."[78] Schon früh hat A. Kaempfe die entscheidende Schwäche Bachtins benannt: „Er (Bachtin, R.H.) ist Ideologiekritiker. Manchmal jedoch wird seine Kritik selber zur Ideologie. Das zeigt der Begriff 'Lachkultur' - und mehr noch ihr Sozialsubjekt: der Begriff 'Volk'." Die „klassenmäßige Differenzierung des Lachens" werde nur gestreift, 'Volk' als „Lachsubjekt" gerät zu einer mystifizierten Größe. Der instruktive Vergleich zwischen der alten, von Bachtin analysierten Lachkultur und der gegenwärtigen Popkultur läßt für Kaempfe nur den Schluß zu, daß Lachen nicht per se „herrschaftsfeindlich und utopisch" sei, vielmehr immer wieder der „Anpassung an die herrschenden Mächte" diene.[79]

---

[76] Bachtin, Rabelais und seine Welt, S. 84. R. Lachmann, Vorwort, S. 14 und 40, spricht vom Nebeneinander von „weltanschauliche(r) und kulturtypologische(r)" Motivierung, von „Karnevalsutopie und Karnevalsgrammatik".
[77] Aus seiner Beschäftigung mit dem Sportspektakel Wrestling, das Fiske mit Referenz auf Bachtin untersucht (Fiske, Television Culture, S. 240-264), zieht er folgenden Schluß: „The grotesque realism of the ugly, distorted body is therefore opposed semiotically and politically to the dominant." (ebd., S. 248)
[78] Stallybrass, White, The Politics and Poetics of Transgression, S. 178 und 180.
[79] Kaempfe, Die Funktion der sowjetischen Literaturtheorie, S. 145 und 145-147.

Parallel und auch in Konkurrenz zur Anknüpfung an marxistische und utopisch-populistische Traditionen vollzieht sich in den Cultural Studies eine intensive Rezeption und Applikation metaphysik- und sinnkritischen, postmodernen Denkens, das seinerseits an semiotische und strukturalistische Strömungen in Linguistik, Philosophie und in der Literaturwissenschaft anknüpft. Den strukturalistischen Grundgedanken beschreiben Mukerji/Schudson so: „If culture is a web of signs, and if Saussure is to be heeded in his argument that the meaning of a sign is its difference from other signs rather than some absolute meaning, then the analysis of culture must focus on classificatory schemes and must take *difference* as a central concept."[80] Davon haben sich jene Arbeiten von R. Barthes und U. Eco inspirieren lassen, die Arbeitsweisen und thematische Orientierungen vorweggenommen haben, die dann in den heutigen Cultural Studies Programmcharakter gewannen. Barthes' Buch „Mythen des Alltags" beschäftigt sich mit Gegenständen der populären Kultur, deren zeichenhaft codierte Stimulierung sinnlichen Reizes oder doch zumindest ihr Versprechen, den Sinnen zu schmeicheln, stets untrennbar mit der subtilen Vermittlung ideologischer Gehalte einhergehe. Die Analyse dieses Widerspruchs, der im Kontext der Behandlung von Hebdiges „Subculture" erneut auftauchen wird und keine Hoffnung auf eine „Synthese von Ideologie und Poesie" in Aussicht stellt, hat in der universitären Seminarpraxis im Feld der Cultural Studies, darüber berichtet J. Cook mit Blick auf die Analyse von Werbung, paradigmatischen Charakter gewonnen: „Our task was to overcome a sterile siege of contraries, whether it appeared in the opposition between theory and experience or in the attribution of methodological priority to individual actions over collective forms of agency. One model for a work which overcame these oppositions was Barthes' Mythologies, which moves from individual acts of response and description towards a theoretical refinement of their meaning."[81] In einem aktuelleren Lehrbuch heißt es über diese Arbeit Barthes': sie biete „a general outline of the notion of myth [...] Barthes also provides numerous examples of how to use the concept in cultural analysis."[82]

U. Eco hat sich zum einen auf theoretischer Ebene mit der kulturkritischen Verdammung populärer Kultur auseinandergesetzt. Diese hat er, worauf der Untertitel des Buches „Apokalyptiker und Integrierte" bereits hindeutet, der eine Beschäftigung mit der „kritischen Kritik der Massenkultur" ankündigt,[83] u.a. mit zugleich ernsthaftem und spielerischem Bezug auf Argumente, die Engels und Marx in ihrer Schrift „Die heilige Familie"[84] gegen die „kritische Kritik" ihrer Zeit mobilisiert haben, in ihre Schranken zu weisen versucht. Zum anderen hat Eco auch materiale Studien zur populären Kultur vorgelegt, die teils in einem feuilletonistischen, teils in einem mehr oder weniger technisch elaborierten se-

---

80 Mukerji, Schudson, *Introduction: Rethinking Popular Culture*, S. 45.
81 Barthes, *Mythen des Alltags*, S. 151; Cook, *Critiques of culture: a course*, S. 132.
82 Thwaites, Davis, Mules, *Tools for Cultural Studies*, S. 87.
83 Eco, *Apokalyptiker und Integrierte*.
84 Engels, Marx, *Die heilige Familie*; 1845 erstmals erschienen.

miotischen Duktus gehalten sind.⁸⁵ In den Cultural Studies hat wohl ein Aufsatz Ecos, der schon im Titel von einer semiotischen Guerilla redet, mithin die Entwicklung einer Idee verheißt, die den professionell mit Zeichenprozessen befaßten Intellektuellen und auch ihrem aus gewöhnlichen Zeichenbenutzern bestehenden Publikum eine politische Rolle zugesteht, die stärkste Wirkung ausgeübt. Ecos Versicherung, „daß der Empfänger ja beim Empfang der Botschaft noch einen Rest von Freiheit (hat), nämlich sie anders zu lesen",⁸⁶ ist Wasser auf die Mühlen jener Vertreter der Cultural Studies, die bei ihrer Suche nach Spuren kultureller Widerständigkeit Fragen der ästhetischen und politischen Relevanz ihres Gegenstandes auszuklammern geneigt sind.

Besonderes Interesse finden in den stärker (post-)strukturalistisch orientierten Ausprägungen der Cultural Studies die Schriften Jean Baudrillards. Die Faszination seiner Texte rührt sicher auch daher, daß diese sich mit kulturellen, massenmedial vermittelten Institutionen und Praktiken auf eine spezifisch intellektualistisch-spielerische, philosophische Weise beschäftigen, die sowohl ihre soziologische, politisch-ökonomische Erklärung und daraus abzuleitende mögliche Umfunktionierung als auch ihre geisteswissenschaftliche Dechiffrierung im Hinblick auf die Explikation eines verborgenen Sinnsystems zurückweist. Entschieden rechnet Baudrillard mit den marxistisch argumentierenden Vertretern der Hoffnung auf ein progressives Potential der Produktivkraft Massenmedien ab: „Dieses rationalistische Denken (von Benjamin, Brecht, Enzensberger, R.H.) hat immer noch nicht dem bürgerlichen Denken der Aufklärung abgeschworen, es ist das Erbe all ihrer Auffassungen über die demokratische (hier: revolutionäre) Tugend der Verbreitung von Aufklärung. In seiner pädagogischen Illusion befangen, vergißt dieses Denken, daß - wenn politisches Handeln sich entschlossen auf die Medien richtet und von ihnen seine Macht erhofft - auch die Medien auf jenes entschlossen sich richten, um es zu entpolitisieren."⁸⁷ Baudrillard begreift die westliche Welt im wesentlichen als eine durch Zeichenregimes beherrschte Welt, in der Sinn produziert und individualisiert angeeignet wird. Diesem Terrorismus des bedeutenden Zeichens kann man nicht durch Äußerung von Zeichen, die andere Meinungen, Vorstellungen und Ideologien vertreten, begegnen, weil damit nur die durch radikale Asymmetrie gekennzeichnete Situation zwischen Medium und Rezipient, Sender und Empfänger bestätigt und perpetuiert wird. Baudrillard zielt in seinen situationistisch geprägten, von den Ereignissen des Pariser Mai 1968 inspirierten, aber auch in seinen späteren apokalyptisch, nostalgisch-kulturkritisch getönten Texten auf eine Befreiung von der „terroristischen Sinnhypothek",⁸⁸ die auf jeder Kommunikation in einer Welt lastet, die als „Vieleck aus Zeichen, Medien und Codes"⁸⁹ zu begreifen ist. In Anlehnung an die Marxsche Wertlogik

---

⁸⁵ Vergleiche Eco, *Apokalyptiker und Integrierte* und *Gott und die Welt*.
⁸⁶ Eco, *Für eine semiotische Guerilla*, S. 149.
⁸⁷ Baudrillard, *Ein Requiem für die Medien*, S. 98.
⁸⁸ Baudrillard, *Von der Verführung*, S. 192. Das „rituelle Zeichen" repräsentiere nicht und habe auch keinen kognitiven Gehalt: „Aber es befreit uns vom Sinn." (ebd.)
⁸⁹ Baudrillard, *Kool Killer*, S. 21.

des Kapitals konstruiert Baudrillard eine solche des Zeichens und des Begehrens, die nur über einen „Aufstand der Zeichen", nicht jedoch durch vertraute humanistisch-aufgeklärte, ideologiekritische Formen ihrer Infragestellung ernsthaft in Bedrängnis zu bringen sind: „Politisch wirklich von Belang ist also nur das, was heute diese Semiokratie, diese neue Form des Wertgesetzes attackiert."[90] Genau das leisten für Baudrillard nicht die Programme und Demonstrationen von Protest- und Alternativbewegungen, sondern Zeichenpraktiken in Subkulturen: Graffiti-Sprayer in New York zu Beginn der siebziger Jahre; die Kunstgriffe des Sich-Zurechtmachens und das Auftreten von Transsexuellen.[91]

Angesichts der nachhaltigen Wirkung der Arbeiten Baudrillards fordert T. Modleski dazu auf, sich über deren ambivalenten Charakter Klarheit zu verschaffen: „It is important for feminists to draw out and scrutinise the implications of Baudrillard's conceptualisation of the masses and mass culture, and in particular to question its signficance for feminism. Feminist disturbed by contemporary theory's relegation of women to the realm of the presocial might be tempted to rejoice prematurely in the end of the social and the consignment of almost everyone to the place hitherto reserved for women." Die Autorin verdeutlicht den Unterschied zwischen den Interessen, die eine diskursiv legitimierte, männliche Kulturkritik und eine entschieden feministische Politik verfolgen: „Only those who have had privileged access to the social can gleefully announce its demise. For women, who throughout most of history have not been given political representation or a political voice - a state of affairs that has made them the true silent majority - there is little reason to be sanguine about the possibilities of a revolution based on the mute tactics of the eternal 'feminine'."[92]

Eine frühere, weniger theoretisch aufgeladene avantgardistische Aneignung populärer Kultur, die den späteren Cultural Studies wichtige Stichworte lieferte, entwickelte Susan Sontag in ihren wirkungsmächtigen „Notes on Camp".[93] Verbietet sich zwar angesichts der Vielschichtigkeit der Geschichte von Camp eine bündige Bestimmung des Begriffs, so kann man dennoch festhalten, daß Camp seinen stärksten Ausdruck und Widerhall in homosexuellen Kreisen, Szenen und Subkulturen gewonnen hat, in denen den versteckten und offenen, normalisierenden Zwängen der staatlichen und gesellschaftlichen Festlegung auf Heterosexua-

---

[90] Ebd., S. 23.
[91] Vergleiche Baudrillard, *Kool Killer*, S. 27-31; ders., *Von der Verführung*, S. 23-25. E. A. Kaplan, *Introduction*, S. 4, differenziert mit Blick auf die Postmoderne-Debatte in den Cultural Studies zwischen der Anlehnung an einen „'utopian' postmodernism", wofür u.a. Bachtin, Derrida und Barthes einstehen, und an einen „'commercial' or coopted postmodernism", dessen Hauptvertreter Baudrillard sei. Besonders in der Vielzahl von Veröffentlichungen zum Thema Musikvideo-Clip finden sich häufig Referenzen auf Baudrillard: u.a. bei Kaplan, *Rocking Around the Clock*. Kritisch dazu Goodwin, *Music Video in the (Post) Modern World*, S. 36-55, ders., *Dancing in the Distraction Factory*, S. 16-19, 149-155. St. Redhead nimmt in *The End of the End-of-the-Century*, S. 5, Baudrillard für seine Analyse der Rave-Subkultur, die sich in England seit den späten achtziger Jahren entwickelt hat, in Anspruch (vergleiche auch Redhead, *The Politics of Ecstasy*, S. 7).
[92] T. Modleski, *Femininity as mas(s)querade*, S. 50 und 51.
[93] Sontag, *Notes on Camp*, S. 105-119.

lität als einzig legitimer Form der Bekundung und des Auslebens sexueller Interessen ein zugleich pathetisches und parodistisches Spiel mit Geschlechtsrollen entgegensetzt wird. Vor allem das Gebaren und der Habitus einiger Ikonen Hollywoods, mit besonderer Vorliebe für Filme, die zwischen den zwanziger und fünfziger Jahren entstanden sind, gaben den Stoff für exzentrische, sexuell umcodierte Selbststilisierungen ab.[94]

Sontags Aneignung der Sphäre des „bad taste" für eine intellektualistische, avantgardistische Ästhetik ist für Ross ähnlich wie die Karriere des Jazz als Stekkenpferd der gebildeten Mittelschicht eine ambivalente Angelegenheit: die begrüßenswerte Erweiterung des ästhetischen Interesses, das sich vordem ausschließlich auf Ausdrucksformen guten Geschmacks kapriziert hatte, relativiert sich an der von Bourdieu inspirierten Einsicht, daß die nun neugewonnene Option „by no means a clear break with the logic of cultural capital" sei. Dem stellt Ross eine Spielart des Bruchs mit dem überlieferten ästhetischen Kanon gegenüber, die nicht gleich wieder neue Hierarchien etabliert: die „democratic, 'no-brow' proposition of pop philosophy, which simply accepts or complies with, rather than exploits, the principle of general equivalence."[95] Sie habe sich allerdings weniger in der Entwicklung der Pop-art als in der Camp-Ästhetik von Popmusikern durchsetzen können.[96] Der politische Gehalt der Inszenierungen von Camp sei nicht in einem utopischen Überschuß auszumachen, den gewöhnlich Intellektuelle zur Begründung ihrer Option für hochkulturelle Artefakte ins Feld führen, sondern gerade in der „mimicry of existing cultural forms".[97]

4.4 Subversion durch Stil

Gleich eine ganze Reihe von Autoren in jenem Feld der Cultural Studies, das sich populärer Kultur, den Aneignungsweisen ihrer Produkte in Jugend- und Subkultur widmet, bemüht sich darum, ihrem Forschungsgegenstand nicht nur ästhetischen Reiz abzugewinnen, wie es ihnen Sontag, partiell auch Barthes und Eco vorgemacht haben, sondern auch eine politisch-gesellschaftliche Dimension. Dabei hat man zentrale Thesen von Dick Hebdiges „Subculture: The Meaning of Style", die sich wiederum der Aneignung u.a. der genannten Autoren verdanken, in die eige-

---

[94] Zur höchst unsicheren historischen Semantik des Begriffs vergleiche Ph. Cores Buch *Camp*, das als Lexikon der wichtigsten Figuren und Begriffe der Camp-Geschichte angelegt ist und vor allem Exponenten dieses Stils aus den letzten 150 Jahren wie Beau Brummel, Oscar Wilde, Quentin Crisp und Dame Edna porträtiert.
[95] Ross, *No Respect*, S. 152f. und 152. Eine Brauchbarkeit von Sontags Überlegungen zum Camp-Phänomen für die Analyse von Popmusik sieht J. Oberschelp, der in seiner postmodern gestimmten Revue einiger ihrer avancierten Vertreter Theoriereferenzen mit der Exegese von Songtexten koppelt. Angesichts der Banalität der neuesten Entwicklungen in Rap, House und Independent-Szene versteht der Autor sein Unternehmen zugleich als „Verabschiedung ästhetischer Relevanzen" der Popmusik. (ders., *Das Ende der Welt*, S. 903f.)
[96] Ross, *No Respect*, S. 151 und 156.
[97] Ebd., S. 161.

nen Überlegungen einfließen lassen.[98] So geben sich Anläufe zu einer historischen Vergegenwärtigung der Entwicklung subkultureller Artikulation oft mit einem mehr oder weniger knappen bzw. zuverlässigen Referat dieses Buches zufrieden. Mittlerweile sind einige plakative Begriffe aus Hebdiges „Subculture" zum Allgemeingut nicht nur der akademischen Welt geworden sein. Auch gerade jene subkulturellen Kreise, die Hebdige in seinen melancholischen Schlußbemerkungen als unerreichbares Publikum für eine Studie dieser Art apostrophiert, hätten großes Interesse an ihr bekundet.[99] Darüber hinaus faszinierte das Buch offensichtlich sowohl die Werbung[100] als auch die Jugendsoziologie der frühen achtziger Jahre.[101] Dennoch sollen im folgenden einige der dort entfalteten argumentativen Linien kritisch nachgezeichnet werden.

Drei Geschichten geben das von spektakulären Ereignissen, Stilen, Konfrontationen gestützte Rückgrat des Buches ab: die Geschichte der britischen Subkulturen der Nachkriegszeit bis Punk, die Phantom-Geschichte der unbewußten und bewußten Beziehungen zwischen schwarzen und weißen Subkulturen und die Geschichte des kurzen Höhepunktes bisheriger subkultureller Artikulation: Punk als Mode, Musik etc. Der rhetorische Witz dieser Geschichten speist sich aus literarischen und theoretischen Quellen: Namen wie J. Genet, R. Barthes, J. Kristeva, A. Gramsci, L. Althusser, St. Hall, Ph. Cohen usw. sollen die Verbindung zwischen Avantgarde und innovativer Subkultur verbürgen, Begriffe beisteuern, die diesen Zusammenhang in avancierter theoretischer Währung ausmünzen, theoretische Modelle liefern, die den gesuchten politischen Charakter subkultureller Praxis zugleich bestätigen und entwerten können. Der damals noch sehr unsichere Status eines solchen Unternehmens, das solide theoretische Kenntnisse demonstriert, vor allem aber auch mit den musikalischen Vorlieben der Subkulturen und mit dem Pop-Diskurs in Zeitschriften und Büchern vertraut ist, zeigt sich daran, daß Hebdige stark den essayistischen Charakter seines Buches hervorkehrt, indem er auf Seitenangaben zu den zitierten Texten verzichtet und umfangreiche Referate der herangezogenen theoretischen und literarischen Quellen vermeidet, um seinen Text auf einen vergleichsweise bescheidenen, für nicht-akademische Leser nicht von vornherein abschreckenden Seitenumfang beschränken zu können. Das geht jedoch bei Hebdige nicht mit der autoritativen Anmaßung vieler Essays einher, die durch den Verzicht auf Angabe ihrer Quellen Einspruchsmöglichkeiten abschneiden; statt dessen werden kommentierte Hinweise auf benutzte und für die Leser möglicherweise interessante Literatur gegeben.[102]

---

[98] Hebdige, *Subculture*.
[99] So Barker, Beezer, *Reading into Cultural Studies*, S. 115; dort werden einige Angaben über den publizistischen Erfolg des Buches referiert.
[100] Darauf verweist N. Nehring, *Flowers in the Dustbin*, S. 82, unter Rekurs auf S. Frith.
[101] In Deutschland machte die Shell-Studie *Jugend '81* in den vielbeachteten Passagen über jugendkulturelle Stile starke Anleihen bei Hebdige. Die unvollständige und miserable deutsche Übersetzung in Diederichsen u.a., *Schocker*, spekulierte auch auf den damaligen Boom des Stilbegriffes.
[102] Hebdige, *Subculture*, S. 178-186.

Die für die weitere Entwicklung der Cultural Studies zweifellos wichtigste These Hebdiges ist die Beschreibung subkultureller Tätigkeit als Aneignung von Gütern, die als schlichte Gegenstände des Massenkonsums auf den Markt geworfen werden, jedoch dann von ihren subkulturellen Adepten abgewandelt und in neue, ungewöhnliche Zusammenhänge gestellt werden. Der daraus resultierende Bedeutungszuwachs, der freilich auch gerade darin bestehen kann, sich Bedeutungszuschreibungen zu entziehen, indem Bedeutungen durch neue Kontexte widersprüchlich vervielfältigt oder entleert werden, übt Funktionen der Abgrenzung und gelegentlich auch schockierender Provokation aus. Letztere setzen auf der von Hebdige vornehmlich betrachteten Ebene der Kleidung relativ starr festgelegte Kleiderordnungen voraus, in denen die Festlegung der Geschlechterrollen und die Trennung zwischen Privatsphäre und Öffentlichkeit wenig Spielraum bieten, was dann entsprechenden Verletzungen dieser Regeln zu den erwünschten Effekten verhilft.

Das von Vertretern der Cultural Studies später immer wieder beschworene Moment des Widerstandes, der Verweigerung oder gar der Revolte im Zuge der Aneignung und des Umgangs mit symbolischen Materialien und Praktiken wie Kleidung, Musik, Tanz, Drogen, Gewalt bemißt sich für Hebdige im wesentlichen an der sozialen Herkunft ihrer Träger, an medialen Reaktionen, die daran Anstoß nehmen bzw. daraus interessante und unterhaltsame Geschichten strikten, und an offenkundigen ästhetischen Innovationen, die vor allem Punk zu bieten hat. Die eindrucksvollsten Beispiele für diese Praxis, mittlerweile allerdings durch die öffentliche und mediale Präsenz von Punks oder ihre Rolle als Anreger für die letztjährigen Kollektionen avancierter Modeschöpfer weniger spektakulär, aber offensichtlich immer noch von einer radikalen Aura zehrend, gewinnt Hebdige wenig überraschend bei der Betrachtung des Aufzugs von Punks: „Objects borrowed from the most sordid contexts found a place in the punks' ensembles: lavatory chains were draped in graceful arcs across chest encased in plastic binliners. Safety pins were taken out of their domestic 'utility' context and worn as gruesome ornaments through the cheek, ear or lip. 'Cheap' trashy fabrics (PVC, plastic, lurex, etc.) in vulgar designs (e.g. mock leopard skin) and 'nasty' colours, long discarded by the quality end of the fashion industry as obsolete kitsch, were salvaged by the punks and turned into garments (fly boy drainpipes, 'common' mini-skirts) which offered self-conscious commentaries on the notions of modernity and taste. Conventional ideas of prettiness were jettisoned along with the traditional feminine lore of cosmetics."[103]

Die für einen marxistisch inspirierten Intellektuellen alles entscheidende Frage nach dem politischen Stellenwert einer Subkultur wie Punk mit seiner

---

[103] Ebd., S. 107. In der Einleitung schreibt er: „[...] deviation may seem slight indeed - the cultivation of a quiff, the acquisition of a scooter or a record or a certain type of suit. But it ends in the construction of a style, in a gesture of defiance or contempt, in a smile or a sneer. It signals a Refusal. I would like to think that this Refusal is worth making, that these gestures have a meaning, that the smiles and the sneers have some subversive value, even if, in the final analysis, they are, like Genet's gangster pin-ups, just the darker side of sets of regulations [...]." (ebd., S. 3)

„communication of a significant *difference*"[104] beantwortet Hebdige nur graduell verschieden von der bereits erwähnten klassischen CCCS-These, daß subkulturelle Formen der Widerständigkeit in letzter Instanz nur als politisch unzureichende magische Lösung unangetastet gelassener realer Widersprüche zu verstehen sind. Auch die gängige linke Vereinnahmungsthese, die das Moment der Verunsicherung und Abweichung durch Subkulturen und Musikstile im unvermeidlichen „cycle leading from opposition to defusion, from resistance to incorporation"[105] verstrickt und entkräftet sieht, macht sich Hebdige ohne entscheidende Vorbehalte zu eigen. Eine unterschiedliche Akzentuierung dieser Annahmen gelingt Hebdige insoweit, als er durch Rekurs auf Vertreter einer radikalen Semiotik die Eigenständigkeit der symbolischen Reproduktion von Gesellschaften hervorhebt. Werden diese auch dadurch zusammengehalten, daß bestimmte Diskurse unangetastet zirkulieren können, dann können abweichende Diskurse wie der des Punk, der sich zudem der ideologischen Vereinnahmung partiell durch die nihilistische Auflösung bestimmbarer Bedeutungen entzieht, zu Erschütterungen des Konsenses führen, der die Stabilität der gesellschaftlichen Institutionen garantiert: „[...] punk style had made a decisive break with its own *location in experience*. This break was both inscribed and re-enacted in the signifying practices embodied in punk style. The punk ensembles, for instance, did not so much magically resolve experienced contradictions as *represent* the experience of contradiction itself in the form of visual puns (bondage, the ripped tee-shirt, etc.)."[106] Auch wenn Hebdige einen defätistischen Rückzieher macht, indem er die zitierte Errungenschaft der auserwählten Schar ästhetischer Innovatoren vorbehält, die von der dumpfen Masse uninspirierter Mitläufer abgehoben wird, so kommt er schließlich doch zu einem bemerkenswerten Schluß: „[...] if a style is really to catch on, if it is to become genuinely popular, it must say the right things in the right way at the right time. It must anticipate or encapsulate a mood, a moment. It must embody a sensibility, and the sensibility which punk style embodied was essentially dislocated, ironic and self-aware."[107]

Es bleibt festzuhalten, daß Hebdige zwar an den erwähnten Stellen und auch im Tenor einiger weiterer Passagen zu einfachen ideologiekritischen Mustern auf Distanz geht, am Ende jedoch Althussers „'teeth-gritting harmony'" und Barthes' melancholisches Bild des Mythologen, der darunter leidet, daß „keine Synthese von Ideologie und Poesie" in nächster Zukunft zu erwarten sei,[108] das letzte Wort behalten.[109] Kritisch zu vermerken ist auch, daß der zentrale Begriff der Subkul-

---

[104] Ebd., S. 102.
[105] Ebd., S. 100. Zuvor hatte der Autor zwei unterschiedliche, jedoch auch ineinander übergehende Formen der Zerstreuung subversiver Energien beschrieben: ihre von Polizei, Justiz und Medien ins Werk gesetzte repressive und ideologische und ihre über die Warenform vermittelte kommerzielle Variante. (ebd., S. 92-99)
[106] Ebd., S. 121.
[107] Ebd., S. 122f.
[108] Barthes, *Mythen des Alltags*, S. 151.
[109] Hebdige, *Subculture*, S. 133 und 139f.

tur, die Bestimmung, wer ihr in welcher Intensität zugehört, nicht angemessen reflektiert wird; die naive Verwendung des Begriffs der Subkultur suggeriert zugleich ihr jeweiliges spontanes Entstehen; soziale, institutionelle und ideologische Kontexte wie Boheme-Zirkel, die spezifisch britische Einrichtung der Art School und die Ideen des Situationismus, deren großer Stellenwert für die Erklärung von Punk mittlerweile gut belegt worden ist,[110] werden vollständig abgeblendet oder nur am Rande erwähnt.

4.5 Rock- und Pop-Sensibilität

Die von Hebdige proklamierte Sensibilität des Punk weist Strukturen auf, die auch im weiteren Verlauf der Popgeschichte die distinktive Qualität neuer Stilrichtungen verbürgen sollte. Mit Punk setzt die Wendung gegen den naiven Anspruch auf Authentizität ein, der zuvor in der Rede über Pop- und Rockmusik als kritischer Maßstab unbestrittene Geltung besessen hatte. In diesem Diskurs korrespondierte der mitunter ressentimentgeladenen Entlarvung von allgegenwärtigen Tendenzen der Vereinnahmung und des Ausverkaufs die unbeirrbare Hoffnung, daß aus dem wahren Geist des Rock 'n' Roll stets aufs neue unverfälschte, aufrührerische Ausdrucksformen geboren werden. Die Abwendung vom Kult des Authentischen findet seinen Höhepunkt in der überdrehten Verherrlichung kommerziellen Erfolges im Rahmen eines elaborierten Pop-Diskurses in den frühen achtziger Jahren. Das Register der Distinktion durch Gesten, Stilisierungen, Idiosynkrasien findet seine ideologische Überhöhung im Gebrauch eines Vokabulars, das mit vagen, raunenden Begriffen wie Taktik, Strategie und vor allem Subversion angefüllt ist.

Im Kontext der Cultural Studies hat sich S. Frith an die Aufgabe einer genauen Analyse jener Sensibilitäten gemacht, deren Differenz seit Punk offenkundig ist. Ihm geht es in einer Reihe von Arbeiten um die ideologischen Konnotationen von Pop- und Rockmusik, um das jeweilige Selbstverständnis ihrer Exponenten, das sich in Abgrenzung zum konkurrierenden Widerpart artikuliert. Das charakteristische Medium einer ideologischen Deutung der Pop-Zeichen sei jener Diskurs, den Frith treffend „low theory" nennt.[111] Agenten dieses vielschichtigen Prozesses seien Manager und Inhaber von Plattenfirmen, Konzertveranstalter, aber auch Musikjournalisten: sie alle wirken, freilich mit höchst unterschiedlichen Möglichkeiten der Einflußnahme, an der Imagebildung jener Acts mit, deren

---

[110] Vergleiche die groß angelegten Bücher von G. Marcus, *Lipstick Traces*, und J. Savage, *England's Dreaming*; zu ihrem Stellenwert im Vergleich zu anderen Bemühungen, die historische Entwicklung der Popmusik zu rekapitulieren, siehe Hinz, *Formen der Geschichtsschreibung über Popmusik*.

[111] An verschiedenen Stellen hat Frith diesen Begriff entfaltet: in rudimentärer Form bereits in *Rock and the Politics of Memory*, S. 62f., explizit dann in *Art Ideology and Pop Practice*, S. 461f. Später wird dann auf diese Formulierungen in der Form des Selbstzitates zurückgegriffen: Frith, Horne, *Art Into Pop*, S. 21f., Frith, *The Good, the Bad, and the Indifferent*, S. 174f.

Vermarktung ansteht. Es gilt, Strömungen der jeweils aktuellen Popkultur einen ideologischen Mehrwert abzupressen, der an die Wahrnehmungen, Meinungen, Vorlieben und das Selbstverständnis breiterer Schichten der zumeist jugendlichen Konsumenten angeschlossen werden kann: „The practice of pop involves [...] the practice of theorizing. Perhaps we should call the results low theory - confused, inconsistent, full of hyperbole and silence, but still theory, and theory that is compelled by necessity to draw key terms and assumptions from high theory, from the more systematic accounts of art, commerce, pleasure, and class that are available."[112]

Die folgenreichsten Ausprägungen einer Überhöhung bestimmter Züge der Musik nennt Frith „rock sensibility" und „pop sensibility". Erstere kreise um den zentralen Begriff der Authentizität, während letztere jeden Glauben an Darstellungsformen verloren habe, die die emotionale, körperliche Expression und Verausgabung der Musiker zum Gradmesser ästhetisch-politischer Relevanz erheben, und im Gegenzug die Künstlichkeit der zur Schau gestellten Posen, der angeeigneten ästhetischen und musikalischen Traditionen nachdrücklich hervorkehrt. Die Forderung nach Authentizität implizierte in ihren heroischen Tagen am Ende der sechziger Jahre in den USA mehr als „displaying desire and feelings rawly, as if to a lover or friend".[113] Das Bestehen darauf, daß Musiker sich ihrem Publikum in rückhaltloser persönlicher Wahrhaftigkeit zu überantworten hätten, gewann vorübergehend subversiven Charakter. In den Akten wechselseitiger Hingabe sollte sich eine Gemeinschaft konstituieren, die sich den gesellschaftlichen, ökonomischen, politischen Zwängen und Zumutungen des kapitalistischen Systems verweigern wollte. Gesellschaftliche, juristische Vorgaben zum Umgang mit Sexualität und Drogen wurden ignoriert oder bewußt provoziert, kostenlose Konzerte, Festivals sollten den beargwöhnten Tendenzen der Kommerzialisierung der Musik trotzen. Dem Zugriff des Staates auf seine jungen Bürger zu militärischen Zwecken im Zuge des Vietnam-Kriegs versuchte man sich sowohl individuell als auch durch politischen Kampf zu entziehen. Als dieser Kotext sich auflöste, dankte die Ideologie einer durch authentischen Rock gestifteten Gemeinschaft aller jungen Leute nicht gleichfalls mit ab. Hartnäckig hielt man an der Hoffnung fest, daß jene Musiker, die im Verlauf der siebziger Jahre zu großen Erfolgen gelangt waren, denen auch beim besten Willen keine authentischen Züge mehr attestiert werden konnten, irgendwann ihr jähes Ende fänden, wenn der wahre Geist des Rock endlich wieder zu alter Kraft gelangte. Die Verteidigungsstrategien, die sich die Apostel des Rock, nun selber stark in der kommerziellen Ausbeutung der genannten ideologischen Konnotationen involviert, zurechtlegten, um das nun herrschende „business as usual" zu überhöhen, beschreibt Frith so: „The commercial recuperation of rock works differently: the profit motive is concealed by sociology and best-selling records are legitimated in terms of their success as

---

[112] Frith, *Art Ideology and Pop Practice*, S. 461 und 461f.
[113] Frith, *Rock and the Politics of Memory*, S. 66.

representing a mood, a social current, a generation, and so on (think of those 1960s quasi-academic rock books or the general stance of *Rolling Stone*)."[114]

Punk markiert zwar den Übergang zur neuen Pop-Sensibilität, konnte jedoch die machtvolle Fortexistenz der Ideologie der Authentizität bis heute nicht verhindern. Darüber geht Frith in seiner typisierenden Gegenüberstellung der erwähnten Modelle, die als „low theory" artikuliert werden, leichtfertig hinweg. Die Parteigänger des 'good old rock 'n' roll' feierten, nach anfänglicher Irritation, die an der widersprüchlichen, nihilistischen Zeichenwelt des Punk verzweifelte, diesen Stil als neue Rock-Hoffnung. Eine Rückkehr zu den Idealen unverfälschten Ausdrucks, die musikalische Direktheit wieder ins Recht setze; obendrein verkörpere Punk den Protest einer desillusionierten Jugendgeneration. Gegen diesen Versuch der Vereinnahmung von Punk hat gerade Frith schon sehr früh darauf hingewiesen, daß dieser nur sehr bedingt als authentischer Ausdruck der frustrierten Arbeiterjugend begriffen werden kann. Vielmehr verdanke sich die Erfindung von Punk im wesentlichen der britischen Art School-Tradition und avantgardistischen Boheme-Zirkeln, wobei Ideen des Situationismus von besonderer Bedeutung waren.[115] Punk sei freilich auch nicht unproblematisch der Pop-Sensibilität zuzurechnen, die sich erst in den frühen achtziger Jahren umfassend durchgesetzt habe. Waren in der Anfangsphase des Punk noch die Bemühung um subkulturelle Authentizität und ambitioniertes Pop-Bewußtsein kaum zu entwirren, so bilden sich in der Folgezeit sehr unterschiedliche Fraktionen heraus, die sich als legitime Nachfolger von Punk betrachteten. Innerhalb dieses sehr heterogenen Spektrums sind idealtypisch zwei gegensätzliche Strömungen zu scheiden. Die eine zielt auf die Definition von Punk als Subkultur, wobei der Kleidungs- und Musikstil der Punks der Jahre 1976/77 als verbindliche Verpflichtung für die Vorlieben eines jeden wahren Punks gilt; die andere sieht in Punk weniger ein fest umrissenes Image, einen klar abgrenzbaren Musikstil, sondern vielmehr ein allgemeines Programm, mit dem die ästhetischen Konventionen des Rock avantgardistisch herausgefordert werden können.[116] Aus dieser Perspektive ist ein fließender Übergang zur Pop-Sensibilität möglich.

Bei genauerem Hinsehen zeichnen sich für Frith in der „radical version of the pop sensibility" drei Stränge ab, die auf die Gedankenwelt der Avantgarde verweisen. An erster Stelle wird das Verhältnis der ambitionierten Popmusik zur „avant-garde art music" thematisiert. Diese Beziehung gebe wenig Anlaß für postmoderne Hoffnung, daß sich die bislang strikt getrennten Sphären der ernsten und unterhaltenden Musik in einer neuartigen Gestalt von Musik auflösten, die nicht länger hierarchisch organisiert sei. Ein schönes Beispiel dafür präsentiert Frith in seinem Bericht über ein Konzert von Glenn Branca, der in einem utopisch

---

114 Frith, *Art Ideology and Pop Practice*, S. 464.
115 Frith, *Zur Ideologie des Punk*.
116 Laing, *One Chord Wonders*, S. 129, unterscheidet zwischen „'real punk' clinging in part to subcultural realism" und „'post-punk' more concerned with unmaking and exploring musical languages and meanings."

ausgemalten Szenario gipfelt: „His (Glenn Brancas, R.H.) music is made by a group of musicians playing notes within a minimal range of tones (but a wide range of electronic pitch) over and over again on amplified guitars and homemade electronic keyboards. The music gets louder and louder as the work progress [...] The performance I went to took place in an arts center before an audience of about thirty people [...] At the end we all applauded politely. The performance [...] had no popular cultural significance at all, and I wished that Branca had been playing, instead, as support to Iron Maiden, the heavy metal band that was playing around the corner on the same night. The idea of head-bangers having to make sense of the sheer tedium of Branca's music [...] is more avant-garde simply because it would have involved the kind of audience challenge (and response) that is no longer possible in the art world itself." Dem avantgardistischen Zweig in der Popmusik droht ein ähnliches Schicksal wie seinem Pendant in der E-Musik. Das Interesse an der Musik bleibt auf kleine Zirkel beschränkt, womit das Schisma der getrennten Kultursphären auf dem Terrain der Popmusik reproduziert wird. Damit sollen nicht die Unterschiede zwischen diesen avantgardistischen Bestrebungen verwischt werden. Bekanntlich können avancierte Richtungen im Bereich der E-Musik auf staatliche Förderung rechnen, wohingegen Bemühungen, die von Musikern ohne akademische Würden ausgehen, solche Unterstützung versagt bleibt oder aber wesentlich schwieriger zu erlangen ist. Für eine wahrhafte Synthese von Avantgarde und Popmusik hätte Frith folgend zu gelten: „[...] that people can be made to listen to music that does not confirm their expectations - either because forms are stripped down to their elements and then nothing happens or because (as in free improvisation) all rules as to what is music, what is musical, are suspended."[117]

Die in der Geschichte der Popmusik starke Tendenz zur Gefälligkeit, die mehr oder weniger berechnende Absicht, das Publikum mit leichten Variationen vertrauter Formeln zu gewinnen, dabei tunlichst auf Verunsicherungen eingespielter Standards des Zumutbaren verzichtend, wird von avantgardistischen Popmusikern konterkariert: Ausgangspunkt ist die Idee „that as music is constructed so it can be deconstructed; taken-for-granted musical meanings are exposed by being placed in 'inappropriate' contexts. [...] its most important source in pop has been [...] the technological possibilities of recording and mixing first opened up by black musicians - the dub mixers and toasters of Jamaica, the rappers and scratch mixers of New York City. What they did was change the musical object, the ground of their creativity, from song and performance to the record itself. To make new music out of such finished productions means, quite literally, to deconstruct them."[118] Es sind die Techniken der Reduktion, Verschärfung und Verfremdung popmusikalischer Idiome, die die avancierte Popmusik der letzten Jahre kennzeichnen. Den größten Einfluß übte dabei die aus dem Reggae hervorge-

---

[117] Frith, *Art Ideology and Pop Practice*, S. 465.
[118] Ebd.

gangene Technik und Musik des Dub aus.[119] Gerade in seinen historischen Anfängen, die sich unter vergleichsweise primitiven technischen Voraussetzungen vollziehen, wird unterschiedliches musikalisches Grundmaterial auf radikale Weise dekonstruiert: u.a. durch exzessiven Einsatz von Hall- und Echoeffekten, durch umfassende Manipulation der Tonhöhen, Bandgeschwindigkeiten, Sukzession melodischer Entwicklung, durch Reduktion des musikalischen Gerüsts auf die zentralen Elemente von Schlagzeug und Baß mit oftmals nur angedeuteten melodischen Elementen durch Gitarren- und Keyboardriffs. Der Nachhall dieser Innovation ist in so unterschiedlichen Stilen wie Post-Punk, New Wave, Heavy-Metal, HipHop, House und Techno zu vernehmen. So konnte halbwegs populäre Musik entstehen, die zumindest in Ansätzen ein breiteres Publikum erreicht, aber zugleich die Beschränkungen der hochkulturellen Avantgarde, ihre Situierung in der elitären Welt staatlich gehegter Kulturförderung mit einem starken Affekt gegen alles Populäre, Vulgäre überwindet, sich tendenziell der einengenden stilistischen Festlegung durch die Musikindustrie entzieht.

Die historische Entwicklung der Pop-Sensibilität offenbart allerdings auch weniger angenehme Seiten. Zu erwähnen ist zunächst einmal der simple Umstand, daß ein großer Teil avantgardistischer Pop-Produktionen seit Ende der siebziger Jahre wenig konsequent musikalische Radikalität praktizierte, sich vielmehr schnell in einem sehr voraussehbaren musikalischen Idiom heimisch machte, Anklang bei einem mittlerweile dafür empfänglichen, kleinen, aber zuverlässigen Publikum zu sichern suchte. Die andere Seite dieser Selbstgenügsamkeit bestand im Verzicht auf den wirklich schwierigen Versuch, sich mit avancierten Mitteln populärer Formen anzunehmen, ohne kommerziellen Erfolg von vornherein auszuschließen.

Mit Blick auf die seit den frühen achtziger Jahren erfolgreichen Pop-Gruppen aus England, von ABC über Scritti Politti bis hin zu Frankie Goes To Hollywood, beleuchtet Frith einen zweiten Aspekt des Verhältnisses zwischen Avantgarde und Pop. Ähnlich wie in der klassischen Avantgarde die Vorstellung des sich authentisch enäußernden Künstlers der Vision wich, daß mehr oder weniger gut geplante Aktionen überkommene Rezeptionsmuster ins Wanken bringen sollten, erklärten Popmusiker die Idee der Artikulation authentischer Gefühle für hinfällig. Ihre grundlegende Einsicht: „[...] the basis of performance is not spontaneity [...] but calculation [...]." Begriffen sich die Musiker nun als selbsterzeugte Kunstprodukte, dann richtete sich entsprechend ihr ganzer Ehrgeiz darauf, alle Aspekte ihrer öffentlichen Präsentation im Sinne ihrer künstlerischen, stilistischen Ambitionen steuern zu können. Damit kommen sie freilich genau dem entgegen, was ansonsten Plattenfirmen mühselig aufzubauen haben: die Verbindung von „sound, image, and personality" zu einem identifizierbaren „commercial

---

[119] Brauchbare Informationen über die Entstehung, den sozio-kulturellen, ästhetisch-technischen Kontext von Dub sowie recht verläßliche Bewertungen zu den relevanten Produktionen der bekannten und weniger bekannten Produzenten und Musiker des Dub wie King Tubby, Augustus Pablo und Lee Perry bietet ein Dub-Special in *Spex* aus dem Jahre 1993 (10/93, S. 40-49; 11/93, S. 26-31).

package",[120] das als Markenzeichen fungiert. An anderer Stelle[121] hat Frith am Beispiel der kurzen Karriere des Kunstprodukts Frankie Goes To Hollywood die Irrwege aufgezeigt, die aus einem forcierten Verständnis der Pop-Sensibilität resultieren. Noch später stellt er die ökonomische Seite des Moments heraus, in dem der neuen Popmusik eine „radical credibility" zukam: „[...] in the late 1970s context of falling sales and punk politics there was [...] a sense that pop's usual gatekeepers (Artists and Repertoire departments, radio programmers, music press editors) were not in control of what was happening. [...] By the time ZTT (das Label von Frankie ..., R.H.) was formed the new pop sensibility had been subtly transformed into a commercial sensibility - the way to make sense of the pop process was in terms of market competition and success."[122]

Nicht zufällig avancierte der Begriff des Stils in der Blütezeit der Pop-Sensibilität, die später als 82er-Pop bezeichnet wurde, zur zentralen Kategorie der Wahrnehmung und Bewertung der Musik, der Äußerungen und Gesten ihrer Exponenten. Vermittelt über die Aneignung von Elementen des Strukturalismus und Poststrukturalismus im Diskurs maßgeblicher Pop-Journalisten und Musiker erfuhr das Geschehen in der Popmusik und dem damit verbundenen Reich weiterer Vergnügungen eine intellektuelle Überhöhung, die die marxistisch inspirierte Proklamation der revolutionären Rolle der Popmusik in der zweiten Hälfte der sechziger Jahre weit übertraf. Die Parteigänger von Pop begriffen sich als semiotische Guerilla, die ihre Vorlieben, Einfälle und Idiosynkrasien in einer feindlichen Umwelt des Anti-Konsumismus, des Authentizismus als subversive Taktiken und Strategien deklarieren konnten.

Zentralorgan dieser Pop-Attitüde war in den frühen achtziger Jahren die britische Zeitschrift *THE FACE*. D. Hebdige versucht in einem Aufsatz aus dem Jahre 1985 Eigentümlichkeiten jenes Magazins, das ein neues Marktsegment 'Zeitgeistmagazin' inaugurierte, dem dann spätestens in den frühen neunziger Jahren eine größere Leserschaft abhanden kam, weil sich mittlerweile die Idee, daß stilbewußter Konsum reizvoll sei, breiter Zustimmung gewiß sein kann, kritisch zu beleuchten.[123] Ausgiebig würdigt Hebdige die hohe Auszeichnung des Magazins durch anerkannte Preise für besondere Leistungen in Graphik und Design, macht einige Angaben über seine Entstehung, sieht in ihm die Verkörperung eines spezifischen kulturellen Kapitals, „'street credibility'", betrachtet es als typisches Produkt der „People of the Post", die Unterscheidungen zwischen Gut und Böse, legitim und illegitim, Stil und Substanz aushöhlen, vermeint dort eine klare Dominanz von Ironie, Ambiguität, überdrehten Meinungen erkennen zu können, hält das Magazin für „hyperconformist", attestiert ihm die Qualitäten eines „by any standards, good [...] British pop journalism"[124] und kommt schließ-

---

[120] Frith, *Art Ideology and Pop Practice*, S. 466.
[121] In einem Aufsatz mit dem passenden Titel *Frankie Said: But what did they mean?*.
[122] Frith, *The Good, the Bad, and the Indifferent*, S. 181.
[123] Hebdige, *The Bottom Line on Planet One: Squaring Up to THE FACE*.
[124] Ebd., S. 156, 157, 158, 163, 170, 173 und 175.

lich mit großem Pathos zu seinen fundamental kritischen Punkten: „And words like 'love' and 'hate' and 'faith' and 'history', 'pain' and 'joy', 'passion' and 'compassion' - the depth words drawn up like ghost from a different dimension will always come back in the eleventh hour to haunt the Second World (*THE FACE*, R.H.) and those who try to live there in the now. This is not just pious sentiment. It is, quite simply, in the very nature of the human project that those words and what they stand for will never go away." Mit der gleichen kitschigen großen Geste tut er kund, wovon er sich durch postmoderne Philosophen, Werbeleute und Firmen niemals abbringen lassen wird: „[...] that there will never be an end to judgement, that the ghosts will go on gathering at the bitter line which seperates truth from lies, justice from injustice, Chile, Biafra and all the other avoidable disasters from all of us, whose order is built upon their chaos."[125] Anstatt sich an der feuilletonistischen Opposition zwischen postmoderner Beliebigkeit und moralischem Engagement zu orientieren, hätte Hebdige besser daran getan, jene Bilder, Themen, Meinungen und Schreibweisen genauer zu betrachten und dann auch gegebenenfalls zu kritisieren, die für *THE FACE* charakteristisch sind. Dann wäre ihm vielleicht aufgefallen, daß der von ihm eingeforderte Humanismus dort durchaus seinen Platz hatte, daß für ein Verständnis dieser Zeitschrift genauere geschmackssoziologische Überlegungen benötigt werden als nur leicht hingeworfene Bemerkungen zum dort abrufbaren kulturellen Kapital, daß gravierende Veränderungen in der Entwicklung der Zeitschrift festzustellen sind.

In der Einleitung zu dem neun Jahre nach „Subculture" veröffentlichten Buch „Hiding in the Light" und vor allem im darin abgedruckten, soeben diskutierten Aufsatz über die Zeitschrift *THE FACE* versammelt Hebdige Motive einer Selbstkritik seines früheren Ansatzes, die leider nicht die skizzierten Schwächen und Unentschiedenheiten zum Gegenstand haben, sondern die zentrale These, daß auffälliger Stil Verweigerung signalisieren könne, für hinfällig, historisch überholt erklärt und sich nun einem wenig kontroversen Humanismus verschreibt.[126] Zum Essay über *THE FACE* bemerkt er weiter unten: „The article is an 'about face' in another sense too, insofar as I took the opportunity to indicate a change of heart in relation to the putative importance of 'style' in life, politics and art to dissociate myself from the overall fetishisation of style [...]."[127] Ein weiterer Beleg für die Wandlung Hebdiges vom oben behandelten Theoretiker der Subversion durch Stil hin zum Feuilletonisten der Versöhnung durch Moral ist dessen Betrachtung einer höchst fragwürdigen karitativen Veranstaltung wie Band Aid als „[...] a new and different kind of threat to Thatcherite populism: the articulation [...] of a different version of 'common sense' [...]." Der neue Gemeinschaftsgeist hat für linke Kritiker keinen Platz mehr, die sich mehr für die Ökonomie der Produktion und Verteilung von Lebensmitteln als für das Fließen moralischer Gefühlsströme interessieren: „I don't think that anyone in their right mind would deny that real

---

[125] Ebd., S. 175f. und 176.
[126] Hebdige, *Hiding in the Light*, S. 8.
[127] Ebd., S. 10.

and vitally important moral ressources were relocated and effectively deployed on a massive, international scale [...]."[128] Es dürfte klar geworden sein, daß die Alternative zu gewagten, avantgardistischen Stilinterpretationen mit politischem Anspruch nicht ein biederer Humanismus abgibt, der sich in neuer Bescheidenheit übt.

Neben dem Konzept einer avantgardistischen Überhöhung von Popmusik, die auf der Idee beruht, daß unter geeigneten historischen Bedingungen Abweichung gerade durch stilisierte, übertriebene Affirmation zum Ausdruck zu bringen ist, erkennt Frith einen dritten Strang, der den Einfluß avantgardistischer Ideen auf die neuere Popmusik und ihre Diskurse belegt, in deren Politisierung.[129] Den eindrucksvollsten Beitrag der Pop-Sensibilität in politischer Hinsicht sieht Frith im Feld der Geschlechterverhältnisse, der Konstruktion und Thematisierung von Sexualität. Durch Gruppen wie Gang Of Four und Au Pairs hätte eine radikale Thematisierung von Geschlechterrollen und feministische Gesichtspunkte Eingang in die Popmusik gefunden; der schwulen Subkultur bot die Disco-Musik ein Medium der Selbstdarstellung. Frauen und Mädchen ermöglicht diese Musik eine Form des Vergnügens, die nicht auf die Identifikation mit männlichen Musikern bezogen ist, sondern das narzißtische Verhältnis zum eigenen Körper in den Mittelpunkt rückt.[130]

Der Stärke der Popmusik in der Auseinandersetzung mit sozio-kulturellen Standards der Normalität korrespondiere ihre Schwäche in der Thematisierung von Klassenverhältnissen: „Class consciousness - this is the problem for Marxists - has, by contrast, on the whole not been amenable to pop treatment - pop celebrations of 'working classness' have not created audiences along politically conscious lines (think of country music or mainstream American 'blue-collar rock')."[131] In Neil Nehrings recht einfach gestrickter Geschichte subkultureller und avancierter literarischer Tendenzen im „Postwar England", die anarchistische Anleihen munter mit allerlei anderen avantgardistischen Strömungen vermengt, spielen die Tradition der Avantgarde und die Hervorbringungen jugendlicher Subkulturen die Rolle der Helden, die zur Identifikation, Nachahmung, Fortsetzung ermuntern sollen. Ihnen kommen sehr verschiedene Attribute zu, die dennoch alle in normativer Wendung als gute Abweichung vom bestehenden Schlechten, sei es des anspruchslosen populären Mainstreams oder des elitären ästhetischen Modernismus, verstanden werden sollen: „cultural dissidence", „vir-

---

[128] Ebd., S. 219 und 221.
[129] Dabei ist nicht vorrangig an das zu denken, was in den Kapiteln 6-7, die sich mit den Zeitschriften *Sounds* und *Spex* beschäftigen, als 'Salon-Bolschewismus' zu behandeln sein wird. Die Rolle der britischen Musikpresse, die im Rahmen der aufkommenden Pop-Sensibilität neuen Schwung bekam, beschreibt Frith, *Art Ideology and Pop Practice*, S. 467, lakonisch so: „[...] they do suggest that the processes of pop construction can be analyzed and debated." Eine deutliche Nachwirkung des Situationismus sei erkennbar, wenn auf diese Weise „pop as spectacle, situation, event, as something that involves the construction of an audience" (ebd., S. 468) gesehen werde.
[130] Frith, *Art Ideology and Pop Practice*, S. 468.
[131] Ebd., S. 475.

tue of negation", „antiauthoritarianism", „cultural anarchism", „destructive passion", „creative deviance", „outlaw emotions" und „voices of contumacy".[132] Aus seiner Erzählperspektive, die sich den Cultural Studies verpflichtet weiß, sind sie für ihn doch „the most progressive postmodernism available",[133] ist es für Nehring schon ein politischer Akt, diesen Bestrebungen, Impulsen und Stimmen Gehör zu verschaffen, da die Politik der gegenwärtigen Regierungen in England und den USA ihre Bevölkerungen auf konsequent positives Denken zu verpflichten suche. Ohne Nehrings etwas kurzschlüssige Sicht des Zusammenhangs von sub- und popkultureller Abweichung und politischer Wirksamkeit zu teilen, betont auch Frith das notwendig negatorische Moment popkultureller Strömungen, denen in geeigneten historischen Situationen politische Relevanz zukäme: „Culture as transformation [...] must challenge experience, must be difficult, must be *unpopular*." Ein nur scheinbar selbstwidersprüchliches unpopuläres Populäres („*unpopular popular*") wäre das popkulturelle Gegenstück zu jenen Qualitäten, die man avancierten Werken der legitimen Kultur zuschreibt: „The utopian impulse, the *negation* of everyday life, the aesthetic impulse that Adorno recognized in high art, must be part of low art too."[134]

Mit seiner Unterscheidung differierender Sensibilitäten in der Wahrnehmung von Rock- und Popmusik löst sich Frith von einem verbrauchten Schema in der Betrachtung der Pop-Geschichte, daß darauf angelegt ist, stets aufs neue Belege dafür zu sammeln, daß die Entwicklung von Stilen und Musikern mit rebellischen Impulsen beginnt, dann aber in kommerzieller Vereinnahmung endet. Zwar verweist Frith zurecht auf die Schranken, Gefahren der Pop-Sensibilität und benennt Tendenzen, die den Überdruß an einer auf Künstlichkeit und Konstruktion fixierten Popmusik artikulieren (Bruce Springsteen), er schenkt jedoch Entwicklungen gegen die formalistische Blässe der Pop-Sensibilität, die außerhalb des Mainstreams (HipHop, Hardcore) angesiedelt sind, keine angemessene Aufmerksamkeit.

Spiegelt man den Gegensatz zwischen den Sensibilitäten des Pop und des Rock an der philosophischen Unterscheidung zwischen Essentialismus (Rock) und Anti-Essentialismus (Pop), dann ergeben sich die Umrisse eines Begriffs der Pop-Sensibilität, die dessen Tendenz zum Abgleiten in unverbindlichen, individualistischen Lifestyle als stets präsente Gefahr ernstnimmt, dabei weiter dem situationistischen Ziel der Erzeugung von Situationen verpflichtet ist. Es genügt nicht, die heilige Trias aus Künstlichkeit, Konstruktion und Dekonstruktion zu beschwören, vielmehr sind die von Musikern produzierten Klänge, Erfahrungen, Meinungen, Stile und Verhaltensweisen daran zu bemessen, ob sie abweichende Qualitäten zum staatlich und massenmedial erzeugten common-sense in ästhetischer, moralischer, politischer und ökonomischer Hinsicht mit irritierender Wucht ins Spiel bringen. Stanley Fish betont in seinen bereits erwähnten Überlegungen, daß aus

---

[132] Neil Nehring, *Flowers in the Dustbin*, S. 1-9.
[133] Ebd., S. 2.
[134] Frith, *Performing Rites*, S. 20.

einer anti-essentialistischen Einsicht in die Künstlichkeit aller symbolischen Äußerungen nichts oder nur sehr wenig folgt. Unvermeidlich werden in Kommunikationen weiter Meinungen vertreten, Gefühle, Vorlieben und Abneigungen ausgedrückt, die, wenn sie denn nicht im Modus der stets auf Konformismus hinauslaufenden Selbstentwertung der eigenen Rede als bloßen Geredes gebannt bleiben, durch ein anti-essentialistisches Credo nichts von ihrer Entschiedenheit einbüßen. In einem ersten Schritt geht es um die Einsicht, daß die um Authentizität bzw. Künstlichkeit zentrierten Diskurse von Rock und Pop sich gleichermaßen nicht anheischig machen können, eine Bestimmung des Wesens der Musik zu leisten. Dann ist freilich in einem nächsten Schritt festzuhalten, daß sich wichtige Veränderungen in der Meinung darüber, wie Popmusik funktioniert, was von ihr zu erwarten ist, im Übergang von der Sensibilität des Rock zu der des Pop vollzogen haben: „[...] what is it that produces *change*? Change is produced when a vocabulary takes hold to the extent that its ways of elaborating the world become normative and are unreflectively asserted in everyday practices. Occasionally this can happen when a community self-consciously rejects a theory in favor of another [...].“[135]

Wie bereits erwähnt, kann keine Rede davon sein, daß der Kult um Authentizität widerstandslos das Feld des Diskurses über Pop- und Rockmusik geräumt hätte. Seine Exponenten sind freilich nun nicht mehr wie noch in den siebziger Jahren intellektuell ambitionierte Musikjournalisten, sondern rhetorisch wenig elaborierte Medienarbeiter, die naiv oder zynisch davon ausgehen, daß der größte Teil des Rock- und Pop-Publikums sentimental der Idee ehrlichen Ausdrucks und Könnens weiter nachhängt. Auf der Seite jener, die sich einst als Parteigänger der Pop-Sensibilität verstanden haben, hat deren Leerlauf und ihre sowohl ideologische als auch ökonomische Instrumentalisierung seit Mitte der achtziger Jahre zur übertriebenen Zerknirschung darüber geführt, was die enthusiastische, gelegentlich gedankenlose Propaganda eines unbekümmerten Pop-Hedonismus im Gewande französisch inspirierter Vernunftkritik angerichtet habe. Die eindrücklichsten Beispiele für derartige selbstquälerische Reflexionen finden sich bei D. Diederichsen. In seiner Funktion als *Sounds*-Redakteur avancierte er 1981/82 zum wichtigsten Vertreter der neuen Pop-Sensibilität in der Bundesrepublik. Spätere Bezugnahmen darauf[136] leiden daran, daß Diederichsen den entscheidenden Fehler einer kleinen und isolierten Gruppe von Pop-Intellektuellen während dieser Zeit nicht in deren politischer Anmaßung, nicht im damals einsetzenden Theoriefetischismus sieht, der bis in aktuelle *Spex*-Ausgaben fortwirkt und den nüchternen Gebrauch von Einsichten der politischen Ökonomie ins Abseits drängt. Das Aufkommen unumwunden reaktionärer Bestrebungen unter Intellektuellen im Verlaufe der achtziger Jahre wird als moralische Frage nach eigener Mitschuld thematisiert. Daß abseitige rechte Intellektuelle wesentlich zur ideologischen

---

[135] Fish, *Doing What Comes Naturally*, S. 24.
[136] Diederichsen, *Sex-Beat*, S. 127-132, 140-144; *Musik und Dissidenz in den 80er Jahren*, S. 12f.; *Popocatepetl*; *Todesblei*, S. 56; *Freiheit macht arm*, S. 145f.

Absicherung des wiedervereinigten Deutschlands beitragen haben, das über seine neue nationale und vor allem europäische Größe Weltmachtansprüche anmeldet, in dem seit den frühen neunziger Jahren massive rassistische Gewalt zu beobachten ist, scheint zweifelhaft. Diederichsens Vorstellung davon, was Popmusik und der mit ihr verknüpfte Diskurs politisch bewirken kann, pendelt zwischen überzogenen Hoffnungen und dem gelegentlich aufblitzenden besseren Wissen über die Schranken dieses Feldes. Eine solche selbstwidersprüchliche Rede ist der Gefahr ausgesetzt, sich gänzlich der beabsichtigten publizistischen Wirkung zu berauben.[137]

4.6 Zur affektiven Ökonomie der Popmusik

Für Lawrence Grossberg, der zu den maßgeblichen und treibenden Kräften in der Entwicklung der Cultural Studies in den USA zählt,[138] geht es in einem Aufsatz aus dem Jahre 1984[139] darum, ausgehend von einer kritischen Betrachtung der Vielfältigkeit der Diskurse über Rock- und Popmusik einen Begriff davon zu gewinnen, welchen Momenten in Prozessen ihrer Produktion und Rezeption die Qualität zuzuschreiben ist, 'empowerment' hervorbringen. Wie bereits aus den Ausführungen zur Thematisierung von Pop- und Subkulturen bei Hebdige und Frith deutlich geworden sein dürfte, legen es Vertreter der Cultural Studies fast durchgängig darauf an, ihrem Gegenstand nicht nur ästhetische Innnovationskraft zu bescheinigen, sondern auch ein widerständiges Potential zu entnehmen, dem politische Relevanz zukommt. Der Untertitel des Textes „Rock and Roll, Pleasure and Power" deutet bereits mit seiner Terminologie, die an Foucault gemahnt, auf den sehr grundsätzlichen Charakter der angestellten Überlegungen. Der Text ist dann auch mit theoretischen Abgrenzungen, Definitionen und mit wissenschaftspolitischen Positionen und Programmen angefüllt. Naturgemäß ist eine Forschungsrichtung wie die Cultural Studies in der Phase ihrer allmählichen Integration ins Wissenschaftssystem verstärkt um den Nachweis ihrer wissenschaftlichen Legitimität bemüht: hier soll „theory talk" mögliche Bedenken gegen die hoch anspruchsvolle Rolle, die der Popmusik zugemutet wird, nämlich ihrem jugendlichen Publikum die Erfahrung machtvoller Stärke, das Gefühl der 'Ermächtigung' („empowerment") zu vermitteln, mit einer massiven begrifflichen Armatur abwehren.

---

[137] Vergleiche Diederichsen, *Wer fürchtet sich vor dem Cop Killer?*, S. 23-27.
[138] So war er wesentlich an der Organisation großer Kongresse mitbeteiligt, die den Cultural Studies ein wissenschaftliches und politisches Profil zu geben versuchten und darüber hinaus große Publizität erzielten. Bei den später erschienenen Sammelbänden fungierte Grossberg jeweils als Mitherausgeber und Mitautor theoriepolitischer und zusammenfassender Einleitungen: Nelson, Grossberg, *Marxism and the Interpretation of Culture*, und Grossberg, Nelson und Treichler, *Cultural Studies*. Hinzukommt eine Vielzahl von Zeitschriftenaufsätzen, die ebenfalls in die Diskussion um die Konturen der aufstrebenden Cultural Studies eingreifen.
[139] Grossberg,, *'I'd rather feel bad than anything at all': Rock and Roll, Pleasure and Power*.

Nach einer Bestandsaufnahme des generellen Defizits einer akademischen Behandlung der Popmusik, deren Feld bislang von einem wenig zuverlässigen Journalismus dominiert werde, präsentiert Grossberg die dort gängigen „discourses on rock and roll". Die Wiedergabe der jeweiligen Argumente endet stets mit einer Auflistung ihrer grundlegenden Mängel. Popmusik mit dem Funktionieren der sie in Gang haltenden Musikindustrie zu identifizieren, vernachlässige, daß das Publikum sich teilweise nicht mit dem angebotenen Material zufriedengibt und nahegelegten Rezeptionsweisen widersetzt; Popmusik als neue Kunstform zu betrachten, sei wenig sinnvoll, da der größte Teil des Publikums dies offensichtlich nicht so sieht und dennoch etwas mit der Musik anzufangen weiß; Popmusik als großartigen, aber ansonsten folgenlosen Spaß zu beschreiben, macht keinen Sinn, wenn man an jene seltenen, jedoch bedeutsamen Momente der Pop-Geschichte denkt, in denen die Musik mit politischen Bedeutungen aufgeladen wurde; Popmusik als Zyklus zu definieren, in dem sich Phasen wahrer Authentizität und entfremdender kommerzieller Vereinnahmung ständig abwechseln und wiederholen, verfängt sich in einem Fan-Elitismus, dem entgeht, daß der Zusammenhang zwischen kommerziellem Erfolg und politischer Anpassung nicht zwingend ist.[140]

Auch damit sind noch nicht alle relevanten Betrachtungsweisen der Popmusik erschöpft, die im heutigen symbolischen Universum kursieren. Den schon mehrfach erwähnten Birminghamer Forschern ordnet Grossberg die Vorstellung „Rock and Roll as Resistance" zu, wobei noch einmal zwischen einer subkulturtheoretischen und einer postmodernen Variante unterschieden wird: erstere betone den spezifischen Umgang, den Subkulturen in der Aneignung der Angebote des Musikmarktes praktizieren: in ihren abweichenden Gebrauchsweisen artikuliere sich symbolischer Widerstand gegen den Herrschaftsanspruch der hegemonialen Kultur; letztere hebe stärker auf eine dekonstruktive Lektüre des literarisch-musikalischen Textes der Popmusik ab, die sich nicht länger der Illusion hingebe, daß klar umrissene semantische und ideologische Gehalte rekonstruiert und identifikatorisch angeeignet werden können, sondern sich instabilen, ständig verschiebenden Anmutungen der Popmusik idiosynkratisch überläßt. Erwartungsgemäß genügen beide Varianten den Ansprüchen Grossbergs nicht: die Theoretiker der Subkultur müssen sich vorhalten lassen, daß sie die Zugehörigkeit zu Subkulturen fetischisieren; das postmoderne Spiel mit in der Schwebe gehaltenen Textqualitäten provoziert den Vorwurf des Formalismus, da dabei das aktive Moment der Bedeutungskonstitution zugunsten der übertreibenden Stilisierung einer „hyper-(active) textuality" vernachlässigt werde.[141]

Nun kann Grossberg endlich dazu ansetzen, seine eigene Theorie zu entwerfen: nämlich die der affektiven Ökonomie des „rock and roll apparatus". Dieser bezeichnet ein hochkomplexes Aggregat, das alle relevanten Aspekte des Funktionierens von Popmusik zusammenzieht: „[...] musical texts and practices, eco-

---

[140] Ebd., S. 95-97.
[141] Ebd., S. 97-101.

nomic relations, images (of performers and fans), social relations, aesthetic conventions, styles of language, movement, appearance and dance, media practices, ideological commitments and sometimes, media representations of the apparatus itself."[142] Da spezifische Stile und Phänomene in der Popmusik sehr heterogene Verbindungen mit den übrigen Variablen eingehen, geht Grossberg von einer Vielzahl solcher Apparate aus. Aus der widersprüchlichen Anlage der darin eingelagerten Praktiken und Diskurse geht die beschworene affektive Ökonomie hervor. Doch deutlich wird vor allem, daß erneut der subjektiven Aneignung massenkultureller Produkte die Bürde, ein widerständiges Potential zu verkörpern, übertragen wird: „[...] the rock and roll apparatus inserts, into the cracks and contradictions of its own hegemonic existence, sites of affective empowerment which can provide strategies of resistance, evasion and even counter-control. For example, the disposibility of the commodity also places it at the disposal of the consumer. I know a woman who has simply erased (literally scratched beyond recognition) those songs which she finds objectionable on her records."[143]

In ähnlicher Weise gelangt Grossberg von der spezifischen Qualität musikalischen Materials, nämlich stärker als literarische und künstlerische Artefakte zugleich psychische und physische Reaktionen des Menschen evozieren zu können, zum produktivistischen Ethos des aktiven Konsumenten: „Music sensuous materiality transforms passive reception into active production. Music surrounds and invades the body of its listeners, incorporating them into spaces and making them a part of the musical event itself. The listener becomes a producer in real and complex ways."[144] Nur solche Hörer haben offensichtlich Anspruch darauf, der 'Ermächtigung' durch Popmusik teilhaftig zu werden, die mehr leisten, als sich bloß Platten zu kaufen und, je nach vorhandenem kulturellen Kapital, schlichtes oder verfeinertes Vergnügen beim individuellen oder gemeinsamen Hören zu empfinden. Es soll nicht bestritten werden, daß die zitierten Vorgänge als komplexe Tätigkeiten beschreibbar sind, deren Wirkungen zudem die übrigen Lebensbereiche mehr oder weniger heftig affizieren. Doch um das zu zeigen, greift Grossberg nicht nur auf problematische Begriffe zurück, deren Behauptung mangels überzeugender Beispiele abstrakt bleibt. Mit der metaphorischen Vervielfältigung von Ökonomien werden zugleich basale Produktionsverhältnisse, die eine klare Unterscheidung zwischen Produzent und Konsument zur unmißverständlichen Geschäftsgrundlage machen, in ihrer materiellen Wucht verharmlost. Bekanntlich haben auch staatliche Erziehungsanstalten und sonstige Agenturen zur Überwachung und Hebung des geistig-moralischen Niveaus der Bevölkerung ein im Sinne der Konsumenten wenig 'ermächtigendes' Interesse daran, vor allem junge Staatsbürger, denen die natürliche Neigung unterstellt wird, in die Passivität reiner Konsumtion zu versinken, in aktive, kritische, informierte Konsumenten zu verwandeln.

---

[142] Ebd., S. 101.
[143] Ebd.
[144] Ebd., S. 102.

Weitere Formen, in denen sich die affektive Ökonomie der Popmusik zur Geltung bringt, sind: die Abgrenzung des jeweiligen Fans spezifischer Stile gegen konkurrierende Bestrebungen; die Aneignung fremder ästhetischer Traditionen und Bestände mit ihren 'ermächtigenden' Wirkungen; die Umwandlung lustfeindlicher gesellschaftlicher Gegebenheiten in Gelegenheiten lustvoller 'Ermächtigung'. Bei den ersten beiden Erscheinungen denkt Grossberg an das vertraute Funktionieren der Parteinahme für eine bestimmte Musik in peer-groups und Subkulturen bzw. an die Verarbeitung schwarzer Musiktraditionen durch die von Weißen dominierte Musikindustrie seit der Entstehung des Rock 'n' Roll. Einige wichtige Aspekte der „long transactional history of white responses to black culture, of black counter-responses, and of further countless and often traceless negotiations, tradings, raids, and compromises" versucht A. Ross zu beleuchten.[145] Er setzt sich dabei u.a. mit den Vorbehalten schwarzer Intellektueller gegen einen Ausverkauf der ursprünglichen schwarzen Musik im Zuge ihrer kommerziellen Ausbeutung durch die weiße Musikindustrie und mit den romantischen Phantasien weißer Intellektueller über die ästhetische Überlegenheit des schwarzen Hipsters und Musikers auseinander. Mühelos läßt sich eine schier unendliche Zahl von Belegen dafür anführen, daß die von Weißen dominierte Musikindustrie spezifische Songs oder ganze Musikstile, die schwarze Musiker kreiert haben, aufgreifen, stilistisch bearbeiten, was fast stets auf eine Verwässerung und Vereinfachung des originären Materials hinausläuft, um sie einem weißen Publikum erfolgreich zu verkaufen.[146] Doch dem könne man nicht sinnvoll mit der „ideology of the superiority of non-commercial folk spontaneity" begegnen;[147] so macht Ross gegen Amiri Barakas „polemical purism"[148] die üblichen Argumente geltend, die mittlerweile zum intellektuellen Standardrepertoire der Cultural Studies gehören: die innovativen Impulse der schwarzen Musik haben in den weniger avancierten Ausprägungen der Popmusik starke Wirkungen entfaltet, popmusikalische Gehalte werden in unterschiedlichen Publikumsfraktionen unterschiedlich angeeignet, Erfolg sei nicht programmierbar, was auf Grenzen der Formbarkeit des Geschmacks schließen lasse, und schließlich sei abweichender Musikgeschmack mit dem Entstehen der „youth culture" in den fünfziger Jahren in größerem Umfang möglich geworden.[149] Ross unterschlägt nicht, daß die Faszination eher randständiger weißer Intellektueller durch die Musik und den Habitus schwarzer Musiker das Fortbestehen rassistischer Vorstellungen nicht ausschließt, wie N. Mailers sympathetische Parteinahme aus dem Jahre 1957 zeige.[150] Dessen „model of social confrontation", das über die reformerische Haltung der damaligen liberalen Intelligenz hinausgehen möchte, und auch einige

---

[145] A. Ross, *No Respect*, S. 67.
[146] Vergleiche u.a. Chapple, Garofalo, *Rock 'n' Roll Is Here To Pay*, S. 231-267.
[147] A. Ross, No Respect, S. 70.
[148] Gemeint ist Baraka, *Blues People*.
[149] Ross, *No Respect*, S. 76f.
[150] Mailer, *The White Negro*.

Reaktionen auf diesen „apocalyptic romanticism", der im Stile des „new psychobabble of the fifties" daherkommt, werden nachgezeichnet.[151]

Die skizzierte letztere Möglichkeit innerhalb der affektiven Ökonomie der Popmusik, nämlich unlustvolle Faktizität in ihr Gegenteil zu verwandeln, verknüpft Grossberg mit einer sehr anspruchsvollen These: „Rock and roll does not form anger, boredom, despair, etc. into pleasure. Rather, it turns the material basis of such experiences (repetition, noise, anonymity, etc.) into the occasion for pleasure."[152] Über eine vage Anlehnung an Freuds Begriff der psychischen Ökonomie des Wiederholungszwanges hinaus kann der Autor keinerlei Evidenzen für seine Umkehrungsthese beibringen. Ihre vollkommene Haltlosigkeit zeigt sich schon an der simplen Vergegenwärtigung, in welchen Kontexten Popmusik entsteht. Obwohl in Schule, College und Universität die genannten Erfahrungen keine besonders prominente Rolle spielen, bilden sich gerade dort die meisten Bands und Fan-Kulte. Auch unter Verhältnissen moderner industrieller Lohnarbeit ist es weniger die Erfahrung von Lärm und Wiederholung, die zu musikalischer Praxis bzw. zum innovativen Konsum von Popmusik anregt. Sowohl in den Bildungsinstitutionen als auch in den geregelten Arbeitsverhältnissen in Büro, Laden und Fabrik sind es die disziplinierenden und materiellen Zwänge, nämlich für wenig einträgliche Bezahlung oder in Hoffnung auf Bildungstitel, die nicht garantieren, daß man zu attraktiven Stellen gelangt, den relativ größten Teil des Tages unter Bedingungen zuzubringen, die von außen aufgeherrscht werden, welche Popmusik als Kontrapunkt erscheinen läßt, der in Akten ihrer Produktion und Konsumtion den eigenen Interessen, Bedürfnissen größeren Spielraum gewährt.

Der ambivalente Charakter der Argumentation Grossbergs, wie er im hier ausführlich behandelten Aufsatz sichtbar wird, seine hilfreiche Klärung wichtiger Strukturelemente des professionellen und subkulturellen Diskurses über Popmusik, die einer unzureichenden, ja irreführenden Behandlung der Voraussetzungen einer ermächtigenden pop- und subkulturellen Praxis gegenübersteht, zeigt sich auch in anderen Publikationen des Autors. In „Is There Rock After Punk?" erfährt man, daß der Autor früher als Musikkritiker gearbeitet hat. Nach einem Referat der hier bereits entfalteten Thesen beschäftigt er sich abschließend mit dem veränderten Status von 'Jugend' und 'Jugendlichkeit' in einer Zeit, in der die Konsumgüterindustrie große Anstrengungen unternimmt, sich deren Bedeutungsgehalte anzueignen und damit ältere Kosumenten zu bedienen. Der Tod des Rock 'n' Roll, wie er im Zeitraum zwischen Elvis Presley und den Sex Pistols existiert habe, werde zur realen Möglichkeit.[153] In „Putting the Pop Back into Postmodernism" zelebriert Grossberg einen Musiker, der die erwähnten Befürchtungen zerstreue: Bruce Springsteen. Allen Ernstes wird behauptet: „[...] his

---

[151] Ross, *No Respect*, S. 87-89. Vergleiche dazu auch D. Diederichsen, *Schwarze Musik und weiße Hörer*, S. 71f.
[152] Ebd., S. 105.
[153] Grossberg, *Is There Rock After Punk?*, S. 111-123.

recent albums have explicitly focused upon the particular affective structures and contradictions of postmodernity."[154] Schließlich schwingt sich Grossberg zu der zweifelhaften These auf, daß unter postmodernen Bedingungen die vorhandenen Zeichen, hier das Auftreten von Popmusikern, nicht als Repräsentationen von etwas zu betrachten seien, sondern als anspruchslose Reklametafeln, die wie die übertreibende Selbstanpreisung im HipHop funktionierten.[155]

4.7 Pornographie als populäre Kultur

Wie die bislang ausführlich behandelten Cultural Studies-Arbeiten Hebdiges, Frith' und Grossbergs zur alltagspraktischen jugend- und subkulturellen und zur elaborierten diskursiven Rezeption von Popmusik zeigen, hat sich im Feld der Cultural Studies in den letzten zwanzig Jahren eine wissenschaftliche Bearbeitung populärkultureller Gegenstände durchgesetzt, die zuvor im Abseits akademischen Interesses gestanden haben. Von einer großzügigen Erweiterung des Themenspektrums, dessen sich Geistes- und Kulturwissenschaftler mittlerweile, ohne noch allzu große Empörung zu erzeugen, annehmen können, profitiert auch eine Beschäftigung mit Pornographie, die nicht gleich die moralische Verdammung des Gegenstands unterstellt oder positivistische Wirkungsanalyse betreibt. Bekanntlich waren der Psychologie schon früh große Freiheiten in der Wahl ihrer Gegenstände eingeräumt worden, was sie sicherlich dem Prestige und der herrschaftstechnischen Verwendbarkeit einer Forschungsmethode zu verdanken hat, die sich um eine naturwissenschaftlich objektivierende Einstellung zu ihrem tendenziell pathologischen Gegenstand bemüht. Von einer solchen Sichtweise ist bei Laura Kipnis nichts zu spüren. Ihre Lektüre einer pornographischen Zeitschrift führt zu Beobachtungen und Einschätzungen, die durch theoretische Bezugnahmen an Nachvollziehbarkeit gewinnen sollen.[156] In der Diskussion um Pornographie werde häufig, so die Autorin, ein „theoretical monolith of misogyny" unterstellt. Diese Annahme beruhe jedoch auf einem gravierenden Versäumnis in der Untersuchung des kontrovers debattierten Gegenstandes: „While class stratification, and the economic and profit motives of those in the porn industry have been exhaustively covered, we have no theory of how class plays itself out in nuances of representation."[157]

---

[154] Grossberg, *Putting the Pop Back into Postmodernism.*, S. 184. Nebenbei sei vermerkt, daß Grossberg Bourdieu Unrecht tut, wenn er dessen Differenzierung zwischen formaler (bürgerlicher) und materialer (populärer) Ästhetik zu umstandslos eine normative Wendung gibt. (ebd., S. 178)
[155] Grossberg schreibt: „They offer forms of empowerment not only in the face of nihilism but precisely through the forms of nihilism itself: an empowering nihilism, a moment of positivity [...]." (ebd., S. 181)
[156] Kipnis, *(Male) Desire and (Female) Disgust: Reading Hustler.*
[157] Ebd., S. 374. Auch A. Ross, *No Respect*, S. 171-208, begibt sich im Kapitel über „The Popularity of Pornography" in diesen weitverzweigten und umstrittenen Diskussionszusammenhang: zur Orien-

Eine ähnliche Richtung in der Auseinandersetzung mit Pornographie schlägt auch A. Ross ein. Er möchte sich nicht mit der frohen Botschaft zufriedengeben, daß es auch andere Pornographie gebe, worauf er zunächst selbst unter Rekurs auf Filme von Candida Royalles Femme Productions verwiesen hatte. Sein Lob für diese neue Form der Pornographie, die auf einige bislang genrespezifische Elemente verzichtet, relativiert sich an deren forcierter Bemühung um Qualität, die nur allzu deutlich mache, daß diese Produktionen in erster Linie „the latest phase in the history of pornography's bid for respectability" seien.[158] Solche an Bourdieu geschulten Einsichten macht Ross auch gegen die „liberationist imagination" der avantgardistischen Intellektuellen von Bataille bis Sontag geltend; deren „appeal to a higher consciousness" beharre in der Gegenüberstellung von befreiender Überschreitung und gewöhnlichem Vergnügen auf kultureller Distinktion.[159] Eine direkte Auseinandersetzung mit jenen Einwänden, die sich generell gegen die Verbreitung und den Konsum von Pornographie richten, sei geboten. Dieser Kritik hält der Autor vor, wobei er eine in den Cultural Studies gängige Argumentationsfigur variiert, daß ihre generalisierenden Annahmen über die verderblichen Wirkungen von Pornographie schon deshalb fehlgehen müssen, weil sie die Unterschiede hinsichtlich der tatsächlichen klassen- und geschlechtsspezifischen Gebrauchsweisen des konsumierten Materials, die zwar bislang noch nicht erforscht sind, jedoch vermutet werden dürfen, nicht berücksichtigen. Vor allem macht sich Ross jedoch die Argumente der feministischen Gegnerinnen der PorNo-Kampagne zu eigen: juristische Verbote träfen sexuelle Minderheiten, die gerade erst in den Genuß einer gewissen Liberalisierung gekommen seien; sexuelle Bedürfnisse folgten einer anderen Logik als der Kampf gegen hierarchische Geschlechterverhältnisse; sexuelle Phantasien, die sich im fiktiven Raum der Pornographie entfalten, seien nicht nur Ersatz für Praktiken, die in realen sexuellen Beziehungen (noch) nicht zugelassen werden, sondern eine eigenständige Quelle realer Befriedigung; das Vergnügen an Pornographie mit seiner Bindung an die persönliche Lebensgeschichte sei „unique as a thumbprint, while never so fixed in its contours to be a reliable guarantee of identity".[160]

Stärkere Distanz zu ihrem Gegenstand bekundet Kipnis; sie leugnet nicht, daß sie bei ihrem Unternehmen, sich intensiv mit der Zeitschrift *Hustler* zu beschäftigen, hart mit ihrem eigenen Ekel bei der Betrachtung des Magazins zu ringen hatte: „In fact, I have wanted to write this essay for several years, but every time I trudge out and buy the latest issue, open it and begin to try to bring analytical powers to bear on it, I'm just so disgusted that I give up, never quite sure whether this almost automatic response is one of feminist disgust or bourgeois disgust."[161] Bevor näher auf Kipnis' Resultate ihrer analytischen Auseinandersetzung mit der

---

tierung vergleiche u.a. T. Hecken, *Gestalten des Eros*, R. J. Berger et al., *Feminism and Pornography*, E. Henderson, *Lesbian Pornography*, und R. Dyer, *Coming to Terms*.
[158] Ross, *No Respect*, S. 171f.
[159] Ebd., S. 184 und 185.
[160] Ebd., S. 175, 188, 206 und 194.
[161] Kipnis, *(Male) Desire and (Female) Disgust: Reading Hustler*, S. 378.

Zeitschrift *Hustler* eingegangen wird, scheint es sinnvoll, sich den Inhalt dieses Magazins an einem recht aktuellen Beispiel zu vergegenwärtigen.

Das Heft vom Juni 1995[162] zeigt auf dem Titelblatt eine schlanke, blauäugige, wasserstoffblonde Frau, die mit leicht geöffnetem Mund direkt in die Kamera blickt, deren Busen durch ihre Arme soweit verdeckt wird, daß die Brustwarzen nicht zu sehen sind. Ihre Hände umfassen in dieser Stellung einen spiralförmigen Holzpfosten, der phallische Assoziationen weckt. Der Bildausschnitt beschränkt sich auf den nackten Körper oberhalb des Bauchnabels. Im Innenteil dieser Ausgabe des *Hustler* werden auf weiteren etwa 40 Seiten das erwähnte Cover-Modell, fünf weitere Frauen und ein Mann (drei Frauen in Einzelaufnahmen, zwei Frauen in lesbischer Interaktion und ein heterosexuelles Paar) in einer Weise präsentiert, die sich wenig von Hardcore-Pornographie unterscheidet: Beschränkungen sind nur bei Kopulations- und Fellatioszenen offenkundig. Der übrige ca. 60 Seiten starke redaktionelle Teil der Zeitschrift behandelt ein breites Themenspektrum. Gegenstand der politischen Satire in der Rubrik „Asshole of the month" ist der schwulenfeindliche Lapsus eines republikanischen Politikers, vor allem seine fadenscheinigen Rechtfertigungsversuche. Zweimal macht man sich auf dem Feld der „ad parodies" zu schaffen: erstes Opfer ist Milchwerbung, die triumphierend vorführen will, daß berühmte, schöne Frauen wie Lauren Bacall und Naomi Campbell begeisterte Konsumentinnen dieses Getränks sind, indem sie die beiden Frauen mit neckischem Milchbart zeigt. Im *Hustler* konfrontiert man Milch auf den Oberlippen der genannten Frauen mit Bildern von Sperma auf Schamlippen; sprachlich verwandelt sich die Botschaft „Milk - What a surprise!" in „Sperm - What a blast!". Für derben Humor hat auch die Werbung für Unterwäsche aus dem Hause Calvin Klein herzuhalten, dessen Inhaber zu „Calvin Fagge" wird, um damit seine Homosexualität hämisch zu akzentuieren: eine nackte Frau, die im Stile der neueren Werbekampagnen dieser Firma photographiert ist, trägt nur eine Unterhose, die gewöhnlich eher von Männern bevorzugt wird und sich dadurch auszeichnet, daß sie die für eine Peniserektion typische Ausbeulung simuliert. Im dazugehörigen Slogan heißt es dann: „A brief way to straighten out penis envy." Weitere „parodies" versehen z.B. die bekannte Szenerie von soap operas und sitcoms mit expliziten Inhalten. Am Rand der mit parodistischen Unflätigkeiten gefüllten Seiten ist wohl aus rechtlichen Gründen stets der Hinweis plaziert: „Not to be taken seriously." In einer besonderen Rubrik widmet man sich der laufenden Porno-Filmproduktion kritisch. Die Einschätzungen folgen einer fünfteiligen Bewertungsskala, die von „totally limp" bis „fully erect" reicht. Der Film „Riot Grrrls" findet keine Gnade des Kritikers: was als Kunst daherkomme, sei nichts als „dumb, ponderous, anti-erotic dreck", in dem die gezeigten Vertreter der Porno-Industrie als „sexist smut peddlers" dargestellt werden; das Schauspielerpersonal ergehe sich in „interminable diatribes on pro-porn feminism and other such New Age idiocies". Besser kommt der Film „Racially Motivated" weg: „Fans of interracial fucking may well be onanistically *Motivated* by this all-

---

[162] *Hustler*, Volume 21, Number 13 (June 1995).

around okay endeavor." An verschiedenen Stellen sind Cartoons eingestreut. Folgende Geschichte erzählen zwei übereinandergesetzte Zeichnungen: oben geht ein Mann freudig auf ein Haus zu, das ihn mit der Ankündigung „Live Sex Act. On Stage" und einer besonders restriktiven Beschränkung des Zutritts lockt; unten sieht man das ärgerliche Gesicht des Mannes im Innenraum des Gebäudes: auf der Bühne wird das Schauspiel zweier im Scheinwerferlicht kopulierenden Hunde dargeboten. Abgründig fiesen skatologischen Humor beweist ein Zeichner, der auf dem Hintern eines furzenden, ekligen dicken Mannes ein Schild mit der Aufschrift „How's My Farting?" plus Telefonnummer anbringt. Auf den Leserbriefseiten „feedback" findet sich eine Zuschrift aus Australien, die ein in der Zeitschrift photographiertes Paar unterschiedlicher Hautfarbe in der Kombination weiße Frau und schwarzer Mann erwähnt. Sie ist Anlaß für folgende Grundsatzerklärung der Redaktion: „*HUSTLER* realizes that eroticism comes in many colors - and textures. Larry Flynt has always been a trailblazer [...] Our readers want more than pictures of uninvolved, air-brushed mannequins. *So do we.*" Ein Bericht über die „Ultimate Fighting Championships" hebt gleich zu Beginn hervor, daß in diesem Kampfsport anders als in den abgesprochenen Aktionen des Wrestling alle Formen gewalttätigen Körpereinsatzes zugelassen seien, es bei den Kämpfen immer wieder recht blutig zugehe und die Akteure ungeheure Schmerzen zu erleiden haben. Verschiedene pornographische Schilderungen im Heft werden entweder offen als Fiktion oder als authentische Berichte von Lesern deklariert. Hauptwerbekunden der Zeitschrift sind Agenturen für Telefonsex und andere Anbieter von einschlägigen Produkten der Sexindustrie, die auf rund 100 Seiten ihre ziemlich explizit bebilderten Anzeigen plazieren.

Unter Rückgriff auf Bachtins Begriff des grotesken Körpers[163] und Freuds psychoanalytische Interpretation des zotigen Witzes, die auch soziale Aspekte dieses Humors reflektiert, möchte Kipnis den klassenspezifischen Ort des *Hustler* näher bestimmen. Dem in der Mittelschicht verbreiteten Ekel vor derber Körperlichkeit, dem Drang zu überhöhender Stilisierung des sexuell Attraktiven, der sich in der Bildersprache, in den sonstigen Themen und Schreibweisen von Magazinen wie *Playboy* und *Penthouse* artikuliere, stehen im *Hustler* „representational techniques of exaggeration and inversion" gegenüber, die sich durch einen aggressiven Affekt gegen alles Gezierte, Vermittelte, Zivilisierte auszeichnen: „*Hustler*'s bodily topography is straight out of Rabelais [...]: fat women, assholes, monstrous and gigantic sexual organs, body odors [...]; and anything that exudes from the body: piss, shit, semen, menstrual blood [...]; and most especially farts: farting in public, farting loudly [...]."[164] Kipnis unterschlägt, daß auch im *Hustler* die in den längeren Photostrecken dargestellten Frauen dem gängigen, auf Schlankheit ausgerichteten Körperideal zu genügen haben; Unterschiede zur erwähnten publizistischen Konkurrenz zeigen sich vornehmlich in einer weniger

---

[163] M. Bachtin, *Rabelais und seine Welt* und *Literatur und Karneval*. Vergleiche die Ausführungen zu Bachtin im Abschnitt über theoriehistorische Referenzen der Cultural Studies.
[164] Kipnis, *(Male) Desire and (Female) Disgust: Reading Hustler*, S. 376.

rigiden Selektion der gezeigten Gesichter, im geringeren Aufwand in der maskenbildnerischen Stilisierung der Körper und Gesichter und im partiellen Verzicht auf Nachahmung solcher Posen, denen durch Aktmalerei und künstlerische erotische Photographie eine gewisse kulturelle Nobilitierung zuteil wurde. Ohne daß dafür klare empirische Evidenzen in Form von Untersuchungen der Leserschaft dieses Magazins vorliegen, rechnet Kipnis die angeführten sexuellen und ästhetischen Vorlieben der Unterschicht zu. Klassenunterschiede erkennt auch Freud in obszönen Witzen: er differenziert zwischen „dem Zotenverkehr beim gemeinen Volke", der nicht den „formellen Ansprüche(n), welche den Witz kennzeichnen", genügt, und der Zote in „feiner gebildeter Gesellschaft", die sich auf raffinierte Anspielungen versteht und sich vielfältiger „Mittel des Wort- und Gedankenwitzes" bedient.[165] Diese Differenzierung macht sich Kipnis zunutze, indem sie den selbstbewußt phallokratischen Charakter der höheren Zote der Ambivalenz in der Darstellung männlicher Sexualität gegenüberstellt, die im *Hustler* deutlich werde. Dort reproduziere sich zwar einerseits auch der gängige Mythos von der stets sexuell interessierten Frau, die sich dem unwiderstehlichen Mann, gemeint ist natürlich der männliche *Hustler*-Leser, hingibt, andererseits sei das Magazin aber „tinged with frustrated desire and rejection: *Hustler* gives vent to a vision of sex in which sex is an arena for failure and humiliation rather than domination and power."[166] Ähnlich zwiespältig und inkohärent ist für Kipnis auch der Kampf des Herausgebers gegen seine verschiedenen Gegner: „antiestablishment politics" durch satirische Photomontagen, die das politische Personal des Weißen Hauses und sonstige Prominente herabsetzen und der Lächerlichkeit preisgeben, was oben am Beispiel der homophoben Äußerung eines Politikers vorgeführt wurde; der Versuch, im Kampf gegen staatliche Zensurmaßnahmen „every loophole in the first amendment" auszunutzen; das Stricken an wilden Verschwörungstheorien; regelmäßige anti-feministische Ausfälle.[167]

Entsprechend fällt auch das Resümee der Autorin nicht eindeutig aus: der *Hustler* sei zwar „counter-hegemonic in its refusal of bourgeois proprieties", doch seine Überschreitung der Normen des Schicklichen stoße an klare Grenzen. Das Magazin sei „often only incoherent and banal where it means to be alarming and confrontational. Its banality can be seen in its politics of race, an area where its refusal of polite speech has little countercultural force."[168] Die Autorin läßt keinen Zweifel am höchst ambivalenten politisch-kulturellen Status des Magazins; den Umkehrschluß von einigen anti-hegemonialen Elementen auf eine progressive, linke Tendenz, der gegenwärtig in den Cultural Studies Konjunktur habe, kann sie im Falle ihres Gegenstandes nicht nachvollziehen: „[...] anti-liberalism, anti-feminism, anti-communism, and anti-progressivism leave little space for envisioning any alternative kind of political organization." Auch die oben durch-

---

[165] Freud, *Der Witz und seine Beziehung zum Unbewußten*, S. 95 und 96.
[166] Kipnis, *(Male) Desire and (Female) Disgust: Reading Hustler*, S. 382 und 383.
[167] Ebd., S. 384-388.
[168] Ebd., S. 388.

geführte exemplarische Lektüre eines *Hustler*-Heftes bestätigt den von Kipnis betonten ambivalenten Charakter der Zeitschrift. Mit ihrer Analyse sieht die Autorin jedoch jene feministische Pornographie-Kritik entkräftet, die sich im Rekurs auf essentialistische Geschlechterdefinitionen über die Unterschiede zwischen klassenspezifischen Geschmäckern hinwegsetze und politisch im Rahmen eines bürgerlichen Reformismus verharre.[169] Ein Vergleich zu der eingangs des Kapitelabschnitts vorgestellten Argumentation von Ross drängt sich auf: dieser hatte sich auf eine theoretische Diskussion der massiven Vorbehalte feministischer Pornographie-Kritikerinnen eingelassen, die Voraussetzungen ihres generalisierenden Verdammungsurteils in Zweifel zog und mit einigen Thesen über den lustvollen Charakter pornographischer Phantasie anreicherte. Kipnis greift bei ihrer Lektüre eines Porno-Magazins theoretische Anregungen auf, die den Schluß von dessen widersprüchlichen inhaltlichen und formalen Merkmalen auf den damit verbundenen Ort in der sozio-kulturellen Hierarchie legitimieren sollen, dem allerdings keine kohärente politische Ausrichtung zuzuschreiben sei.

Spielt bei Kipnis die Anwendung psychoanalytischen Vokabulars nur eine untergeordnete Rolle, da ihre Referenz auf Freud nur dazu dienen sollte, dessen Bemerkungen über soziale und kulturelle Unterschiede der Produktion und Rezeption obszöner Witze für ihre eigenen Zwecke zu gebrauchen, stellt C. Penley in einem Aufsatz,[170] der sich mit pornographischen Fantasy-Geschichten beschäftigt, die der Vorstellungswelt der Fernsehserie und Spielfilme des Science-Fiction Abenteuers „Star Trek" entstammen,[171] tiefenpsychologische Deutungen in einer an Lacan geschulten Lesart in den Mittelpunkt ihrer Bemühungen. Das Personal der „Star Trek"-Fiktion, die bei einem recht großen jungen Publikum Kultstatus genießt, wird von den fast ausschließlich weiblichen Autorinnen spezieller „Star Trek"-Fanzines, die durch Postversand an ihr kleines enthusiastisches Publikum gelangen, nicht nur in neue Geschichten verstrickt, die über die von Fernsehen und Film bereits realisierten hinausgehen, sondern ihre Beziehungen untereinander werden durch sexuelle Momente erweitert. Für Penley ist die Schreibarbeit der jungen Frauen, deren kulturelles Kapital für höhere akademische Laufbahnen zumeist nicht ausreichte - eine auffallend große Gruppe ist der Autorin zufolge in der Krankenpflege beschäftigt -, in doppelter Hinsicht bemerkenswert: Frauen fügten sich durch ihr Schreiben nicht in die immer noch vorherrschende Rolle weiblicher Passivität, und ihr bevorzugter Gegenstand, die sexuelle, phantastisch überhöhte Beziehung zwischen zwei Männern, Captain Kirk und Mr. Spock, bekunde eine starke Abneigung gegen das herrschende Ge-

---

[169] Ebd., S. 388 und 389.
[170] Penley, *Feminism, Psychoanalysis, and the Study of Popular Culture*.
[171] In Deutschland lief und läuft die Fernsehserie unter dem Titel „Raumschiff Enterprise". Einen guten Einblick in das Treiben der Anhänger des Star-Trek-Kults gibt H. Jenkins, *Star Trek Rerun, Reread, Rewritten*, S. 193-196. Seine kenntnisreichen Ausführungen machen deutlich, daß die Verwendung pornographischer Elemente erst relativ spät aufkam und unter den Fans heftige Diskussionen auslöste. Vergleiche auch die monographische Abhandlung des Fan-Kults zu „Star Trek" in Jenkins, *Textual Poachers*.

schlechterverhältnis, in dem Frauen zum Objekt degradiert werden und ihre sexuellen Wünsche sich nicht angemessen artikulieren können. Mit Verweis auf Lacan entwickelt Penley das weibliche Begehren in den Fanzines als komplexes und widersprüchliches Spiel, in dem auf Erfüllung drängende Wünsche nach Befriedigung („satisfaction") und ein sich ständig verschiebendes Begehren („desire"), das nicht zur Ruhe kommt, in intensiver Spannung zueinander stehen. Ihre große Sympathie für das betrachtete Material schränkt die Autorin jedoch etwas ein: nur ansatzweise stellen die fiktiven sexuellen Beziehungen zwischen Männern Bezüge zu den realen Bedingungen homosexuellen Begehrens her; die Autorinnen der Fanzines offenbaren trotz ihrer in vielen Punkten eindeutig feministischen Vorstellungen massive Vorbehalte gegen eine Zuordnung zum Feminismus als politische Bewegung.

Streiten läßt sich über die Brauchbarkeit der psychoanalytischen Interpretationen, die Penley ihrer Fanzine-Analyse zugrunde legt; allzu schüchtern bleiben auch ihre Vorbehalte gegen die Fanzine-Autorinnen, deren Schreiben sie in den Rang einer subversiven Praxis erhebt. Dennoch kommt ihrem Aufsatz das Verdienst zu, informativ und ausführlich ihre Aufmerksamkeit auf eine Schreibpraxis von jungen Frauen gelenkt zu haben, zu der es in subkulturellen Kreisen kein vergleichbares Pendant gibt. Bekanntlich ist die Welt der um Musik zentrierten Zeitschriften und Fanzines immer noch eine von Männern dominierte.

4.8 'Empowerment'

Was Hebdige an spektakulären Subkulturen, Frith und Grossberg für den Fall der subkulturellen und intellektuellen Popmusik-Rezeption, Kipnis mit Blick auf die sozial distinkte Rezeption einer pornographischen Zeitschrift und Penley unter Bezugnahme auf die subkulturelle Produktion pornographischer Science-Fiction-Texte darzulegen sich bemühen, nämlich daß ein ungewöhnlicher, demonstrativer Aneignungsmodus marktförmig verbreiteter Waren unter geeigneten kulturellen Randbedingungen subversive Effekte erzeugen kann, wobei freilich die in den einzelnen Abschnitten explizierten, mehr oder weniger deutlich markierten Einschränkungen dieser Annahme bei den einzelnen Autoren zu berücksichtigen sind, will John Fiske für recht harmlose kulturelle Phänomene reklamieren. Die Anhäufung von Kitschgegenständen in einer Rentnerwohnung, die Plazierung von Plastikrosen auf dem Fernseher einer brasilianischen Familie, die wirtschaftliche Not vom Land in die Stadt getrieben hat, sind für Fiske Gelegenheiten zum Lobpreis der unerschöpflichen Kraft der „popular creativity"[172]: „The social order constrains and oppresses the people, but at the same time offers them resources to

---

[172] „It (popular creativity, R.H.) exists not as an abstract ability as the bourgeois habitus conceives of artistic creativity: it is a creativity of practice, a bricolage. It is a creativity which both produces objects such as quilts, diaries, or furniture arrangements but which is equally if not more productive in the practices of daily life, in the ways of dwelling, of walking, of making do." Fiske, *Cultural Studies and the Culture of Everyday Life*, S. 158.

fight against those constraints. The constraints are, in the first instance, material, economic ones which determine in an oppressive, disempowering way, the limits of the social experience of the poor. Oppression is always economic. Yet the everyday culture of the oppressed takes the signs of that which oppresses them and uses them for its own purposes."[173] Zwar redet Fiske immer wieder vom kapitalistischen und patriarchalen Charakter der westlichen Gesellschaften, jedoch ist eine auch nur halbwegs klare Vorstellung davon, welche politischen Ziele Fiske verfolgt, nicht zu gewinnen, während diese bei Hebdige ihre - wenn auch inkonsistente - marxistische Ausrichtung erkennen ließen. Es drängt sich der Eindruck auf, daß Fiskes Evokation einer politischen Relevanz der von ihm untersuchten Gegenstände schlicht seine Erfüllung jener Erwartung darstellt, die das kunstgerechte Betreiben von Cultural Studies an einen wie auch immer schwammigen linken politischen Überbau gebunden sehen möchte.

Daß durch das von mächtigen Medienkonzernen produzierte und kontrollierte kulturelle Warenangebot nicht schon festgelegt sei, wie sich die einzelnen Konsumenten daraus bedienen, wie sie das symbolische Material in ihre Biographie und in ihre sozialen Kontexte integrieren, darauf verwendet Fiske seinen ganzen wissenschaftlichen Ehrgeiz. Es geht ihm um eine Aufwertung jener massenkulturellen Produkte, die Gegenstand demonstrativer Aneignung durch ihre Konsumenten werden. Dazu paßt, auch wenn im Einzelfall auf Distanz zu Fiskes Intention gegangen wird, daß sich die Analyse der Rezeption von soap operas, besonders ihrer populärsten Ausprägungen in den Serien „Dallas" und „Dynasty", zu einem beliebten Gegenstand in den Cultural Studies entwickelt hat. Untersuchungen werden durchgeführt, die das Rezeptionsverhalten von „Dallas"-Zuschauerinnen unter dem in akademischen Diskursen vernachlässigten Gesichtspunkt des Vergnügens betrachten, einer Größe, die sich nicht einer klaren politischen Zuordnung füge.[174] Traditionellen Analyseverfahren wird nicht zugetraut, subkulturelle, aber auch konventionellere Rezeptionsweisen einer Fernsehserie angemessen zu würdigen: „But from the perspective of a postmodern concept of ideology, the activations of *Dynasty* may be understood in all of their multivalence and ambivalence."[175] Eine bahnbrechende Arbeit zur Analyse der Rezeptionsgewohnheiten einer ausgewählten Gruppe von Leserinnen der Gattung

---

[173] Ebd., S. 157.
[174] I. Ang, *Das Gefühl Dallas*, S. 138 und 160f. Geschlechtsspezifische Wahrnehmungsweisen von soap operas untersuchen auch Seiter, Borchers et al., *'Don't treat us like we're so stupid and naive'*, die dabei auf Überlegungen von Radway, *Reading the Romance*, und von Morley, *Television, Audiences and Cultural Studies*, der dort die von ihm und seinen Mitarbeitern durchgeführten 'audience studies' reflektiert, zurückgreifen; theoretisch und empirisch dürftig bleibt Kreutzner, *Next Time on DYNASTY*. Grundsätzliche Fragen zu diesem Komplex diskutieren Ang, Hermes, *Gender and/in Media Consumption*, und Ang, *Ethnography and radical contextualism in audience studies*.
[175] J. Feuer, *Reading Dynasty*, S. 458. In R. C. Allen, ed., *Channels of Discourse*, diskutieren namhafte Cultural Studies-Intellektuelle Möglichkeiten der Analyse des Mediums Fernsehen, die avancierte theoretische Ansätze bereitzustellen vermögen. Wenig ergiebig sind die in Jurga, *Lindenstraße*, versammelten Beiträge zu dieser trotz ihrer sozialpädagogischen Schlagseite erstaunlich erfolgreichen Serie.

'romance', trivialen Liebesromanen, hat J. Radway vorgelegt. Sie beschließt die Einleitung ihrer vielzitierten Studie mit stärker abwägenden Bemerkungen, die Fiskes Vollmundigkeit nicht teilen: „Asserting that the study's focus on reading as process and event enables us to distinguish analytically between the inchoate desires fueling romance reading and the ideological forms within which those desires are embodied, the conclusion suggests that such an approach helps us to see that although ideology is extraordinarily pervasive and continually determines social life, it does not preclude the possibility of firm though limited resistance. [...] If oppositional impulses or feelings of discontent such as those prompting romance reading can ever be separated from the activity that manages them in favor of the social order, it might be possible to encourage them, to strengthen them, and to channel them in another way so that this very real disappointment might lead to substantial social change."[176] Hingegen erlaubt sich Fiske nach flüchtigen Bemerkungen zu Musikvideos von Madonna und Tina Turner folgende Generalisierung: „Contemporary urban style is empowering to the subordinate for it asserts their right to manipulate the signifiers of the dominant ideology in a way that frees them from that ideological practice and opens them up to subcultural and oppositional uses."[177] Doch auch bei bescheidenen ästhetischen Maßstäben erscheinen die von einigen Cultural Studies-Intellektuellen gefeierten Fan-Kulte um Fernsehserien,[178] Liebesromane und Pop-Stars als recht unerhebliches Phänomen, dem bestenfalls eine gewisse Ambivalenz in ihrem Schwanken zwischen trotziger Überidentifikation und devoter Idealisierung des jeweils Verehrten attestiert werden kann.

Fiskes kritische Abgrenzung richtet sich gegen eine vulgärmarxistische Lesart von Adornos Kulturindustriethese, deren Schwäche umstandslos zum Anlaß für vage Hoffnungen genommen wird. „It (Fernsehen, R.H.) is decentered, diverse, located in the multiplicity of its modes and moments of reception. Television is the plurality of reading practices, the democracy of its pleasures, and it can only be understood in its fragments. It promotes and provokes a network of resistances to its own power whose attempt to homogenize and hegemonize breaks down on the instability and multiplicity of its meanings and pleasures."[179] Auch Jim Collins mobilisiert seine ganze kritische Energie gegen das 'Grand-Hotel'-Bild einer monolithischen Kulturindustrie. So unterschiedlichen Autoren wie Horkheimer/Adorno, Althusser, Jameson, Eagleton, Baudrillard und Lyotard hält Collins vor, daß sie alle, freilich mit unterschiedlichen Akzentuierungen, einem überkommenen Modell kultureller Herrschaft verpflichtet seien: der uniformierende Zwang der herrschenden Kultur mache sich ein folgsames Publikum zurecht, das

---

[176] Radway, *Reading the Romance*, S. 17f.
[177] Fiske, *Television Culture*, S. 253. Ähnliche Vorstellungen durchziehen I. Chambers' Buchpublikationen, die einen starken Akzent auf Popmusik legen: *Urban Rhythms, Popular Culture*.
[178] So macht H. Jenkins, *Textual Poachers*, S. 283, für die von ihm behandelten 'television fans' geltend: „Fandom contains both negative and positive forms of empowerment. Its institutions allow the expression both of what fans are struggling against and what they are struggling for [...]."
[179] Fiske, *Television Culture*, S. 324.

keine Differenz oder Distanz zu diesem symbolischen Universum artikulieren könne. So plausibel Collins' theoretische Widerlegung dieser totalisierenden Konstruktion ist, so wenig überzeugend ist seine überraschend offensiv vorgetragene Identifikation mit postmodernen Tendenzen. Daraus resultiert seine unkritische Apologie einer pluralen Kultur, in der besonders die Vertreter der postmodernen Architektur mit ihren demokratischen Vorstellungen einer „participatory architecture" hervorgehoben werden.[180]

Aus der Annahme, daß die Unterschiede zwischen populärer und offizieller, legitimer Kultur sich abgeschwächt oder - wie Collins suggeriert - gänzlich verflüchtigt haben, entwickelt Fiske ein weiteres Argument, um der populären Kultur das begehrte Prädikat 'empowering' zuschreiben zu können. Der Umstand der formalen Parallelität zwischen Distinktionsstrategien des höheren und avanciert populären Geschmacks, nämlich daß sich beide von Gegenständen abwenden, die massenkulturell verfügbar geworden sind, und dann nach einem Terrain Ausschau halten, das Exklusivität verheißt, hat die Rede vom „'subculture capital'" auf den Plan gerufen. Neben S. Thornton, S. Frith und J. Fiske[181] hat sich A. Ross ausführlich mit dem Thema 'subkulturelle Distinktion' beschäftigt. Er fokussiert seine Aufmerksamkeit auf die Geschichte der schwarzen populären Musik und ihrer Auswirkungen. Der dort herrührende Code hip vs. unhip (square), die substantivische Rede von Hipness gehören mittlerweile zu den Kernbestandteilen des Pop-Diskurses. Damit werden in einem historischen Augenblick bestimmte Musiken, Moden, Haltungen nobilitiert bzw. entwertet, was ein hohes Maß an Wissen, Erfahrung und Fähigkeiten voraussetzt, welches in spezifischen Zirkeln, Szenen und Subkulturen akkumuliert wird. In seinen Überlegungen zum Hip-Diskurs der schwarzen Musiker und Intellektuellen seit den vierziger Jahren macht sich Ross einige Kategorien Bourdieus zunutze: Hipness sei eine Kategorie des „advanced knowledge of the illegitimate". Anspruchsvolle Anforderungen an Spieltechnik und Komposition, zu denen sich die Musiker selbst verpflichteten, sowie die Phraseologie des „jive talk", in der sich eine „contradictory relation of the hipster style to culture capital" manifestiere, leiteten die kulturelle Aufwertung des Jazz ein.[182] Ein Gewinn an kultureller Legitimität geht zumeist mit schwindender Popularität einher; ökonomisch bedeutet das z.B. für avancierte Jazz-Musiker, daß sie nur auf schmale Einkünfte aus minimalen Schallplattenverkäufen, aus Konzerten vor kleinen Auditorien, etwa im Rahmen europäischer Jazz-Festivals, gelegentlich aus einer lukrativen Beschäftigung als angesehene Gastmusiker rechnen können. Über die allgemein gehaltene Funktionsbestimmung hinaus, daß der Hip-Diskurs eine wichtige, aber partielle Bedeutung im Kampf um Werte wie „ethnic self-respect and self-determination" spiele,[183] wäre es interessanter zu

---

[180] J. Collins, *Uncommon Cultures*, S. 132.
[181] Thornton, *Moral Panic, the Media and British Rave Culture*, S. 178f. Frith, *Performing Rites*, S. 9, und J. Fiske, *The Cultural Economy of Fandom*, S. 33, sprechen von einem „popular cultural capital", verbinden damit aber partiell unterschiedliche Bedeutungsgehalte.
[182] A. Ross, *No Respect*, S. 101, 80 und 78f.
[183] A. Ross, *No Respect*, S. 101.

erfahren, welchen Stellenwert dieser Diskurs z.B. im HipHop einnimmt. Zu vermuten ist, daß sich dort ästhetische und politische Dimensionen zunächst überlagern, sich jedoch in der Konsequenz politischer Parteinahmen voneinander lösen, da politische Überzeugungen an Einschätzungen, Meinungen und Ideologien gebunden sind, deren Übernahme sich nicht auf die Entscheidung hip vs. unhip reduzieren läßt. Ohne politischer Arbeit a priori lustfeindliche Züge unterstellen zu wollen, läßt sich doch festhalten, daß sie andere Tugenden als Coolness und das selbstsichere Wissen darüber erfordert, was an der Zeit ist, nämlich die Fähigkeit zu rascher, aber informierter Analyse, die Beharrlichkeit in der Verfolgung hochgesteckter Ziele, den riskanten Einsatz der materiellen, körperlichen Existenz.

Dem zunächst sinnvoll erscheinenden Bestreben, der Distinktion im Feld der legitimen Kultur ein pop- und subkulturelles Pendant an die Seite zu stellen, gerät leicht zur Nebensache, daß beide Strategien, wobei die Frage nach der Bewußtheit eines solchen Tuns vernachlässigt werden kann, in sehr ungleicher Weise zur Reproduktion sozialer und kultureller Ungleichheit beitragen. Hier bohemistische Szenezirkel, die über sehr begrenztes ökonomisches, über mittleres, in seltenen Fällen auch höheres kulturelles Kapital verfügen, dort der Nachwuchs des neuen Bürgertums, der sich anheischig macht, höhere und höchste Positionen in Wirtschaft, Medien, Politik und Wissenschaft zu übernehmen.

4.9 Popmusik in ästhetischer und geschmackssoziologischer Sicht

Zu neueren Tendenzen in den Cultural Studies, wie sie sich in den Arbeiten Fiskes niederschlagen, unterhält Simon Frith ein zwiespältiges Verhältnis: gelegentlich polemisiert er gegen die unheilvollen Wirkungen der „cultural studies industry",[184] die den materiellen Grundlagen der Produktion und Konsumtion von Popmusik kaum Aufmerksamkeit schenke, spielt bewährte Analyseverfahren, die soziologisch-anthropologisch ansetzen, gegen die dort verbreitete, stark selbstbezügliche, auf ungewöhnliche Aneignungsmodi ausgerichtete Interpretation kultureller Artefakte aus, verteidigt populäre Kultur gegen ihre populistischen Freunde in den Cultural Studies,[185] deklariert aber auch seine eigenen wissenschaftlichen Interessen bei einem offiziellen Anlaß als „cultural studies".[186] Frith unterscheidet sich wohltuend von vielen Vertretern der Cultural Studies dadurch, daß er sich in erster Linie für seinen zentralen Gegenstand, nämlich Popmusik in all ihren unterschiedlichen Facetten interessiert, und sich nicht am gängigen Renommieren mit Theorie, der geschickten Plazierung modischer Schlagwörter, der umfänglichen

---

[184] Frith, *Music for Pleasure*, S. 2.
[185] Frith, *The Cultural Study of Popular Music*, S. 178-180, und *The Good, the Bad, and the Indifferent*, S. 103-105.
[186] Gemeint ist Frith' Antrittsvorlesung als „professor of English at Strathclyde University" in Glasgow, Schottland aus dem Jahre 1991: *Literary studies as cultural studies*.

Wiedergabe und umständlichen Applikation begrifflicher Zusammenhänge beteiligt. Seine parallelen Tätigkeiten als Akademiker und Pop-Journalist werden weder zwanghaft zu einem homogenen Ganzen synthetisiert noch als unüberbrückbare Differenz zwischen ernsthafter Argumentation und unverbindlichem Spaß stilisiert. In der Einleitung zu einer Sammlung von journalistischen und akademischen Arbeiten schreibt Frith: „In the 1970s I had thought of myself as using sociological research methods to expose rock fan mythology, while depending on my personal involvement in music as a constant reminder that rock's other sociological observers just *didn't understand*. In the 1980s, as a fan I was amazed by academic theorists' cavalier way with social facts, while as an academic I enjoyed upsetting readers' common sense with wild subjective theory."[187]

In zwei Aufsätzen[188] widmet sich Frith der Frage, wieso die akademische Beschäftigung mit Popmusik eine soziologische Schlagseite aufweise, die es in der Behandlung hochkulturell sanktionierter Musik so nicht gebe.[189] Popmusik erfährt eine wohlwollende Würdigung als konstitutiver Bestandteil abweichender Subkulturen, in neueren Strömungen der Cultural Studies werden ihrer generellen Rezeption, besonders aber ihrer enthusiastischen, identifikatorischen Aufnahme in Fan-Zirkeln Qualitäten wie „empowerment" und „resistance" zugesprochen. Die hochkulturelle Tradition der als klassisch gefeierten Musik seit Mozart und Beethoven sowie ihrer als E-Musik behandelten Nachfolger wird zwar auch musiksoziologisch betrachtet, was jedoch die Möglichkeit und den Sinn einer Einschätzung ihrer jeweiligen ästhetischen Bedeutung, der sich im Konsens und Widerstreit bewertender Geschmacksurteile äußert, nicht als überflüssig erscheinen läßt. Die bekannte Erfahrung eines jeden mit Popmusik vertrauten Hörers, daß zwei Platten, die in ähnlichen Zusammenhängen, unter vergleichbaren ökonomischen und technologischen Bedingungen entstanden sind, dem gleichen musikalischen Idiom folgen, dennoch sehr unterschiedlich bewertet werden können, die eine als gut, die andere als schlecht und umgekehrt oder, um Frith' einschlägigen Aufsatztitel zu variieren,[190] als mittelmäßig oder belanglos empfunden wird. Wie sich Bewertung in der Popmusik vollzieht, welche Kriterien dabei von Hörern zugrunde gelegt werden, will Frith nicht in abstrakter Erörterung der Idee ästhetischer Perfektion klären, sondern gerade durch die soziologische Rekonstruktion der Funktionen, die Popmusik für ihre Hörer erfüllt. Je besser Musik in der alltäglichen Lebenspraxis der Hörer funktioniere, um so höher sei ihr ästhetischer Rang anzusetzen. Wie man sofort erkennen kann, ist auf diese Weise keine objektive Bestimmung ästhetischer Qualität möglich, ein Unterfangen, das schon a priori zum Scheitern verurteilt ist. Musikhören vollzieht sich Frith zufolge nicht

---

[187] Frith, *Music for Pleasure*, S. 2f.
[188] Frith, *Towards an aesthetic of popular music* und *The Good, the Bad, and the Indifferent*.
[189] Dieser Frage widmet sich L. Vogt, *Kunst oder Kitsch: ein 'feiner Unterschied?'*, mit Blick auf populäre Lesestoffe.
[190] Frith, *The Good, the Bad, and the Indifferent*.

ausschließlich in einer kontemplativen, individuellen Rezeption, wobei es sicherlich Unterschiede zwischen dem Hören von Popmusik und von Spielarten der E-Musik gebe. Reduziere sich letzteres nicht auf das Absolvieren eines Pflichtprogramms im Rahmen einer auferlegten oder selbstverordneten musikalischen Bildung, so sei in beiden Fällen eine inhärente Verknüpfung von funktionalen, lebenspraktischen Gesichtspunkten und ästhetischem Vergnügen anzunehmen.

Frith unterscheidet folgende vier Funktionen der Popmusik: 1. Sie ermögliche Identität. In der Option für bestimmte Musiken werde deutlich, wer man in positiver Identifikation sei oder zumindest sein möchte, wer man in negativer Abgrenzung auf keinen Fall sein wolle. 2. Sie vermittle die voneinander abgelösten Sphären diffuser privater Regungen, Wünsche mit allgemein zugänglichen, prägnanten Formen öffentlichen Ausdrucks. Nicht selbstquälerische Introspektion der eigenen Gefühle, sondern die spontane Identifikation mit der Musik und vielleicht nur einer einzigen Zeile eines Liebesliedes gebe befreienden Aufschluß über den eigenen Zustand und daraus folgende Handlungsweisen.[191] 3. Sie diene als Speichermedium lebensgeschichtlicher und kollektiver historischer Erinnerung. Ein Musiktitel evoziere bestimmte Phasen der eigenen Lebensgeschichte; in öffentlichen historischen Retrospektiven nutze man Musik mehr oder weniger schematisch zur sinnlichen Vergegenwärtigung komplexer historischer Zeitabschnitte. 4. Sie fungiere als Besitztitel unterschiedlicher sozialer Gruppen. Frith' Erläuterungen legen nahe, daß es sich dabei um keine weitere Funktion von Popmusik handelt, sondern eher um eine Verfestigung oder gar Erstarrung des oben beschriebenen identifikatorischen, distinktiven Verhältnisses zur Musik.[192] Für das zuletzt beschriebene Verhaltensmuster gibt er ein Beispiel aus der eigenen Praxis als Musikkritiker: „The biggest mail bag I ever received was after I had been critical of Phil Collins. Hundreds of letters arrived (not from teenyboppers or gauche adolescents, but from young professionals) typed neatly on headed notepaper, all based on the assumption that in describing Collins as ugly, Genesis as dull, I was deriding their way of life, undermining their identity."[193]

So unstrittig die Relevanz der drei zuerst genannten Funktionen für die Bewertung spezifischer Musiktitel in unterschiedlichen Publikumsfraktionen auch sein mag, so wenig ist damit jedoch etwas über Qualitäten der Musik selbst gesagt, die das von ihr Verlangte zu leisten vermag. Frith bemüht sich deshalb um eine Beantwortung folgender Frage: „[...] what are the factors in popular music that enable it to fulfill these social functions, which determine whether it does so well or badly?"[194] Die dann angeführten Punkte sind: die Tradition und der Einfluß afro-amerikanischer „forms and conventions" auf die Popmusik des 20. Jahrhunderts; die zentrale Bedeutung der Stimme im Rahmen ihrer sehr allgemeinen

---

[191] Genausogut freilich, was Frith idealisierend unterschlägt, können Pop-Songs ein Hineinsteigern in Gefühle erzeugen oder zumindest verstärken, das ein groteskes Mißverhältnis zur geliebten oder gehaßten Person entstehen läßt.
[192] Frith, *Towards an aesthetic of popular music*, S. 140-144.
[193] Ebd., S. 143f.
[194] Ebd., S. 144.

Bestimmung als „sign of individual personality",[195] die auch „non-vocal music" umfaßt,[196] die Wahrnehmung von Musik nach den Vorgaben spezifischer Genres und Idiome, wobei musikalische Aspekte und ideologische Wirkungen einander durchdringen. Veranschaulichend schreibt Frith: „To understand punk [...] we need to trace within it the interplay of authenticity and artifice; to understand country we need to follow the interplay of authenticity and sentiment."[197] Schließlich sei die Evokation von mehr oder wenig fest codierten Assoziationen, die sich an bestimmte Klänge, Melodien, Instrumente knüpfen, zu berücksichtigen: „Our experience of music in everyday life is not just through the organized pop forms [...]. We live in a much more noisy soundscape; music of all sorts is in a constant play of association with images, places, people, products, moods, and so on. These associations, in commercial and film soundtracks, [...] are so familiar that for much of the time we forget that they are 'accidental'."[198]

Doch auch diese sicherlich partiell nützlichen Auskünfte bleiben merkwürdig abstrakt. Das liegt wohl vor allem daran, daß das ganze Unternehmen einer „aesthetic of popular music" gezwungen ist, einen Ton anzuschlagen, der in der spezifischen Beschaffenheit von Popmusik keine rechte Resonanz findet. Das ästhetische Funktionieren von Popmusik zu einem bestimmten Zeitpunkt läßt sich nur angemessen aus der notwendig subjektiven, interessierten Sicht einer spezifischen Konstellation rekonstruieren, in der eine Vielzahl von Elementen und Dimensionen so miteinander in Beziehung gesetzt werden, daß sich der zwingende Schluß ergibt, in der verhandelten Musik verdichte sich mehr als nur eine mögliche musikalische Kombination. Ohne Zweifel ist Frith' Beharren auf der ästhetischen Dimension in der Rede über Popmusik eine sinnvolle Korrektur ihrer in soziologischen, kulturwissenschaftlichen Zusammenhängen üblichen umstandslosen Verrechnung als Indikator für gesellschaftliche, kulturelle Zustände, Entwicklungen und Widersprüche. Auch gelangt er zu einer Einschätzung des politischen Charakters von Popmusik, die ihrer üblichen Lobpreisung als Ort des Widerstandes oder ihrer reduktionistischen Verdammung als bloßes Geschäft souverän entgeht: „Pop music is not in itself revolutionary or reactionary. It is a source of strong feelings that because they are also socially coded can come up against 'common sense'. For the last thirty years, for example, pop has been a form in which everyday accounts of race and sex have been both confirmed and confused. It may be that, in the end, we want to value most highly that music, popular and serious, which has some sort of collective, disruptive cultural effect."[199] Dennoch

---

[195] Ebd., S. 145.
[196] Ebd., S. 145f. Frith erläutert diese semantische Erweiterung: „The voice, for example, was and is central to the appeal of jazz, not through vocalists as such, but through the way jazz people played and heard musical instruments - Louis Armstrong's or Charlie Parker's instrumental voices were every bit as individual and personal as a pop star's singing voice." (ebd., S. 145f.)
[197] Ebd., S. 147.
[198] Ebd., S. 148.
[199] Ebd., S. 149. J. Street, *Rebel Rock: The Politics of Popular Music*, versammelt einige brauchbare Überlegungen und Beobachtungen zum Thema. Problematisch an Streets Buch ist allerdings das ihm

steht dieser Schluß in einem eigentümlichen Mißverhältnis zu dem bis dahin Ausgeführten, das sich aus dem zweifelhaften Unterfangen ergibt, Ästhetik zu betreiben, anstatt ästhetisch und politisch interessierte Deutungen und Eingriffe zu wagen.

Ein vielversprechenderer Weg, sich der Funktionsweise von Bewertungen in der Popmusik anzunehmen, scheint ihre geschmackssoziologische Kontextualisierung zu sein. Dabei lassen sich zunächst die sehr unterschiedlichen Wertmaßstäbe unterscheiden, die Musiker, Produzenten und Konsumenten jeweils anlegen. Frith rekurriert auf H. Becker, der in einer vorbildlichen Studie über Jazz- und Tanzmusiker Ende der vierziger Jahre in Chicago[200] das Ethos des ständig vor einem Live-Publikum auftretenden Musikers untersucht hat. Musiker sind für Becker in berufssoziologischer Sicht „Angehörige von Dienstleistungsberufen", für die bezeichnend sei, „daß sie den Kunden für unfähig halten, den eigentlichen Wert ihrer Dienstleistung zu beurteilen, und Versuche der anderen Seite, Kontrolle über ihre Arbeit auszuüben, sehr übelnehmen. Die Folge sind Konflikte und Feindseligkeiten; Methoden der Verteidigung gegen Einmischung von außen bilden die Hauptbeschäftigung der Berufsangehörigen, und um diesen Komplex wächst die Subkultur."[201] Als „Jazz" gelte unter den Musikern nicht ein relativ genau zu umreißender musikalischer Stil, sondern Musik, „die ohne Rücksicht auf die Forderungen von Außenstehenden produziert wird. Dennoch müssen die Musiker die unaufhörliche Einmischung von Auftraggebern und Zuhörern in ihr Spiel über sich ergehen lassen. [...] die Notwendigkeit der Wahl zwischen konventionellem Erfolg und den künstlerischen Wertvorstellungen (bildet) für den durchschnittlichen Musiker das quälendste Problem seiner Laufbahn."[202]

Bei einigen Produzenten glaubt Frith das Bestreben ausmachen zu können, ihr schwieriges Geschäft, kommerziellen Erfolg sicherzustellen, in den Rang einer Kunst zu erheben. Schließlich brächten auch die sozio-kulturell sehr unterschiedlich situierten Konsumenten vielfältige normative Gesichtspunkte zur Geltung, wovon die wichtigsten bereits oben in der Abhandlung der sozialen Funktionen von Popmusik angeführt worden sind. Neben den Produzenten vermitteln auch die Kritiker zwischen den divergierenden Maßstäben und Forderungen von Musikern und Publikum.[203] Ihre begrifflichen Mittel schöpften sie dabei aus drei konträren Diskursen: dem der Kunst, der „transcendence" prämiere, dem der Volkstümlichkeit, der Zugehörigkeit in den Mittelpunkt rücke, und dem des Pop, der sich vor-

---

zugrundeliegende Verständnis von Politik und Sozialismus, wobei dieser kurzerhand mit gewerkschaftlicher Organisation identifiziert wird. (ebd., S. 216) Sicherlich ist es sinnvoll, den politischen Gehalt von Popmusik nicht mit den tatsächlichen Überzeugungen der Musiker zu identifizieren. Doch im Gegenzug läßt sich auch nicht aus der Bedeutungsoffenheit der Musik, die ihre ästhetische Irritation wesentlich ausmacht, eine klare politische Stoßrichtung ableiten: „[...] This lack of fixed meaning is precisely where pop's socialism lies." (ebd., S. 221)
[200] Becker, *Außenseiter*, S. 71-108.
[201] Ebd., S. 73f.
[202] Ebd., S. 74.
[203] Frith, *The Good, the Bad, and the Indifferent*, S. 106.

behaltlos in den Dienst der Beförderung von „fun" stelle.204 Damit kommt Frith zu seinem zentralen Argument: „The point to stress about these discourses (and this is where I part company with Becker and Bourdieu) is that they describe neither separate art worlds nor different class attitudes but are, rather, all at play across all cultural practices [...]. Aesthetically, there is no immediate reason to treat popular culture any differently from high culture (which is one reason, to return to Bourdieu, why class cultural rituals are so important: they mark out boundaries of taste that are, in fact, unstable)."205

Frith führt historisches Material an, das belegen soll, wie dem Bürgertum im Zuge des Aufkommens eines Kulturbetriebs, in dem Romane, Schallplatten und Bilder in großen Stückzahlen verbreitet werden, das Demonstrieren sozialer Unterschiede im Medium geschmacklicher Präferenzen nur unter spezifischen institutionellen Vorkehrungen weiter möglich blieb. Den Aufstieg der Massenkultur, die stets vorrangig „middle-class culture, characterized by middle-brow concerns" gewesen sei und heute noch ist, könne man nicht auf Veränderungen in der Arbeiterklasse zurückführen.206 Entscheidende Bedeutung bei der Stabilisierung des kulturellen Gefälles, das durch die massenkulturelle Verfügbarkeit vormals exklusiver kultureller Güter gefährdet werde, komme dem akademischen Betrieb an Universitäten und vergleichbaren Einrichtungen zu. Dort entwickele sich ein Katalog von Anforderungen, mit denen „high culture" scharf der Massenkultur kontrastiert werden könne: „It is the academy, that is - the university, the conservatoire, the art school - that [...] nowadays sustains high culture and guarantees its reproduction: in the master/pupil relationship, in the continuity of knowledge and sense of tradition embodied in the library and gallery and concert hall, in the setting of the standards of creative skill and interpretative expertise. It is the academy that now provides the terms - the meaning - of high cultural experience; it is academic discourse that now shapes the newspaper review, the record sleeve note, the exhibition catalogue [...]."207 Nicht nur habituell, sondern auch institutionell verfügt die akademische Beobachtung von Auseinandersetzungen im kulturellen Feld über eine privilegierte Position: „It is not only our cast-iron constitution that enables academics to consider mass culture dispassionately, but also our institutional position: we're free of the material implications of the art-vs.-market dilemma of writers like Henry James or musicians like the Gang of Four. It is not surprising, then, that high cultural values are by now inextricably entangled with academic practices, rather than with bourgeois consumption as such."208 Die Differenz zwischen hoch und niedrig in kulturellen Belangen dürfe nicht einfach als Ausdruck sozialer, ökonomischer Unterschiede gesehen werden, sondern sei ein allgemeiner Vorgang unter den Bedingungen einer kommerziellen

---

204 Ebd., S. 106f.
205 Ebd., S. 107.
206 Ebd., S. 108.
207 Ebd., S. 110.
208 Ebd., S. 111.

Kultur, der sich „at all 'levels' of cultural expression" durchsetze: „[...] in pop as well as classical music, in sports as well as in cinema. High/low thus describes the emergence of consumer elites or cults, on the one hand (the bohemian *versus* the conformist), and the tension between artists and their audiences [...], on the other (the modernist and avant-gardist against the orthodox and the mainstream)."[209] Die harte Selektion kultureller Produktion entlang der Differenz „high/low" in den höheren Bildungsanstalten bürdet ihrem Nachwuchs, sowohl jenem Teil, der bereits in der Internalisierung der dort gestellten Ansprüche fortgeschritten ist, als auch jenem Teil, der erst noch zu initiieren ist, eine Distanznahme zu schlichteren Vergnügungen auf. Das führt im Musterfalle akademischer Sozialisation zur Herausbildung eines auf asketischen Aristokratismus programmierten Habitus, in dessen Rahmen die Reizqualität des Populären nur noch die Negativfolie erhabener Geschmacksvorlieben abgibt, oder im eher durchschnittlichen Falle einer nur partiellen Inkorporation von Elementen des akademischen Habitus zum Fortexistieren populärer Neigungen als mehr oder weniger schamhaft eingestandener oder tunlichst verheimlichter Schwäche.

Eine weitere Variante, sich mit der Kluft zwischen abgehobener Akademie und banalem, vulgärem Alltag ins Benehmen zu setzen, ist die von Akademikern gehegte romantische Sehnsucht nach ihrer Überwindung. Dabei konnte man auf die gut internalisierten Verfahrensweisen der legitimen Ästhetik zurückgreifen: ästhetische Qualitäten seien kein Wesensmerkmal ontologisch schöner Gegenstände, sondern werden vom reinen Blick, der sich souverän über materiale Eigentümlichkeiten des betrachteten Gegenstandes hinwegsetze, erst hervorgebracht. Unter dieser formalistischen Perspektive gelangten Kino (als Werk avancierter Regisseure), Popmusik (Musiker als Virtuosen und Avantgardisten ihres Feldes), Sport (Fußball als stets unvorhersehbares Geschehen) und andere illegitime Künste zu neuen Ehren. Dazu gehört auch ein weiterer von Frith benannter Weg, mit dem akademische Intellektuelle sich die ersehnte Annäherung an das einfache Volk bahnen: man bemüht sich um eine Aufwertung jener massenkulturellen Produkte, die Gegenstand demonstrativer Aneignung durch ihre Konsumenten werden. Populäre Kultur, ein Feld mit spezifischen Verfahrensweisen und Unterscheidungen, mit kontroversen Themen und Meinungen, habe jedoch populistischen Beistand, dem mitunter ein Moment der Herablassung beigemischt ist, nicht nötig. Frith wendet sich vehement gegen „the popular suggestion [...] that we can somehow equate romance reading and Star Trek viewing, Madonna and metal fans, shoppers and surfers." Auf diese Weise werde die im Konsum populärer Kultur wirksame „aesthetic discrimination" unzulässig außer acht gelassen.[210] Anstatt Subkulturen und Fan-Kulte zur Projektionsfläche für akademische Phantasien zu machen, mahnt Frith zur selbstkritischen Bescheidenheit: Wissen

---

[209] Ebd., S. 109.
[210] Frith, *Performing Rites*, S. 16.

darüber, welche „aesthetic alliances and distinctions"²¹¹ im alltäglichen Konsum hergestellt werden, sei noch kaum vorhanden.

Einen wichtigen Unterschied allerdings, den Bourdieu zwischen akademisch erworbenem kulturellen Kapital und familial weitergegebenem, seit früher Kindheit eingeübtem Unterscheidungsvermögen macht, vernachlässigt Frith. In seinen Korrekturen an Bourdieus Geschmackssoziologie entgeht ihm, daß nicht allein die akademischen Institutionen den Gegensatz von hoher und niedriger Kultur hervorkehren, sondern auch geschmackliche Entscheidungen im alltäglichen Konsum, die akkumuliertes außerschulisches kulturelles Kapital manifestieren. Treten zur Ausstattung mit hohem schulischen und familialem kulturellen Kapital recht ansehnliche Geldmittel hinzu, gewinnt die Unterscheidung zwischen gut, schlecht und belanglos ein Prestige, das unteren und mittleren Schichten in ihrer beschränkten Auswahl versagt bleibt. Mittlerweile bringt sich diese Form des höheren Geschmacks vorrangig in der Aneignung und Demonstration kostspieliger Konsum- und Kulturgüter (Mode, Kunst, Urlaub, Einrichtung, Essen etc.) zur Geltung, deren Auswahl spontan stilsicher oder nach zeitaufwendiger, sorgfältiger Überlegung erfolgt. Werden Gegenstände des höheren Geschmacks massenkulturell verfügbar, dann wendet sich dieser einem bislang noch nicht von den unteren und mittleren Schichten in Beschlag genommenen Terrain zu.²¹²

4.10 Hardcore: materialistische und semiotische Analyse einer Subkultur

Während Frith Prozesse der Rezeption und Bewertung von Popmusik auf ein solides geschmackssoziologisches Fundament zu stellen versucht, um der bei Fiske sichtbar werdenden Gefahr einer Inflationierung dessen zu entgehen, was Anspruch auf die Ehrentitel der 'Ermächtigung' und 'Subversivität' erheben darf, greift die Amerikanerin Susan Willis in einem Text zur Subkultur des Hardcore²¹³ auf Elemente der marxistischen Kritik der politischen Ökonomie und zeichentheoretische Argumente zurück. Ihr methodischer und theoretischer Bezugspunkt ist D. Hebdiges schon hinlänglich dargestellte Arbeit über spektakuläre Subkulturen.²¹⁴ Es werden jedoch deutlich die Grenzen markiert, die der Applikation dieser Untersuchung, die sich am Ende der siebziger Jahre der unterschiedlichen britischen Subkulturen seit Kriegsende annahm, auf amerikanische Verhältnisse der frühen neunziger Jahre entgegenstehen. Zwei Gesichtspunkte in Hebdiges Analyse sind für Willis von besonderem Interesse: seine Verknüpfung zwischen

---

[211] Ebd., S. 112. Als Zeugen, daß es einen alltäglichen Umgang mit Popmusik gibt, der seine Kraft nicht akademischer Projektion verdankt, führt Frith den schon erwähnten ausgezeichneten Roman *The Shoe* von Gordon Legge an.
[212] Zu einem ähnlichen Phänomen in der Popmusik vergleiche im Abschnitt „'Empowerment'" in diesem Kapitel die Angaben, Erläuterungen und kritischen Anmerkungen zu Begriffsbildungen, die sich auf Prozesse der Distinktion in pop- und subkulturellen Kontexten richten.
[213] Willis, *Hardcore: Subculture American Style*.
[214] Hebdige, *Subculture*.

subkulturellen Stilen und sozialen Klassenpositionen und seine Betonung des Warencharakters subkultureller Artikulationen, der die Vereinnahmung und Verflachung zunächst abweichender Stilisierungen, Haltungen und Meinungen besorgt.[215]

Daß es sich bei Hardcore nicht um ein klar umrissenes Phänomen handelt, vielmehr unterschiedliche Fraktionen sich wechselseitig von konkurrierenden Bestrebungen absetzen, die Anspruch auf diesen Titel erheben, gibt die Autorin mit Blick auf die Situation im Süden der USA zu bedenken, die in ihrem Aufsatz im Mittelpunkt steht: „In the South where conflicting youth-style groups often cohabit the same schools and frequent the same malls and clubs, the process of making social distinctions through style requires precise, highly nuanced choices. Complexity is compounded by the fact that the two hardcore groups - skinheads and punks - exist in the larger social context of southern rednecks."[216] Im Unterschied zu vielen anderen Arbeiten der Cultural Studies, die entweder tatsächlich von der ästhetischen Attraktion des Forschenden durch den jeweiligen Gegenstand ihren Ausgang nehmen oder zumindest ihr vornehmlich akademisches Interesse mit einigen Floskeln subjektiven Engagements zu bemänteln versuchen, macht Willis keinen Hehl daraus, daß sie ihre Informationen über Hardcore nicht in mühsamer Feldforschung zusammengetragen hat, sondern ihrer Tochter verdankt, die sich als Hardcore-Fan sieht.

Neben dem kleinformatigen Funktionieren der Subkultur des Hardcore auf lokaler und regionaler Ebene in Clubs, in spezifischen Ritualen körperlicher Interaktion im Publikum und zwischen Band und Publikum bei Konzerten, auf Platten und Kassetten, die in bescheidenen Stückzahlen aufgelegt werden, in Fanzines, im Programm von College-Radiostationen hat sich mit dem großen Erfolg der Gruppe Nirvana seit 1991 eine gegenläufige Entwicklung ergeben: „[...] hardcore breaks into the mainstream media [...]."[217] Doch auch abgesehen von diesen neueren Vermarktungstendenzen, die jugendliche Abgrenzung im Medium der Identifikation mit einem bestimmten Stil und der dazugehörigen Musik zur Eroberung eines neuen Terrains drängt oder aber zumindest Umdefinitionen des mittlerweile Etablierten herausfordert, verweist Willis auf generelle Unterschiede zwischen den sozialen und kulturellen Verhältnissen in den USA und in England, die subkultureller Praxis eine sehr unterschiedliche distinktive Kraft verleihen. Sind für Willis die Verbindungen zwischen britischen Subkulturen und ihrer Klassenherkunft sehr offensichtlich, was allerdings im Hinblick auf Mods und Punks stark einzuschränken ist, so sei es in den USA mit ihrer Feier individualistischen Kon-

---

[215] Willis, *Hardcore: Subculture American Style*, S. 365-367.
[216] Ebd., S. 367. Die Autorin antizipiert, daß zukünftige Forschung wohl weitere Differenzierungen erbrächte: „I suspect that in the case of hardcore culture such research (ethnographischer Natur, R.H.) would yield a great deal of regional variation, regardless of the homogenizing influence of the media and mass-market commodities, because much alternative music culture is locally produced in clubs by bands that do not travel extensively." (ebd., S. 366)
[217] Ebd., S. 367f. und 368.

sums wesentlich schwieriger, in spezifischen Vorlieben für Kleidung, Aussehen und Musik soziale Signifikanz zu erkennen.

In ihrer Betrachtung der amerikanischen Hardcore-Szene leitet Willis von einigen Angaben zu Besonderheiten der Kleidung und Haartracht, die in dieser Subkultur vorherrschend seien, zum zentralen Punkt über: der Frage, welche ökonomischen Voraussetzungen der Teilnahme an subkulturellen Bestrebungen zugrunde liegen. Frisuren werden so gewählt, daß die Anstellung in Tätigkeitsfeldern, die restriktiver Normalität verpflichtet sind, nicht unmöglich werde: „Passing is important for hardcore youths who rely on jobs in sales (often in stores that cater to straight consumers) or in service as babysitters and camp counselors, where getting a job and keeping it depends on how they present themselves to the parents of the children they care for. Along these lines, I might add that one of the most understudied areas of subcultural research is the economic infrastructure that enables teens to participate in subculture."[218] Doch ohne die zukünftigen Resultate weiterer Forschung abwarten zu wollen, bietet Willis schon heute eine ökonomische Erklärung subkultureller Bestrebungen an. Was in Großbritannien der Wohlfahrtsstaat sprießen ließ, vollziehe sich gegenwärtig in den USA in einer „capitalist version": es seien die Löhne des wachsenden „teen labor market", die den subkulturellen Experimenten die nötige materielle Grundlage verschaffen.

Zu dieser tendenziell ökonomistischen Annahme gesellt sich eine weitere, kaum weniger problematische These. Die beliebte Verwendung militärischer Utensilien und das große Interesse an der im Militär verbreiteten Praxis des Tätowierens in subkulturellen Kreisen sei kaum überraschend, suche man doch auf diese Weise sich zu einem symbolisch omnipräsenten Medienthema und zu einem bedeutenden Arbeitgeber in der US-Wirtschaft ins Verhältnis zu setzen. Dabei stehen dann unzweideutige Anhänger des Militärischen, die sich z.T. Hoffnungen auf eine Karriere in den US-Streitkräften machen, wobei Willis besonders auf junge Frauen abhebt, die die Aussicht formeller Gleichheit zwischen Männern und Frauen anzieht, jenen Fraktionen gegenüber, die einen ironischen oder, im Falle der weiblichen Hardcore-Fans, einen femininisierenden Umgang mit militärischen Kleidungsstücken pflegen. Gerade der Umstand, daß auch radikale Gegner des US-Militärs keine Probleme damit haben, militärisch codierte Materialien sich anzueignen, hätte Willis dazu bringen können, eine weniger ökonomisch und medienpolitisch angelegte Deutung des Militärischen zu versuchen. Dabei wäre zu bedenken, daß militärische Zeichen zu Zwecken existentialistischer Dramatisierung, zur Symbolisierung entschlossener Militanz, zur verächtlichen Abgrenzung gegen die banalen Anforderungen des Alltags eingesetzt werden können, wobei dann diese zunächst zweideutige Identifikation meist durch die Herkunft des beliehenen Zeichenmaterials oder weitere Accessoires politisch vereindeutigt wird: Nähe zu anti-imperialistischen Befreiungskämpfen vs. Bereitschaft zu nationalistischer Selbstbehauptung bzw. imperialistischer Aggression.

---

[218] Ebd., S. 369f.

Was die Rolle von Frauen und Mädchen im Hardcore anbelangt, kommt Willis zu einem ganz anderen Ergebnis als die CCCS-Forscherin Angela McRobbie am Ende der siebziger Jahre, die damals zugleich die marginale Rolle von Frauen in Subkulturen hervorgehoben und den Analysen ihrer männlichen Kollegen vorgehalten hatte, durch die Anlage ihrer Studien diesen Zustand zu zementieren.[219] Durch die starke Präsenz junger Frauen im „teen labor market" und ihre Rolle als eigenständige Konsumentinnen, die sie wesentlich weniger an familiale Verpflichtungen bindet, vergrößerte sich auch die Chance, zu den Jungen, was die Teilnahme an subkulturellen Bestrebungen betrifft, weiter aufzuschließen: „My hunch is that as a style (involving dress, language, gestures, body marking, and hair style) hardcore may well be the most feminized subcultural style to date." Allerdings habe sich diese Tendenz zur „feminization of subculture" noch nicht in ihrem ästhetischen Kernbereich durchsetzen können: „hardcore music style is resolutely masculine."[220] Obwohl dieser Tatsache entscheidende Bedeutung zukommt, verleiht Willis ihr letztlich nicht den nötigen Nachdruck. Solange die ästhetisch-ideologische Tagesordnung weiter durch männliche Musiker, Autoren, Journalisten, Produzenten und männlich dominierte Schallplattenfirmen bestimmt wird, was ja bekanntlich gleichermaßen für so unterschiedliche Musikstile und Subkulturen wie Hardcore, HipHop, House und Reggae gilt, auch wenn in dieser Situation immer wieder einzelne Musikerinnen heroische Versuche unternehmen bzw. unternommen haben, Belange und Sichtweisen von Frauen polemisch zu artikulieren, kann von einer grundlegenden Revision der Geschlechterverhältnisse in der Popmusik keine Rede sein.

Mit ihren Überlegungen zum politischen und klassenspezifischen Charakter subkultureller Ausdrucksformen läßt Willis den strukturalistisch-psychoanalytisch inspirierten marxistischen Geist der britischen Cultural Studies der siebziger Jahre wiederaufleben. Subkulturen, ihre Stile und symbolischen Artikulationen als Vorlieben, Meinungen, Abgrenzungen sind Antworten auf Fragen der eigenen

---

[219] A. McRobbie, *Settling Accounts with Subcultures*. Vor allem Hebdiges *Subculture* ist Gegenstand heftiger Kritik: „The signs and codes subverted and reassembled in the 'semiotic guerilla warfare' conducted through style don't really speak to women at all. The attractions of a subculture - its fluidity, the shifts in the minutiae of its styles, the details of its combative bricolage - are offset by an unchanging and exploitative view of women." (ebd., S. 73) In der Folgezeit betätigte sich McRobbie u.a. als Herausgeberin eines vielzitierten Sammelbandes: *Zoot Suits and Second Hand Dresses*, wobei sie einleitend auf Berührungspunkte zwischen Cultural Studies und avanciertem Musikjournalismus aufmerksam macht, auf die weiter oben noch einzugehen sein wird (dies., *Introduction*); dem Bild von Mädchen und jungen Frauen, das populäre Zeitschriften zeichnen, die sich auf diese Zielgruppe einzustellen versuchen, widmet sie sich im wichtigsten Aufsatz des Buches *Feminism and Youth Culture*. Mit diesem Thema beschäftigt sich auch H. Pleasances Aufsatz *Open or closed*.

[220] Willis, *Hardcore: Subculture American Style*, S. 372. Leider schleichen sich auch in Willis' Aufsatz jene typischen Fehler in der Wiedergabe der Namen von Musikgruppen ein, die auf mangelnde Vertrautheit mit dem Gegenstand schließen lassen. Das nimmt jedoch folgender Einschätzung nichts von ihrer sympathischen Entschiedenheit: „Rap, too, is a chant - but more aggressive, assertive, and challenging than hardcore, which to my ear occasionally sounds like a whine." (ebd., S. 373)

sozialen Situation und der der Herkunftsklasse, die sich im Medium des Imaginären, Ideologischen äußern. Die langfristigen ökonomischen Perspektiven vieler Jugendlicher aus den Unter- und Mittelschichten seien niederschmetternd. Die Autorin referiert unterschiedliche Hypothesen darüber, ob die gegenwärtigen Tendenzen eher für die Entstehung einer „*lumpen* class distinct from the traditional working class" sprechen oder aber eine weitere Vergrößerung des „*lumpen* employment pool" anzunehmen sei, die langfristig den Lohnstandard der gesamten Arbeiterklasse verringern werde.[221] Die Entwertung des kulturellen Kapitals, die im Zuge der sozialen Öffnung weiterführender Bildung einsetzte, bringt auch in den USA eine „geprellte Generation" hervor, wie sie Bourdieu schon in den siebziger Jahren für Frankreich konstatiert hatte.[222] Jene Jobs, die in der Schulzeit und während des Studiums für erweiterte Konsummöglichkeiten sorgen, solange man bei den Eltern wohnt bzw. von ihnen finanziell unterstützt wird, bleiben auch in der Zeit danach für eine ständig wachsende Zahl junger Leute das einzige realistische Beschäftigungsfeld.

Sieht man einmal vom politisch-ökonomischen Rahmen ab, den Willis ihrer Zeitdiagnose zugrunde legt, dann scheint jenes Bild durch, das bis vor kurzem im Feuilleton unter dem Stichwort 'Generation X' Konjunktur hatte. Politisch-ideologische Antworten in der Subkultur des Hardcore auf diese Situation gehen, auch wenn damit die Heterogenität der tatsächlich vertretenen Positionen unzulässig unterschlagen werde, tendenziell in zwei Richtungen: eine bei den Skinheads vorherrschende patriotistische, unter den sich als Punks verstehenden Hardcore-Anhängern eine anarchistische Haltung. Im Duktus der oben erwähnten und kritisierten marxistischen Subkulturtheorie verfährt auch Willis mit ihrem Gegenstand: „[...] the divergent politics espoused by skins and punks represent two ideological responses to a common economic condition that cannot be resolved by either response."[223]

An der Elle eines mit starken politischen und ökonomischen Argumenten geführten Klassenkampfes gemessen, der souverän den Bereich des Ideologischen hinter sich läßt, müssen subkulturelle Artikulationen zwangsläufig als defizitär erscheinen. Doch diese Vorstellung wird weder den Verlaufsformen politischer Kämpfe gerecht, die besser anti-essentialistisch als Auseinandersetzung zwischen unterschiedlichen, ideologisch gegensätzlichen Positionen zu verstehen sind, die über stark differierende Publizitätschancen verfügen und auch in sonstiger Hinsicht unter asymmetrischen Bedingungen miteinander konkurrieren,[224] noch ist auf diese Weise eine angemessene Einschätzung des politischen Charakters von

---

[221] Ebd., S. 377f.
[222] Bourdieu, *Die feinen Unterschiede*, S. 241-261. Willis schreibt mit Blick auf die Situation im Schulsystem der USA: „For most teens in public schools the big difference is not between middle- and working-class backgrounds but between public and private education." Willis, *Hardcore*, S. 376.
[223] Ebd., S. 378.
[224] Zur Struktur der massenmedialen Kommunikation in westlichen Demokratien sind weiterhin die im 2. Kapitel dieser Arbeit behandelten Ausführungen von F. Böckelmann, *Theorie der Massenkommunikation*, instruktiv.

Subkulturen zu leisten. Wenn Subkulturen Produkte, Situationen und Stile hervorbringen, die abweichende, lebenssteigernde Vergnügungen, Genüsse, Lebensformen, Haltungen, Meinungen ins Spiel bringen, nihilistisch und destruktiv mit der herrschenden medialen Sinnstiftung und ihren Lebenslügen verfahren, dabei gelegentlich auch den Rahmen des politisch Korrekten sprengend, dann verrichten sie gute Arbeit. Nur in seltenen revolutionären Situationen lassen sich unmittelbarere Verbindungen zwischen kulturellen Symbolen und politischem Kampf herstellen.

Willis' ökonomistische Sicht auf den kulturellen Überbau leistet jedoch eine heilsame Korrektur der neueren Cultural Studies, in denen mittlerweile kulturalistische Tendenzen dominieren. Mit Hebdiges Analyse von Subkulturen, die deren Beitrag zum Kampf zwischen konkurrierenden Diskursen in den Mittelpunkt des Interesses rückte, haben sich generell in der akademischen Beschäftigung mit Kultur die Akzente verschoben: zugunsten der andächtigen Feier ungewöhnlicher Formen der Aneignung symbolischer Materialien, die sich auf eine ausgehöhlte Aneignung der Ideen von M. de Certeau stütze,[225] geraten soziale und ökonomische Voraussetzungen kultureller Tätigkeit in den Hintergrund. In der rhetorischen Zuspitzung ihrer Kritik nehmen Willis' Äußerungen Qualitäten des Pop-Diskurses an: „The problematic of hardcore is the problem of capitalism."[226] Solange sich aber diese und andere Anhänger abweichender Vorlieben und Meinungen mit den Bedingungen des Kapitalismus halbwegs arrangieren, sind auch ihre wissenschaftlichen Beobachter gut beraten, jenen Aspekten der Subkulturen ihre Aufmerksamkeit zu widmen, die nur sehr vermittelt etwas mit Kapitalismus, um so mehr aber mit lustvoller Abgrenzung, störrischer Widerständigkeit zu tun haben: die Problematik der Kapitalismuskritiker ist das Problem der (vertagten) Revolution, dem man sich in Kreisen linker Wissenschaftler und Publizisten meist nicht mit der nötigen Nüchternheit und dem beharrlichen Festhalten an elementaren Einsichten stellt.

---

[225] Willis, *Hardcore*, S. 379f. Den zutreffenden Hinweis, daß viele Autoren im Feld der Cultural Studies über de Certeau, *Kunst des Handelns*, nicht hinauskommen, wendet Willis in ein unhaltbares Lob für dessen zwanghaft auf poetische Evokationen bedachtes Buch: „This is a rich book whose complexities have been overlooked by the majority of de Certeau's disciples [...]." Ebd., S. 380. Kritisch zu de Certeau äußert sich T. Hecken, *Der Reiz des Trivialen*, S. 35-38.

[226] Ebd., S. 381. In *A Primer for Daily Life* übt Willis ausgiebig Kritik der Warenästhetik. Dem sich ständig entziehenden Gebrauchswert jagten die verzweifelten Konsumenten unablässig nach, indem sie sich auf immer neue, wahre Befriedigung jedoch versagende warenästhetische Reize einließen. Man müsse sich zu der schwierigen dialektischen Einsicht vorkämpfen, daß Konsumenten zugleich dem warenästhetischen Schein aufsitzen und gerade darin sich utopische Sehnsucht nach „non-alienated social relations" verberge. Besondere Aufmerksamkeit verdienten auch die weniger vom Warenfetischismus affizierten Stimmen der ganz Jungen, ganz Alten und sonstiger Minderheiten. (ebd., S. 13 und 26) Daß für die meisten Konsumenten weniger der „Mystizismus der Warenwelt" (Marx, *Das Kapital*, S. 90) als vielmehr die Knappheit der verfügbaren Mittel zum Erwerb von Waren bei reichhaltigem Warenangebot einen drängenden Widerspruch darstellt, dessen Glättung allerlei ideologische Bemühungen auf den Plan ruft, unterschlägt Willis.

4.11 Zum affirmativen Charakter der Cultural Studies

Hatten Frith und Willis ihre kritischen Vorbehalte gegen kulturalistische Tendenzen in den Cultural Studies eher beiläufig artikuliert, so mehren sich in den letzten Jahren die Stimmen, die grundsätzliche Einwände gegen einige spezifische Ausprägungen oder gar gegen das gesamte Unternehmen vorbringen. Unterscheiden lassen sich dabei Bedenken, die innerhalb der Cultural Studies vorgetragen werden und auf Stärkung ihrer wissenschaftlichen Aussagekraft sowie ihrer politischen Interventionsfähigkeit zielen, von jenem fundamentalen Zweifel, den Vertreter der etablierten geisteswissenschaftlichen Disziplinen an der kulturellen Dignität ihres Gegenstandes (Bloom) und am politischen Anspruch eines sich explizit interdisziplinär verstehenden Unternehmens (Fish) anmelden.

Der in ersterem Zusammenhang am meisten zitierte Aufsatz[227] beklagt den affirmativen Charakter der neuen Forschungsrichtung. Ähnlich wie Frith halten die Autoren den Vertretern der Cultural Studies vor, daß Aspekte der Produktion von Kultur, ihrer ökonomischen, politischen und technologischen Organisation zugunsten einer ausschließlichen Beschäftigung mit ihrer Konsumtion in den Hintergrund getreten seien. Unbegriffen bleibe dabei, daß von Subjekten, die souveräne Konsumentscheidungen fällen, heute keine Rede mehr sein könne. Konsumenten existierten in der Medienindustrie, der es vor allem darum geht, den Verkauf von „audiences *as* commodities to advertisers"[228] sicherzustellen, vor allem als quantifizierbares, erforschbares Publikum, das sich freilich dennoch partiell dem objektivierenden Zugriff entziehe.[229] In einer wenig hilfreichen Metaphorisierung des Arbeitsbegriffes schreiben Budd et al.: „[...] audiences are spending their 'leisure' time as workers learning to buy and to be bought [...]."[230] Die mangelnde Einsicht in ökonomische Zusammenhänge verhindere, daß in den Cultural Studies zwischen unterschiedlichen Formen der Massenkommunikation differenziert werden kann: zum einen das Fernsehen als Medium, das auf „mass advertising communication" beruhe, zum anderen die Schallplattenindustrie, die „specialized communication" betreibe.[231] Davon ausgehend lasse sich plausibel

---

[227] Budd et al., *The Affirmative Character of Cultural Studies*. Auch Tania Modleski, *Introduction*, S. X-XII, und Angela McRobbie, *New Times in Cultural Studies*, S. 7-10; *Post-Marxism and Cultural Studies*, S. 721f., haben gewichtige Vorbehalte gegen bestimmte Tendenzen in den Cultural Studies vorgetragen. Triftige polemische Kritik entfaltet auch Meaghan Morris in ihrem Aufsatz *Banality in Cultural Studies* (siehe vor allem S. 24-26), der allerdings passagenweise in weitschweifiges Räsonnement abgleitet.
[228] Budd et al., *The Affirmative Character of Cultural Studies*, S. 172.
[229] Der Titel eines Buches von Ien Ang benennt das Unterfangen der Medienindustrie: *Desperately Seeking the Audience*. Die dort angestellten Überlegungen, welche Setzungen und Exklusionen mit der Konstitution der Größe „audience" einhergehen, sind instruktiv, werden aber etwas langatmig dargestellt.
[230] Budd et al., *The Affirmative Character of Cultural Studies*, S. 172. Vergleiche die Ausführungen von Horkheimer, Adorno, *Dialektik der Aufklärung*, S. 123, oben in diesem Kapitel der Arbeit. Die Autoren sprechen vom „Amusement" als „Verlängerung der Arbeit unterm Spätkapitalismus".
[231] Ebd., S. 173.

machen, wieso abweichende Stile und Meinungen in der Popmusik ein geeigneteres Medium fänden, sie jedoch im Fernsehen keine oder nur eine völlig marginalisierte Rolle spielten. Popmusik könne sehr unterschiedliche, damit auch kleine Publikumsfraktionen, die abweichende Vorlieben kultivieren, bedienen, wohingegen das Fernsehen auf ein möglichst breites Publikum angewiesen sei: „Reception of subcultural media is shaped by the subculture systems of making meanings; it is intertextual with subcultural discourses. Meanings generated by encounters with mass advertising [...] tend more to be governed by intertextual relations with dominant cultural discourses precisely because of the limited exposure of most viewers to subcultural frameworks."[232] Doch auch eine Rezeption, die den Vorstellungen der Medienproduzenten mehr oder weniger stark zuwiderlaufe, könne nicht umstandslos als genuin politische Tätigkeit verbucht werden. Ebensowenig sei es zulässig, Abweichungen vom erwünschten Rezeptionsmodus, die an den marginalisierten Rändern des Publikums ihren Ort haben, als gängige Praxis in allen Publikumsfraktionen zu stilisieren. Der von Cultural Studies-Vertretern viel beschworene Kampf um Bedeutung, in dem Programmanbieter und Konsumenten miteinander ringen, bringe zumeist nur verstreute Effekte hervor, die keine politische Zuspitzung ermöglichen: „If this struggle (über Bedeutungen, R.H.) goes on so often and is equivalent to political behavior, it should manifest itself more often in political behavior."[233]

Mittlerweile gehört jene Kritik an den Cultural Studies, die dieser Forschungsrichtung Defizite in der Berücksichtigung politisch-ökonomischer Zusammenhänge nachzuweisen bemüht ist, zum argumentativen Standardrepertoire neuerer Arbeiten in diesem Feld. In der direkten Konfrontation zwischen polit-ökonomischen Kritikern und maßgeblichen Vertretern der Cultural Studies werden zumeist nur stereotype wechselseitige Vorwürfe ausgetauscht.[234] Die eine Seite fordert die Berücksichtigung der grundlegenden Mechanismen kapitalistischer Gesellschaften auf dem Felde kultureller Auseinandersetzung, reklamiert innerhalb der notorischen Cultural Studies-Trias aus 'class, gender, ethnicity', die zugleich relevante, politisch umstrittene Gegenstandsfelder markiert und An-

---

[232] Ebd., S. 174. Die Autoren erläutern weiter unten: „We do not mean that subcultures have inevitably been critical of the dominant culture. In some cases or in some dimensions the exchange of a subculture for the dominant one may have been progressive. But we suspect that rootedness in a subculture that organizes the lived experience of a community usually provides a firmer basis for the critique of the dominant [...]." (ebd., S. 180)

[233] Ebd., S. 175. Zweifel am politisch-ökonomischen Verstand der Autoren stellen sich jedoch ein, wenn sie den Niedergang des Sozialismus als Resultat der oppositionellen Aktivitäten von religiös und ethnisch geprägten Subkulturen beschreiben: „Notably, the most successful revolutions have so far come where the alternative organizations have been strongest, in Poland and East Germany [...]." (ebd.)

[234] Vergleiche besonders die Debatten zwischen N. Garnham, *Political Economy and Cultural Studies*, und L. Grossberg, *Cultural Studies Vs. Political Economy*; zwischen J. Curran, *The New Revisionism in Mass Communication Research, Media Dialogue: A Reply*, und D. Morley, *Populism, Revisionism and the 'New' Audience Research, Media Dialogue: Reading the Readings of the Readings ...* .

satzpunkte ihrer Erklärung vorschlägt, das besondere Gewicht des ersteren Gesichtspunkts, die andere beharrt auf der relativen Autonomie der genannten Grössen, beschwört die Gefahr ökonomistischer Reduktion herauf, befürchtet die Vernachlässigung der Eigenlogik symbolischer Prozesse. Doch auch mit vorschnellen Vermittlungsversuchen ist solch grundsätzlichem Streit kaum beizukommen.[235] Zunächst einmal ist D. Morley beizupflichten, wenn er darauf hinweist, daß sich nicht-ökonomistische Formen der Beschreibung kultureller Vorgänge und Gebilde mühsam gegen ihre umstandslose polit-ökonomische Ableitung durchzusetzen hatten.[236] Die kritische Wendung gegen Tendenzen einer „romanticization of 'consumer freedoms'" sei nötig, ebenso aber auch der Vorbehalt gegenüber jenen „born again political economist (sic)/sociologists of culture [...] who seize upon some of the wilder examples of 'active audience theory' to discredit retrospectively the whole enterprise of cultural studies [...]."[237] Anstatt sich auf das schwierige, wenig prestigereiche Geschäft der Erklärung des alltäglichen politischen und ökonomischen Funktionierens kapitalistischer Demokratien zu konzentrieren, haben sich marxistisch inspirierte Intellektuelle immer wieder darauf kapriziert, die Bemühungen ihrer linken Kollegen, wichtige Differenzierungen im kulturellen Feld vorzunehmen, als irrelevantes, gar illusionäres, ideologisches Tun zu entlarven. Tatsächlich ist vielen Arbeiten im Feld der Cultural Studies weniger polit-ökonomische Blindheit als eine Überbetonung der politischen Bedeutung der in ihnen jeweils in den Blick genommenen Gegenstände, eine theoretizistische Verbrämung schlichter, aber auch komplizierterer, weiterhin ungeklärter Zusammenhänge vorzuhalten.[238]

Gerade die politischen Prätentionen der Cultural Studies sind in letzter Zeit Gegenstand kritischer Desillusionierung geworden. T. Gitlin konstatiert einen „anti-political populism" in diesem Feld,[239] I. Davies nimmt den politischen Anspruch der Cultural Studies ernst und kommt mit Blick auf zwei große einschlägige Konferenzen[240] zu folgendem ernüchterten Schluß: „[...] in terms of social movement, it is difficult to see this as little more than a meeting of avant-garde intellectuals who read the same books (more or less) and who where all involved

---

[235] Vergleiche z.B. den Versuch von D. Kellner in *Overcoming the Divide*; ähnlich blaß fällt auch das programmatische Credo des Autors in *Toward a Multiperspectival Cultural Studies* aus.
[236] Morley, *Populism, Revisionism and the 'New' Audience Research*, S. 303, schreibt: „[...] all these things that now, it seems, mass communication scholars have 'long recognized' had, in fact, to be fought for inch by inch, and forced on to the agenda by those primarily within the cultural studies tradition, against the background of much wailing and gnashing of teeth, on the part of the political economists."
[237] Morley, *Theoretical Orthodoxies*, S. 137.
[238] Ferguson, Golding, *Cultural Studies and Changing Times*, S. XXii, sprechen von der Konjunktur einer „analysis by metaphor".
[239] Gitlin, *The Anti-political Populism of Cultural Studies*.
[240] Die Vorträge, die auf diesen Veranstaltungen gehalten wurden, sind in den folgenden Bänden dokumentiert: Nelson, Grossberg, eds., *Marxism and the Interpretation of Culture*; Grossberg, Nelson, Treichler, eds., *Cultural Studies*.

in pedagogy and who want to get published."²⁴¹ Dennoch gibt Davies ihre politische Hoffnung nicht auf: „Cultural Studies is not at the top of a pyramid in creating a new academic 'discipline': rather it is a guerilla warfare against all such appropriations."²⁴²

Der bereits erwähnte Gitlin geht in seiner Kritik einen Schritt weiter. Zunächst variiert er sehr anschaulich das bekannte Argument, daß die Beschäftigung mit populärer Kultur mit einigem Recht als linkes Rückzugsgefecht angesichts politischen Mißerfolgs gesehen werden kann: „At least popular culture had vitality, rebelliousness, oppositional spirit - and then, by implication, so could the people who made it popular. If political power was foreclosed, the battlements of culture still remained to be taken! [...] Or perhaps the only reason politics looked unavailing was that the wrong culture was in force."²⁴³ Dann betrachtet Gitlin die bereits oben referierte Vermutung von Ang und Morley, daß der starke sozialdemokratische Einfluß in Kontinentaleuropa und Skandinavien dem Interesse an einem Unternehmen wie den Cultural Studies zuwiderlaufe, unter genau umgekehrtem Vorzeichen. Weil die Linke in den genannten Regionen noch eine ernstzunehmende politische Größe sei, hat sie sich nicht vom klassischen Bildungsbegriff verabschiedet und nicht auf das Terrain der Cultural Studies als „surrogate politics" drängen lassen.²⁴⁴ Schließlich plädiert der Autor für „chastened, realistic cultural studies", die sich überzogenen „political pretensions" entschlagen. „It (cultural studies, R.H.) would not claim to *be* politics." Er redet einer Differenzierung zwischen wissenschaftlicher Beschäftigung mit kulturellen Gegenständen und politischem Engagement in der Alltagspraxis das Wort: in den Cultural Studies könne man dann einiges über Politik, Wirtschaft und Gesellschaft lernen, auch darüber, was im kulturellen Bereich und seiner Erforschung nicht zu erreichen sei. Denn: „If we wish to do politics, let us organize groups, coalitions, demonstrations, lobbies, whatever; let us do politics. Let us not think that our academic work is already that."²⁴⁵

Aus der Perspektive eines traditionellen, vor allem der rhetorischen Tradition verpflichteten Geisteswissenschaftlers, der anders als die bislang behandelte Kritik von außen auf die Ansprüche der Cultural Studies reagiert, kommt St. Fish zu ganz ähnlichen Schlüssen. Ohne daß hier ausführlich auf seine Kritik anti-fundamentalistischer Theoriehoffnung eingegangen werden kann,²⁴⁶ sei vermerkt, daß dieser Stoßrichtung auch Fishs Bedenken hinsichtlich der Cultural Studies folgen. Dort gehe die illusionäre Hoffnung auf politische Wirkung akademischer Ar-

---

²⁴¹ Davies, *Cultural Studies and Beyond*, S. 133. Weiter unten bezeichnet die Autorin die Cultural Studies in Anlehnung an einen bekannten Begriff Baudrillards als „simulacrum of a social movement". (ebd., S. 159)
²⁴² Ebd., S. 170.
²⁴³ Gitlin, *The Anti-political Populism of Cultural Studies*, S. 29.
²⁴⁴ Ebd., S. 34.
²⁴⁵ Ebd., S. 37.
²⁴⁶ Vergleiche dazu Fish, *Doing What Comes Naturally*.

beit[247] typischerweise mit dem Verteufeln von Tendenzen ihrer Institutionalisierung einher,[248] traditionelle Mechanismen der Hierarchiebildung in der Wissenschaft bekommen alternative Konkurrenz,[249] Selbstreflexion werde irrigerweise als Mittel zur kritischen Distanznahme von gesellschaftlichen Praktiken gepriesen.[250] Sowohl übertriebene Hoffnungen als auch Befürchtungen, die sich an das neue Forschungsfeld knüpfen, zerstreut Fish: „[...] cultural studies is not larger or more penetrating than the modes of interrogation it seeks to displace; it is merely different and will bring different - not higher or truer - yields. And while it will bring you to a different place [...], it will not bring you to any fourth dimension, only to the dimension of its own *specialized* practice."[251]

Weniger abgeklärt, in elegisch-apokalyptischem Tonfall beschreibt ein prominenter amerikanischer Literaturwissenschaftler wie H. Bloom die Situation an den Universitäten angesichts vielfältiger neuerer Bestrebungen in den Geisteswissenschaften: „Finding myself surrounded by professors of hip-hop; by clones of Gallic-Germanic theory; by ideologues of gender and of various sexual persuasions; by multiculturalists unlimited, I realize that the Balkanization of literary studies is irreversible."[252] Sein Ideal, die individuelle Lektüre großer Werke, mit ihrer Fähigkeit, „to enlarge a solitary existence", habe keine Zukunft mehr in einem Land, in dem in absehbarer Zeit „'Departments of English' will be renamed departments of 'Cultural Studies'".[253] In seinem verzweifelten Aufbäumen gegen eine Entwicklung, die durch Desinteresse am ästhetischen Wert kultureller Gegenstände, durch den Unwillen, sich der Mühe konzentrierter Lektüre zu unterziehen, geprägt sei, hält er der „cultural left" (Rorty) einen prominenten linken Kulturtheoretiker vor, der allerdings heute auch auf wenig Gehör rechnen könne: „Trotsky urged his fellow Marxists to read Dante, but he would find no welcome in our current universities."[254]

---

[247] Siehe Fish, *Professional Correctness*, S. 97: „[...] there are no regular routes by which the accomplishments of academics in general and literary academics in particular can be transformed into the currency of politics." Das sei nicht unvermeidlich so, doch „the initiative has to come from the other direction, from those who are so situated as to have the power [...] to introduce into their councils news from the world of cultural studies, or feminist theory or reader-response criticism." (ebd.)

[248] Ebd., S. 98, heißt es: „Critics who begin with 'revolutionary' aspirations regularly lament the fact that their efforts have been appropriated - and, to add insult to injury, rewarded - by the very institution they thought to transcend."

[249] Fish schreibt: „The game here is not 'my scholarship is better than yours', but 'my marginalization is greater and more authentic than yours', but the difference is, as Chomsky might say, a notational variant, and at bottom the games are pretty much the same." (ebd., S. 100)

[250] Fish, *Professional Correctness*, S. 107, wendet sich gegen Autoren wie F. Inglis, *Cultural Studies*, die sich über die tatsächlichen Möglichkeiten einer reflexiven Einstellung täuschen und beharrt auf folgender Unterscheidung: „[...] either reflection is the extension of practice and can claim no distance from it or it is itself a practice and has no privileged relationship to, or even any necessary significance for, practices, other than itself."

[251] Fish, *Professional Correctness*, S. 105f.

[252] Bloom, *The Western Canon*, S. 483.

[253] Ebd., S. 484.

[254] Ebd., S. 486.

Blooms kulturkritisches Lamento ist Ausdruck genau jener Haltung, die mit dem Vorantreiben der Cultural Studies seit Hoggart und Williams in den späten fünfziger und frühen sechziger Jahren in ihre Schranken gewiesen werden sollte. Intensives Interesse an einem breiten kulturellen Feld, ohne ästhetische Maßstäbe aufzugeben, konsequente Darlegung der gesellschaftlichen und politischen Voraussetzungen geschmacklicher Vorlieben, ohne sich über die politische Wirkungen dieser Tätigkeit Illusionen zu machen, bleiben, so das Fazit der hier geleisteten Auseinandersetzung mit der Kritik an Ansprüchen, Tendenzen und Auswirkungen der Cultural Studies, unerläßliche Bedingung und wichtiges Ziel solcher Forschung.

4.12 Cultural Studies und avancierter Musikjournalismus

Macht man sich klar, daß scheinbar genuine Einsichten von Cultural Studies-Vertretern über Sensibilitäten in der Popmusik, über unterschiedliche Modi der Aneignung von Produkten populärer Kultur bereits zuvor, freilich nicht immer mit großer intellektueller Brillanz und mit der nötigen theoretisch reflektierten Begriffsschärfe, im Kontext des avancierten Musikjournalismus gewonnen worden sind, dann stellt sich die Frage, worin denn eigentlich die Unterschiede zwischen der intellektuell versierten journalistischen Rede über Popmusik und ihrer akademischen Thematisierung in den Cultural Studies liegen. Der gewichtigste ist zugleich der simpelste: Musikjournalismus ist auf eine Finanzierung der eigenen Tätigkeit auf kleinkapitalistischer Basis, auf eine hinreichend breite Verankerung in subkulturellen Kontexten verwiesen; Cultural Studies hingegen werden an Universitäten und Hochschulen betrieben, was zum einen eine finanzielle Absicherung der Forscher garantiert, zum anderen ihrer Arbeit das intellektuelle Prestige verleiht, das jene Institutionen an der Spitze der Hierarchie innerhalb der offiziellen, legitimen Kultur innehaben.

Während avancierter Musikjournalismus, der in der gegenwärtigen Situation seinen Ort im wesentlichen in der Musikzeitschrift *Spex* und in *testcard. Beiträge zur Popgeschichte* hat, wobei letztere einen starken polemischen Affekt gegen erstere kultiviert, mit Versuchen anderer Zeitschriften konkurriert, die gleichfalls auf das Segment alternativen Musikgeschmacks zielen, sind bislang noch keine ernsthaften Bemühungen zu erkennen, Cultural Studies in das bundesdeutsche Universitätssystem einzuführen.[255] Was sich in England schon in den achtziger Jahren abzeichnete, nämlich daß sich Cultural Studies und avancierter Musikjournalismus aufeinander zu bewegen,[256] hat sich bislang in Deutschland nicht

---

[255] Die Situation in den anglo-amerikanischen Ländern verdeutlicht, daß es für ein Unternehmen wie Cultural Studies darauf ankommt, daß es sich gegen jene Kompetenz zu bewähren hat, die die traditionellen Geisteswissenschaften und die Soziologie für sich erfolgreich zu beanspruchen versuchen und ihnen parallel dazu von wissenschaftspolitischer Seite zugeschrieben wird.
[256] Zur möglichen Konvergenz von Cultural Studies und Musikjournalismus im Essay McRobbie, *Introduction*, S. Xii-XV und XVii.

ergeben.[257] Das Fehlen von akademischen Einrichtungen, an denen Cultural Studies im Stile der anglo-amerikanischen Vorreiter und Vertreter dieses Forschungsfeldes betrieben werden könnten, hat zu einer Situation geführt, in der sich jüngere Intellektuelle, zumeist akademisch sozialisierte Musikjournalisten, die großes Interesse an den Entwicklungen der britischen und amerikanischen Kulturwissenschaften haben, in Anlehnung an deren Duktus daran machen, aktuelle Entwicklungen im Feld populärer Kultur, die zeitdiagnostischer Klärung harren, zu untersuchen.

War es im Band „Volksempfänger" die Gleichzeitigkeit von gewaltsamen rassistischen Anschlägen auf Asylbewerber und Ausländer im gerade wiedervereinigten Deutschland, von Charts-Erfolgen und erstaunlich langer Medienpräsenz jener Rockgruppen, die sich mehr oder weniger offensiv als politisch rechts verorteten, so ist es in „Mainstream der Minderheiten" der Status von Popmusik und Popkultur, der im Hinblick auf neuere ökonomische, politische, gesellschaftliche und kulturelle Entwicklungen diskutiert wird.[258] Die stärker theoretisch angelegten Beiträge dieses Bandes greifen dabei auf das Beschreibungsinstrumentarium von Vertretern der Postfordismus-These, auf einige der späten Arbeiten von Deleuze/Guattari und Foucault sowie auf Adornos Kulturindustriethese zurück. In ihrem einleitenden Beitrag setzen die Herausgeber zu einer Historisierung der letzteren These an: sie gebe zwar eine konsequente und theoretisch triftige Beschreibung der Verhältnisse in einer Disziplinargesellschaft ab, jedoch unter den speziellen Bedingungen einer postfordistischen Ökonomie, die etwa seit den späten fünfziger Jahren allmählich Wirksamkeit erlangten, im Zuge der Heraufkunft einer durch subtile Kontrollmechanismen gesteuerten, hedonistisch geprägten Kulturindustrie könne man sich nur noch bedingt auf die Aussagekraft von Adornos ideologiekritischem Modell verlassen. Was sich tatsächlich seit jenen Tagen verändert hat, in denen Marx seine Analyse des Kapitalismus, Adorno die seines neueren kulturellen Überbaus entwickelt hat, rechtfertigt wohl kaum die vollmundige Verkündigung der Herausbildung oder des Heraufziehens einer neuen Gesellschaftsformation. Die lose Zusammenstellung von Trends, Entwicklungen und Fakten wie Oligopolisierung der Kulturindustrie, ihre beschleunigte Verwertung subkultureller Artikulationen, neue Formen der Freizeit- und Kommunikationsindustrie, Erosion tarifvertraglich geregelter Arbeitsverhältnisse soll zur Evidenz gerinnen, daß nun alles ganz anders sei als früher.[259] Nicht mehr auf

---

[257] Vergleiche aber T. Hecken, *Intellektuelle Film- und Popmusikkritik*.
[258] Vergleiche die Bände *Volksempfänger* (hrsg. v. M. Annas, R. Christoph) und *Mainstream der Minderheiten* (hrsg. v. T. Holert, M. Terkessidis). Letzteren preist P. Cloos, *Jugend als Avantgarde ihrer eigenen Abschaffung*, S. 48, als „eines der wichtigsten, im letzten Jahr im Kontext nicht-institutionalisierter 'Pop- und Jugendkulturforschung' veröffentlichten Bücher". Allzu versöhnlich gerät der Schluß des Autors, wenn er dort eine „fruchtbare Zusammenarbeit" zwischen „nicht-institutionalisierter" und einer „interdisziplinär angelegte(n) institutionalisierten Jugendforschung" postuliert. (ebd., S. 53)
[259] Ähnlich - freilich in einem traditionell soziologischen Duktus - argumentiert Schulze, *Erlebnisgesellschaft*. Ihr Apostrophieren geht mit der Verabschiedung der Einsichten von Marx und Bourdieu

Subkulturen, denen Dissidenz und Rebellion zuzuschreiben wäre, käme es an, sondern auf - so das neue Zauberwort - Repräsentation. Dabei konnte doch im Pop-Diskurs von einer undifferenzierten Anlehnung an subkulturelle Bestrebungen nie die Rede sein, vielmehr ging es dort immer schon vor allem darum, wer was wie unter welchen Bedingungen und mit welchen Effekten artikuliert.

Ausgangspunkt für Diedrich Diederichsens politische Intervention in seinem Buch „Politische Korrekturen"[260] sind nicht unmittelbare Fragen zum ästhetischen Status und politischen Stellenwert von Popmusik, sondern Eigentümlichkeiten einer spezifischen Konjunktur im deutschen feuilletonistischen Diskurs der letzten fünf Jahren: die gereizte Abwehr des ominösen Feindes 'political correctness' (PC), auf dessen Konto - so die gleichermaßen auf rechter wie auf linker Seite zu verortenden Kritiker - unzulässige Moralisierung des Politischen, Zensur, rigide und ridiküle Sprachregelungen und Verhaltenkodizes gingen. In ausführlichen Einlassungen zur Situation in den USA macht der Autor deutlich, daß PC dort tatsächlich ein relevantes Thema war und ist. Vor allem an Bildungsinstitutionen und in der Kunstszene sehen sich die vielfältigen Bestrebungen, Mechanismen der strukturellen Benachteiligung und Diskriminierung von Minderheiten zu beseitigen oder zumindest in ihren Auswirkungen abzuschwächen, der scharfen Gegenwehr konservativer und partiell auch liberaler Kräfte ausgesetzt. Diederichsen stellt zwar eine Deskription der politischen und diskursiven Auseinandersetzungen in den USA und in Deutschland in Aussicht, an die erst zum Schluß hin Gesichtspunkte normativer Politik herangetragen werden sollen, doch seine Darstellung ist von Anfang an polemisch durchsäuert. Weniger dieser Umstand als Diederichsens Fixierung auf seine rechten und linken Gegner sowie seine überzogene Hoffnung darauf, daß es auch in der Bundesrepublik sinnvolle Anknüpfungspunkte für Strategien im Sinne politischer Richtigkeit gäbe,[261] verleihen dem Unterfangen des Autors einen schimärischen Zug: im Bemühen, kulturellen Aussagen und Aktivitäten einen gewichtigen politischen Stellenwert einzuräumen, soll eine Debatte initiiert werden, in der Pop- und Subkultur in ihren avancierteren Ausprägungen einen besonders geeigneten Resonanzraum abgeben könnten, die bislang jedoch nur der Kränkung intellektueller und professoraler Eitelkeit ihre Existenz verdankt.

Die im *Spex*-Umfeld situierten zeitdiagnostischen Bemühungen und kulturpolitischen Interventionen mit ihrem Versuch, anglo-amerikanische Bestrebungen

---

einher; vergleiche dazu Kapitel 2 der vorliegenden Arbeit. Im Bann von Schulzes Verkündigung bewegen sich auch einige Beiträge im Band *Kulturinszenierungen*. Die Autoren reproduzieren in der Beschäftigung mit ihren neuartigen Themen zumeist die vertrauten kultursoziologischen, (tiefen-)hermeneutischen und sozialpsychologischen Interpretationsmuster. Mit der Pointe vieler Cultural Studies-Arbeiten trifft sich allerdings Th. Münch, *'Hit me with your rhythm stick'*, S. 180, wenn er von einem „aktiven Aneignungsprozeß der Mediennutzer" spricht, um die Uniformitätsthese hinsichtlich der Rezeption von Musikprogrammen im Radio einzuschränken. Ähnlich Winter, Eckert, *Mediengeschichte und kulturelle Differenzierung*, S. 150f.
260 Diederichsen, *Politische Korrekturen*.
261 Ausgangspunkt dafür ist eine Gramsci-Rezeption, wie sie oben kritisch behandelt wurde.

einer Identitätspolitik zu belehnen, sind von einem emphatischen Pop-Begriff getragen, der in etwa mit dem zusammenfällt, was oben zur Pop-Sensibilität ausgeführt wurde.[262] Ganz andere Ausgangspunkte lassen die in *testcard. Beiträge zur Popgeschichte* publizierten längeren Texte erkennen: Pop-Avantgardismus, Nachklänge eines subkulturellen Utopismus, akademisches Interesse an einer ideologiekritisch-hermeneutischen Pop-Wissenschaft. Seit September 1995 sind etwa im Halbjahresrhythmus fünf Hefte erschienen, die sich fast durchgängig kenntnisreich einiger mehr oder weniger vernachlässigter Felder der Pop-Historie annehmen, jedoch auch einen freilich wenig aktuellen Rezensionsteil zu gegenwärtigen Plattenveröffentlichungen aufweisen. Während das Heischen nach Hipness, nach Vorsprung im Feld der symbolischen Auseinandersetzungen über Popkultur in *Spex* und in den zitierten Büchern für einen zwar intellektualisierten, jedoch betont anti-akademischen Gestus sorgt, der eine Offenlegung eigener theoriehistorischer Referenzen und des jeweiligen Sozialisationsweges in akademischen Institutionen tunlichst vermeidet,[263] ist *testcard* hingegen darauf bedacht und bekennt sich selbstbewußt dazu, den jeweiligen Themen akademische Sorgfalt angedeihen zu lassen. In Anlehnung an das in den späten siebziger Jahren vom Rowohlt-Verlag inaugurierte *Rock-Session*-Projekt[264] möchten sich die Herausgeber von *testcard* „die Freiheit nehmen, jenseits selbst gesteckter bzw. von den Plattenfirmen gewünschter Hip-Kategorien" ein diverses Feld popmusikalischer Stilrichtungen zu behandeln. Das intensive Interesse an Musik schließe selbstverständlich ein, daß „im Sinne der 'cultural studies' Pop-Phänomene nicht von anderen kulturellen Strömungen und schon gar nicht von den gesellschaftlichen Bedingungen" zu trennen seien.[265] Redakteure wie R. Behrens, M. Büsser und J. Ullmaier sind zumeist Verfasser jener Artikel in *testcard*, die stärker poptheoretisch gehalten sind, sich dabei immer wieder an Positionen abarbeiten, die *Spex* zugeschrieben werden. Dieser Aufgabe hat sich allerdings G. Jacob, der sich bereits zu Beginn der neunziger Jahre mit einigen *Spex*-Autoren in eine Debatte über den politischen Charakter des HipHop verstrickte,[266] mit der größten Nachhaltigkeit verschrieben. In einem Heft ergreift er gleich dreimal die Gelegen-

---

[262] Daß Identitätspolitik und Pop-Bewußtsein offenbar nur eine widersprüchliche Einheit bilden können, zeigt sich an der Auseinandersetzung zwischen *Spex* und R. Goetz, die sich in der *Spex*-Kritik (5/97, S. 63) an seinem gemeinsam mit Westbam veröffentlichten Buch *Mix, Cuts & Scratches*, in Goetz' Artikel im *ZEIT-Magazin*, (Nr. 29, 11. Juli 1997) und schließlich in einem Interview in der Zeitschrift *Texte zur Kunst* (November 1997, 7. Jg., Nr. 28, S. 39-51) dokumentiert. Vergleiche dazu auch T. Holerts Artikel zur Love Parade (*Spex*, 9/97, S. 56f.) und M. Hermes' Rezension zu Goetz' *Rave* (Spex 5/98, S. 52f.).
[263] So geben die biographischen Angaben zu den journalistischen Autoren des Sammelbandes Holert, Terkessidis, Hrsg., *Mainstream der Minderheiten*, keine Auskunft über deren Studienfächer, akademische Abschlüsse und Tätigkeiten.
[264] *Rock-Session 1. Magazin der populären Musik*, hrsg. von J. Gülden und K. Humann, erschien 1977. Es folgten sieben weitere Rock-Session-Bände mit wechselnden Herausgebern bis Mitte der achtziger Jahre.
[265] *testcard*, Nr. 1, September 1995, S. 6 und 6f.
[266] Vergleiche *Spex*, 6/92, S. 78f.; 8/82, S. 60f. u. 62f.; 10/92, S. 78f.; 11/92, S. 28-34.

heit, die alte Gegnerschaft zu pflegen. Trotz der im wesentlichen überzeugenden Argumente Jacobs, die stark auf Bourdieus Einsichten zur Distinktionslogik in kulturellen Feldern rekurrieren, schleicht sich angesichts der Massivität und der unvermeidlichen Redundanz des Vorgetragenen das Gefühl ein, daß, ohne damit einer akademischen Neutralisierung der gegensätzlichen Standpunkte das Wort zu reden, eine differenziertere Auseinandersetzung angezeigt wäre, die auf die in der Linken verbreitete Selbstzerfleischung verzichtet, dabei jedoch nicht bei der dort ebenfalls habitualisierten, noch weniger wünschenswerten konstruktiven Kritik landet.[267]

Neben ihrer Tätigkeit für *testcard* sind die bereits genannten Redakteure auch als Buchautoren hervorgetreten. Der inhaltlich wie stilistisch etwas konturlos geratenen Publikation Büssers, in der Erfahrungen in der Hardcore-Subkultur und Konsequenzen ihrer Auflösung als Ort „eine(r) ganz spezifische(n) Form der Lebenssteigerung" skizziert werden,[268] stehen die theoretisch ambitionierten Versuche Behrens' gegenüber, dessen emsige Publikationstätigkeit vom Ehrgeiz zeugt, zum Adorno einer Theorie der Popmusik zu avancieren.[269] Inhaltlich hat es ihm der Materialbegriff des Meisters angetan, den er nun unablässig als Desiderat eines ernsthaften Aufeinanderbeziehens von sozialen und musikalischen Verhältnissen strapaziert.[270] Stilistisch möchte er es dem großen Vorbild in puncto Irrealis-Konstruktionen gleichtun, doch anstatt auf diese Weise Erkenntnisgewinn zu erzielen, gerät der Autor schon mal ins schlicht Ungrammatikalische.[271] Behrens wendet sich zwar gegen den zeitgenössischen Revisionismus, der von einer Kritik der fortbestehenden kapitalistischen Produktionsverhältnisse Abstand nimmt, doch scheint die vom Autor angemahnte Kritik der Warenlogik, die unter Rekurs auf den Abschnitt zum „Fetischcharakter der Ware" aus Marxens 'Kapital'[272] auf die Unterscheidung von Gebrauchs- und Tauschwert abhebt, für eine Analyse pop- und hochkultureller Ereignisse und Produkte wenig ergiebig. Es kommt nicht so sehr darauf an, einzelne Begriffe und theoretische Prämissen Adornos auf die gegenwärtige Situation zu applizieren, als vielmehr, wie oben bereits herausgestellt wurde, sich seiner Schärfe in der Wahrnehmung der gesellschaftlichen Im-

---

[267] In *testcard*, Nr. 4, Juli 1997, S. 20-29, 210-219, 299-301.
[268] Büsser, ... *if the kids are united.... Von Punk zu Hardcore und zurück*, S. 120. Auch den autobiographisch geprägten Beobachtungen und Einschätzungen, die Büsser in *Sozialambient* (*testcard*, Nr. 5, Dezember 1997, S. 240-244) mitteilt, gebricht es an jener sicherlich schmerzhaften Genauigkeit, die nötig, jedoch vielleicht nur im literarischen Medium zu leisten wäre, um Aufschluß über die gegenwärtige Existenz popkulturell sozialisierter Intellektueller zu erhalten.
[269] Bücher: Behrens, *Pop Kultur Industrie* und *Die Ungleichzeitigkeit des realen Humanismus*. Aufsätze u.a.: ders., *Soziale Verhältnisse - Klangverhältnisse, Das hedonistische Ohr, Auf der Suche nach dem richtigen Leben im falschen, Musik und Werbung*.
[270] Behrens, *Soziale Verhältnisse - Klangverhältnisse*, S. 29. Vergleiche u.a. ders., *Pop Kultur Industrie*, S. 11.
[271] Behrens, *Rezension zu Th. W. Adorno, Hanns Eisler, Komposition für den Film etc.*, in: *testcard*, Nr. 4, Juli 1997, S. 296.
[272] Marx, *Das Kapital*, Bd. 1, S. 85-99.

plikationen der Produktion und Rezeption von hoher und niedriger Kultur anzunähern.

Jener „akademische touch", den *testcard* nicht als Makel einer Befassung mit popkulturellen Gegenständen empfindet,[273] zeigt sich besonders in den Texten Ullmaiers. Seine souveräne Vertrautheit mit den klassischen Avantgardebewegungen, mit jener Pop-Avantgarde, die durch Punk und New Wave möglich oder doch zumindest einem breiteren Publikum zugänglich wird, sind das solide Fundament seiner Aufsätze in *testcard* und seines in Buchform vorliegenden Essays zur „Historisierung und Kanonbildung in der Popmusik".[274] Das dort vorgetragene, argumentativ schlüssige Plädoyer für eine „Pop-Wissenschaft" als „historischer Kulturwissenschaft"[275] leidet etwas am allzu betulichen stilistischen Gestus des Autors und an der wissenschaftstheoretisch recht konservativen Ausrichtung des zukünftigen Forschungsfeldes. Zu Recht wendet sich Ullmaier gegen eine vorschnelle Versöhnung des musikjournalistischen und akademischen Diskurses: „Jeder Versuch, zugleich 'hip' (also vitalistisch) und 'akademisch' (also vitalismusindifferent) zu sein, führt in der Regel zu einer fatalen Kombination der beiderseitigen Nachteile: weder entspricht dem Verlust an Unmittelbarkeit ein Gewinn an Klarheit, noch vermögen die methodischen Lizenzen die Entfernung vom vitalistischen Kern aufzuhalten." Doch sowohl Ullmaiers Auswahl derjenigen, die in den repräsentativen Rang erhoben werden, Vertreter „wirklicher Wissenschaft" zu sein, als auch sein polemischer Seitenhieb gegen jene, die sich „immerfort mit semiotisch-dekonstruktivistischen Schwimmflügeln ins trübe Meer der Beliebigkeit [...] stürzen", die sich „von jeder neuen Woge der Zeitgeistphilosophie alles zuvor einmal Erkannte in paradigmenwechslerischer Manier wieder durcheinanderspülen [...] lassen", geben wenig brauchbare Grundlagen für eine „Pop-Wissenschaft" ab, die sich nicht eine strikt hermeneutische Ausrichtung dekretieren läßt.[276]

Den Gewinn an Detailgenauigkeit, an pophistorischer Konkretion über modische Wellen der Wiederentdeckung vergangener Stile hinaus, den sich *testcard* zugute hält, bezahlt die Zeitschrift mit einem Zug ins verkrampft Seriöse; das unterstreichen gerade die humoristischen Einlagen in der Zeitschrift, denen es an einem Witz gebricht, der dem popkulturellen Gegenstand angemessen wäre. Trotz kritischer Vorbehalte gegenüber den hier genannten Buchpublikationen und Zeitschriften bleibt resümierend festzuhalten, daß angesichts der desolaten Situation der Cultural Studies an bundesdeutschen Universitäten jeglicher Versuch, diesem Mangel abzuhelfen, sich einerseits der anglo-amerikanischen Forschung anzunehmen hat, andererseits an die vielfältigen, partiell fruchtbaren Einsichten, Dis-

---

[273] *testcard*, Nr. 1, September 1995, S. 7.
[274] So der Untertitel von Ullmaiers *Pop Shoot Pop*.
[275] Ullmaier, *Pop Shoot Pop*, S. 101 und 78.
[276] Ebd., S. 76. Zu Ullmaiers Überlegungen bezüglich einer hermeneutischen Begründung der neuen „Pop-Wissenschaft" vergleiche ebd., S. 71, Anm. 2, S. 95 und 100f.

kussionen und Anregungen anknüpfen kann, die die heterogenen Bemühungen im Feld des avancierten Musikjournalismus hervorgebracht haben.

4.13 Fazit

Die bisherigen Ausführungen haben schon die Ambivalenz, die eine genauere Lektüre und Einschätzung von Cultural Studies-Arbeiten evoziert, durchscheinen lassen. Errungenschaften und Schwächen seien dennoch einmal zusammengefaßt. Cultural Studies zeigen ein verstärktes Interesse an populärer Kultur, das die hochkulturelle Einseitigkeit des akademischen Themenspektrums korrigiert, vielfach nicht auf soziologisierende Zeitdiagnostik beschränkt bleibt, sondern ästhetische, geschmackssoziologische, ökonomische und politische Aspekte des Gegenstandes berücksichtigt. Dabei sind sehr unterschiedliche Ansatzpunkte erkennbar: das Interesse an Popkultur, das offensiv Sympathie für seinen Gegenstand erkennen läßt, einerseits, das schwächlich defensive Bemühen, populäre Kultur durch avantgardistisch-formalistische oder populistische Deutungen, die man ihren Produkten angedeihen läßt, aufwerten zu müssen, andererseits. Wenig überraschend für eine Forschungsrichtung, die sich im Feld der Wissenschaft zu etablieren versucht, weisen die Cultural Studies eine gewisse Theorielastigkeit auf; der Rekurs auf theoretische Zusammenhänge nimmt selbstgenügsamen Charakter an, die Beschreibung des jeweiligen Gegenstandes befrachtet diesen mit unverhältnismäßig schweren Bedeutungskomplexen. Vielfach zeigt sich auch ein unkritisches Verhältnis zu jenen postmodernen Annahmen, die das Gewicht sozialer, kultureller und ökonomischer Differenzen in der gegenwärtigen historischen Situation gering veranschlagen. Das wirkt sich auch auf die Vorstellungen aus, die viele Cultural Studies-Arbeiten über den politischen Charakter von Auseinandersetzungen im kulturellen Raum hegen. Die naive Überschätzung kultureller Abweichungen dokumentiert unzureichende politisch-ökonomische und soziologische Kenntnisse über den Reproduktionsmodus kapitalistischer Demokratien.

5. Fanzines

5.1 Zum Stellenwert von Fanzines und zur Begründung der Textauswahl

Punk sorgte ab 1976 für eine folgenreiche Zäsur in der Geschichte der Popmusik. Etwas verspätet hat dieser ästhetisch-stilistische Bruch auch in der BRD nachhaltige Wirkungen entfaltet: seit 1978 werden viele Punk- und Wavebands gegründet, und auch die einschlägigen Medien nehmen sich, wenn auch im Vergleich zur englischen und amerikanischen Musikpresse mit großer Verzögerung, der neuen Entwicklung an. Fanzines (Fanzine steht als Kürzel für Fan-Magazine, im folgenden wird gelegentlich auch die Kurzform Zine/Zines gebraucht) und neue Zeitschriften entstehen; sukzessive verändert sich die Schreibweise über Popmusik in einer Zeitschrift wie *Sounds*.[1] Die Rock-Ideologie, ihr spezifisches Vokabular werden zum Gegenstand polemischer Angriffe, doch Versuche einer ideologischen Überhöhung populärer, kommerziell erfolgversprechender Musik, einer emphatischen Inanspruchnahme des Pop-Begriffs haben sich bis heute immer wieder mit einem hartnäckigen Rock-Traditionalismus auseinanderzusetzen, der in den meisten Musikzeitschriften, in den Rock-Musikressorts der Zeitungen und sonstigen Medien, aber auch in einigen Fanzines, weiterhin als unumstrittene und selbstverständliche Basisideologie fungiert. Zwanghaft versucht man neu aufkommende Stile und Entwicklungen, die mit den aggressiven Mitteln der Werbung sowie journalistischer Aufbereitung dem Publikum nahegebracht werden sollen, zunächst als inauthentische Modeerscheinungen zu verdammen oder später dem Authentizismus des Rock zu subsumieren, auch wenn sich so unterschiedliche innovative musikalische Entwicklungen wie New Wave, HipHop, House und Techno nur mühsam in den Verständnishorizont der Rock-Ideologie einfügen lassen.

Anders als größere Zeitschriften wie *Sounds* und *Spex* wollen und können Fanzines weniger Rücksicht auf sprachlich-intellektuelle Standards und kommerzielle Erwägungen nehmen; bewußt werden dort Vorlieben und Abneigungen einseitig und eigensinnig artikuliert. Der amerikanische Literaturwissenschaftler David E. James betont die weltweite Existenz von Fanzines als Medium subkultureller Selbstverständigung: „An integral part of the subcultural ideological self-reproduction and its most substantial writing, fanzines are an international phenomenon. Some idea of their extensiveness may be gained from *Flipside*'s regular listing of new ones; the current issue give names and addresses for over 150. With their spontaneous, decentralized and anarchic mode of production and

---

[1] Vergleiche dazu die Ausführungen in Kapitel 7 dieser Arbeit.

their constant state of flux, they closely parallel the music production and also echo its various degrees of distance from hegemonic forms, ranging from single issues of only a few pages [...] loosely stapled together (having a clear relation to the xeroxed concert fliers - another populist art form, with whose function they merge) to more regular and substantial productions such as *Flipside* which currently (1988, R.H.) has a press run of 5. 500 [...]."[2]

Die Auswahl der herangezogenen Fanzines richtet sich zunächst einmal nach der wenig erfreulichen Quellenlage. Daher konnten neben privat erworbenen Beständen nur solche Magazine Berücksichtigung finden, die im Zuge archivarischer Bemühungen, die allmählich anlaufen, zugänglich sind. Aus diesem Grunde kann auf die frühe deutschsprachige Fanzineproduktion ab Ende des Jahres 1977 bis 1981, die vergleichsweise schnell auf das Punk-Phänomen in England reagierte, nicht näher eingegangen werden;[3] das verfügbare Quellenmaterial erzwang eine Konzentration auf die Zeit zwischen Mitte der achtziger Jahre und Ende 1994.[4] Aus musikalisch-ästhetischen Gründen bleibt die ziemlich umfangreiche Sektion der Independent- und Wave-Magazine unberücksichtigt: der langweiligen Musik, die dort im Mittelpunkt steht, korrespondiert ein schwerfälliger und biederer Schreibstil. Brückenschläge zwischen Musik und Politik, wie sie im avancierten Pop-Diskurs immer wieder auftauchen, sucht man in Magazinen wie *CHURCH* und *GLASNOST* vergeblich. Auch Fanzines, die sich vornehmlich auf Musik der Abteilungen Ska, Psychobilly, Soul und Ethno kaprizieren, werden im folgenden wegen unzureichender Kenntnis der dort verhandelten Musik ausgeklammert. Sie spielen im übrigen sowohl von ihrer Anzahl als auch ihrer Auflagenstärke keine besondere Rolle im Fanzine-Bereich. Was bleibt dann noch übrig? Eine immer

---

[2] David E. James, *Poetry/Punk/Production*, S. 177. Die angegebene Auflagenhöhe für das Magazin *Flipside* hat sich seitdem im Zuge des wieder erwachten Interesses an Punk vervielfacht. Aus der Innenperspektive der amerikanischen Fanzine-Welt sind Bob Blacks Texte in *Beneath the Underground* geschrieben.

[3] Eine ungefähre Vorstellung von den in dieser Zeit erschienenen Fanzines geben Ott, Skai, *Wir waren Helden für einen Tag*; in anderen Büchern sind Texte aus frühen Punk-Zines in England und der BRD partiell dokumentiert (Hahn/Schindler, *Punk - die zarteste Versuchung ...*, S. 132-158; R. Lindner, *Punk Rock*, S. 76-83) oder werden ausführlich zitiert (Skai, *Punk*, S. 55-67). Die Chance, eine kompakte und gehaltvolle Übersicht über Punk-Zines zu geben, hat T. Lau in seiner partiell informativen Punk-Monographie *Die heiligen Narren* aus dem Jahre 1992 kläglich vergeben. Auf kümmerlichen zwei Seiten widmet er sich dem Thema (ebd., S. 101-103), obwohl er doch als Fanzine-Autor (*ZAP*), der in dieser Funktion fleißig Fanzines rezensiert hat, über breitere Kenntnisse verfügen dürfte. Generell zeichnet sich „Heilige Narren" durch einen um szenegerechte Witzigkeit bemühten, flapsigen sprachlichen Duktus sowie fehlende theoretische Durchdringung des beobachteten Gegenstands aus. Daß dem Buch dennoch eine fast durchgängig wohlwollende bis begeisterte Aufnahme in Musikzeitschriften und Fanzines zuteil wurde, (vergleiche jedoch *Trash*, Nr. 8, S. 42) wirft grelles Licht auf deren stark unterentwickelte Fähigkeit zu kritischer Prüfung solcher Arbeiten, die dem eigenen Lager zugerechnet werden.

[4] Darüber hinaus haben natürlich subjektive politische und ästhetische Motive die Auswahl des Textcorpus gesteuert: rassistische und faschistische Fanzines und Rock-Bands, ihr Stellenwert für die symbolische Reproduktion derjenigen Kreise, die massive Gewalt gegen Ausländer und andere stigmatisierte Minderheiten ausüben oder beklatschen, wären Gegenstand einer eigenen Untersuchung.

noch sehr große Anzahl von Hardcore- und Punkzines, wenige HipHop- und Techno-Magazine und eine Vielzahl von Heften, die sich vielfältigen Interessen und Zwecken widmen. Weiter unten wird eine Unterscheidung zwischen verschiedenen Typen von Fanzines hinsichtlich der von ihnen verwendeten Schreibweisen und verhandelten Inhalte vorgeschlagen. Daß es bei einem um Einzigartigkeit und Unverwechselbarkeit bemühten Medium wie den Fanzines zugegebenermaßen nur eine recht grobe Schematisierung geben kann, der sich viele eigenwillige und um Besonderheit bemühte Fanzines nicht fügen, liegt in der Natur der Sache.

5.2 Zur Entstehung und Machart von Fanzines im Punk

Neuere Bemühungen, sich mit größerer Genauigkeit des Phänomens 'Fanzine' anzunehmen, verweisen auf dessen Anfänge im Kontext der Begeisterung für Science-Fiction-Literatur.[5] Doch die Wurzeln der an vergleichsweise abseitiger Popmusik interessierten gegenwärtigen Fanzine-Szene liegen in der plötzlichen Konjunktur dieses Mediums während des Aufkommens von Punk in England im Jahre 1976. Danny Baker, einer der Herausgeber von *Sniffin' Glue*, dem immer wieder als Musterbeispiel angeführten Fanzine, beschreibt, wie Punk zum lustvollen Widerstand gegen die frühe Vergreisung in proletarisch-kleinbürgerlichen Familienverhältnissen anstachelte: „Working class kids are usually brainwashed into believing in a mythical one day it will be all right. An nice cosy nuclear family, an nice cosy old age. Mindless. I've been told that one day I'll see the error and the waste of my ways and then it will be too late. Too late for what? A government training course? Two up, two down? I ain't gonna be forty and regret, because I know I had nobody to answer to, nobody to satisfy, nobody to call 'sir'. These are the years. We are the Punk Rockers."[6]. Der Provokationswert ihres Aussehens, Verhaltens, ihrer Musik sorgte zeitweilig in der Öffentlichkeit für eine Reaktionsweise, die Vertreter der Cultural Studies mit der Kategorie 'moral panic' zu fassen gesucht haben.[7] Als solche reflektierte man später auch das mediale und politisch-administrative Echo auf die britische Party- und Clubszene;[8] physische,

---

[5] G. Shaw, *Vorwort*, S. 7, und M. Heck, U. Husslein, *Roots of Fan(zine)dom*, S. 7.

[6] D. Baker, *Introduction*, S. 11. Über Bakers Schreibtätigkeit bei der Musikzeitschrift *NEW MUSICAL EXPRESS* ab Frühjahr 1978 berichtet Peter York in seinem scharfsinnigen, witzigen Buch *Style Wars*, S. 37-39, aus dem Jahre 1980. Baker begeht das Sakrileg, ein Disco-Stück zur Single der Woche zu machen, und gibt damit den Startschuß „to work out these little theories about the *really* commercial music", die Musik-Fans und Pop-Intellektuelle in den folgenden Jahren regelmäßig zum „great rock 'n' roll Phoney War" beisteuerten. (ebd., S. 39)

[7] Vergleiche St. Cohen, *Folk Devils and Moral Panics*.

[8] Vergleiche St. Redhead, *The Politics of Ecstasy*; einen ersten brauchbaren Überblick über House und Techno verschaffen St. Cosgrove, *Music is the Key*, und Ch. Hubschmid, *In den Tiefen des Techno*. Detaillierteren Aufschluß über wichtige Strömungen in der Szene und ihre stilistische sowie regionale Vielfalt vermittelt der von Ph. Anz und P. Walder herausgegebene Band *techno* aus dem Jahre 1995. Intellektuell armselig sind Buchpublikationen wie Böpple, Knüfer, *Generation XTC*, und

materielle Wucht erhält die medial inszenierte, voyeuristische Entrüstung durch administrative Maßnahmen und das wenig zimperliche Einschreiten der Exekutivorgane.[9] In der Bundesrepublik haben die Chaos-Tage der Jahre 1994 und 1995 für das Reaktionssyndrom 'moralische Panik' gesorgt.[10]

Im Gefolge der neuartigen, ungewöhnlichen Musik (Konzerte, Platten) und Ästhetik (Kleidung) entstehen, wie Dick Hebdige ausführt, „innovations in other areas which made opposition to dominant definitions possible." Er betont die ungewöhnliche soziale Herkunft derjenigen, die sich nicht länger damit abfinden wollen, daß Boulevardblätter, Musikpresse und andere mediale Organe sich ohne Widerspruch ein Bild von Punk zurechtmachen, das die aufkommende Subkultur auf ihre spektakulären Momente reduziert. Wurden die Underground-Publikationsorgane der sechziger Jahre[11] vornehmlich vom Nachwuchs aus Mittelschichtkreisen hergestellt, so legen nun Jugendliche aus den unteren sozialen Schichten, die die neuartige, ungewöhnliche Öffentlichkeit der Fanzines konstituieren, ihre habituelle Scheu ab, Meinungen, Haß und Freude schriftlich zu artikulieren: „Most notably, there was an attempt, the first by predominantly working-class youth culture, to provide an alternative critical space within the subculture itself to counteract the hostile or at least ideologically inflected coverage which punk was receiving in the media. The existence of an alternative punk press demonstrated that it was not only clothes or music that could be immediately and cheaply produced from the limited ressources at hand. The fanzines (*Sniffin Glue*, *Ripped and Torn* etc.) were journals edited by an individual or a group, consisting of reviews, editorials and interviews with prominent punks, produced on a small scale as cheaply as possible, stapled together and distributed through a small number of sympathetic retail outlets."[12]

Den Schreibstil und den Umgang mit grammatischen und orthographischen Normen in Fanzines beschreibt Hebdige so: „The language in which the various manifestoes were framed was determinedly 'working class' (i.e. it was liberally

---

vor allem Blask, Fuchs-Gamböck, *Techno. Eine Generation in Ekstase*, geraten; auf sensationsheischende Weise versuchen sie von der medialen Präsenz des Themas zu profitieren.

[9] Diesen Zusammenhang ignoriert Sarah Thornton, *Moral Panic, the Media and British Rave Culture*, S. 184, die freilich zu Recht auf den Stellenwert kalkulierter, bewußt provozierter Skandale und öffentlicher Irritationen im Rahmen aggressiver Marketing-Strategien hinweist, wenn sie schreibt: „Cultural studies and sociologies of moral panic have tended to position youth cultures as innocent victims of negative stigmatization. But mass media misunderstanding is often a goal, not just an effect, of youth's cultural pursuits. Moral panic is therefore a form of routinized hype orchestrated by the cultural industries that target that market."

[10] Vergleiche dazu *Virtueller Krawall. Ein Interview zu den Chaos-Tagen '94* in der Zeitschrift *Die Beute - Politik und Verbrechen*, 4/94, S. 15-23.

[11] Vergleiche dazu R. J. Glessing, *The Underground Press in America*, und P. Bushoff, *underground-press*. Im Kontext einer Arbeit über die vielfältigen Spielarten des „New Journalism" gehen E. E. Dennis/W. L. Rivers, *Other Voices*, auch auf seine Ausprägungen in Underground-Publikationen ein.

[12] Beide Zitate D. Hebdige, *Subculture*, S. 111. Vergleiche die Ausführungen zu Hebdige in Kapitel 4 dieser Arbeit.

peppered with swear words) and typing errors and grammatical mistakes, misspellings and jumbled pagination were left uncorrected in the final proof. Those corrections and crossings out that were made before publication were left to be deciphered by the reader. The overwhelming impression was one of urgency and immediacy, of an paper produced in indecent haste, of memos from the front line." Mit der unkonventionellen, phantasievollen Machart der Blätter konnten, so Hebdige, die darin abgedruckten Texte oft nicht mithalten. Aus der sympathisierenden Distanz des Pop-Intellektuellen attestiert er den Fanzines „a strident buttonholing type of prose which, like the music it described, was difficult to 'take in' in any quantity. Occasionally a wittier, more abstract item [...] might creep in. For instance *Sniffin Glue*, the first fanzine and the one which achieved the highest circulation, contained perhaps the single most inspired item of propaganda produced by the subculture - the definite statement of punk's do-it-yourself philosophy - a diagram showing three finger positions on the neck of a guitar over the caption: 'Here's one chord, here's two more, now form your own band'."[13]

Während Hebdige sich der wichtigen Funktion von Fanzines im Rahmen einer neu aufkommenden Subkultur annimmt, beschreibt Frith Fanzines im Zusammenhang eines historischen Abrisses, der die Stationen der journalistischen Betrachtung populärer Musik rekapituliert. In dieser Perspektive sind dann Fanzines all jene Presseorgane, die sich einer vergleichsweise wenig verbreiteten Musik engagiert und parteilich zuwenden: „Die Fanzines sammeln Fakten und Klatsch aus der Rock-Szene weniger für ein Massenpublikum als vielmehr für kleine Kult-Cliquen; und sie können sehr streitsüchtig sein, wenn es um ihre Musik geht. Viele dieser Fanzines sind sogar auf herausfordernde Weise reaktionär [...], aber die wichtigeren, wie *Crawdaddy* in den 60er Jahren und *Sniffing Glue* in den 70ern, sind aggressiv-progressiv. Sie haben eine oppositionelle Einstellung: Sie behaupten, ihre Musik sei besser als die der großen Mehrheit, und sie wollen die Vorstellungen ihrer Leser über die Funktion der Musik *verändern.*" Damit sind allerdings die Ziele und Einsatzorte der unterschiedlichen Texte in Fanzines nur sehr unzureichend charakterisiert. Es geht in den meisten Fanzines zwar vorrangig um Musik und ihren integralen Stellenwert im alltäglichen Leben im Gegensatz zum folgenlosen Musikkonsum der Mainstream-Produkte; darüber hinaus sind aber auch politische Themen, der Zustand der eigenen Szene, mehr oder weniger ästhetisch-literarisch artikulierte Vorlieben, Abneigungen und Selbstinszenierungen zentrale Inhalte von Fanzines. Als Sprachrohr der Parteigänger bestimmter Musikstile sind sie das Resultat der Kluft zwischen den Strategien der großen Plattenindustrie, die Musikzeitschriften zu Marketing-Agenturen degradieren, und den musikalisch-ästhetischen, ideologisch-politischen Interessen kleiner Publikumsfraktionen, die an den Produkten jener wenig Freude haben, sich statt

---

[13] Beide Zitate Hebdige, *Subculture*, S. 111. Hebdige benennt zwei Grundmodelle der Gestaltung von Plattencovern und Fanzines, die aus Punk hervorgegangen sind: „[...] graffiti which was translated into a flowing 'spray can' script, and the ransom note in which individual letters cut up from a variety of sources (newspapers, etc.) in different type faces were pasted together to form an anonymous message." (ebd., S. 111f.)

dessen auf die Suche nach Abweichendem, Ungewöhnlichem, Abseitigem, Seltsamem und Seltenem auch jenseits der engen Grenzen des guten Geschmacks machen. Ein nicht unwesentlicher Teil der Fanzine-Szene unterstützt und propagiert auch den politischen Kampf für die nötigen materiellen Voraussetzungen (u.a. selbstbestimmtes Wohnen in besetzten Häusern, autonome Jugend- und Kulturzentren, Kampf gegen Rassismus, Sexismus und Ausbeutung der Dritten Welt), um sich selbst und allen anderen eine Existenz möglichst frei von Zwängen politisch-ideologischer und ökonomisch-materieller Art zu ermöglichen. Frith erkennt zwar auch die Bedeutung der Fanzines „im ideologischen Bereich", aber bleibt zu sehr auf ästhetische Grundsatzdebatten und die antikommerzielle Stoßrichtung der Fanzines fixiert: „Die Fanzines und ihre Autoren - wobei die wichtigen Kritiker der Massenmusik-Zeitschriften ihren Standpunkt teilen - sind Ausgangspunkt für alle Diskussionen über die Bedeutung der Rockmusik, über das Publikum, über Kunst und Kommerz."[14]

5.3 Zur Abgrenzung zwischen Fanzines und Musikzeitschriften

Die Unterscheidung, was als Fanzine gilt und was schon als Magazin für Musik, Kultur, Popkultur,[15] Politik etc. oder als Musikzeitschrift zu betrachten ist, hängt von der Festlegung bestimmter Kriterien ab (Erscheinungsweise, Auflage, Layout, Schreibstil und Selbstverständnis). Gewöhnlich werden Hefte, die unregelmäßig erscheinen, sich durch ein technisch anspruchsloses Layout, geringe Auflage, wenige oder keine Anzeigen auszeichnen, vorwiegend subjektiv gehaltene Konzertberichte, Interviews und Kritiken zu vergleichsweise unbekannten Bands abseits des Mainstream enthalten, ganz unproblematisch als Fanzines bezeichnet. Zudem präsentieren sich Hefte dieser Art sehr oft selbst als Fanzines, betrachten sich als Teil einer Fanzine-Szene, was durch regelmäßige Besprechung anderer Fanzines, Fanzine-Kooperationen (gemeinsame Organisation von Konzerten; Produktion von Split-Fanzines, wobei zwei Fanzines je zur Hälfte den Inhalt eines Heftes gestalten oder gar eine Fanzine-Compilation, wie sie einige Hamburger Fanzines mit dem Projekt *ZEHN FANZINES IN EINEM TOPF* realisiert haben) und Teilnahme an Fanzine-Treffen etc. dokumentiert wird. Überlagert werden diese Bemühungen immer wieder durch kleinliche Zänkereien zwischen einzelnen Heften, wer denn nun ein echtes Fanzine mache oder wer vielmehr eine kommerziell, layouttechnisch ambitionierte Zeitschrift herstelle, die auch inhaltlich und hinsichtlich der angesprochenen Zielgruppen den Anforderungen an ein Fanzine nicht genüge, sich vielmehr nur als ein solches ausgebe. Streit darüber, ob ein Produkt als Fanzine, (Musik-) Magazin oder Zeitschrift zu charakterisieren ist,

---

[14] Beide Zitate Frith, *Jugendkultur und Rockmusik*, S. 178.
[15] So nun der neuere Untertitel der Zeitschrift *Spex*. Vergleiche das einschlägige Kapitel 7 in der vorliegenden Arbeit.

ergibt sich zumeist bei solchen Heften, die im Laufe ihres Erscheinens zunehmend ihren Inhalt, ihre Erscheinungsweise und ihre Auflage verändern.

Zwei Beispiele sollen verdeutlichen, daß eine pragmatisch brauchbare Kategorisierung nur am jeweiligen Einzelfall zu leisten ist. Die ersten *Spex*-Nummern[16] hatten zwar optisch und inhaltlich eine gewisse Verwandtschaft zu Fanzines, dennoch ist schon früh das Bestreben hin zur Musikzeitschrift erkennbar; so fanden stets Gruppen aus sehr unterschiedlichen Stilrichtungen Berücksichtigung. Vor allem gab es jedoch bei *Spex* keine Berührungsängste mit solchen Musikern, die ein großes Publikum zu erreichen versuchten und sich in den Charts plazierten. Popmusik wurde in *Spex* nicht als unveräußerliches Eigentum einer eingeschworenen Szene oder eines elitären Fanzirkels betrachtet, sondern als Medium, in dem sich ein interessiertes, hedonistisches Publikum mit Musik, Meinungen, Einstellungen, Moden und Lebensweisen auseinandersetzt, woraus sich dann sehr verschiedene persönliche, ästhetisch-kulturelle und ideologisch-politische Folgerungen und Wirkungen ergeben können. Auch die Musikzeitschrift *Sounds* betrachtete *Spex* entweder als Konkurrenz oder als komplementäres Projekt mit etwas anderen Themenschwerpunkten. Entsprechend wird *Spex* weiter oben als Musikzeitschrift abgehandelt.

Das Magazin *ZAP*, das ab Anfang 1993 kurzfristig monatlich zweimal nur im Abonnement, danach für eine kurze Zeit im freien Verkauf gar wöchentlich erschienen ist, dann jedoch wieder bis zum Ende der Zeitschrift im Jahre 1997 zu einer monatlichen Erscheinungsweise zurückkehrte,[17] hatte in den besten Zeiten eine recht beachtliche Auflage. Dem Fanzine-Index aus dem Jahre 1993 zufolge soll sie bei 5.000 Exemplaren liegen,[18] realistisch ist jedoch von 3.000 bis 3.500 verkauften Einheiten auszugehen. Im Vergleich zu den typischen A 5er Fanzines hatte das Magazin vorübergehend, bis zur Entlassung einer entsprechenden Fachkraft, ein ziemlich professionelles Layout. In dieser Phase wurde man nicht mit unsauber kopierten Seiten, unscharfen Fotos, Collagen-Technik konfrontiert, sondern Glanzcover, sauber gedruckte Seiten und Spalten sowie ausgezeichnete Fotoqualität bestimmten das Erscheinungsbild.

Dennoch ist der Fanzine-Charakter von *ZAP* weiter gegeben: trotz der neueren Aufgeschlossenheit für Entwicklungen im HipHop konzentriert man sich immer noch auf Musik aus dem vielfältigen Hardcore-Bereich, ergeht sich regelmäßig in Anmerkungen und Betrachtungen zur Lage der Hardcore-Szene, werden Artikel über Bands von den dazugehörigen Interviews dominiert, Fanzines in jeder Ausgabe besprochen. Die Schreibstile in *ZAP* variieren mit den unterschiedlichen Autoren: zu finden sind treffsichere polemische Beiträge, unspektakulärer musikjournalistischer Standard, gelegentliche moralistische Penetranz und eine manchmal etwas bemühte Witzigkeit. Auch wenn durchaus einige Ge-

---

[16] Vergleiche Kapitel 6 der vorliegenden Arbeit.
[17] Vergleiche dazu die informativen Ausführungen des langjährigen ZAP-Mitarbeiters M. Büsser in dem Aufsatz *Musikmagazine und Fanzines in Deutschland*, S. 30 und 34f.
[18] *Fanzine-Index, 5. Katalog der kompetenten Musikpresse*, Wuppertal 1993.

meinsamkeiten von *Spex* und *ZAP* zu verzeichnen sind, so verzichtet letzteres Magazin doch auf jene pop-intellektuellen Höhenflüge, idiosynkratischen Verschrobenheiten, die für *Spex* typisch sind. Wichtiger als müßige Etikettierungen ist jedoch eine genaue Betrachtung von Inhalt und Schreibweise der unterschiedlichsten Druckerzeugnisse, die sich mit Musik, Politik, Kultur und unendlich vielen anderen Dingen beschäftigen. So wird in ironischer Wendung gegen den kleinlichen Streit darüber, was denn nun ein echtes Fanzine ausmache, schon mal großzügig nur von mehr oder weniger großen Zines geredet: darunter läßt sich dann alles vom A 5er Punk-Zine bis hin zu *Tempo*, *Spiegel* und *Bild* fassen.

Um Spaß an einer solchen Entdifferenzierung zu haben, muß man zunächst doch jene Elemente kennen, die ein schlecht zugängliches, weithin ziemlich unbekanntes Medium wie Fanzines ausmachen, es schon beim Durchblättern und bei flüchtiger Lektüre von Zeitschriften anderen Typs wie Musikzeitschriften, Lifestyle-Magazinen und politischen Zeitschriften unterscheidet. Dabei sind nicht Wesensbestimmungen zu erwarten, die Antwort auf die Frage geben, was ein wahres Fanzine sei, sondern vielmehr eine Kennzeichnung von Tendenzen, die den Differenzcharakter von Fanzines akzentuieren sollen. Da wäre zunächst einmal das unprofessionelle Layout, die bewußte oder unfreiwillige unübersichtlich-verwirrende Anordnung der Beiträge, welche sich aus dem Verzicht auf Seitenzahlen, aus der Montage unterschiedlichster Materialien (von den schon erwähnten Zeitungsschnipseln über Comics bis hin zu eigenen Photos) ergibt. Ungewöhnliche Formate (zwischen DIN A 5 und DIN A 3) und ein gelegentlich recht schmaler Umfang sind weitere Spezifika von Fanzines. Obwohl Fanzines zumeist nur eine geringe Auflage haben und unregelmäßig erscheinen (Kleinstauflagen von 50-100 Stück bei willkürlicher oder bestenfalls zweimonatlicher oder halbjährlicher Erscheinungsweise), erreicht ein Magazin wie *ZAP* eine 3.000er-Auflage pro Monat. Weniger offensichtlich, aber von großer Bedeutung für die Lebensdauer und den Stellenwert von Fanzines auf dem allgemeinen Zeitschriftenmarkt ist ihre problematische und höchst unsichere finanzielle Situation; sie ist wohl der Hauptgrund für die hohe Fluktuation vieler Fanzines und in nicht unerheblichem Maße dafür verantwortlich, daß sie unregelmäßig und in zeitlich grossen Abständen erscheinen. Auch hier gibt es freilich große Unterschiede: von Fanzines im Eigenvertrieb ohne Anzeigen über Hefte, die über verschiedene kleine Vertriebe verbreitet werden, bis hin zum einigermaßen problemlos erhältlichen *ZAP* mit Anzeigen aus dem Independent-Bereich (Vertriebe, Plattenfirmen, Veranstalter) und eigenem Merchandising. Nicht zu unterschätzen ist freilich das subjektive Verhältnis der Autoren und Herausgeber der Magazine zu ihrer Tätigkeit. Schwächt sich die ursprüngliche Begeisterung für einen Musikstil, die Zugehörigkeit zu einer Szene ab, sinkt entsprechend die Motivation, die Arbeit am eigenen oder gemeinsam mit Gleichgesinnten gestalteten Zine fortzusetzen. Diesem Vorhaben abträglich sind natürlich auch das Älterwerden der einst treibenden Kräfte, ihr mehr oder weniger objektiv erzwungener Zeitmangel.

Die Finanzierung der Fanzines ist aus ganz verschiedenen Gründen schwierig: naturgemäß bei solchen Heften, die bewußt auf Anzeigen verzichten; viele Fanzines verfolgen eine sehr selektive Anzeigenpolitik, was bedeutet, daß beworbene Musiken und Veranstaltungen etc. den mehr oder weniger scharf definierten Standards politischer Korrektheit genügen müssen, vor allem sich nicht der Beförderung faschistischer, rassistischer und sexistischer Bestrebungen schuldig machen dürfen. Solange der in den Fanzines behandelten Musik von den Anzeigenkunden kleinerer und größerer Plattenfirmen wenig Marktpotential zugetraut wurde, ergaben sich große Schwierigkeiten bei der Anzeigenakquisition aufgrund der mangelnden Attraktivität des auflagenschwachen Mediums Fanzine, das zudem den Anzeigenkunden kein besonders zahlungskräftiges Publikum anzubieten hatte. Doch mit dem kommerziellen Erfolg von Hardcore-Gruppen wie Nirvana zu Beginn der neunziger Jahre hat sich die Situation geändert.[19] Punk und Hardcore haben ein relativ breites Publikum gefunden, das gerade im vergleichsweise abseitigen Medium Fanzine jene Gruppen und Musiker vermutet, die zurecht Authentizität für sich in Anspruch nehmen. Das haben auch die Anzeigenkunden registriert, wobei bevorzugt in solchen Fanzines inseriert wird, die eine kontinuierliche, regelmäßige Erscheinungsweise in Aussicht stellen. Das bereits an anderer Stelle in dieser Arbeit zum neueren symbiotischen Verhältnis zwischen Musikindustrie und Independent-Labels Ausgeführte wirkt sich auch auf das Medium Fanzine aus, das seit Punk als publizistisches Pendant der kleineren Plattenfirmen betrachtet werden kann. Ist die Erwähnung in Fanzines Voraussetzung für weitergehenden kommerziellen Erfolg, dann sind kleinere und größere Anzeigenkunden gut beraten, ihre Produkte genau dort mit dem nötigen Nachdruck zu präsentieren.

Wie schon von Hebdige erwähnt, werden Rechtschreibregeln in Fanzines bewußt oder unbewußt mißachtet: Antigrammatikalität entweder als Subversion gegen jene Konventionen, die durch die staatliche Zwangsanstalt Schule vorgegeben werden, oder als Produkt der demonstrativen Unlust, mühsam Korrektur zu lesen, für ein als überflüssig erachtetes Ziel Zeit zu verschwenden. Sprachliche Idiosynkrasien, Neologismen und eine eigenwillige Syntax sind zwar häufig in Fanzines anzutreffen, jedoch kein Spezifikum dieses Zeitschriftentyps, da ähnliches auch für *Sounds* und *Spex* gilt. Das Layout vieler Fanzines gemahnt den unvertrauten Leser an Schüler- und Fachschaftszeitungen, wobei sich seit Einzug des PC's auch in Fanzine-Redaktionen zumindest einige Hefte professioneller, zeitschriftenähnlicher präsentieren.[20] Ein genauerer Blick in Fanzines belehrt je-

---

[19] J. Moabit, *Hardcore- und Punk-Fanzines*, S. 127, spricht davon, daß „der breitenwirksame Massen-Crossover der letzten Jahre diese Musikrichtung (Hardcore, R.H.) nicht nur ausverkauft, sondern die Szene zum Teil auch aufgeweicht und gespalten hat. 'Raus aus dem Ghetto!', sagen die einen, die meinen, daß HC (Hardcore, R.H.) durchaus diskurswürdig ist und einer etwas größeren, potentiell korrekten Öffentlichkeit nicht vorenthalten werden sollte. 'Nicht mitmachen und nicht vereinnahmen lassen!', sagen die anderen, die die Gefahr sehen, durch eine unvorsichtige Öffnung ihren überschaubaren Untergrund zu verlieren, von dem aus sie frei operieren können. Auf jeden Fall bieten HC-Fanzines ein Forum für eine in breiten Kreisen (noch) unbekannte Musik, für laute und zornige Bands, die den Kontakt zum Publikum nicht verloren haben."
[20] D.E. James, *Poetry/Punk/Production*, S. 171, verweist auf das Changieren amerikanischer Fanzines der späten achtziger Jahre zwischen Professionalisierung und Treue zu ästhetischen Grundprin-

doch darüber, daß das spezifische Layout sowie die unstete Erscheinungsweise von Fanzines nicht nur dem Mangel an finanziellen und technischen Möglichkeiten geschuldet sind, sondern vielfach auch aus bewußten ästhetisch-ideologischen Grundsatzentscheidungen resultieren: eine regelmäßige, häufige Erscheinungsweise widerspricht dem Lustprinzip der Macher; große Auflagen sorgen für einen heterogenen Leserkreis, bei dem nicht mehr ohne weiteres auf subkulturelle Vorverständigung und Selbstverständlichkeiten gerechnet werden kann, und eine technische Innovation wie der PC wird von vielen Fanzine-Leuten abgelehnt oder ignoriert, weil damit nicht die gewünschte ästhetische Gestaltung in Anlehnung an die legendären englischen Punk-Fanzines erreicht werden kann.

Im Gegensatz zur komplexen und anspruchsvollen Syntax und Semantik in *Sounds* und *Spex*, die in Teilen ihrer Leserschaft regelmäßig Unverständlichkeitsvorwürfe provoziert, tendieren viele Fanzines zu einfachem Satzbau mit knappen Sätzen und zu einer schlichten, aber für die jeweiligen Zwecke zumeist recht effektiven Semantik.[21] Zur Bewertung von Platten, die einem der Leserschaft vertrauten musikalischen Idiom zuzurechnen sind, gebraucht man schmucklos-unprätentiöse Adjektive, die nicht darauf angelegt sind, ungewöhnliche und kunstvolle Bezüge und Zusammenhänge herzustellen.

5.4 Versuch einer Typologie der neueren Fanzine-Produktion

Eine sinnvolle Typologisierung der großen Zahl unterschiedlicher Fanzines läßt sich vornehmen, wenn man sich ihre musikalische Ausrichtung (Vorlieben für Stile wie u.a. Hardcore, Punk, Techno, HipHop), ihre politisch-ideologische Ausrichtung und ihre jeweilige Vorstellung davon, was neben dem Hören der jeweiligen Lieblingsmusiken Freude und Vergnügen bereitet, genauer vor Augen führt. Auf diese Weise lassen sich vier Typen herauskristallisieren:

a) Fanzines mit einer starken Ausrichtung am jeweils favorisierten musikalischen Idiom (u.a. Hardcore, HipHop, Techno), wobei Magazine, die sich unpolitisch gerieren, von solchen unterschieden werden können, die vorsichtig politisch orientiert sind. Beide Varianten teilen jedoch ein mehr oder weniger kokett vorgetragenes Interesse an exzessiven körperlich-sexuellen Erfahrungen und Vergnügungen.

---

zipien: „Those fanzines with a relatively large circulation are able to support offset printing; *Flipside* goes as far as a glossy two-color cover, but otherwise retains the newsprint and bad typing that the overall aesthetic demands."

[21] Vergleiche auch A. Herth, *Sprachliche Analyse von Fanzines*. In ihrem „Fazit", ebd., S. 203, schreibt die Autorin: „Dieser Jargon (in den Fanzines, R.H.) setzt sich im lexikalischen Bereich zusammen aus Anglizismen, Füll- und Modewörtern, szenebedingten Ad-hoc-Wortbildungen und lautmalerischen Wörtern aus dem Comicbereich." Neben der Mißachtung grammatischer Regeln seien in den Fanzines „spontan-sprachlich elliptische Formulierungen" und „ein paratatischer Stil festzustellen".

b) Fanzines mit dezidiert politischer Ausrichtung wie z.B. *BULLENPEST, ALL FOR NOISE* und *TRUST*, die sich mehr oder weniger stark mit den anarchistisch-libertären Vorstellungen und der Politik autonomer Gruppen (militante Aktionen gegen Tierversuche, radikaler Vegetarismus, gewaltbereiter Antifaschismus) identifizieren und musikalisch den vielfältigen Strömungen des Hardcore oder klassischem und aktualisiertem Punk verpflichtet sind. In *ZAP* vollzog sich eine stärkere Politisierung, die sich in ausführlichen Artikeln zu politischen Themen ausdrückt, erst im Zuge der vehementen rechten Tendenzen seit 1990/91. Die Vertreter dieses Fanzinetyps unterscheiden sich in meist jüngere Anhänger, die bestimmte Ideale der amerikanischen Straight-Edge-Bewegung (u.a. Vegetarismus, Drogenverzicht und körperliche Ertüchtigung) vertreten und den eher älteren Parteigängern konventionellerer subkultureller Freuden.

c) Fanzines, die sich in musikalischer Hinsicht einem gegenüber Innovationen wenig aufgeschlossenen Punk-Traditionalismus verschrieben haben (z.B. *SCUMFUCK TRADITION* und *ZOSHER*). Das erstere Fanzine gibt sich betont unpolitisch, prahlt mit dem Spaß an derben Vergnügungen und unterhält mit seltsam-witzigen Schilderungen der Anreise zu Auftritten diverser Kult-Stars (von abgewrackten Schlagersängern bis hin zu alten Punk-Bands im 77er-Idiom) und der dann folgenden Erlebnisse vor und hinter der Bühne.

d) Fanzines, die sich nicht mehr vorrangig mit Musik und ihren Akteuren beschäftigen, sondern statt dessen vor allem fiktive oder selbsterlebte Geschichten erzählen und satirisch-kritische oder literaturkritische Texte anbieten (z.B. so unterschiedliche Magazine wie *STURM UND DRANG, SPEEDSHIT, TRASH, THINK* und *DER KOSMISCHE PENIS*). Diese Hefte werden oftmals von einem Autor in Eigenregie erstellt (daher spricht man hier auch von Egozines) und weisen gewisse Ähnlichkeiten mit ausdrücklich literarisch orientierten Fanzines auf, die sich z.T. im Zusammenhang einer deutschen Underground-Literatur situieren.

Die Schreibweisen in Fanzines heben sich durch einige Merkmale von den bislang erwähnten Formen des Musikjournalismus ab: so sind polemische Attacken (Beschimpfungen und scharfe Angriffe gegen Vertreter anderer musikalisch-ästhetischer Vorlieben und politischer Meinungen und gegen Produzenten anderer Fanzines), Begeisterung über Bands und Platten, die nicht mit Superlativen geizt, Gesten freundschaftlicher Verbundenheit mit einer bestimmten lokalen, regionalen und nationalen Szene oder mit befreundeten oder innig verehrten Bands, die mitunter in den entsprechenden Interviews und Kritiken die nötige kritische Distanz verhindern, typische Stilmittel von Fanzines. Mit Blick auf die Inhalte und Tendenz amerikanischer Fanzines schreibt James: „This (Interviews und Konzertberichte, R.H.) maybe supplemented by record reviews, again usually emphasizing local production, along with news about punk going-ons in other cities and other countries - especially information about police riots and the misrepresentations of punk in the hegemonic press. These assessments do not usually approach punk culture critically, except in complaints about transgressions of it. Record and concert reviews are mostly positive, generally avoiding the kind of comparison that encourages competitive ranking, though reader polls (of the best band or record of given year, for example) are common."²² Ähnliches gilt auch für die auf Punk und Hardcore eingeschworene deutsche Fanzine-Szene: Kritik an Verhaltensweisen der eigenen Szene wird zumeist im Gestus moralischer Empörung vorgetragen. Das Kritisierte wird am hehren und mythisierten Maßstab eines unzweifelhaft großartigen Ursprungs gemessen. Dabei sind wechselnde Stimmungslagen zwischen globaler Enttäuschung und pathetischer Begeisterung, die immer wieder neu aufkeimt und eine Revitalisierung des sinnstiftenden Ursprungs verheißt, zu beobachten.

Gravierende politische und ästhetische Differenzen zwischen unterschiedlichen Fanzines schließen jedoch eine gewisse Solidarität innerhalb der Fanzine-Szene nicht aus. Die schon erwähnten regelmäßigen umfangreichen Fanzine-Übersichten in fast allen Heften teilen allerdings oft die angesprochene Schwäche vieler Interviews und Kritiken: sie führen keine ernsthafte Auseinandersetzung mit ihrem Gegenstand, sondern erfreuen sich daran, daß es so viele unterschiedliche Fanzines gibt und sich deren Produzenten so viel Arbeit gemacht haben.

Anders als der avancierte Pop-Diskurs in Musikzeitschriften wie *Sounds* und *Spex*, der im Rückgriff auf Theorien unterschiedlichster Provenienz Verbindlichkeit herzustellen bemüht ist, markieren Fanzine-Autoren den extrem subjektiven Charakter ihrer Beschreibungen und Bewertungen durch den häufigen Gebrauch der ersten Person Singular. Die Darstellung eigener Erlebnisse, Erfahrungen und Meinungen ist keinem journalistisch-akademischen oder sonstigem Objektivitätsideal verpflichtet. Es sollen keine autoritativen Wahrheiten verkündet werden, vielmehr zielt die offen dargelegte Subjektivität des Beschriebenen auf eine Rezeptionsweise ab, die dem Leser die Chance läßt, sich von der Authentizität und Überzeugungskraft der jeweiligen Texte einnehmen zu lassen oder nicht.

Viele Texte in Fanzines sind durch spezifische Vokabulare und Erkennungszeichen an bestimmte subkulturelle Gruppen und Szenen gebunden. So sind Erzählungen über Konzerte, Treffs und sonstige Erlebnisse oft voller Anspielungen und mit Vokabeln durchsetzt, die nur für einen kleinen Kreis von Szenemitgliedern problemlos zu dechiffrieren sind. D. E. James attestiert den Fanzines, daß in ihnen das ästhetisch-intellektuelle Potential einer sozialen Gruppe nicht von einzelnen Personen angeeignet wird, sondern Gemeineigentum bleibt: „Apart from the music, they (die Fanzines, R.H.) are the main forum, not simply for communication about punk, but for its construction; they are the place where the nature of punk - the particular social vocabularies and ideological formulations that constitute it - may be socially constructed, argued and clarified, the means by which punk writes itself. Though each fanzine as an enterprise exists in an economy which obliges it to produce itself as a commodity and though there are publications that exploit this condition, by and large the great value of the fanzines is that they do no attempt to appropriate social production. Their authorship

---

²² Ebd., S. 178.

is distributed throughout the subculture at large, they derive from it, rather than being produced by professionals for mass consumption."[23]

Festzuhalten bleibt, daß Fanzines mit vergleichsweise bescheidenen Mitteln herzustellen und einem, wenn auch kleinen, so doch sehr interessierten, aufmerksamen Publikum zugänglich zu machen sind. Damit geben sie den geeigneten Nährboden für eine sprießende Vielfalt von Aktivitäten in sehr unterschiedlichen Subkulturen ab, denen jedoch gemeinsam ist, daß sie die Produkte des Mainstreams der Popkultur sowie intellektuell überzogene und ideologisch suspekte Schreib- und Umgangsweisen mit populärer Kultur ablehnen. Mit dem breiten Erfolg von Gruppen und Musikern aus der 'Alternative Nation' gerät jedoch das anti-kommerzielle Ethos der Fanzine-Welt in Bedrängnis. Auch die strikte Abgrenzung zur etablierten Musikpresse wirkt oft aufgesetzt, wenn man berücksichtigt, daß eine avancierte Musikzeitschrift wie *Spex* immer wieder neue Autoren aus Fanzine-Kreisen rekrutiert hat, ohne daß jene ihre musikalischen Vorlieben und stilistischen Eigentümlichkeiten aufgeben mußten. Der in Fanzines weithin verbreitete moralische Rigorismus ist deren Stärke und Schwäche zugleich: ein wirksamer Hebel gegen Vereinnahmung und ideologischen Selbstbetrug, aber auch eine Haltung, die Selbstgefälligkeit und eine Verengung des Horizonts begünstigt.

---

[23] James, *Poetry/ Punk/Production*, S. 178.

6. Sounds

6.1 Zur Form Plattenkritik

Wurden bisher akademische Betrachtungen über Popkultur, Popmusik, Jugend- und Subkulturen dargestellt und kritisiert, einige wesentliche Merkmale des publizistisch randständigen, jedoch subkulturell bedeutsamen Mediums 'Fanzine' herausgearbeitet, so soll es nun in den Kapiteln über *Sounds* und *Spex* darum gehen, journalistische Meinungen und Schreibweisen in diesen Zeitschriften in ihrer Vielgestaltigkeit hervortreten zu lassen und die Entwicklung eines rhetorisch elaborierten, pop-theoretisch begründeten Diskurses über Musik nachzuzeichnen. Im Vordergrund steht dabei das Genre Plattenkritik, das die Autoren zur Kürze nötigt. Auf knappem Raum gilt es, sehr unterschiedliche Aspekte einer Platte zu berücksichtigen: Informationen zu ihrer Entstehung müssen beigebracht werden, Traditionen sind zu erläutern, Anknüpfungen und Abgrenzungen zu markieren, Wertungen vorzunehmen, um dem Urteil über die besprochene Platte, der Tendenz der Kritik möglichst große Überzeugungskraft zu verleihen. Plattenkritiken legen der Leserschaft nicht nur den Konsum bestimmter Platten nahe oder raten von ihm ab, sondern man läßt diesen eine mehr oder weniger stilistisch raffinierte, manchmal auch in sich widersprüchliche Sichtweise angedeihen, die das von der Musik Repräsentierte bezeugen sollen, zugleich spezifische Formen ihrer Aneignung auszeichnen, andere verwerfen.

Offensichtlich brauchen allerdings nur sehr wenige Leute Plattenkritiken, um an gekaufter, aus dem Radio aufgenommener, von Freunden oder anderen Leihstellen entliehener, dann auf Kassetten überspielter Musik ein gewisses Vergnügen zu finden oder einen kleinen Prestigegewinn zu ziehen. Das Interesse, sich über Plattenkritiken Zugang zu unbekannter, neuen Zugang zu bereits bekannter Musik zu verschaffen, ist sozio-kulturell begrenzt und differenziert. Eine ambitionierte kritische Auseinandersetzung mit Popmusik ist nur in einer kleinen Fraktion innerhalb des gut gebildeten, akademisch sozialisierten und künstlerisch interessierten Publikums stärker verankert. Die heute wichtigsten Medien zur Verbreitung von Musik - Radio und Fernsehen - erledigen ihr Geschäft ohne jene kritische Distanz, auf die sich der seriöse Rock-Journalismus, der Ende der sechziger Jahre aufkommt, soviel zugute hält. Bekanntlich sind dessen Annahmen und Topoi im Zuge von Punk und des späteren emphatischen Pop-Bewußtseins einer grundlegenden Revision unterzogen worden, was jedoch an der geringen Relevanz des kritischen Geschäftes wenig änderte, ja eher dazu führte, daß gewöhnlicher Musikkonsum und ihr kenntnisreiches, hoch selektives Pendant, das sich zu explizit ideologischer Argumentation aufschwingt, immer weniger Berührungspunkte aufweisen.

Avancierte Schreibweisen über Popmusik zeichnen sich durch zwei Merkmale aus: den selbstbewußten, oftmals auch selbstreflexiven Gebrauch einer polemischen Rhetorik der Abgrenzung; den Versuch, der diskursiven Auseinandersetzung über Popmusik politischen Charakter zu verleihen. Sie lassen sich als Ort idiosynkratischer Selbsterschaffung und Medium einer Selbstinszenierung begreifen, die Hoffnungen hinsichtlich des politischen Stellenwerts von Popmusik und ihrer diskursiven Reflexion nährt. Ihre Analyse versucht die inhaltliche Stoßrichtung und einige formale Merkmale ausgewählter Texte, im wesentlich Plattenkritiken wichtiger Autoren, herauszuarbeiten. Ohne einer essentialistischen Vorstellung des Subjekts das Wort zu reden, teilt dieses Vorhaben nicht Foucaults Diskreditierung der Autorfunktion,[1] verfolgt keine streng diskurstheoretische Verfahrensweise, die die Möglichkeit radikaler Objektivierung präsupponiert, zudem die Bearbeitung riesiger, pragmatisch unhandlicher Textmengen verlangt.

Plattenkritiken sind eine Textform, die prägnante, knappe Formulierungen nahelegt, in denen in verdichteter, oftmals kaum zu entwirrender Weise Informationen, Beschreibungen, Assoziationen und Meinungen Eingang finden. Sie haben den Vorzug, sich auf einen relativ gut fixierbaren Gegenstand zu beziehen, wobei sich freilich dieser Bezug in bestimmten Kritiken fast vollständig verflüchtigen, die Besprechung zum Anlaß für die Produktion von etwa autobiographischer oder fiktionaler Prosa werden kann. Portraits von Gruppen oder Interpreten, in denen zumeist Statements der Musiker, die aus Interviews stammen, in Konzerten gewonnene Eindrücke von Musik, Publikum und Atmosphäre den Inhalt vorgeben, sind aufgrund der Situationsgebundenheit dieser Informationen und Impressionen sowie wegen der oft mangelnden literarisch-publizistischen Prägnanz dieser Texte ein weniger gut geeigneter Gegenstand. Was auf den ersten Blick als Schwäche der Plattenkritik erscheinen mag, nämlich daß in ihr mitunter sehr heterogene Referenzen und Selbstreferenzen zusammenlaufen, erweist sich bei genauerem Hinsehen als ihre entscheidende Stärke. Es beflügelt die ästhetisch-politische Phantasie der Leserschaft, regt diese zu eigenen Schreibversuchen über ihre Lieblingsplatten und -gruppen oder aber auch über ihr besonders verhaßtes Pendant an, was besonders das Entstehen immer wieder neuer Fanzines mit sehr kleinen Auflagen dokumentiert, die oftmals den Kreis der Freunde und Bekannten der Schreibenden kaum überschreiten.

Das Bestreben, in Plattenkritiken zu verbindlichen Urteilen zu gelangen, führt nicht zu ihrer Leugnung als Meinungsäußerung, zur Auslöschung subjektiver Färbungen des Geschmacks, sondern wirkt der Tendenz im Rezeptionsprozeß entgegen, die je individuelle Aneignung zu fetischisieren. In ihrer vielfach offenkundig rhetorischen Thematisierung und Stilisierung geschmacklicher Präferenzen widersetzen sich Plattenkritiken dem hartnäckigen Mythos des Geschmacks als letztem Residuum natürlicher, je individueller Dispositionen und Sensibili-

---

[1] Vergleiche Foucault, *Was ist ein Autor*.

täten. Ein öffentlicher Raum entsteht, in dem Übereinstimmungen und Differenzen, Standards politischer Korrektheit und Idiosynkrasien aufeinanderprallen. Plattenkritiken zeichnen sich meist durch überzogene oder gar überdrehte semantische Kurzschlüsse zwischen der besprochenen Platte und der vielfältigen Lebenswirklichkeit aus. Neben der üblichen Bezugnahme auf die Welt alltäglicher Freuden, Vergnügungen und Ärgernisse finden sich gewagte Versuche, die Selbstgenügsamkeit der Musik aufzulösen: man läßt Anspielungen auf intellektuelle Moden, auf politische, sozio-kulturelle Auseinandersetzungen einfließen, die abhängig vom Grad ihrer Verschlüsselung und vom Vorwissen des Lesepublikums nachvollziehbar sind. Dazu gehören u.a. Kenntnisse über vergleichsweise abseitige Varianten der Popmusik, langjährige Vertrautheit mit der Rede darüber, die wichtige Elemente des einschlägigen Vokabulars zum selbstverständlichen Bestandteil beiläufiger Unterhaltungen werden läßt. Der Verzicht auf aus- und abgewogene Urteile in Texten über Popmusik führt zumeist nicht zu jenem oft beklagten autoritären Geschmacks- und Meinungsdekret, zur Unterdrückung von Diskussion, Auseinandersetzung und Streit oder zur Beliebigkeit der Äußerung je eigener Meinungen. Daß dort Meinungen dezidiert, auf elegante, eigenwillig-skurrile oder kraftvolle Weise vertreten werden, markiert eine wichtige Differenz zu den Gepflogenheiten pluralistischer Meinungsbildung, die den repressiven Zug ihrer programmatischen Verpflichtung auf Toleranz kaum verleugnen kann. Man gibt sich nicht mit wohlfeilen Sprach- und Denkmustern zufrieden, wie sie in publikumswirksamen Foren dominieren, die gleichfalls darauf angelegt sind, jenen, deren Meinung aufgrund ihrer gesellschaftlichen Stellung, ihres kulturellen Kapitals ansonsten wenig gefragt ist, eine Gelegenheit zu geben, ihre Ansichten und Anliegen vorzubringen.

Das avancierte Schreiben über Popmusik zeichnet aus, daß es Musik als eine sinnlich erfahrbare, umgehend erreichbare Form gesteigerten Lebens erstehen läßt oder jene zum Inbegriff all dessen gerät, was an der Gegenwart schlecht und verabscheuenswürdig ist. Der Vorgeschmack auf den Genuß einer freieren und schöneren Existenz ist allerdings unter den herrschenden gesellschaftlichen Verhältnissen an die kostspielige und vereinzelnde Warenform gebunden; es hängt vom Resultat gegenwärtiger und zukünftiger politischer Kämpfe ab, ob die Möglichkeiten, aufregende Erfahrungen machen zu können, die alle Sinne und geistigen Vermögen in Anspruch nehmen, stets und ohne Diskriminierung für alle verfügbar sind. Dabei kann die Musik, aber auch die Rede über sie, die sie zum Schauplatz ästhetischer, ideologischer und politischer Auseinandersetzung macht, allenfalls den erforderlichen symbolischen Rückhalt geben.

In Musikzeitschriften und Fanzines, die sich nicht mit Geschmacksbekundung zufriedengeben wollen, greift man des öfteren zu Kategorien wie Subversion und Dissidenz, um die besondere Bedeutung einer Musik oder einer subkulturellen Szene, aus der sie hervorgegangen ist, ihre symbolische Herausforderung herrschender Übereinkünfte und Zwänge zu dramatisieren. Ein inflationäres Hantieren mit ihnen hat ihren Bedeutungsgehalt verwischt. Wenn Plattenkritiken verläßliche Kaufempfehlungen geben, Interesse an neuartigen Musiken wecken, aufregende und abweichende Attitüden, Lebensformen und Meinungen vorstellen bzw. attraktiv machen, musikhistorische Bezüge herstellen, ökonomische Zwänge und Bedingungen der Musik verdeutlichen und ihren politischen Einsatzort zu bestimmen versuchen, können sie zwei wichtige Zwecke erfüllen: ihr Publikum euphorisieren oder desillusionieren; es zur Identifikation und/oder zur kritisch-polemischen Abgrenzung aufreizen.

Ihre rhetorische Vermittlung in der Plattenkritik kann eine bestimmte Musik als aufregendes ästhetisches Erlebnis, gar als Manifestation einer Haltung erscheinen lassen, die den Raum des bloß Musikalischen sprengt, die ins Feld gesellschaftlicher, politischer Zustände und Lebensentwürfe hineinreicht. Haltungen als artifizielle Produkte des Pop-Diskurses sind nur begrenzt auf objektive Gegebenheiten zurückzubeziehen, die in der üblichen soziologischen Optik anhand solcher Größen wie soziale Herkunft, finanzielle Möglichkeiten, schulische Qualifikation, Geschlecht und Region festgemacht werden. Empfängliche, vorwiegend jugendliche Publikumsfraktionen erfassen an Entwicklungen und Strömungen in der Popmusik oft intuitiv jene Impulse, die gleichzeitig zur Identifikation einladen wie zur Abgrenzung gegen unliebsame Personen, Gruppen und Zustände benutzbar sind. Die in diesem Prozeß erzeugten Energien verflüchtigen sich schnell, wenn es nicht zur Ausbildung grundsätzlicher Haltungen kommt, sich keine alltagspraktisch folgenreiche Nähe zu subkulturellen Lebensformen entwickelt.

Die Rede über Popmusik stützt sich auf ein Ensemble wertender Adjektive, die sich zwischen feuilletonistischer Feinsinnigkeit und derber Szenesprache bewegen. Wie auch andere mediale Organe, die auf Begutachtung kultureller Produktion abstellen, gibt avancierter Musikjournalismus Kaufempfehlungen, funktioniert somit als Teil der Vermarktungsmaschinerie der Musikindustrie, die den möglichst profitablen Absatz der in Warenform vergegenständlichten Produktionen garantieren und stetig maximieren soll. Gegen die dadurch erzwungene Individualisierung des Konsumtionsaktes wenden sich subkulturelle Gruppierungen. Auf einer wie auch immer schwachen institutionellen Basis soll es gelingen, daß Gleichgesinnte Einschätzungen und Ansichten austauschen, eine Reihe gemeinsamer Positionen entwickeln und festigen, sich gleichzeitig über geteilte Neigungen und Abneigungen identifizieren wie von konkurrierenden Werte- und Geschmackshierarchien abgrenzen.

6.2 Pop-Diskurs und Feuilleton: Unterschiede, Ähnlichkeiten

In der feuilletonistischen Kritik, die den etablierten Literatur- und Kunstbetrieb begleitet, dominiert die kontinuierliche Suche nach solchen Kunstwerken, die sich durch Einzigartigkeit und semantischen Mehrwert auszuzeichnen haben. Diesen hohen Ansprüchen in der Kritik stilistisch genüge zu tun, bringt einen sprachlichen Duktus hervor, dem die Bemühung um Feinsinnigkeit und Bildungsbeflissenheit in jedem Satz anzumerken ist. Zwar steht dem kritischen Schreiben über

Popmusik auch dieses Register zur Verfügung, doch der Verzicht auf ein solches Vokabular erhöht die Chance, vom Publikum verstanden zu werden, eröffnet diesem die Möglichkeit, das rhetorisch Reklamierte umgehend alltagspraktisch zu erproben. So können das Funktionieren einer Musik auf der Tanzfläche, das intensive körperliche Erleben von Musik bei Konzerten, die Abgrenzung gegenüber Eltern und verhaßten Gleichaltrigen mittels Musik und ihre Erzeugung von Gefühlen der Lebenssteigerung und symbolischer Stärke schnell vom Publikum bestätigt oder widerlegt werden.

Dazu trägt sicherlich auch bei, daß Popmusik im Unterschied zur musikkritischen Praxis im E-Bereich zu einer „respektloseren, gleichwohl erfrischenden Wertungspraxis"[2] einlade, wie M. O. C. Döpfner in schwerfälliger Rhetorik vermerkt. Hinsichtlich der Bewertungskriterien unterscheidet er „zwei Hauptströmungen": die erste orientiere sich an „den Kriterien klassischer Musik", die zweite Richtung hebe vor allem „auf die Aussagekraft der Texte, den Symbolgehalt der optischen Darstellung, die politische, gesellschaftliche Funktion" der Popmusik ab. Kritisch hält Döpfner dieser Strömung entgegen: „Bei dieser soziologisch-phänomenologischen Urteils-Praxis stehen Äußerlichkeiten und Außermusikalisches im gleichen Maße im Vordergrund, wie musikimmanente Faktoren vernachlässigt werden." Zwar zeige sich in der Betrachtung der Pop-Kritik in mancherlei Hinsicht nur ein „betrübliches Bild", doch gönnerhaft wird der Verweis auf die kurze Tradition dieses Genres als Entschuldigung angeführt und umstandslos dessen mögliche bessere Zukunft in erster Linie an finanzielle Investitionen des Zeitungskapitals geknüpft.[3] Daß die Zukunft der Pop-Kritik vielmehr von der Qualität der Produkte, die abgehandelt werden, der ästhetisch-ideologischen Phantasie, dem politischen Scharfsinn der Schreibenden und Lesenden abhängt, steht außerhalb des Vorstellungsvermögens Döpfners.

Schon wegen der Bedeutung des Sounds für den Charakter der jeweiligen Musik, der sich als Resultat ihrer hochkomplexen technischen Produktionsweise ergibt, kann das Schreiben über Popmusik nicht auf ein elaboriertes technisches Vokabular zurückgreifen, über das die Kritik der E-Musik verfügt. Es ist darauf verwiesen, sich auf eigenständige Weise seines Gegenstandes anzunehmen. So sucht man nach semantisch weniger problematischen Aspekten der jeweils thematisierten Musik: trägt Informationen über Band/Musiker, zur Entstehung der Aufnahme zusammen, versucht sich an einer Einordnung der Aufnahme in das bisherige Schaffen des beteiligten Personals, thematisiert und zitiert bestimmte Textpassagen (vor allem den Titel der Platte und die Titel der einzelnen Stücke), beschreibt das Plattencover und führt direkte oder indirekte Zitate aus Interviews mit den Musikern an. Im einzelnen heißt das dann: das Schreiben über eine Langspielplatte (LP) inszeniert diese als Ereignis, das den Live-Auftritt einer Band

---

[2] Döpfner, *Musikkritik in Deutschland nach 1945*, S. 279f. Stilistisch bewegten sich die Autoren zwischen den Extremen der Bemühung um „Wissenschaftlichkeit" und dem Verharren in ausgeprägtem „Subjektivismus". (ebd., S. 276)
[3] Ebd., S. 280 und 281.

oder eines Musikers zu ersetzen vermag, der nun mal nicht ständig stattfinde; es versucht zur intensiven Auseinandersetzung mit musikalischen Elementen und textlichen Aussagen anzuregen; evoziert in der Rede über die aktuelle Musik mehr oder weniger angenehme Erinnerungen an schon bekannte Musik, an historische Ereignisse und lebensgeschichtliche Abschnitte; führt bestimmte Gelegenheiten und Verrichtungen an, die die Rezeption der besprochenen Platte erleichtern, steigern oder überhaupt erst sinnvoll erscheinen lassen; es taxiert die Tanzbarkeit der verhandelten Musik, was auch immer eine tanzfaule Hörerin oder eine nicht als DJ arbeitende Konsumentin z.B. von einer solchen Einschätzung hat.

Dennoch sehen sich Rezensenten gerade bei bislang unbekannten Acts, die sich stilistisch nicht kurzerhand den bekannten Pop-Idiomen zuordnen lassen, genötigt, gewagte semiotische Brücken zwischen Musik und semantisch ausdifferenzierteren Zeichensystemen zu schlagen: neben der dominanten metaphorischen Ausdrucksweise sind Vergleiche mit anderen Acts, komplexe Verhältnisbestimmungen, die im musikalischen Bereich bleiben oder sich gar in andere semantische Felder hineinwagen, zu nennen; seltener tauchen Analogiebildungen zwischen musikalischer und sprachlicher Komplexität auf: verschachtelte Sätze zur Beschreibung vertrackter Musik sowie schlichte Sätze für den Fall einer einfacher strukturierten Musik oder ein ironisches Kontrastieren unterschiedlicher Komplexitätsgrade.

Obwohl kaum davon auszugehen ist, daß die Autoren von Pop-Zeitschriften und Fanzines die aktuelle Konzert- und Aufführungskritik über klassische und gegenwartsnahe avantgardistische Musik regelmäßig zur Kenntnis nehmen, dürften sie doch vermittelt über ihr Elternhaus, durch Lektüre hochkulturell ausgerichteter Tages- und Wochenzeitungen, durch ihre Schul- und Universitätsbildung zumindest eine vage Vorstellung davon haben, wie konventionelle Musikkritik klingt. Auch wenn man sich gegen den darin verkörperten Habitus bürgerlicher Kultur abgrenzt, um der dem Pop-Diskurs inhärenten Verpflichtung auf Werte wie Coolness und Hipness zu entsprechen, die ihre zugleich vage, aber für Insider gleichwohl verbindliche Ausprägung im Umfeld der Jazz-Musik schon in der ersten Hälfte des 20. Jahrhunderts fanden und seitdem zentrale Mittel der Abgrenzung gegenüber den Einstellungen und Ansichten der Vertreter des übrigen Kulturbetriebs abgeben, bleibt die avancierte Rede über Popmusik formalen Grundmustern und argumentativen Topoi der gebildeten Musikkritik verhaftet. W. Braun konstatiert, daß mit dem Beginn des 20. Jahrhunderts „der Beruf des Musikkritikers mehr zufällig - als ökonomische Konsequenz literarischer und musikgelehrter Neigungen oder im Zuge eines 'musikpolitischen' Engagements - gewählt worden zu sein (scheint)".[4] Ähnliches gilt für den avancierten Pop-Journalismus, denn neben jenen vereinzelten Fällen, in denen Pop-Kritiker gleichzeitig schreiben und als Musiker auftreten, ist es zumeist die ideologisch überhöhte Begeisterung für eine bestimmte Musikrichtung, ein „'musikpolitisches' Engagement'", das zum Schreiben drängt. Der Musikkritiker H.-K. Jungheinrich

---

[4] Braun, *Musikkritik*, S. 22f.

erzählt rückblickend davon, daß seine Entwicklung als Kritiker in den späten sechziger, frühen siebziger Jahren mit „ziemlich feste(n) ästhetische(n) Maßstäben", mit „Normen und Werte(n)" begann, welche jedoch in der Folgezeit „bröckelte(n)". Gleichwohl hält der Autor daran fest, daß „es auch künftig nicht unsinnig" sei, „sich für Neue Musik oder fürs 'moderne Musiktheater' u. dgl. einzusetzen, weil es sich um minoritäre Phänomene handelt, die von den Machthabern der Kultur- und Unterhaltungsindustrie am liebsten eliminiert würden. Musikkritik entbehrt also nicht aller (musikpolitischen) Maßstäbe und kennt auch nicht nur die Verpflichtung auf den eigenen 'Genuß'."[5]

Parallelen zwischen der intellektuellen Befassung mit Bildungsmusik und Popmusik drängen sich ebenfalls auf, wenn Braun davon spricht, daß neuere Musikschriftsteller mit ihren größeren Publikationen vielfach „Aufklärungsarbeit im besten Sinne des Wortes" leisten.[6] Dem steht S. Reynolds' Einschätzung gegenüber, der das hochgradig ästhetische, romantische Motiv im Schreiben avancierter Essayisten des „rock discourse" akzentuiert: „Instead of arbitration, these writers opt for exaltation. Instead of interpretation and elucidation, they seek to amplify the chaos, opacity and indeterminacy of music. Instead of reading and writing, they prefer rending and writhing. Instead of seeking to align rock music with constructive ends, they prefer deconstruction/destruction, the sheer waste of energy into the void. This counter-tradition would include figures like Nik Cohn, Lester Bangs, Paul Morley and Ian Penman, Barney Hoskyns and Chris Bohn."[7] Ein genauerer Blick auf das Tun der genannten Kritiker, z.B. auf die posthum erschienene Sammlung wichtiger Texte von L. Bangs,[8] auf N. Cohns hervorragenden, knappen Abriß der „Pop History", der auf beispielhafte Weise Pop-Sensibilität verkörpert,[9] und eine Berücksichtigung weiterer maßgeblicher Pop-Essayisten machen deutlich, daß Reynolds hier eine stark vereinseitigte Darstellung vornimmt. Auf wie auch immer ästhetisch, subjektivistisch und polemisch überformte Weise haben so unterschiedliche Kritiker wie R. Christgau,[10] J. Burchill,[11] J. Street,[12] D. Diederichsen,[13] G. Jacob,[14] K. Diefenbach[15] und die Autoren der bereits in Kapitel 4 erwähnten Sammelbände aus dem *Spex*-Umfeld[16] mit ihren

---

[5] Jungheinrich, *Über musikalische Erfahrung*, S. 208 und 208f.
[6] Braun, *Musikkritik*, S. 27-32.
[7] Reynolds, *Blissed Out*, S. 10.
[8] Bangs, *Psychotic Reactions and Carburetor Dung*.
[9] Cohn, *A Wop Bopa Loo Bop A Lop Bam Boom*.
[10] Christgau, *Any Old Way You Choose It*.
[11] Burchill, *Love It Or Shove It, Damaged Gods, Über Prince/Pop/Elvis*.
[12] Street, *Rebel Rock, Red Wedge*.
[13] Diederichsen, *Sexbeat, Popocatepetl, PC zwischen PoMo und MuCu, Freiheit macht arm, Politische Korrekturen*.
[14] Jacob, *Agit-Pop, Update*; Jacob im Interview mit Thomas B., *HipHop, Rassismus und die Krise der Pop-Subversion*.
[15] Diefenbach, *Wegwerfhymnen für die Ewigkeit*.
[16] Annas, Christoph (Hrsg.), *Neue Soundtracks für den Volksempfänger*; Holert, Terkessidis (Hrsg.), *Mainstream der Minderheiten*.

Arbeiten versucht, in politisch-kulturelle Auseinandersetzungen aufklärerisch einzugreifen.

Sowohl der Typus der 'Vergegenwärtigung' mit seiner Betonung konzentrierten Hörens als auch die 'impressionistische Kritik' mit ihrer Orientierung am sinnlichen Erlebnis der Musik[17] bestehen in der Kritik von Popmusik fort: immer wieder sprechen Rezensenten über die Vielzahl ihrer Hörvorgänge, um ihrem Urteil Gewicht zu verleihen; ebenfalls bemüht man sich um die Identifikation durchgängiger Strukturen oder zumindest um die Darlegung grundlegender Ideen und Verfahrensweisen der verhandelten Musik. Noch auffälliger sind natürlich Variationen 'impressionistischer Musikkritik' in den Plattenkritiken über Popmusik. Ausgiebig ergehen sich Rezensenten in der pathetischen Wiedergabe ihrer Empfindungen und Assoziationen beim Hören der Musik. Das feinsinnige Ausspinnen von Assoziationen, das Schwelgen in Synästhesien bringen die Pop-Kritik allerdings in die Nähe zum bildungsbürgerlichen Feuilleton. Popmusik scheint sich nur schlecht mit einer Kritik zu vertragen, die sich in ästhetisierenden Assoziationen ergeht, besser hingegen sowohl mit der pragmatischen Nüchternheit knapper Beschreibungen und Wertungen als auch mit pathetischen Aufschwüngen, die Begeisterung kommunizieren, manchmal auch in maßloser Übertreibung der besprochenen Musik zuschreiben, sie vermittle die Erfahrung eines neuen, wunderbaren Lebensgefühls.

Auch der traditionelle Typus der Virtuosenkritik findet sich im Diskurs über Popmusik wieder. Besonders Konzertberichte sowie Plattenkritiken über Live-Mitschnitte tendieren dazu, die Leistungen der beteiligten Musiker in den Vordergrund zu stellen: vom Kult des frühen 19. Jahrhunderts um einen Violinenvirtuosen wie Paganini zur Apotheose von Gitarrenvirtuosen wie Jimi Hendrix und Eric Clapton seit den späten sechziger Jahren dieses Jahrhunderts. Am Verhältnis zum Virtuosentum in der Popmusik unterscheiden sich ähnlich wie in der Musikkritik im E-Bereich antagonistische Publikums- und Kritikerfraktionen: „'Virtuosentum' ist ein altes und beliebtes polemisches Thema im musikalischen Schrifttum."[18] Verehrer großer Virtuosen und an künstlerisch wertvollen, innovativen Werken interessierte Verächter verselbständigter Spielkunst können nicht mehr auf gemeinsame ästhetische Vorstellungen festgelegt werden. Entsprechend hat es schon sehr früh an heftiger Polemik gegen künstlerisch leerlaufende Virtuosität nicht gefehlt. Im E-Bereich werden Virtuosen als „Blender und Schaumschläger" beschimpft und ihnen die „Substanzlosigkeit der vorgetragenen 'Werke'"[19] vorgehalten. Ähnliche Äußerungen fallen im Pop-Diskurs der letzten 15 Jahre. Wer technisch vergleichsweise anspruchslose Idiome wie Punk und House als großartige Neuerungen schätzt, kann aufwendigen, mit technisch versierten Studio-Musikern eingespielten Produktionen zumeist wenig abgewinnen. Umgekehrt haben natürlich auch die Vertreter des gehobenen Mainstreams

---

[17] Braun, *Musikkritik*, S. 44.
[18] Ebd., S. 46.
[19] Braun, *Musikkritik*, S. 46f.

mit polemischen Äußerungen gegen die berühmten drei Akkorde (Punk), gegen seelenlose technische Primitivität (House, Techno) nicht geizt. Im E-Bereich der letzten Jahrzehnte gehen die jeweiligen Fraktionen ebenfalls getrennte Wege; wer als Kritiker und Hörer die Entwicklung der Neuen Musik mit Interesse und Sympathie verfolgt, wird sich kaum an Konzerten jener Pianovirtuosen, Meistertenöre und Stardirigenten berauschen, die geschmäcklerische Kenner, aber mittlerweile partiell auch ein Massenpublikum kultisch verehren. Auch hier gilt natürlich der umgekehrte Fall: mit Berufung auf das Interesse des großen Publikums am repräsentativen Repertoire von Mozart bis Mahler werden die staatlichen Subventionen für avancierte Neutöner angegriffen.

Im 19. Jahrhundert wird die Forderung nach einer kongenialen Annäherung an musikalische Kunstwerke laut. Literarische Qualitäten der Musikkritik werden verstärkt zur Geltung gebracht: „Weit ausholende persönliche Geständnisse und andere Abschweifungen bei Heine und George Bernard Shaw wandeln mitunter unmerklich die Musikkritik zur Dichtung." Braun berichtet davon, daß „Shaw die Londoner Zeitungsleser mit umfangreichen, aber amüsanten Schilderungen seiner Grippeerkrankung (überraschte), die den folgenden Bericht über eine offenbar ziemlich langweilige Wiedergabe des Beethovenschen Violinkonzerts zugleich angemessen eingeführt als auch zum bloßen Anhang degradiert erscheinen liessen." Freiheiten, die sich auch literarisch ambitionierte Plattenkritiken über Popmusik gerne nehmen. Deren literarische Qualität bemißt sich ebenso wie die der Kritik der Bildungsmusik nicht ausschließlich daran, inwieweit von künstlerischen Lizenzen und absonderlichen Einfällen ausgiebiger Gebrauch gemacht wird, denn, so Braun, „auch der mehr sachliche Ton bei Hanslick und Bekker besitzt künstlerischen Rang".[20]

In einer streckenweise angenehm nüchternen musiksoziologischen Studie aus dem Jahre 1963, die jedoch nicht frei von kleinbürgerlicher Harmoniesucht ist, schreibt J. H. Mueller: „Wie das Moralsystem entwickelt auch die ästhetische Kultur ein Bewußtsein, das intuitiv und ohne Irrtum weiß, was richtig und was falsch ist, und daß z.B. Jazz, Rokoko-Ornamente und Zuckerbäcker-Architektur ästhetische Sünden sind. Hinzu kommen die meist selbsternannten Wächter des ästhetischen Gewissens, die Ketzereien verfolgen, wenn sie sie nicht unterdrükken. All dies ist möglich, weil über ästhetische Kultur eher dogmatisch als pragmatisch entschieden wird. Allerdings kann man sich in der Ästhetik wie in der Moral erlauben, tolerant zu sein, eine Tugend, die auf die utilitäre Kultur nicht anwendbar ist." Nicht überzeugend scheint die sozio-historisch nicht weiter qualifizierte Unterstellung, daß Differenzen in moralischen Fragen durch Toleranz soweit abgemildert werden, daß es nicht zu ernsthaften Konflikten komme. Selbst für den ästhetischen Bereich bekundet Mueller an anderer Stelle sein Bedauern, daß es um Toleranz dort nicht allzu gut bestellt sei: „Unglücklicherweise ist die musikalische Bevölkerung in Kulte und Schulen zersplittert, die dazu neigen, alle Arten der Musikalität und des Geschmacks außer der eigenen herabzusetzen oder

---

[20] Ebd., S. 53.

sogar prinzipiell auszuschließen."²¹ Musikkritik, die ihre Unterscheidungen als Wahl zwischen konkurrierenden Lebensformen dramatisiert,²² spielt im Diskurs über Popmusik eine zentrale Rolle. Die dazugehörigen Verfahrensweisen der Kritik nahmen jedoch ganz unterschiedliche Gestalten an. Versatzstücke, nicht selten auch Schwundstufen von Ideologie- und Gesellschaftskritik als Erbschaft der Studentenbewegung haben ihre Blütezeit vor allem in den siebziger Jahren. Danach wächst in jenen intellektuellen Kreisen, die sich über ihre Vorliebe zu einer emphatisch verstandenen, hedonistisch codierten Popmusik definieren, das Interesse an Autoren, die dem Strukturalismus bzw. Poststrukturalismus zuzurechnen sind. Das findet dann auch in den Plattenkritiken von *Sounds* und *Spex* seinen Niederschlag: die Rezensenten bemühen sich nicht mehr in erster Linie um kritische Entlarvung ideologischer Zusammenhänge, sondern versuchen ästhetisch-ideologisch interessante Oberflächen der Musik, der Selbstinszenierung ihrer Protagonisten zu beschreiben und attraktiv zu machen. Nach Durchsetzung einer Ästhetisierung der gesellschaftlichen Wahrnehmung im Verlauf der achtziger Jahre läßt man in *Spex* zunehmend einen vorsichtigeren, kritischeren Gebrauch von solchen Formeln walten, die sich affirmativ zum Diktat des modischen Wechsels verhalten. Statt dessen rücken der Streit um politische Korrektheit, ein poststrukturalistisch gewendetes Verständnis von Begriffen wie Repräsentation und Identität, aber auch pragmatische Nüchternheit, die nach der Brauchbarkeit der jeweiligen Musiken für bestimmte Zwecke fragt, in den Mittelpunkt einer avancierten Beschäftigung mit Popmusik und ihrem sozio-kulturellen Kontext.

Die genannten Zeitschriften folgen der uneingestandenen Überzeugung, daß das Propagieren neuer Musiken und Werte bei einem intellektuellen Publikum vielfach nur dann Überzeugungskraft entwickelt, wenn dabei im privilegierten, prestigereichen Medium des „theory talk" entscheidende Punkte gemacht werden können. Dessen rhetorische Funktionsweise unterscheidet Fish von Theorie im strengen Sinne, deren Behauptung an die Annahme gebunden sei, daß es so etwas wie eindeutige Bedeutungen gebe, die nicht erst im Zuge von „forceful interpretive acts" durchzusetzen sind.²³ Das Unterfangen, eine Theorie zu entwickeln, die auf höheren, allgemeineren Prinzipien beruht als jene schwachen Verallgemeinerungen, die aus Praxisformen zu gewinnen sind, die rhetorisch verfaßt und auf Interpretationen angewiesen sind, sei zwangsläufig zum Scheitern verurteilt. Doch auch wenn man zur Schlußfolgerung gelangt „[...] there can be no such thing as theory, and something that does not exist cannot have consequences", verbleibt dennoch die Möglichkeit dieser verzweifelten Anstrengung, „consequences of a nontheoretical [...] kind" hervorzubringen.²⁴ Die Erfolgsaussichten dabei hängen wesentlich davon ab, welches Prestige „theory-talk" in der akademischen und weiteren Öffentlichkeit genießt. Auch im Pop-Diskurs

---

21 Mueller, *Fragen des musikalischen Geschmacks*, S. 23 und 125.
22 Vergleiche Braun, *Musikkritik*, S. 61.
23 Fish, *Doing What Comes Naturally*, S. 6 und 9.
24 Ebd., S. 14.

fungiert die Verwendung von Versatzstücken aus Theorien als „ornament to one's position"[25] Damit ist jedoch die Gefahr verbunden, daß eine solche Überfrachtung der Texte weniger bildungsbeflissene Publikumsfraktionen verschreckt. Diese Wirkung wird dann erfolgreich abgeschwächt, wenn es sich um ansonsten gut begründete, von größeren Leserkreisen nachvollziehbare ästhetisch-politische Optionen handelt, denen man durch übertriebene, mutwillige rhetorische Verschärfungen, typische Stilmittel der Form 'Plattenkritik', zusätzliche Attraktivität verleihen möchte. Nicht alles, was behauptet wird, muß eingehend begründet und belegt werden. Wichtiger ist, daß Schreiber und Leser Vergnügen an den vorgeführten Sprachspielen finden. Mißverständnisse, der Leservorwurf der Arroganz und Überheblichkeit an die Adresse der Schreibenden sind freilich nicht auszuschließen, können jedoch durch rhetorisch geschickt angelegte und gut plazierte Strategien der Selbstironie und Offenlegung des Übertreibungsgestus begrenzt werden.

Daß große, bedeutende Werke den Rezipienten besondere Aufmerksamkeit abverlangen, ist bereits ein Topos der klassischen Musikkritik: nur „mehrmaliges Hören"[26] verspricht jenen gerecht zu werden. An diese Rezeptionshaltung schließt in der Popmusik die in LP-Kritiken allgegenwärtige Thematisierung des Hörvorgangs und seiner zeitlichen Organisation an. Kritiker reden unablässig davon, was ihnen die Musik beim ersten, zweiten usw. Hören gebracht habe und fordern damit implizit oder explizit den Leser dazu auf, sich eines ähnlichen Verhaltens gegenüber Schallplatten zu befleißigen: „nach mehrfachem Hören" - so das Stereotyp - erschließe sich Musik, die zunächst den Stempel der Unzugänglichkeit erhalten hatte. Eine weitere Anweisung der Kritiker an die Leser soll ebenfalls intensive Rezeption befördern: der Kopfhörer. Allein dieses Gerät ermögliche ein Hören, das die Musik nicht zum Hintergrundgeräusch degradiere, dem sich alle Feinheiten der Komposition, des Arrangements und der Produktion aufschließen. Im rhetorischen Inventar der Rede über Popmusik soll der Hinweis auf die Häufigkeit des Hörvorgangs beim Rezensenten zum einen ästhetische Substanz der behandelten Musik signalisieren, zum anderen aber vor allem die Dignität, in einzelnen Fällen auch die Unsicherheit, die Vorläufigkeit des eigenen Urteils bezeugen. Die stereotype Verwendung dieser Redensart weckt jedoch eher Zweifel, anstatt den Leser von der Kompetenz des Kritikers zu überzeugen. Genaues Hören, ob nun dazu eine Platte einmal oder zehnmal gehört werden muß, ist beim Kritiker vorauszusetzen, wenn er sich anheischig macht, Meinungen über eine Musik zu vertreten. Zur Formel erstarrt, schürt die Thematisierung des Hörvorgangs zudem den Verdacht, daß sich der Kritiker zum Hören der Musik wie zum Schreiben über das Gehörte gezwungen hat oder wurde, es ihm uneingestanden Qual bereitet hat. Wer nicht mehr mitzuteilen hat, als daß er eine Platte wiederholt abgespielt hat, stellt den Zweck seines Tuns in Frage. Selbstverständlich kann

---

[25] Ebd., S. 23. Theorie sei „[...] one among many rhetorical forms whose impact and sway are a function of contingencies." (ebd., S. 25)
[26] Vergleiche ebd., S. 108.

natürlich ein selbstbewußter, offenkundig gelangweilter Durchgang durch eine Reihe von Platten Spaß bereiten und zudem Nützliches über die verhandelte Musik aussagen. Hingegen blamiert sich der ambitionierte Gestus eines Rezensenten, einer Platte möglichst gerecht werden zu wollen, oft an den dürftigen Resultaten der Kritik. Im jeweiligen Einzelfall zu einer pragmatisch sinnvollen Entscheidung zu gelangen, ob einer Musik z.b. ein subversiver oder lebenssteigernder Charakter zu- oder abzusprechen sei, setzt u.a. eine hinreichende Vertrautheit mit dem aktuellen Gegenstand, mit der Geschichte der Popmusik, der Pop-Kritik sowie Kenntnis über den neuesten Stand gängiger ideologisch-theoretischer Währungen voraus. Solche hehren Ansprüche provozieren und vertragen Abweichungen, die bis hin zum Verfassen von Plattenkritiken über nie gehörte Platten reichen.[27] Das sofortige oder später erfolgende Eingeständnis solcher Praktiken hebt sich angenehm von sonstigen literatur- und kunstkritischen Bemühungen ab, deren Verfahrensweise Ernsthaftigkeit und Konzentration suggeriert, allenfalls spielerische Ironie gestattet.

6.3 *Sounds*: Entstehung, Entwicklung

Im Mittelpunkt der folgenden Analyse zu Plattenkritiken in *Sounds* steht der oben erwähnte Wandel des Schreibens über Popmusik im Zuge des Aufkommens von Punk und seinen Folgen. Entsprechend fällt die hier vorgenommene Selektion des Textcorpus aus: Hefte ab der zweiten Hälfte der siebziger Jahre stehen im Mittelpunkt der Analyse, wobei besonderes Augenmerk zum einen auf die verspätete Rezeption von Punk in den Jahren 1977/78, zum anderen auf das intensive Interesse an einer neuen, aufregenden Popmusik in den Jahren 1981/82 gerichtet wird.

Die Zeitschrift *Sounds*[28] erscheint erstmals 1966 und war in den ersten Jahren vornehmlich ein Organ der Berichterstattung und Kritik von Entwicklungen im

---

[27] Vergleiche z.B. die Geständnisse von Richard Meltzer in einem Interview aus dem ReSearch-Band *Pranks* (Juno, Vale, eds.). In seinem ausgezeichneten Artikel über die Angry Samoans unter dem Titel „Die Kunst zu *hassen*" (*Spex* 5/92, S. 52-57) schreibt D. Schneidinger über Meltzer. Er hätte sich „zu dieser Zeit (1974, R.H.) mit seiner durchgeknallten Enzyklopädie 'The Aesthetics of Rock' und seinen Verbal-Phantasmagorien für Blue Öyster Cult als Saint du mal unter denjenigen Autoren exponiert, die Ende der Sechziger, Anfang der Siebziger in den Impressen amerikanischer Rockmagazine auftauchten, und außerdem war er dazu übergegangen, Platten nur noch zu besprechen, ohne sie angehört zu haben. (Schon einmal eine Platte besprochen, ohne sie gehört zu haben? Sauschwer. Wenn's gut werden soll. Und man sitzt auch viel länger dran.)" (ebd., S. 54) Meltzers Vorwort zu einer späteren Neuauflage von *The Aesthetics of Rock* ist lohnender als das akademische Dilettieren des Autors im Feld der Exegese von Rock-Songs. *Gulcher* aus dem Jahre 1972 markiert den Höhepunkt seines Schaffens; um einen Einblick in *The Aesthetics of Meltzer* bemüht sich D. Ehrenstein.
[28] Der Name der Zeitschrift brauchte trotz der gravierenden Veränderungen, die sich inhaltlich und formal im Laufe ihres Bestehens ergaben, nicht geändert werden, da es - wie es übereinstimmend von Musik- und Kulturwissenschaftlern immer wieder betont wird - in der Pop- und Rock-Musik weniger auf die klassischen musikalischen Dimensionen der Melodie und Harmonie, sondern entscheidend auf den mit technischen und sonstigen Mitteln hergestellten und verfremdeten Klang (Sound) an-

Jazz. Ab 1969/70 nimmt die Beschäftigung mit Rockmusik kontinuierlich einen immer größeren Anteil ein. Schon in den frühen siebziger Jahren entspricht die Zeitschrift dann den damaligen internationalen Standards des Rock-Journalismus. Artikel über Jazz-Musiker, sieht man einmal von Berichten über sehr bekannte Jazz-Rock-Gruppen ab, werden seltener, schließlich finden die Jazz-Anfänge der Zeitschrift nur noch im Plattenrezensionsteil ihren Niederschlag: mit einer gewissen Regelmäßigkeit werden Jazz-Platten besprochen, aber auch dabei ist das Interesse an Jazz-Rock dominant. *Sounds* kommt in der Presselandschaft der siebziger Jahre eine Ausnahmestellung zu. Bei einer Auflage, die zwischen 70.000 und 40.000 Stück schwankte, und einem für damalige Verhältnisse (1977) vergleichsweise hohen Verkaufspreis von DM 2,50 war sie die einzige Musikzeitschrift,[29] die sich intensiv und ernsthaft mit massenhaft verbreiteter, populärer Musik beschäftigte. Sie gab ein Forum ab, das, wenn auch zur Mitte der siebziger Jahre wenig davon Gebrauch gemacht wurde, Rock- und Popmusik nicht ausschließlich als banales, allein kommerziell relevantes Freizeitvergnügen behandelte, sondern politische und ökonomische Aspekte der Musik, den gesellschaftlichen Lebenszusammenhang ihres Publikums reflektierte. Darin fühlte sich die Zeitschrift der antiautoritären Studentenbewegung, vor allem ihren libertären, popkulturell inspirierten Impulsen verpflichtet, die zu einem bis dahin unbekannten breiten und intensiven Interesse an Erfahrungen und Vergnügungen wie Sexualität und Drogen angeregt hatten, das die herrschenden Unterscheidungen zwischen Verbotenem und Erlaubtem, Privatem und Öffentlichem zur Disposition stellte. Das an höheren Bildungsanstalten wie Gymnasium und Universität sozialisierte junge Publikum schätzte an spezifischen Strömungen der Rockmusik deren polymorph perverse Sinnlichkeit, ihr Propagieren einer Lust, die den ganzen Körper erfasse, zur libidinösen Besetzung mannigfacher Gegenstände der Objektwelt einlade. Eine Gegenbewegung zur Dominanz des Genitalen, des Koitus, die mit der Sex-Welle nur bestätigt oder noch verstärkt wurde, sollte sich bilden. Im gemeinsamen Erlebnis der Musik antizipierte man die Überwindung der verhaßten bürgerlichen, auf Status und Besitz fixierten Subjektivität. Dieser radikale Hedonismus, der sich am prägnantesten in den Aktionen und Interventionen der

---

kommt. Die im folgenden angeführten Zitate aus *Sounds*-Plattenkritiken geben die dort vorgefundene Grammatik und Rechtschreibung wieder, ohne diesbezügliche Fehler eigens kenntlich zu machen.

[29] Um einen Eindruck zu gewinnen, wie sich das Verhältnis von redaktionellem Teil und Werbung, von Text zu Bild, von Musikartikeln und sonstigen Artikeln in einer Musikzeitschrift darstellt, sei das *Sounds*-Heft 8/1977 (im folgenden wird die Jahrgangsangabe in der Kurzform gemacht) herangezogen. Bei einem Heftumfang von 64 Seiten weist es einen Werbeanteil von ca. 25 % auf, und der redaktionelle Teil von 48 Seiten wird auf ca. 10 Seiten mit Bildmaterial bestritten. Die einleitende Rubrik Dies & Das (hier, wie auch in allen anderen Fällen, wenn es nicht ausdrücklich thematisiert wird, sind die Seitenzahlen jeweils inklusive Werbung gerechnet) mit Meldungen und Klatsch aus dem Musikgeschäft sowie kürzeren Artikel über Musiker und Musikveranstaltungen erhält gut 10 Seiten Platz. Der Hauptteil setzt sich in diesem Heft aus vier Musikartikeln, einem Musikessay und einer Kurzgeschichte von Hunter S. Thompson zusammen und umfaßt knapp 30 Seiten. Der Kulturteil mit seinen Rubriken Bücher, Filme, TV muß sich mit 5 Seiten begnügen. Der anschließenden Besprechung von Langspielplatten wird 8 Seiten eingeräumt.

Situationistischen Internationale und ihres Umfeldes zur Geltung brachte, prallte auf die konträren, vorübergehend erschütterten, dabei keineswegs homogenen Werte, die von Eltern, Lehrern, Professoren, Politikern, Künstlern und sonstigen Vertretern kultureller Berufe (Architekten, Werbebranche, Medien) unablässig eingeschärft werden. Mit hinreißenden Slogans („Arbeite nie!", „Leben ohne tote Zeit, geniessen ohne Hemmungen!", „Seien wir grausam!", „Wir werden nichts fordern/Wir werden um nichts bitten/Wir werden nehmen/Wir werden besetzen!"), die sich z.T. der situationistischen Strategie der Zweckentfremdung vorgefundener Materialien aus Werbung, Comics und Pornographie verdankten und im Gegenzug die Erbärmlichkeit der von Jugendforschern gehätschelten Spruchweisheiten der Alternativszene seit Mitte der siebziger Jahre hervortreten lassen, agitierten „Wütende und Situationisten" kurzfristig sehr erfolgreich im Mai 1968 in Paris. Für Momente zeichneten sich erste Konturen eines befreiten Zustandes der Gesellschaft ab. Zugleich verfallen die Schemata konventionellen Denkens, in diesem Fall der Jugendforschung, einer vernichtenden Kritik: „Die kapitalisierte Zeit stand still. Ohne Zug, ohne Metro, ohne Auto, ohne Arbeit holten die Streikenden die Zeit nach, die sie auf so triste Weise in den Fabriken, auf den Straßen, vor dem Fernseher verloren hatten. Man bummelte herum, man träumte, man lernte zu leben. Die Wünsche fingen an, allmählich Wirklichkeit zu werden. Zum ersten Mal gab es wirklich eine Jugend. Nicht diese soziale Kategorie, die von Soziologen und Wirtschaftswissenschaftlern zum Wohle der Warenwirtschaft erfunden wurde, sondern die einzig wirkliche Jugend, die der ohne toten Punkt erlebten Zeit, die den polizeilichen Bezug auf das Alter zugunsten der Intensität ablehnt ('Es lebe die kurzlebige marxistisch-pessimistische Jugend' war auf einer Inschrift zu lesen)."[30]

Da es jedoch Ende der sechziger Jahre nicht gelang, gesellschaftliche und politische Verhältnisse herbeizuführen, in denen mühselige, entfremdende Arbeit, Disziplin und Unterdrückung auf ein Minimum reduziert wäre, in denen das Leben von einem möglichst angstfreien Körpergefühl und nicht von aggressiver Selbstbehauptung und Konkurrenz geprägt wäre, war der Zusammenhang zwischen Rockmusik und politischer Haltung in den frühen siebziger Jahren neu zu bestimmen. Die euphorische Behauptung ihrer Identität in gewaltsamen Auseinandersetzungen mit der Polizei, bei Demonstrationen, Festen, Festivals und anderen Veranstaltungen war unmöglich geworden. Doch weiter hielten Rock-Journalisten daran fest, daß gute Rockmusik anti-kommerziell, aufrührerisch, sexuell erregend zu sein habe. Diese hohen Ansprüche übersetzten sich fast unmerklich in das abstrakte Verlangen nach Authentizität der Musikerpersönlichkeit, nach hoher spieltechnischer Qualität der live und auf Platten dargebotenen Musik und Texte. Die politische Depression und ästhetische Stagnation zur Mitte der siebziger Jahre zeigte sich in *Sounds* in der fast völligen Beziehungslosigkeit

---

[30] R. Viénet, *Wütende und Situationisten in der Bewegung der Besetzungen*, S. 105, vergleiche auch *Situationistische Internationale 1958-1969* und Debord, *Rapport über die Konstruktion von Situationen*; eine detaillierte, aber etwas spröde historische Übersicht gibt R. Ohrt, *Phantom Avantgarde*.

zwischen politischen Äußerungen und ästhetischen Vorlieben. Wenig überraschend waren erstere hin und wieder in der Besprechung von Filmen, Büchern und Fernsehsendungen sowie in spärlich gesäten politisch-historischen Essays anzutreffen; ein freilich mechanischer Zusammenhang zwischen Musik und Politik behauptete sich in der Rede über Liedermacher und Folk-Musik. Ansonsten dominierte eine entpolitisierte Berichterstattung über Bands und Musiker. In den Rezensionen von Langspielplatten schwächte man die einstmals radikale Authentizitätszumutung zur ermäßigten Forderung ab, daß Bands und Musiker Spaß an ihrem Treiben zu bekunden haben, ihre Musik diffus gute Laune verbreiten müsse und ein gewisses Anspruchsniveau an Spielfertigkeit, Komposition und Arrangement nicht unterschreiten dürfe.

Es ist dann kein Wunder, daß *Sounds* mit Punk und den sich daran anschliessenden Folgeerscheinungen wenig anfangen konnte, die Entwicklung in England seit 1976 weitgehend ignorierte und später amerikanische gegen englische Spielarten dieser Musik auszuspielen versuchte. Gleichzeitig waren jedoch auch jene Autoren und Redakteure, die sich mit der neuen Musik nicht anfreunden konnten, von einem diffusen Unbehagen am Stand der musikalischen Produktion befallen: eine Erneuerung der Rockmusik sollte jenen Verfallserscheinungen ein Ende bereiten, die mit den erfolgreichsten Gruppen des Progressive-Rock Einzug gehalten hatten. So ließ man Autoren, die diese Abneigung teilten und sich auf die Suche nach neueren Entwicklungen machten, die der Rockmusik wieder kraftvolle Impulse geben könnten, gewähren. Als diese sich jedoch dann Punk verschrieben und sich nicht mit Pub-Rock, Bob Seger und Dave Edmunds zufriedengaben, sogar die Vorlieben für diese Musik als ein Rückzugsgefecht alt und bequem gewordener Rockfans, als Ausdruck ihrer Degeneration zu boring old farts (BOF) lächerlich machten, polarisierten sich die Meinungen der Redakteure und Mitarbeiter. Einer kleinen Schar von Anhängern des Punk, des New Wave und der als schlimmste Ausgeburt der kommerziellen Bestrebungen der Musikindustrie verdammten Disco-Musik (Hans Keller, Alfred Hilsberg) stand die weitaus grössere Gruppe jener Autoren gegenüber, die entweder all diese Entwicklungen als Symptome des Niedergangs der Rockmusik beklagten oder - mit einer gewissen Toleranz - die eine oder andere Erscheinung der neuen Welle zu goutieren wussten, aber eine grundlegende Revision des bisherigen Verständnisses von Popmusik nicht in Erwägung zogen.

Die Gewichte zwischen diesen beiden Fraktionen veränderten sich mit dem Eintritt von Diedrich Diederichsen in die Redaktion von *Sounds*. Sein jüngerer Bruder Detlef, der unter dem Pseudonym Ewald Braunsteiner schrieb, und Michael Ruff verstärkten die Phalanx der intensiv an neuen Strömungen in der Popmusik interessierten Autoren. Explizit wurden nun grundsätzliche Überlegungen zum ästhetischen und politischen Stellenwert von Popmusik angestellt. Ihre Nobilitierung als wichtige Dimension in der Auseinandersetzung zwischen Vertretern unterschiedlicher ästhetisch-ideologischer Optionen dokumentiert die Rubrik „*Sounds*-Diskurs". Weitere einschneidende Veränderungen sind festzuhalten: kontinuierlich sinkt der Anteil der rezensierten Platten aus dem vormals dominanten Sektor des gehobenen Mainstreams; Musikartikel beschränken sich nicht länger auf Informationen über Musiker, ihre in Interviews ausgebreiteten Meinungen und Anekdoten, auf Berichte über den Ablauf von Konzerttourneen, sondern sie wurden zur willkommenen Gelegenheit, allgemeine Erwägungen zum Stand von Musik, Ideologie und Politik anzustellen; und schließlich erhält ein Autor wie Kid P. Gelegenheit, seine ungewöhnlichen Meinungen und stilistisch wahrhaft innovative Schreibweise in Städteporträts, in Film- und Buchrezensionen, in einem Artikel zur Fußball-Weltmeisterschaft 1982, in einer Reihe von Plattenkritiken einem Publikum vorzuführen, das sich erwartungsgemäß stark polarisierte.

Einige Veränderungen, die *Sounds* in inhaltlicher und formaler Hinsicht zwischen Mitte der siebziger Jahre und der Einstellung ihres Erscheinens mit dem Heft 1/83 erfahren hat, seien im folgenden zusammengefaßt. Im Verlaufe des Jahres 1979 kommt es zu einer Steigerung der Seitenzahl für Plattenkritiken.[31] Von oftmals knappen sieben Seiten, wobei dieser Raum noch zusätzlich mit der geschickt plazierten Werbung der Plattenindustrie geteilt werden muß, steigert sich der Anteil auf zwölf und gelegentlich, besonders natürlich in den Herbst- und Wintermonaten, in denen der Ausstoß der Plattenindustrie am größten ist, gar auf 15 und mehr Seiten. Hinzukommt, daß ab Juni 1980 ein gesonderter Teil für die Rezension von Singles im vorderen Bereich des Heftes eingerichtet wird, der zumeist zwei bis drei Seiten stark ist. Größere Bedeutung gewinnt in den letzten drei Jahrgängen der Zeitschrift auch der Einsatz von Bildmaterial, wobei besonders die Farbphotos im Dies & Das-Teil signalisieren, daß Mode und Styling unmittelbar zur Prägnanz popkultureller Erscheinungen beitragen und nicht nur einen dekorativen Nebenaspekt abgeben.[32]

Die Entwicklung von *Sounds* zwischen 1975 und 1982 belegt die Veränderungen, auf die sich das internationale Musikgeschäft in dieser Zeit einzustellen hat. Der Rückgang der Plattenverkäufe zu Beginn der achtziger Jahre spiegelt sich

---

[31] Betrachtet man das Heft 10/79 genauer, fällt zunächst der vergrößerte Umfang auf: 80 Seiten (das Heft 6/79 kommt gar auf 88 Seiten, wobei der Werbeanteil sogar auf ca. 34 % steigt; der Dies & Das-Teil schwillt auf über 25 Seiten an, die fünf Musikartikel werden auf 20 Seiten abgehandelt; der Kultur-Teil erhält elf, der Plattenrezensionsteil 14 Seiten) stehen der Redaktion und der werbetreibenden Industrie zur Verfügung, wobei letztere 30 % dieses Raumes in Anspruch nimmt (25 Seiten). Bildmaterial und Zeichnungen sind auf ca. zwölf Seiten zu sehen. Durch das auf die Buchmesse abgestimmte Bücherjournal kommen Buchbesprechungen und Musikartikel zu fast gleichgewichtigen Anteilen von ca. 18 Seiten. Nur wenig kleiner ist das Volumen der LP-Kritiken, die es auf 17 Seiten bringen. Knapp fallen hingegen die Besprechungen zu Filmen und die Dies & Das-Rubrik aus (zusammen 13 Seiten); übers Fernsehen gibt es in diesem Monat nichts zu lesen.

[32] So weist z.B. das 72 Seiten starke Heft 8/81 ein Anzeigenvolumen von 18 Seiten auf, was einem Anteil von 25 % entspricht, wovon Musikindustrie und die sonstige Konsumgüterindustrie jeweils eine Hälfte bestreiten. Photos von Pop-Stars und Bilder aus Filmen und Fernsehsendungen kommen auf zwölf Seiten. Großzügig ist der Platz für die Dies & Das-Rubrik, in der auf über zwei Seiten Singles abgehandelt werden, bemessen worden: sie kommt auf 19 Seiten. Nur unwesentlich mehr Raum ist den eigentlichen Musikartikeln zugestanden worden. Auf gut 20 Seiten wird über vier Bands, die Club-Szene in Manhattan und ein „Frauenrock"-Festival berichtet; über Kulturelles auf immerhin neun Seiten. Recht knapp fällt der LP-Rezensionsteil mit ca. zehn Seiten aus.

in der defensiven Haltung der Musikindustrie, Werbung für ihre Produkte zu treiben. Das zeigt sich besonders im Vergleich zwischen den Oktoberheften aus den Jahren 1979 und 1981. War das Verhältnis zwischen Musikwerbung, darunter werden Anzeigen für neu erschienene Schallplatten, Plattenversande sowie Konzerttourneen und Festivals gefaßt, und allgemeiner Konsumwerbung (mit Anzeigen der Tabakindustrie, der HiFi-Gerätehersteller, der Banken und Sparkassen etc.) im Jahre 1979 noch eindeutig zugunsten ersterer (18 Seiten für Musik gegenüber 8 Seiten für sonstige Konsumgüter) ausgefallen, so drehte es sich 1981 in die andere Richtung: nun waren nur noch zwölf Seiten Werbung von der Musikindustrie gebucht worden, wohingegen die Werbung für Zigaretten, Drehtabak, Musikkassetten usw. 16 Seiten umfaßt. Im Herbst 1982 fällt der Abstand dann noch deutlicher aus: knappe fünf Seiten Werbung, die das Musikgeschäft beleben sollen, sehen sich 18 Seiten Werbung gegenüber, die das jüngere Publikum zum Kauf von allerlei Konsumartikeln motivieren wollen.

Den aufgezählten offensichtlichen Veränderungen der inhaltlichen und formalen Gestalt von *Sounds* sowie der ökonomischen Rahmenbedingungen, unter denen sich eine Zeitschrift zu reproduzieren hat, entsprechen einschneidende Wandlungen im Umgang mit den behandelten Gegenständen. Der Bemühung um Ausgewogenheit in den Plattenkritiken, die dazu führte, daß dem Aufweis von Schwächen oft die tröstliche Botschaft hinterhergeschickt wurde, daß der besprochenen LP auch einige gute Seiten abzugewinnen seien, folgte eine klare Tendenz zur Entschiedenheit, die nicht mit Übertreibungen, dem Gebrauch von Superlativen und eines Arsenals bislang in *Sounds* selten verwendeter Adjektive (zwingend, unschlagbar, prägnant, genial, ausgezeichnet, elegant, treffsicher) geizte und Mißverständnisse, die dadurch in der Leserschaft immer wieder aufkamen, gelassen in Kauf nahm. Polemische Kritik war nicht mehr eine randständige Umgangsweise mit Platten, wozu früher meist die Rubrik Kurz & ... genutzt wurde. Floskeln der Vertröstung am Ende von Kritiken („hoffen wir"), die mittelmäßige oder schlechte Platten mit dem Hinweis auf eine vielleicht bessere Zukunft noch zu einer würdevollen Gegenwart verhelfen, verschwinden ebenso wie kleinliche Abwägungen, die vor einer klaren Einschätzung des Stellenwertes der Platte zurückzucken, ohne daß auf differenzierte Kritik prinzipiell verzichtet wird. Das Ideal der Rezeption ist nun nicht mehr das der Bildungsmusik abgeschaute des kontemplativen Hörens, das alle Facetten der Musik wahrnehmen möchte, sich an der Komplexität, am Beziehungsreichtum des Gehörten erfreut.

6.4 Traditionelle Schreibweisen: 1976 bis 1978

Allen sich wandelnden Vorlieben, Ideologien und Schreibweisen zum Trotz gehorcht die Form Plattenkritik in *Sounds*, soweit sie nicht wie in einigen Kritiken aus dem Jahre 1970 auf zwei bis drei Sätze verknappt wird, zumeist einem sehr einheitlichen Schema. Die Einleitung nimmt bereits jene Einschätzung vorweg, die später genauer begründet wird. Es bietet sich Gelegenheit für allgemeine Betrachtungen zur Musikszene, oder man stellt das für die Musik verantwortliche Personal vor. Im Mittel- oder Hauptteil dominiert das Bemühen, eine Platte stilistisch und musikhistorisch zu situieren, wobei das Aufzählen von Namen oder die Zuordnung zu bzw. Ad-hoc-Kreation von Genres, Idiomen und Spielweisen für die nötigen Anhalts- und Vergleichspunkte sorgt. Des weiteren werden dort oftmals musikalische Elemente mit einem Vokabular benannt, das sich in der Beschreibung von Pop- und Rockmusik durchgesetzt hat und nicht der musikwissenschaftlichen Fachterminologie entspricht. Man hebt einzelne Stücke hervor, bringt kurze Textzitate bei, nimmt Bewertungen vor. Das wird dann summarisch im Schlußteil fortgeführt, in dem allerdings ebenfalls gerne allgemeine Schlußfolgerungen gezogen, die Leser mit gutgemeinten, mehr oder weniger nützlichen Ratschlägen, Empfehlungen versorgt werden. In diesen formalen Rahmen, der den Plattenkritiken eine recht übersichtliche Struktur gibt, aber auch die Leser dazu verleitet, Einleitung und Schluß schnell zu überfliegen, um sich so die Lektüre der detaillierten Ausführungen im Mittelteil zu ersparen, fügten sich sowohl die avancierten Schreibweisen in den Heften der frühen achtziger Jahre als auch die traditionellen Formen der Zeit vor Punk, New Wave, Avantgarde-Pop und 82er-Pop.

Betrachtet man die Selbstdarstellung der Autoren, so ist zu unterscheiden, ob diese es auf unpersönliche Berichterstattung anlegen oder sich in einer Artikulation subjektiver Empfindungen, Meinungen und Einschätzungen ergehen, die sich mit der Leserschaft grundsätzlich einig weiß. Eine weitere Möglichkeit besteht darin, sich dem Lesepublikum als autoritative Instanz zu präsentieren, die ihr erworbenes oder nur angemaßtes persönliches Prestige, ihre intellektuell-analytische Kompetenz in die Waagschale wirft, um eine ungewöhnliche, ambitioniert angelegte Sichtweise auf eine spezifische Musik vorzutragen. Schließlich kann man sich in der kritischen Rede über Musik auch als Wesen darstellen, das Befremdung auslöst, wenn es selbstverliebt oder provozierend eine subjektive Welt ausbreitet, ohne auf Interesse und Verständnis der Rezipienten besondere Rücksicht zu nehmen.

Selbstreflexive Wendungen, redaktionsinterne Anspielungen und Bemerkungen in Plattenkritiken nehmen sehr unterschiedliche Gestalt an. So wird man mit dem Eingeständnis sprachlicher Hilflosigkeit, der Unlust beim Hören der Platte oder beim Verfassen der Kritik konfrontiert. Klagen über die eingeschränkten Möglichkeiten der sprachlichen Entfaltung in der Kurzform Plattenkritik sind zu vernehmen. Zustimmend werden Texte oder Äußerungen von Redaktionskollegen zitiert oder paraphrasiert, was zur Konstitution und Sicherung der Autorität der Zeitschrift beiträgt. Dafür sorgen nur scheinbar paradox auch interne polemisch-kritische Bemerkungen zur Person und zu Aussagen anderer Autoren. Darüber hinaus sind diese ein belebendes Moment des Pop-Diskurses, das die starre Relation zwischen individueller Autorin und individueller Leserin aufbricht, ungewöhnliche Bündnisse und Fraktionierungen entstehen läßt.

Zweifellos ist die gehäufte Verwendung stilistischer Eigentümlichkeiten wie Anglizismen, anglo-amerikanischer Entlehnungen, hypertrophierter Komposita etc. ein charakteristisches Merkmal der journalistischen Rede über Popmusik; ihr autorenspezifischer Gebrauch sorgt jedoch für bedeutsame Unterschiede. Das jeweilige Register favorisierter Metaphern, auch der selektive Gebrauch bestimmter Verben, Substantive und vor allem Adjektive signalisieren mehr als ein differentiell ausgebildetes Sprachgefühl; vielmehr ist daran häufig der Abstand zwischen fundamental gegensätzlichen, ästhetisch-ideologisch überhöhten Sichtweisen der Musik festzumachen. In pragmatischer Hinsicht sind folgende Aspekte in Plattenkritiken von besonderer Relevanz: der Bruch bzw. die Einhaltung von Stilebenen, der Grad der Klarheit und Verständlichkeit des Ausgesagten in Abhängigkeit von syntaktischen Mustern und semantischer Komplexität, der wiederum Aufschluß über den Informationsgehalt der Kritik geben kann.

Sieht man einmal von den eben erwähnten stilistischen Eigentümlichkeiten des Rock-Journalismus[33] ab, so ist die Anlehnung der Plattenkritiken in *Sounds* um die Mitte der siebziger Jahre an gut eingeführte feuilletonistische Vorbilder unverkennbar. Besonders deutlich wird das in den Kritiken von Michael Schlüter und Ingeborg Schober, sowie in den Rezensionen zu Jazz- und Jazzrock-Platten von K. Lippegaus, A. Schumacher, R. Quinke. Den Übergang zur schlichteren Fraktion der Vertreter traditioneller Rock-Werte (u.a. J. Gülden, B. Gockel, H.-W. Andresen) und dem Hippietum verpflichteter Begeisterung für Reggae (T. Schwaner) bildet M. Gillig, der phrasenhafte und kunstgewerbliche Einlassungen zu Art- und Elektronik-Rock mit Begeisterung für „geschmackvollen Rock mit sehr viel Bluesfeeling, ohne Schnörkel und ausschweifende Eskapaden" verbindet. Bei Schlüter zeigt sich die Tendenz zum gehobenen feuilletonistischen Ton natürlich dann am stärksten, wenn er sich mit den Platten jener Musiker beschäftigt, die ihm besonders viel bedeuten und die zugleich einen klaren Autorenstatus in der Popmusik einnehmen, also auch recht umstandslos als höhere Literatur behandelt werden können: im Heft 1/76 feiert er Neil Youngs „Zuma", einen Monat später widmet er sich Joni Mitchells LP „The Hissing Of Summer Lawns".[34]

Erstere Kritik ist auf der privilegierten ersten Seite des Rezensionsteils plaziert. Ein Bild des Musikers an dieser Stelle, innerhalb einer Rubrik, in der wenig Bildmaterial verwendet wird, unterstreicht die herausgehobene Stellung der Platte

---

[33] Vergleiche dazu die informative Arbeit von L. Ortner, *Wortschatz der Pop-/Rockmusik*, die recht umfangreiches Material analysiert. *Sounds* wird dort zwar im Textcorpus berücksichtigt, jedoch beschränkt auf Hefte aus dem Zeitraum zwischen 1972 und 1975.

[34] Gelegentlich ergeht sich auch Schlüter im Rock-Jargon. Ein Stück von der LP „Savage Eye" der Pretty Things sei „ein Rocker über einem kräftigen Riff, das einem in die Gehörgänge gestampft wird." Und resümierend wird der LP das rockistische Prädikat verliehen, daß sie „beim Abhören unheimlich gut los(geht)." (3/76, S. 52; vergleiche auch 4/76, S. 56) In die bereits dokumentierte Richtung gehen hingegen die Rezensionen zu J. J. Cales „Troubadour" (12/76, S. 64), zum Album „Great Artiste" der Kursaal Flyers (6/76, S. 62) und natürlich zu späteren Alben von Neil Young („Comes A Time", 11/78, S. 70) und Joni Mitchell: „Hejira" (2/77, S. 54) und „Don Juan's Reckless Daughter" (2/78, S. 54). Leider treten dabei in dem Bemühen um feinsinnige Textanalysen die elementaren Qualitätsunterschiede zwischen der sehr guten erstgenannten Platte und dem eher mäßigen Doppelalbum nicht deutlich hervor.

und damit auch ihrer Besprechung.35 In der Rezension der erwähnten Platte von Joni Mitchell manifestiert sich der hohe Anspruch, den der Kritiker an seine Rezeption stellt. Dem Eingeständnis, daß ihm „noch etliches der Mitchellschen Lyrik geheimnisvoll geblieben" sei und daß er „Sabines (zu ihr werden keine weiteren Angaben gemacht, R.H.) Interpretationshilfen" bedurfte, folgt voller Bescheidenheit die Auskunft, daß er deshalb „nur einige mehr oder weniger zusammenhängende Gedanken zu dieser LP" beizusteuern habe. Zuvor hatte der Autor zu erkennen gegeben, daß er den ehernen Pflichten eines Rock-Kritikers in den siebziger Jahren nachgekommen sei und - als implizite Aufforderung an den Leser, ähnliche Ausdauer und Geduld aufzubringen -, daß diese Anstrengung lohne: „Von allen Alben Joni Mitchells ist THE HISSING ... die am schwersten zugängliche. Es ist eine von den Platten, die ihre Attraktivität erst nach mehrfachem Hören und eingehendem Studium der Texte entfalten."36 Diese Formel, die in Abwandlungen immer wieder auftaucht, zeigt, daß sich die ambitionierte Rock-Kritik den im Umgang mit den Werken legitimer Kultur eingeübten Rezeptionsmodus zu eigen macht, um so den ästhetischen Rang ihrer Gegenstände unter Beweis stellen zu können. Auch die durch Punk und Folgen hervorgebrachten Wandlungen im Umgang mit Musik haben nicht verhindern können, daß das Ideal kontemplativen Hörens, des hermeneutisch gerechten Verstehens der Texte immer wieder bemüht wird: besonders deutlich in Besprechungen zu Produktionen der Pop-Avantgarde seit Ende der siebziger Jahre.

Nüchternes bis kunstgewerbliches Feuilleton schreiben auch Autoren wie I. Schober, K. Lippegaus, R. Quinke, A. Schumacher und M. Gillig. Dabei leisten sie sich gelegentliche Stilbrüche, um Ärger über rezensierte Platten und die dafür verantwortlichen Musiker auszudrücken, um der Beschreibung musikalischer Dimensionen größere Anschaulichkeit zu verleihen, um ihrer Vorstellung davon, welche Sprache dem *Sounds*-Publikum angemessen ist, zu entsprechen. Lippegaus möchte die Gong-LP „Shamal" vom damaligen Durchschnitt der progressiven Rockmusik abheben. Er schreibt: „Das ist endlich mal wieder Musik, die auch die Einfachheit intensiv darzustellen weiß und nicht mit technischem Affentheater blufft."37 In seinem Fazit zu Herbie Hancocks LP „Man-Child" schlägt derselbe Autor[38] zunächst einen hohen Ton an, der künstlerische Ansprüche loyalitätsheischend einklagt, um dann in salopper Umgangssprache seinem Ärger Luft zu verschaffen: „Hancocks Musik erlegt sich ein solches Maß an Selbstbeschrän-

---

35 1/76, S. 44.
36 2/76, S. 48.
37 5/76, S. 70.
38 Welche ehrgeizigen Ansprüche Lippegaus an Musikkritik stellt, läßt er in seiner Rezension zu einer LP des Gitarristen Robin Trower („Live!"), wenn auch mit ironischem Vorbehalt, durchblicken: es wäre „eine popwissenschaftliche Analyse" dazu vorzulegen, ob der erwähnte Musiker Jimi Hendrix ebenbürtig sei. In Anbetracht des Gegenstandes scheint dem Autor die abgekürzte Version eines solchen Unternehmens völlig auszureichen: „Ganz offensichtlich fehlt ihm (Robin Trower, R.H.) die Logik, Konzentration und die weit ausgreifende klangliche Ästhetik, die ein Jimi Hendrix häufig genug gezeigt hat." (4/76, S. 61)

kung im musikalischen Ausdruck auf, daß es künstlerisch kaum noch vertretbar ist. Es ist 'Wegwerf-Musik', ohne Phantasie und Engagement."[39]

Bei Schober ist über ein Stück ('Solitude') von der LP „Go" des internationalen Projektes Stomu Yamashta, Steve Winwood und Michael Shrieve zu lesen: „Da fühlt man die melodische Transparenz, die Fähigkeit Yamashatas, Stimmungsbilder zu zaubern, verstärkt durch die tragende, fein nuancierte Stimme Steve Winwoods [...]."[40] Ein Feuerwerk aus Adjektiven brennt Schober in ihren Ausführungen zu David Bowies „Low" ab, um schließlich einem hier schon wiederholt angetroffenen Stereotyp der Rock-Kritik eine lebenspraktisch vertraute Wendung zu geben: „Frisch, aufregend, stellenweise chaotisch und verwirrend macht sich hier (auf der ersten Seite der LP, R.H.) eine etwas morbide, geisterhafte Stimmung breit. Das Frappante aber ist der Gesang, manchmal so eckig-ironisch wie von Zappa, z.B. auf 'What In The World'. Seite 2 aber fordert Geduld. Die ist beim ersten Hören nicht zu fassen, die muß man einlaufen wie einen neuen Schuh." Von einem dieser Stücke ('Warszawa') heißt es: „[...] beängstigende, bedrohliche, ja beunruhigende Visionen einer leeren utopischen City (werden) heraufbeschworen."[41] Ihrem Sinn für apokalyptische Stimmungen folgend, zudem stets einem artifiziellen Umgang mit musikalischen Strukturen aufgeschlossen, begeistert sich die Autorin für eine Reihe ausgezeichneter oder gar wegweisender Platten: The Stranglers: „Black And White", Lou Reed: „Live - Take No Prisoners", Pere Ubu: „Dub Housing" und Wire: „154".[42] Danach rezensiert Schober zumeist eher durchschnittliche Platten, da sich bei *Sounds* nun die jüngere Garde der avancierten Produktionen annahm. 1981 verfaßt sie nur noch eine Handvoll Kritiken; 1982 ist sie in *Sounds* nicht mehr vertreten.

Wenig überraschend huldigt auch Quinke ganz unoriginell dem dominanten Rezeptionsmodus dieser Zeit: „Die Themen der einzelnen Stücke (der LP „Yellow Fields" von Eberhard Weber, R.H.) sind zwar komplex, aber dennoch eingängig, nach mehrmaligem Hören hat man sie im Ohr und bekommt sie dort auch nicht wieder so schnell heraus." Im Anschluß daran variiert der Autor genüßlich jene Eigenschaft der verhandelten Musik, die zugleich seinen Ausführungen und denen aller feuilletonistisch gesonnenen Kritiker eignen soll: „Veränderung einiger Themenstrukturen gehen ungeheuer subtil vor sich. Das erzeugt Spannung. Subtilität ist auch das Kennzeichen der gesamten Musik; Hektik, Ausbrüche gar sind nicht gefragt. Subtil, vorsichtig das Beckenspiel Christensens, subtil, einfühlend die Akkorde, Läufe und flächigen Klänge Brüninghaus', subtil, schwelgend die Sopran- oder Nagaswaram-Improvisationen über viele Takte hin von Mariano, subtil, verbindend und zusammenhaltend die Phrasen Eberhard Webers auf seinem spezialangefertigten Elektro-Bass."[43]

---

[39] 1/76, S. 48.
[40] 10/76.
[41] 4/77, S. 63f.
[42] 7/78, S. 63; 2/79, S. 58f.; 2/79, S. 61; 11/79, S. 74.
[43] 3/76, S. 54.

In einer Rezension über „Go - Live From Paris" von Stomu Yamashata tituliert Schumacher Klaus Schulze als „Deutschlands Blubber-König".[44] In flapsiger rock-journalistischer Manier werden Weather Report als „Wetterberichtler" eingedeutscht.[45] Höchstes Lob verführt den Autor hingegen zu metaphysischem Geraune: „Der erste Titel von '2' (der Gruppe Gateway, R.H.) spricht für sich. 16 Minuten der totalen Kommunikation in tiefster Harmonie und absoluter rhythmischer Präsenz."[46] Oder zur üblichen Akkumulation von Adjektiven: „Swingend, tanzend, verträumt, aggressiv - in jeder Sekunde kraftvoll und bedeutsam mit selten erreichter Sicherheit und Brillanz - die Bass-Solo-LP."[47] In dieser Kolumne hält der Autor einer anderen Platte zugute, daß sie „zum beständigen Fuß-Tapp-Tapp stimuliert." Dort werden auch, allerdings nicht mit betont negativem Akzent, die in der Rock-Kritik stereotypen „Ecken und Kanten", die fehlen, verzeichnet und ein monströses Adjektiv-Kompositum konstruiert: „ein straight-rockendes-jazzendes Zusammenspiel" überzeugt den Rezensenten.[48] An anderer Stelle versagen seine sprachlichen Fähigkeiten: „Das unterschwellige Feuer dieser 1977 aufgenommenen Titel (der LP „Born At The Same Time" von Steve Grossman, R.H.) ist nur schwer zufriedenstellend in Worte zu fassen [...]."[49] Auch Schumacher läßt es sich bei einer anderen Gelegenheit nicht nehmen zu empfehlen, daß „es sich (lohnt), weitere Male in dieses ausgezeichnete Stück Jazz (Bennie Wallace: „The Fourteen Bar Blues", R.H.) hineinzuhören [...]."[50]

Gelegentlich werden Platten rezensiert, die der Rock-Sensibilität entgegenkommen und dann entsprechend mit Floskeln des üblichen Rock-Jargons abgehandelt.[51] Eine starke Vorliebe für elektronische Rockmusik, aber auch für traditionellere Rock-Produktionen zeichnet Gillig[52] aus. Bewertungen zu Platten aus letzterer Kategorie klingen so: „Max Merritt & The Meteors machen klaren und

---

[44] 7/78, S. 66.
[45] 11/79, S. 79f.
[46] 9/78, S. 66f.; vergleiche auch die euphorische Naturmetaphysik in 2/79, S. 64.
[47] Vergleiche auch 7/81, S. 66.
[48] 10/78, S. 92f.
[49] 12/78, S. 89; vergleiche auch 2/79, S. 64.
[50] 4/79, S. 72f.; vergleiche aber immerhin zur Group 87: „Nichts zum dauernden, konzentrierten Hinhören, aber dafür ein bequem fließender, immer angenehmer Instrumental-Soundtrack, der trotz seiner Background-Qualitäten Bedeutung hat." (9/80, S. 60)
[51] Seine Besprechung der LP „Sunshower" der Joachim Kühn Band Featuring Jan Akkerman & Ray Gomez beginnt Schumacher mit folgendem Ausruf: „Diese Scheibe rockt gut los!" (10/78, S. 85) Und über „Rock And Roll And Love And Death" von The Romeos heißt es: „Eine Rockband, die mit zwei, manchmal drei Gitarren arbeitet, deren Stil nicht schmeichelt, sondern beißt, die fetzen kann [...]." (2/81, S. 65)
[52] Seine Texte sind voller Stilbrüche zwischen prätentiösem, feuilletonistischem Schwulst und einem biederen Rock- und Szenejargon, der auf Witzigkeit und Lockerheit abzielt. Das bekannte Duo fungiert als „Simon & Furunkel" (1/76, S. 46), die kanadische Rockgruppe mit einer Handvoll Charts-Erfolgen als „Bachman Törner Overbäng" (3/76, S. 54) Gleich eine ganze Reihe von Platten habe ihn „nicht gerade aus dem Sessel gelupft". (4/76, S. 54f.) Kohärent im Rock-Idiom bleibt hingegen der Autor, wenn er bei Kevin Coyne von „harten, rockenden Nummern" spricht und sie in muffiger Nachkriegsmanier „für einen ausgelassenen Schwoof" empfiehlt. (5/76, S. 68f.)

einfachen, aber trotzdem sehr geschmackvollen Rock mit sehr viel Bluesfeeling, ohne Schnörkel und ausschweifende Eskapaden." Natürlich darf eine - in diesem Fall besonders penetrante und verschwitzte - Thematisierung der physiologischen Orte der musikalischen Wirkungen nicht fehlen: „Außerdem sind da immer wieder kleine Widerhaken eingebaut, die sich im Ohr festsetzen - Riffs, die direkt ins Ohr und von dort aus tiefer in Richtung Gürtellinie gehen."[53] Gilligs besondere Aufmerksamkeit gilt freilich jener Musik, die sich unter Einsatz modernen elektronischen Geräts von den bewährten Blues- und Rockschemata zu lösen versucht. Zum Musterbeispiel erklärt der Autor Brian Enos „Another Green World": für ihn seine „bis dato ernsthafteste, ruhigste, hintergründigste und friedlichste Produktion [...]." Einem Werk, das sich soviel Superlative verdient hat, schmeichelt man natürlich zusätzlich mit der Bemerkung, daß es „kaum Hörerwartungen (erfüllt)." Nach der obligaten musikhistorischen Referenz gleitet der Text vermittelt über synästhetische Vergleiche in reinen Kitsch ab, der dann in der Tiefsinn heischenden Übersetzung des LP-Titels seinen Höhepunkt findet: „Er (Eno, R.H.) konfrontiert mit Klängen, die einerseits an Can oder Tangerine Dream erinnern, von der Struktur her aber eher chinesischen Miniaturen oder Glasmalereien gleichen. So zeichnet er ein Hörbild von einer anderen Welt in Grün [...]." Noch schlimmer kommt es dann, wenn Gillig zur Kontrastierung zwischen der in dieser Besprechung zunächst behandelten LP „Siren" von Roxy Music und der gepriesenen Eno-LP ansetzt.[54] Geschmäcklerisch und kulturkritisch weidet er sich am Vergleich von Genußmitteln sehr unterschiedlichen Prestiges. Enos „Welt in Grün" habe mit „Roxy Musics Ausverkaufsjahrmarkt so wenig zu tun hat wie ein guter Portwein mit einem Colalutscher." Das Gediegene, künstlerisch Wertvolle vereint sich mit dem edlen kulinarischen Genuß, wohingegen sich das ästhetisch Wertlose in der eigenwilligen Fügung „Ausverkaufsjahrmarkt" Käuflichkeit (Ausverkauf) und Kokettieren mit höchst oberflächlichen Reizen und Genüssen (Jahrmarkt, Colalutscher) vorwerfen lassen muß.

Über dieses Beispiel hinaus ist generell festzuhalten, daß der Gebrauch von Metaphern und Vergleichen aus dem Bereich des Kulinarischen und Gastronomischen im Pop-Diskurs, wobei sowohl die Verbildlichung des Produktionsaspektes (Auswahl von „Zutaten", „würzen" und „abschmecken") als auch die des Konsums (Musik als „ausgereifter Wein", „Nachtisch", „Soufflé", „Sorbet") gemeint ist, sich stets dem Verdacht aussetzt, Popmusik zum Mittel der freudlosen Ausgestaltung einer dünkelhaften, selbstzufriedenen (klein-)bürgerlichen Existenz zu degradieren und damit ihre radikal hedonistischen, nihilistischen und aufrührerischen Impulse zu verraten. Anzufügen bleibt noch, daß auch in der erwähnten Rezension der Leser - diesmal sogar direkt, wo der Autor doch ein besonders

---

[53] 1/76, S. 47.
[54] Beste Gelegenheiten für Gilligs kunstgewerbliche Schwärmereien sind auch in den folgenden Monaten und Jahren vor allem Eno („Before And After Science", 3/78, S. 64f.), Tangerine Dream (5/78, S. 83f.) und Klaus Schulze (8/77, S. 58).

drängendes Anliegen hat - zu Geduldsproben ermuntert wird: „Hört sie euch an und gebt nicht gleich auf, wenn sich beim ersten Mal noch nichts tut!"[55]

Ausgehend von Werten wie Authentizität, exzessive sinnliche Entäußerung und Verausgabung, Gemeinschaft, Anti-Kommerzialismus, die der Rockmusik seit den späten sechziger Jahren normativ zugeschrieben wurden, feiern oder verdammen Autoren wie J. Gülden, T. Schwaner, B. Gockel, B. Matheja, H.-W. Andresen und Autorsubjekte, die unter Pseudonymen wie Dr. Gonzo und Lätz Dänz firmieren, den laufenden Ausstoß der Musikindustrie. Auch die Empfehlung von Musik, die nicht mit kunstvoller Komplexität aufwarten kann, wird im vorgegebenen Schema der Thematisierung des Hörvorgangs vollzogen: schon „beim ersten Hören" könne man alles Wesentliche erfassen. Den dadurch evozierten Verdacht, daß es sich dann doch wohl um sehr anspruchsloses Material handeln müsse, versucht man zu zerstreuen, indem ein anderer ehrenwerter Strang in der Rede über Rockmusik ins Spiel gebracht wird: Energie, Gemeinschaft und Authentizität. In der Rockmusik, so die Annahme, werden Energien freigesetzt, die sich auf die Hörer übertragen und für angenehme Zustände der Spannung und Entspannung sorgen. Besitzt eine Platte diese Qualitäten, ist der Hörer angespannter Kontemplation enthoben. Das Live-Konzert ist im Schema der Rock-Sensibilität das Urmodell der Erzeugung von echter Gemeinschaft. In der gemeinsamen Hinwendung des Publikums zu einer Band, die für alle sichtbar aufspielt, entstehe im besten Falle eine Atmosphäre, in der die körperliche und geistige Verausgabung der Musiker und die mehr oder weniger exzessiven (Tanzen, wildes Kopfschütteln, Werfen der Arme über den Kopf) oder sublimierten (Fußwippen, leichtes rhythmisches Schwingen des Körpers) Aktivitäten des Publikums auf beiden Seiten das Gefühl vollständiger Hingabe erzeugen. Jene Schranken, die die bürgerlichen Individuen voneinander trennen, lösen sich auf, weichen einer geradezu dionysischen Verschmelzung. Voraussetzung für das Funktionieren dieses Vorganges ist, daß sowohl Musiker als auch Publikum an die Fiktion der Authentizität glauben. Die Musiker spielen für uns, weil es ihnen Spaß macht, weil sie etwas zu sagen haben. Es gehe nicht vorrangig darum, daß die Musiker eine lästige Pflicht im Rahmen eines strategisch geplanten kommerziellen Unternehmens erfüllen. Diese wiederum nehmen an, daß ihr Publikum ihre Konzerte vor allem deshalb besucht, weil es an der Musik, an den textlichen Aussagen interessiert ist. Man unterstellt nicht, daß das Publikum von einem umfassenden Medienapparat zum Konzertbesuch motiviert wurde, dieser in Teilen des Publikums vornehmlich zum Ausweis ihrer Kennerschaft und Hipness gerinnt.

Im Sinne der anti-kommerziellen Haltung der Rock-Sensibilität wirft Gockel dem Produzenten einer Platte, auf der altes Material von Jimi Hendrix einer Neubearbeitung unterzogen wird, „Leichenfledderei" vor, spricht Gülden davon, daß das Album der Gruppe The Outlaws „auf die Promotion-Strecke gehetzt (wird)." Wortschöpferisch formuliert dieser Autor seinen Ärger über das Electric Light Orchestra: es liefere „all den Schmusik-Müll, gegen den die Rock 'n' Roll-Musik

---

[55] 2/76, S. 50.

einst zu Felde gezogen ist."⁵⁶ Unter dem Pseudonym Lätz Dänz schickt ein Kritiker seiner Besprechung der LP „Horses" von Patti Smith folgende allgemeine Klage über die Praktiken der Medien- und Musikindustrie voraus: „Denn wenn sich die Medien wie ausgedörrte Blutsauger auf einen neuen 'Superstar' stürzen, dann hat ihrem Opfer schon meist das letzte Stündlein geschlagen. Die Zwangsjacke, in die ein entwicklungsfähiger Musiker durch massive Image-Zementierung gesteckt wird, ist so ungemein belastend, daß er zwangsläufig hinter übersteigerten Erwartungen zurückbleiben muß." Wird ein Musiker von diesen Mechanismen erfaßt, so grübelt der Autor über das Schicksal von Bruce Springsteen, dem damals aktuellen Beispiel eines massiven Medien-Hypes, dann stelle sich die bange Frage, ob er „überhaupt noch über nennenswerte Substanz und Glaubwürdigkeit verfügt."⁵⁷ Einem Zitat aus den Texten von Kraftwerks „Radio-Aktivität" hält Schwaner entgegen, daß dabei „die vielen Bürgerinitiativen gegen Atomkraftwerke das Grausen überkommen (mag)". Der politische Verdacht wird mit einer Information verschärft, die den Anti-Kommerzialismus ihres Senders zu verstehen gibt: „[...] der Welt größter Schallplattenkonzern EMI vertreibt's."⁵⁸ Für Dr. Gonzo verkörpert Peter Framptons „Mittelmaß" auf „Frampton Comes Alive!" den deprimierenden Triumph des Images über musikalische Substanz. Das Pseudonym gestattet auch den Rückgriff auf ein derb-vulgäres Register: „[...] hier spielt man soviel Füllselphrasen, daß es schlichtweg zum Kotzen ist." Frampton könne nur eine „Schönheitskonkurrenz" gewinnen, seine Musik jedoch „(bedeutet) den Tod all dessen, was uns einmal für diese Art von Musik einnahm."⁵⁹ Das Kollektivsubjekt in dieser Formulierung umfaßt nicht nur gleichgesinnte Kollegen in der *Sounds*-Redaktion, sondern zielt offensichtlich auf die imaginäre Gemeinschaft derer, die den Werten und Idealen der Rockmusik treu ergeben sind.

Das Argument des Anti-Kommerzialismus haben die Vertreter der Werte des guten alten Rock 'n' Roll auch gegen den aufkommenden Punk in England zur Hand. Unter dem Pseudonym Dr. Gonzo nimmt man sich die Lizenz zu sachlicher und stilistischer Laxheit. Der geballte Unmut über Punk kann sich zudem der Zustimmung des überwiegenden Teils der Leserschaft, der progressiv und rockistisch gesonnen ist, sicher sein: „Was der englische 'Punk-Rock'-Schwachsinn für seltene Blüten treibt, beleuchtet wohl das folgende Beispiel am besten: Da gibt's ne Band, die Johnny Rotten And The Sex Pistols heißt, unbeschreiblich mau ist und deren Hymne 'Anarchy in the U.K.' heißt. Und jetzt, Freunde, kommt der dicke Hammer! Die Anarchie im Vereinigten Königreich wird, selbstredend mit adäquater Promotion, von Mütterlein EMI vermarktet. Solches Gebaren muß selbst einem hiesigen Freizeit-Anarchisten die Tränen der Wut in die Augen treiben." Der in dieser Kritik behandelte Sampler „Original Punk Rock: Live From

---

⁵⁶ 1/76, S. 44ff., 46 und 47.
⁵⁷ 4/76, S. 56.
⁵⁸ 2/76, S. 53.
⁵⁹ 5/76, S. 70.

The CBGB's Club, New York" wird vom Rezensenten als „Genesungsurlaub" genossen, der sich als kritischer Konsument keine Illusionen über den wenig erfreulichen Zustand der Rockmusik macht, was er dann auch gleich wenig fein und mit Beschwörung einer mythischen Vergangenheit zum Ausdruck bringen muß: „Weil die Bands, die auf diesem Doppelalbum zu hören sind, keine prätentiöse, elektronische, sinfonische, verinnerlichte oder sonstwie geartete Sülze in Konzept-Album-Verpackung machen, sondern richtige Rock 'n' Roll-Musik, wie man sie seit dem Ende der Liverpool-Ära nicht mehr gehört hat." Weiter unten werden dann die Qualitäten der Musik, die diese Erweckung ausgelöst hat, metaphorisch zur Geltung gebracht. Es sei dort zu hören, so der Autor ohne kleinliche Angst vor einem Pleonasmus, „[...] wie man aus so'ner winzig kleinen Miniaturidee eine heiße Losgehnummer macht, wie man [...] einfach nur pure Energie abläßt, wie man dem Rock 'n' Roll wieder die Rauhheit, Unbekümmertheit, Ehrlichkeit und Widerborstigkeit [...] wiedergibt [...]."[60] Höchstes Lob artikuliert sich nicht nur hier, sondern im rockistischen Wertekosmos fast durchgängig, in einer Metaphorik, die die psychische und physische Unausrechenbarkeit und Unwiderstehlichkeit der durch die Musik freigesetzten Reaktionen, ihre Energie und Dynamik symbolisieren soll, wobei gern auf Naturgewalten, Feuer, Explosionen, sinnfälliges technisch-industrielles Gerät als Bildspender zurückgegriffen wird.[61] Dem verdammten, inauthentischen und harmlosen Frampton wird in der

---

[60] 1/77, S. 46.
[61] Eine kleine Auswahl von Beispielen muß genügen. T. Schwaner mit einer Begeisterung, die es anläßlich Bob Marley: „Live" nicht mehr zu vollständigen Sätzen bringt: „Keine Schmerzen, aber Gänsehaut." Und: „Hochspannung durch Hypnose." (2/76, S. 49) Dr. Gonzo über „No Heavy Petting" von Ufo: „Die Form ist alt - klar - aber der Elan ist neu; fast unverbraucht rauscht die Post ab." (6/76, S. 60) Selbiger im Tonfall launiger Witzigkeit zu „The Penthouse Tapes" von The Sensational Alex Harvey Band: „Wem sich da nicht vor Wonne die Nackenhaare sträuben, der hat entweder 'nen schlechten Frisör oder 'ne Glatze!" (6/76, S. 64) Und über „Live Bullet" von Bob Seger & The Silver Bullet Band: die Platte sei „in jeder Sekunde das, wofür Rock 'n' Roll steht und stehen soll: Energie, Krawall, Chaos, Ausflippen, Sichgehenlassen." (7/76, S. 52f.) Zum Instrumentengebrauch auf „Elastique" von Stretch fabuliert Dr. Gonzo: „Ein Schlagzeug und ein Baß wie eine Büffelbonanza bei Gewitter, ein Gitarrensound, als ob ein wütender Hornissenschwarm einen Düsenjäger jagt." Selbstironisch wird dazu in einem Klammereinschub vermerkt: „Verdammt, mir gehn die Adjektive aus." (7/76, S. 52f.) Begeistert schreibt „Dr. punk Gonzo" über die selbstbetitelte Debüt-LP der Ramones: „Allen überflüssigen Ballast wie Gitarren- und Schlagzeug-Soli haben die Ramones über Bord gekippt, was hier abläuft, ist ein Drei-Akkord-Bombardement." (10/76) Zu „High Voltage" von AC/DC: „[...] die neuen Titel der LP sind so wie Rock-Nummern eben sein sollen: laut, schnell, aggressiv und elektrisierend." (11/76) Über die Fähigkeiten des Gitarristen von Dr. Feelgood auf „Sneakin' Suspicion": „Es ist kaum zu glauben, wie er (Dr. Wilko, R.H.) die Dinger rausknallt, flüssig sägt [...]." Und weiter unten heißt es in dem typisch blöden Wortspiel mit dem Gruppennamen: „Ich sah das Ärzteteam schon in der Sackgasse. Dabei fahren sie fullspeed auf der Autobahn." (7/77) B. Matheja bemüht in seiner Rezension zu Mink de Villes „Return To Magenta" gleich ein ganzes Bündel von Bildern aus dem Rock-Jargon „'Soul Twist' ist gleich das schwerste Geschütz der LP. Knakkender Uptempo-Rock mit präzise gesetzten Gitarrenheulern [...]. Kurz bevor die Scheibe abhebt, bremst Willy die Höllenfahrt [...]." (6/78, S. 72) Anläßlich der „wahren Killer-LP" („Move It On Over") von George Thorogood & The Destroyers, nach des Autors Einschätzung „die - ohne jeden Zweifel - beste Blues/Rhythm & Blues Band der Gegenwart", stellt Matheja abschließend die

oben erwähnten Kritik der energiesprühende, bedrohliche Johnny Winter gegenübergestellt: er habe „den Teufel im Leib, und seine Seele ist purer Rock 'n' Roll." In bildhafter Sprache wird an Winters Musik gepriesen, daß „sie etwa einem Frühlingssturm (gleicht), der die abgestorbene Natur zu neuem Leben erweckt."[62] Von keinem Zweifel an der Aussagekräftigkeit abgenutzter sprachlicher Bilder wird Andresen geplagt, der sich mit penetranter Redundanz an die Symbolisierung der unterstellten energetisch-dynamischen Qualitäten der Rockmusik macht, indem zur Musik Naturkatastrophen, schnelle Autos, Explosionen, Feuersbrünste, Lavaströme assoziiert werden.[63] Geschätzter Musik, die sich aufgrund ihres zurückgenommenen Tempos und ihrer komplexeren rhythmischen Textur einer solchen metaphorischen Überhöhung entzieht, wird oft ihre gemeinschaftserzeugende Kraft („Ohrwurm"), ihre wertvolle textliche Aussage und ihre anti-kommerzielle Integrität zugute gehalten.

Bei diesen Gelegenheiten offenbart sich dann auch Übereinstimmung mit der oben charakterisierten Fraktion der feinsinnigen Rezensenten. So feiert Gülden das Duo Steely Dan als „zwei Typen, die nicht nur ein schier unerschöpfliches Arsenal trickreicher Arrangements, hakiger Melodien und ausgefuchstester Instrumentierungen besitzen und souverän einsetzen, sondern auch mit der seltenen Gabe gesegnet sind, Sprache wirklich ironisch zu handhaben und verbal um die Ecke zu denken."[64] Schwaner resümiert seine Einschätzung von Randy Newmans „Little Criminals" mit folgenden Worten: „[...] ein neues Meisterwerk: zwölf Songs, komplex und verschroben, voller Haken und Ösen, eindringlich. Seit ich die Platte bekommen habe, blockiert sie meinen Plattenteller - man kann Randy Newman immer wieder hören und hört doch immer wieder etwas Neues [...]."[65]

Generell fällt auf, daß Kritiker sehr unterschiedlichen Gepräges zumindest rhetorisch den Texten der rezensierten Platten einen sehr hohen Stellenwert bei ihrer Bewertung einräumen. An „Zevons Songtexte(n)" hebt Schwaner hervor, daß sie „Kuriosa" seien, „die von Randy Newman angehaucht sein könnten", was

---

Frage, wann die Musiker die Gelegenheit bekommen werden, „auch in diesem unserem Lande die Bühnen in Schutt und Asche zu spielen?" (12/78, S. 80)
[62] 5/76, S. 70.
[63] Hemmungslos überläßt sich der Autor seiner automobilen Metaphorik bei Les Dudeks „Ghost Town Parade": „Und ab geht die Fahrt mit unzähligen PS musikalischer Power. Wenn man glaubt, man sei am Ziel der Fahrt, legt die Band noch mal richtig zu und rauscht bestimmt am Park vorbei. Auch die anderen Stücke versprechen eigentlich keinen Stop dieses Taxis. Immer wird von der Band und Dudek noch ein Zahn mehr zugelegt [...]." (6/78, S. 76) Entsprechend wird Platten, die weniger gefallen, nachgesagt: „Die Stücke sind alle ohne den entscheidenden Kick, der einem das Gefühl gäbe, jetzt könnte es losgehen." (6/78, S. 64) Der LP „Hearts Of Stone" von Stoneground wird resümierend folgendes Urteil zugedacht: „[...] ist eine heiße Scheibe und hat sehr viel Feuer." (10/78, S. 83) Über die Outlaws und ihre LP „Playin' To Win" ist zu lesen: sie haben sich auf einen „feurigen Südstaaten-Rock mit treibendem Rhythmus und ständig wiederkehrenden Gitarren-*fights* von ungeheurer Schnelligkeit und Spritzigkeit (drei Gitarren) [...] rückbesonnen." (3/79, S. 65f.) Und immer kommt dann Begeisterung auf, wenn der Gesang von einer „Röhre" kommt und die Musik „Feeling" beweist.
[64] 10/77, S. 76.
[65] 11/77, S. 68.

natürlich als großes Kompliment zu verstehen ist.[66] Unablässig beklagen die Kritiker in hermeneutischem Furor, daß die Plattenfirmen es unterlassen haben, die Texte abzudrucken. Resignierend gesteht A. Hilsberg seine Schwierigkeiten ein, zu einem adäquaten Verständnis der lyrischen Botschaften von Elvis Costello zu gelangen, denn dazu „(hätten) sich die Plattenfirmen [...] die Mühen und Kosten machen müssen, die Texte mit zu veröffentlichen. Aber man kennt das ja..."[67] Doch nur äußerst selten ist in den Fällen, wo Zitate aus für bedeutsam erklärten Songtexten beigebracht werden, einzusehen, wieso ihnen soviel Aufmerksamkeit und interpretatorische Mühe gewidmet werden. Im Vergleich zu den behandelten Kritiken feuilletonistischer Provenienz zeichnen sich die weniger feinsinnigen Freunde echter Rockmusik allerdings tendenziell durch ein geringeres Interesse an Textexegese aus.

Eine überzeugende Apologie der essentiellen Bedeutung von Texten in der Rockmusik, die sich wohltuend von den vielfach verkrampften Bemühungen in LP-Kritiken abhebt, recht banale Äußerungen als hoch aufschlußreiche, gar tiefsinnige Beobachtungen und Reflexionen verstehen zu wollen, leistet R. Pattison in seinem Buch „The Triumph of Vulgarity": „Rock lyrics may be trite, obscene, and idiotic - which is to say, they may be vulgar - but they are certainly not incidental, and the proof of their importance is their consistency." Diese entfaltet der Autor, indem er die verschiedenen Aspekte der Vulgarität in der Rockmusik anhand einer eindrucksvollen Vielzahl von Rock-Texten drastisch hervortreten läßt. Gleichzeitig offeriert der Autor geistesgeschichtliche Genealogien, die die Themen und Haltungen in den Texten der Rockmusik (Narzißmus, Sexualität, Nihilismus, Geld, „großer Schwindel") als aktuelle Fortschreibung bestimmter Stränge der legitimen Kultur begreift: „Rock is the vulgar emissary of Romantic pantheism."[68] Sympathisch ist die grundlegende Intention des Autors, einer defensiven Haltung zur Rockmusik eine klare Absage zu erteilen, also nicht an ihrer Aufwertung als komplexes ästhetisches Phänomen oder als aufschlußreiches soziologisches Faktum, das in Verknüpfung mit anderen Daten triftige Erklärungen ermöglichen soll oder zur Selbstbestätigung griffiger Zeitdiagnostik bemüht wird,[69] welche sich nötigenfalls in darauf abgestimmte präventive und reparative sozialpolitische Maßnahmen übersetzen lassen, mitzuwirken. Unumwunden wird gleich zu Beginn festgehalten: „Rock is the quintessence of vulgarity. It's crude,

---

[66] 4/78, S. 76.
[67] 5/78, S. 80; vergleiche u.a. auch T. Schwaner über Barry Meltons Album „The Fish", 8/76, S. 50.
[68] Pattison, *The Triumph of Vulgarity*, S. ix und 90.
[69] Ein neueres Beispiel für diese Tendenz: H. W. Giessen, *Zeitgeist populär, 'Ich sing' ein deutsches Lied.', Indikatoren des Zeitgeistes*, nimmt sich deutschsprachige Pop-Texte vor, deren Relevanz unkritisch vorausgesetzt wird, um sie als Beleg für ein Bündel zeitdiagnostischer Mutmaßungen herzurichten. Daß unter diesen Voraussetzungen die herangezogenen Texte, auf deren Wirksamkeit bei ihren Hören und Lesern der Autor nur unzureichend reflektiert, eine Bestätigung des vorgängigen Thesenmaterials abgeben, ist wenig verwunderlich. Unbekümmert hinsichtlich des tautologischen Charakters seiner Verfahrensweise vermeint der Autor aus dem interpretierten Textcorpus aussagekräftige „Indikatoren des Zeitgeistes" herauslesen zu können.

loud, and tasteless." Daß Rockmusik damit partiell das Erbe großzügig ausgelegter geistesgeschichtlicher Traditionen wie denen des „romanticism" und des „pantheism" antritt, geht anfänglich als interessanter interpretatorischer Kunstgriff durch, der aber dann überstrapaziert wird und den Verdacht aufkommen läßt, daß sich Pattisons Betrachtung der Rock-Lyrik an diese Genealogie klammert, um seinem Gegenstand die unterstellte Konsistenz zu verleihen, um das angeblich so rettungslos Vulgäre doch von der Aura verfeinerter Vulgarität des ständig zitierten Walt Whitman und anderer anerkannter Schriftsteller profitieren zu lassen. Gravierender sind jedoch andere Schwächen des Buches: Pattison mythologisiert das vulgäre Wesen der Rockmusik, wenn er es mit den Idealen und idealisierten Zuständen der amerikanischen Demokratie identifiziert; seine Reflexion auf die unterschiedlichen begrifflichen Präsuppositionen und Wertsetzungen, die sich in der terminologischen Differenz zwischen der Rede von Pop- bzw. Rockmusik artikulieren, greift zu kurz; er zeigt eine generelle Neigung, die dargelegten Rock-Mythen unkritisch zu verdoppeln; er handelt musikhistorisch und stilistisch sehr unterschiedlich situierte Spielarten populärer Musik zu kompakt als Rock ab; ignoriert den omnipräsenten Gefühlskitsch in einer gewaltigen Zahl von Songtexten, der auch der wohlwollendsten und unkonventionellsten Hermeneutik gewisse Schranken auferlegt. Für Pattison findet die überkommene kulturkritische Polemik gegen die Vulgarität der populären Kultur ihre Fortsetzung im heutigen akademischen Betrieb in den USA: „They ('the respectable schools of criticism and aesthetics', R.H.) too lust after foreign models of culture and busy themselves in the invention of satellite theories to orbit round the European stars Derrida, Iser, Lacan, Bakhtin, and Blanchot, thinkers who in their European galaxies are justly acclaimed supernovas but once injected into the orbits of American life become nemesis stars destructive of native energy. The critics acclaimed by American high culture have little or nothing to do with the popular vitalities that have created their jobs. They revere a standard of culture that their students in their vulgarity implicitly reject. They are the only audience for each other's books."[70]

Ähnliche Punkte macht Camille Paglia in einem wesentlich schärferen Tonfall. In der Einleitung und im umfangreichsten Essay ihres Sammelbandes „Sex, Art, and American Culture" werden die ambitioniertesten Strömungen in der internationalen akademischen Öffentlichkeit einer Polemik unterzogen, deren Stärken und Schwächen gleichermaßen daraus resultieren, daß die Autorin dabei im Sinne ihres apodiktischen Bekenntnisses: „Popular culture is my passion" nicht davor zurückscheut, vulgär zu sein. Paglia gibt eine neue Tagesordnung vor: „Academics have got to get out of the Parisian paper matchbox and back into the cultural mainstream, the American roaring rapids, with their daily excitement and bracing vulgarity."[71] In „Junk Bonds and Corporate Raiders: Academe in the

---

[70] Pattison 1987, *The Triumph of Vulgarity*, S. 4 und 211.
[71] Paglia, *Sex, Art, and American Culture*, S. Vii und iX. Das übliche Instrumentarium liberaler Gelehrsamkeit, auf das auch in intellektuellen Auseinandersetzungen selten verzichtet wird, ignoriert Paglia souverän. Ihr Anliegen dramatisiert sie vielmehr im Duktus einer politischen Kampfschrift:

Hour of the Wolf" legt die Autorin eine Respektlosigkeit gegenüber Foucault, Derrida und Lacan an den Tag, die zwar gelegentlich beleidigende Züge annimmt, aber in ihrem Haß gegen deren kultische Verehrung heilsam ist: „They (Foucaults Bücher, R.H.) attract gameplaying minds with unresolved malice toward society, people who give lip service to rebellion but who lack the guts to actually rebel and pay the price. Derrida is smack for the spirit, but Foucault is the academic cocaine, the yuppie drug of choice of the Seventies and Eighties. In the Sixties, LSD gave vision, while marijuana gave community. But coke, pricey and jealously hoarded, is the power drug, giving a rush of omnipotent self-assurance. Work done under its influence is manic, febrile, choppy, disconnected. [...] Foucault is the high-concept pusher and deal-maker of the cocaine decades. His big squishy pink-marshmallow word is 'power', which neither he nor his followers fully understand. It caroms around picking up lint and dog hair but is no substitute for political analysis."[72]

Zurück zu den Schreibweisen der Rock-Fraktion in ihren Plattenkritiken in *Sounds*. Abgesehen von gelegentlichen pathetischen Aufschwüngen, gibt sich das Rock-Idiom unter Rückgriff auf eine saloppe Umgangssprache, die durch Elemente des Musiker- und Szenejargons ihren spezifischen Charakter erhält, locker und witzig, was dann nicht selten zu bemühten Wortspielen, abgenutzten Kalauern und faulen Witzen führt. So gerät die Besprechung der LP „Alive" der immer wieder gern gescholtenen Gruppe Kiss, die später in R. Kunert, einem Autor, der sich als Reggae-Spezialist und Motörhead-Fan profilieren konnte, einen Apologeten ihrer Trash-Qualitäten fanden, in der Rubrik „Kurz und Schmerzlos" zu einer Bastelanleitung, in der der Autor die Leser mit „Hallo Kinder" anspricht: „'[...] KISS ALIVE! - oder wie stellt man aus einem Doppelalbum zwei flotte Frisbee-Scheiben her'." Nachdem der Autor dann seine detaillierten Anweisungen genüßlich ausgebreiten konnte, versucht er am Schluß mit folgender fiktiver Ankündigung besonders witzig zu sein: „So, und nun viel Spaß bis zu unserem nächsten Beitrag 'Wie man aus Bay City Rollers-Alben hübsche Küchenuntersetzer herstellen kann'..."[73] Mit den feineren Mitteln der Satire oder den gröberen der polemischen Abfertigung, die nicht vor derber Vulgärsprache zurückschreckt, werden Prätention, Überproduktion und berechnende Marketingstrategien attackiert. Hervorzuheben ist in diesem Zusammenhang Bernd Gockel, der seine Besprechung zu Alvin Lees „Pump Iron!" parodistisch als Folge „unsere(s) beliebten Fortsetzungsromans 'Ein Mann flieht vor seiner Vergangenheit'" anlegt: „Lee weiß, daß er seinem Schicksal nicht entkommen kann, daß er für immer Sklave

---

„We did not need French post-structuralism, whose pedantic jargon, clumsy convolutions, and prissy abstractions have spread throughout academe and the arts and are now blighting the most promising minds of the next generation." (ebd., S. iX)
[72] Ebd., S. 225. Derrida verblasse vor Jimi Hendrix und Catherine Deneuve: „We didn't need Derrida: we had Jimi Hendrix. In the blazing psychedelic guitar work of this black genius, time, space, form, voice, person were deconstructed." Und: „For me, the big French D is not Derrida but Deneuve." (ebd., S. 216 und 218; vergleiche auch S. 187f., 196f., 210-213, 215-216, 220, 226-229)
[73] *Sounds*, 2/76, S. 54.

seiner Vergangenheit bleiben wird. Resigniert greift er wieder zur Gitarre und spielt melancholisch seine ausgelaugten Gitarrenlicks."[74] Den Höhepunkt seiner polemischen Künste erreicht der Autor jedoch in seiner Besprechung des Albums „Wave" der Patti Smith Group, die freilich unverhohlen frauenfeindliche Züge trägt: „Den letzten Rest von Selbstrespekt, den die Rockmusik noch nicht verspielt hat, ließ diese Ziege (Patti Smith, R.H.) - hops, mit einem Satz über die Klinge springen." Nachdem der Musikerin also gleich die Verantwortung für den Zustand der Rockmusik überhaupt aufgebürdet wird, woran sie zwangsläufig scheitern muß, wird angewidert, dabei hämisch das Wissen des Insiders ausspielend, folgender pathologischer Befund mitgeteilt: „Das Selbst- und Sendungsbewußtsein, das diese Frau entwickelt hat, hat solch krankhafte Züge angenommen, daß man den Brechreiz kaum unterdrücken kann. Wie es inzwischen in ihrem Kopf aussieht, verdeutlich wohl nichts besser als die Tatsache, daß sie bei der Rocknacht vertraglich darauf bestand, mit einer Limousine in ihre Suite chauffiert zu werden und die Band im Bus nachkommen ließ. Rock 'n' Roll Nigger, Frau Schmitz?" In Form einer rhetorischen Frage wird Patti Smith der vernichtende Vorwurf des Ausverkaufs gemacht: sie habe „nun endlich das Niveau eines global verkäuflichen Waschmittels erreicht". Der boshafte Abschied wird vom Autor im kollektiven Singular der enttäuschten Rock-Gemeinschaft formuliert: „Geben wir der Dame wenigstens einen ihr würdigen Abschied: 5-4-3-2-1-Piss Off, Patti!"[75]

In einem Zwischenresümee sei festgehalten, daß sowohl die Schreibweisen der Autoren feuilletonistischer Provenienz als auch die ihrer weniger feinsinnigen, der Rock-Fraktion zugehörigen Kollegen ein Verständnis von Popmusik signalisieren, das durch Punk in Bedrängnis gerät. Anders als der von diesen Kritikern favorisierte anspruchsvolle Mainstream lädt diese neue Musik nicht zu Betrachtungen ein, die sich in psychologischer Spekulation über den Charakter der Musiker, in geschmäcklerischen Einschätzungen ihrer spieltechnischen Leistungen und der Komplexität des Arrangements ergehen können. Punk widersetzt sich gleichermaßen der Aneignung aus einer Perspektive, die darin eine bloße Rückbesinnung auf das überzeitlich angesetzte Wesen wahrer Rockmusik erkennen möchte.

6.5 Erste Annäherungen an Punk und New Wave: 1977 bis 1979

Einen ganz anderen Zuschnitt als die bislang behandelten Besprechungen gewinnen allmählich die Kritiken, die Hans Keller ab Heft 4/77 in *Sounds* veröffentlicht. Sie offenbaren ästhetische und geschmackliche Vorlieben, die den deka-

---

[74] 1/76, S. 46f.
[75] 6/79, S. 71; vergleiche auch seine frühe Polemik gegen Neil Youngs „Harvest"-Album aus dem Jahre 1972 (*Sounds: Platten 66-77*, S. 281f.), gegen einen Musiker, der sich in *Sounds* - mit der Ausnahme von Kid P. - und noch stärker später in *Spex* meist über alle Fraktionen hinweg großer Beliebtheit erfreut(e).

denten, morbiden und transgressiven Strömungen der Moderne und in neueren avantgardistischen Bestrebungen verpflichtet sind. Gerade in den ersten beiden Jahren kultivieren seine Kritiken jedoch eine sehr unangenehme sprachliche Flapsigkeit, offenbaren ein mißlungenes Bemühen um Witzigkeit sowie ärgerliche Rückfälle in sprachliche Klischees des Rock-Journalismus. Noch stark diesen überkommenen Vorgaben verhaftet präsentiert sich seine Rezension der LP „Queens Of Noise" von The Runaways, die mit besonderer Aufmerksamkeit beim vorwiegend männlichen Leserpublikum rechnen konnte, weil die attraktiven fünf Musikerinnen auf einem mittelgroßen Photo, das sie in einem gekachelten, Assoziationen an Umkleidekabinen weckenden Raum zeigt, auf derselben Seite posieren. Dazu gibt es die zotige Bildunterschrift: „Die Junioren-Damenringerriege von RSV Wandsbek-Gartenstadt". Verkrampft wird der Duktus mündlicher Rede zu imitieren versucht, als ob die Funktion von Kritik sich darin erschöpfe, dem small talk der Rock-Gemeinde ihren schriftlichen Segen zu erteilen, anstatt Einfällen, Überlegungen und Assoziationen eine prägnante Form zu geben, die die Aufmerksamkeit des Lesers zu rechtfertigen vermag: „Ich steh' vor meinen Platten und überleg', was ich denn nun aus neuerer Zeit wirklich und ehrlich scharf find' und gern hören mag, was mich bei guter Laune hält. Meine Sammlung schrumpft auf'n paar wenige Scheiben zusammen, die ich spontan rausziehen würde, etwa AC/DC, der CBGB-Live-Mitschnitt, den alten Lou Reed immer und bestimmt die zwei Runaways-LP's."[76]

Ältere exzessive und zynisch-abgeklärte Sänger und Musiker wie Lou Reed[77] und vor allem Iggy Pop haben Kellers ganze Sympathie, was nicht heißt, daß seine Kritiken über deren Platten zu undifferenzierten Fan-Huldigung geraten. Mit der Kennzeichnung der „beklemmende(n) Stimmung" auf Iggy Pops „The Idiot" umreißt Keller gleichzeitig jene Themen und Gefühle, die sein Interesse an Popmusik ausmachen: „Nihilismus, Mißtrauen, Zynismus, Angst und Einsamkeit prägen dieses ungemütliche und bemerkenswerte Album, dessen größter Fehler der zu starke Einfluß von David Bowie ist."[78] An Iggy Pops „TV Eye/1977 Live" wird der Bruch mit den eingefahrenen Maßstäben der Normalität gefeiert und die bereits erwähnte Metaphorik unwiderstehlicher Naturgewalten herangezogen, um den nachhaltigen sinnlichen Eindruck der Musik möglichst kraftvoll zu evozieren: „[...] das wahnsinnige Live-Album eines Wahnsinnigen. Ein Teil der Leute wird Reißaus nehmen, ein anderer sich lustvoll diesem infernalischen Tornado aussetzen, ungerührt zu bleiben, jedenfalls ist unmöglich."[79]

Das größte musikjournalistische Verdienst Kellers besteht jedoch darin, daß er das Aufkommen und die Platten der neuen Punk-Gruppen, natürlich mit besonderer Emphase im Falle der Sex Pistols, zugleich pathetisch und mit der gelassenen Sicherheit dessen, der den qualitativen Abstand zwischen Punk und üblicher an-

---

[76] 4/77, S. 62.
[77] Vergleiche 6/78, S. 67f.
[78] 5/77, S. 70.
[79] 6/78, S. 72.

spruchsvoller Rockmusik zu ermessen weiß, als ästhetisch und politisch bedeutsamen Befreiungsschlag dramatisiert. Die selbstbetitelte Debüt-LP von The Damned wird gleich als geeignetes Mittel der Abgrenzung, der Verunsicherung und Störung eingespielter Rituale jugendlichen Vergnügens empfohlen: „Und mit der Musik könnt ihr jede Schmuse-Party versauen." In der schon bekannten flapsigen Manier, aber die Ignoranz der Platte gegenüber traditionellen musikalischen Ansprüchen und ihre ungewöhnliche Schnelligkeit richtig erfassend, schreibt Keller: „Zwei Seiten verdammter Krach und das meistens im Tempo des gehetzten Waldaffen." Dessen politische Dimension knüpft man an seine historisch kontinuierlich wirksam werdende, funktionale Bedeutung für den Gefühlshaushalt Jugendlicher: „[...] immer war er (der Krach in der Rockmusik seit den besten Tagen von Elvis Presley, R.H.) unter anderem auch ein Blitzableiter für Frustrationen und Aggressionen. Genau das passiert hier, ein paar 20jährige lassen's raushängen, statt zu kriechen. Denn dies, Leute, sind Zeiten, in denen 16- 20jährige zum Kriechen gezwungen werden wie nie zuvor in der Nachkriegszeit. Diese Jugend wird mit Leistungsdruck, Stellenknappheit usw. erpreßt, ältere Generationen hacken auf ihr rum und sie kann sich so schlecht wehren. Sie kennt (leider) weder Woodstock noch Flower-Power- oder Apo-Erfahrungen. Was vorerst bleibt, ist Anpassung oder 'ne steife Brise messerscharfer Aggressivität. Und dementsprechend tönt diese Platte." Keller, offenkundig weiter seiner Hippie-Vergangenheit verhaftet, unternimmt den naiven Versuch, Punk der älteren Generation, die in den späten sechziger und frühen siebziger Jahren ihre entscheidende Prägung erhalten hat, als plausible Reaktion auf empirisch belegbare soziale Entwicklungen verständlich zu machen. Mit derartigen, zudem höchst fragwürdigen Erklärungen wird die Wucht der ästhetischen Differenz, die Punk markiert, unzulässig abgeschwächt. Bekanntlich begegnen dessen Parteigänger den Phrasen der Soziologie mit heftiger Verachtung oder lassen ihnen bisweilen zynische Affirmation zuteil werden, die auf die eigene Belustigung am dadurch erzeugten medialen Echo abzielt. Immerhin huldigt Keller am Schluß seiner Kritik einem Präsentismus, der den ästhetischen Intentionen des Punk gerecht wird: „[...] was bei dieser Musik zählt, ist allein die Gegenwart."[80]

Nachdem Keller in einer Kritik zu Platten der Buzzcocks und Adverts[81] den Niedergang von Punk diagnostiziert hatte, konzentriert sich der Autor nunmehr auf Produktionen, die mit den Etiketten New Wave und Avantgarde-Pop stilistisch grob einzuordnen sind. Seine Rezensionen zu Joy Divisions „Unknown Pleasures", wobei der Autor partiell der „düstere(n) Faszination" der Musik erliegt und sich des abgeschmackten Mittels der Übersetzung des Gruppennamens bedient, und zur LP „Dragnet" von The Fall machen sich am schwierigen Geschäft der Beschreibung der gehörten Musik zu schaffen. Zur erstgenannten Platte schreibt Keller in einem Satz, der nicht enden will, sich zudem in einer anspruchsvollen Syntax fortbewegt, die sich der Vielschichtigkeit des Beschriebenen

---

[80] 5/77, S. 74.
[81] 5/78, S. 87.

anzuähneln versucht: „Die Musik ist einfach, klar, die Instrumentation fast immer konventionell [...], mal gelangt etwa eine Rhythmusmaschine zum Einsatz, ungewöhnlich ist die Produktion, sie verschafft der Musik diese unheimliche, hohle und manchmal wuchtige Hintergründigkeit, am konsequentesten im Song, dem abschließenden 'I Remember Nothing' demonstriert: in seiner Kargheit stellt er die Stimmung eines Vakuums her, ein seltsames, durchgehendes, dröhnendes Geräusch, das sich anhört, als hätte jemand einen Gashahn offen gelassen, bilden zusammen mit dem unnachgiebig langsam pochenden Schlagzeug und gelegentlichen Gitarren-Stakkatos den klaustrophoben Hintergrund für Ian Curtis' Gesang, der - und das ist der einzige kompetente Vergleich, der hier möglich ist - an das Beste erinnert, was Jim Morrison brachte."[82]

Ganz anders der Duktus in der zweiten Kritik. Nach einem Feuerwerk verbloser Sätze, die aus schlagwortartig aneinandergereihten Adjektiven und Substantiven bestehen, kehrt wieder grammatikalische Normalität ein, und assoziativ wird die Annäherung an ein Stück der LP unternommen. The Fall, so der Autor in historisierender Perspektive, profitiere von ihrer „aus der Zeit um '77 herübergeretteten Schlagkraft. [...] Einfache Songs. Effektive Melodien oder Melodienbruchstücke. Eckig-eindimensionaler Sound. Wie Demo-Tapes. Meno-Wirkung als Stilmittel. Laienhaft. Scheinbar. Doch welch spitze musikalische Keile kann die Gruppe auf dieser Basis herstellen! Am längsten Song, dem siebenminütigen 'Spectra Vs. Rector' am deutlichsten darstellbar. Ein Kommentar dazu besagt: 'Part of this was recorded in a damp Warehouse in M/CR ...' Assoziation oder Tatsache, das Bild welches der Sound mit dem hallenden Echo der angefressenen kratzenden Gitarren hervorruft, könnte etwa der Stimmung einer vollgestopften, feuchten Warenhausetage entsprechen. Fauliges Pathos mit schneidend-befehlenden Stimmen durchsetzt. Das meiste Andere ist simpler, jeder Song eine frisch hingeschleuderte gute Idee, modelliert, zusammengehalten, mit Bedeutung versehen durch Mark Smiths penetrantes Organ."[83]

Im Falle einer besonders leidenschaftlichen Vorliebe, wie sie Keller für die New Yorker Sängerin Lydia Lunch empfindet, wird die Plattenkritik über „Queen Of Siam" zum subjektivistischen, morbid-obszönen Traktat. Einem Norman Mailer-Zitat aus dessen Marilyn-Monroe-Biographie entnimmt Keller das entscheidende Wort, um das dann seine masochistisch und nekrophil codierte libidinöse Phantasie kreist: „Fickig. Das treffende Worrt für diese Musik." Überwältigt vom sinnlichen Reiz des Objekts seiner Begierde, die den Lesern durch ein Photo der Musikerin auf derselben Seite - es zeigt sie ganz schwarz gekleidet auf einem Sofa liegend und ist mit der Unterschrift „Nach der lustvollen Beschreibung des eigenen Begräbnisses" versehen, die eine Formulierung aus der Kritik variierend aufgreift - in ihrem visuellen Aspekt nahegebracht werden soll, grübelt der Autor darüber, wie eine angemessene Form der sprachlichen Darstellung einer solchen intimen Beziehung zu erreichen wäre: „Ich steh' so dicht an Lydias Platte,

---

[82] 9/79, S. 61.
[83] 1/80, S. 55.

sie ist so tief drin in meinem Gefühl, die alte Gefahr besteht, daß man sich deswegen, blind verknallt, gar nicht richtig äußern kann. Allzu dicht, warnt das Coverfoto, sollte man sich allerdings nicht an L.L. ranmachen, die beiden Nagelkissen auf ihren Brüsten treiben ihre Zehner-Nägel sonst tief in deinen Körper hinein. Was für ein Tod! Welche Worte nun für die faszinierende, schwüle Ungesundheit dieser Musik, in der du dich baden kannst, die dich in ganz langsamen, angenehm quälend langsamen Liedern ankriecht? Da bewegt sich fast die ganze erste Seite im verzögerten Rhythmus, den du nach zwei Tagen ohne Schlaf etwa bekommen magst." Die schwarzromantische Überhöhung des Todes setzt sich auch in den assoziativen, Metaphern der Erstarrung und Leblosigkeit ausspielenden Bemerkungen zu einzelnen Stücken der LP fort: „Das Gefühl völliger Windstille erweckt die lustvolle Beschreibung des eigenen Begräbnisses, die Vorstellung brennender Kerzen in der kühlen bleigrauen Sonntagsluft, 'Gloomy Sunday': 'My heart and I have decided to end it all'. Ein dünner, durchgehender eiskalter Keyboardakkord sorgt für den leisen, frostigen Schauer, zwei verschlafene Saxofone umspielen sich, ohne jemals zusammenzukommen. Fantastische, einfache Instrumental-Arbeit. Todesfickig." Es wird dann noch, offenkundig um Kontrast zu den zitierten Passagen bemüht, die Phantasien der Todessehnsucht und masochistisch genossener Qual exzessiv auskosten, zu Protokoll gegeben, daß die Musik gelegentlich „federleicht schwingend (hüpft)", daß „Robert Quine mit seiner Gitarre fantastisch quengelnde Läufe hineinsägt", was dem betreffenden Stück das Prädikat „Swingfickig" einträgt.[84]

6.6 Loslösung vom Rock-Journalismus: 1979 bis 1982

Schon im Verlaufe des Jahres 1978 verändert sich die personelle Zusammensetzung der für *Sounds* tätigen Mitarbeiter zugunsten einer den neuen Strömungen in der Popmusik Rechnung tragenden Berichterstattung. Keller ist nicht länger der einsame Kämpfer für die Sache von Punk und New Wave. Zu ihm gesellt sich A. Hilsberg, in dessen Kritiken, die er ab Heft 5/78 beitrug, jedoch zunächst englischer Power-Pop und Pub-Rock im Mittelpunkt des Interesses standen. Sie hoben sich weniger durch neue ästhetische Gesichtspunkte und ihren formalen Zuschnitt von sonstigen Besprechungen ab, als vielmehr durch ihre betont anti-kommerzielle Stoßrichtung und die damit verbundene Sympathie für kleine, unabhängige Labels (1978 vor allem Stiff Records). An ihnen schätzte Hilsberg besonders, daß sie Gruppen herausbrachten, die sich in ihrer Musik und ihrem öffentlichen Auftreten nicht so präsentierten, daß sie im risikoscheuen Kalkül der großen Plattenfirmen mit Berücksichtigung rechnen konnten. Konsequenterweise beließ es Hilsberg in den folgenden Jahren nicht dabei, diese kleinen Firmen und ihre Produkte durch wohlwollende journalistische Begleitung zu fördern; vielversprechende Entwicklungen in der durch Punk und New Wave veränderten deutschen

---

[84] 4/80, S. 66.

Musikszene veranlaßten ihn 1980 zur Gründung eines eigenen Labels („Zick-Zack"), dem sich im Verlaufe der achtziger Jahre weitere Aktivitäten in der Nachwuchsförderung anschlossen, die bis heute nicht abreißen. Weniger ruhmreich sind jedoch Hilsbergs musikkritische Aktivitäten zwischen 1979 und 1981. Seine Beschäftigung mit der neuen Pop-Avantgarde (Devo, PIL, Gang Of Four) ist von einer spröden, in Lob und Kritik eigentümlich kraftlosen Schreibweise geprägt, die zudem gelegentlich in einen verquasten Intellektualismus abgleitet, sich mit bemüht tiefsinnigen Anmerkungen zu großen ideologischen Fragen der Popkultur überhebt. So moniert die Rezension zu der in jeder Hinsicht großartigen und stilistisch folgenreichen LP „Entertainment!" von Gang Of Four, daß im Text nicht immer die angestrebte „Dialektik" gelinge. In diese Kerbe schlagen auch Einlassungen des Autors, die schließlich in einen grotesken Vergleich übergehen und sich zu einer Verallgemeinerung bei der Bestimmung des Status der Gruppe aufschwingen, die ihren subalternen Charakter in einer lächerlichen, um ironische Distanz bemühten phonemischen Variation bekunden: „Musik und Themen sind aktuell, und wenn nicht die Texte manchesmal zu intellektuell-abstrakt geraten wären, könnte eine höchst kommunikative Platte empfohlen werden. Gang of Four sind die Sham 69 für die Absolventen der Soziologie und politischen Wissenschaft, der Filosofie (der marxistischen, versteht sich) und nicht des von den Lurkers frequentierten Pubs um die Ecke." Die nachgeschobene Erläuterung, daß mit letzterem Vergleich eine „Unterscheidung" und nicht ein „Vorwurf" zum Ausdruck gebracht werden soll und daß der Band „auch mit ihrem EMI-Kontrakt" sowie dem Titel ihrer LP etwas „Widersprüchliches" eigne, offenbart das Umständliche, Schwerfällige in der rhetorischen Anlage der Kritik.[85] Rigider Anti-Kommerzialismus und fehlendes Gespür für Pop-Qualitäten führt den Autor dann auch zu einer groben Fehleinschätzung wie bei der „London Calling"-LP von The Clash.[86]

Nach einigen Kritiken in Heften aus den Jahrgängen 1976 und 1977 unter richtigem Namen (Detlef Diederichsen) schreibt der Autor unter dem Pseudonym Ewald Braunsteiner ab Heft 7/79 regelmäßig Plattenrezensionen für *Sounds*. In seinen betont sachlichen, mit musikhistorischen Informationen angefüllten Kritiken profiliert er sich als ausgezeichneter Kenner und kritischer Sympathisant der Diso- und Soulmusik, aber auch neuere New Wave-Acts werden zumeist kompetent abgehandelt.[87] Nur seltene Ausrutscher in den veralteten Rock-Jargon und

---

[85] 12/79, S. 66f.
[86] 1/80, S. 54.
[87] Vergleiche z.B. 7/80, S. 62. Dort fungiert The Fall „neben den diversen Bands von Mark Perry" als „das beste Beispiel wie man völlig ohne Technik eine tolle neue und eigene Musik machen kann." Weiter heißt es dann: „[...] The Fall (sind) in erster Linie ein Ein-Mann-Unternehmen. Mark E. Smith heißt der *spiritus rector*. Ein merkwürdiger Mann mit einer noch merkwürdigeren Privatideologie, aus der gewisse Motive auf allen Platten von The Fall immer wieder auftauchen." Die hier besprochene Live-LP „Totale's Turn" wird mit komparativischem Nachdruck hervorgehoben: „[...] diese Aufnahmen (sind) ekstatischer, hysterischer und hypnotischer als alles bisher von The Fall Veröffentlichte." (ebd.)

seiner penetranten Thematisierung der Quantität des Hörens unterlaufen dem Autor in seinen unprätentiösen, bisweilen einen trockenen Humor und polemischen Biß bekundenden Besprechungen. Eine Rezension über eine Country & Western-Platte (Asleep At The Wheel: „Served Live") beginnt der Autor mit der Wiedergabe eines Dialogmusters, das damals übliche Auseinandersetzungen der Geschmäcker pointiert: „'Du hörst wohl auch nur noch New Wave?', pflegen mich etwas konservative Freunde verständnislos zu fragen. - 'Nein', pflege ich zu antworten, 'ich höre nach wie vor aus jeder Stilrichtung das Beste.'"[88]

Als solider Kenner der vielfältigen Spielarten neuer Popmusik der frühen achtziger Jahre mit zumeist auch aus heutiger Sicht noch haltbaren Bewertungen erweist sich Michael Ruff in seinen Rezensionen ab Heft 2/80. Seine ebenfalls vorwiegend sachlich gehaltenen, informativen Kritiken, die sich natürlich auch bei besonders geschätzten Platten und Gruppen zu pathetischem Aufschwung hinreissen lassen, bringen Musik zur Geltung, die außerhalb des Gesichtskreis anderer Kritiker liegt. Seine Texte sind auch für diejenigen Leser meist gut nachzuvollziehen, die mit dem dekretorischen Tonfall Diedrich Diederichsens und den euphorisierten, hemmungslosen Subjektivismen von Kid P., die sich zugleich in polemischer Entlarvung und Ridikülisierung ganz unterschiedlicher *Sounds*-Autoren ergehen, wenig anzufangen wissen.

Ruffs Kritik zu LPs von den Art Bears („Winter Dongs") und Henry Cow („Western Culture") bemüht sich besonders im Hinblick auf erstere Platte um feinsinnige Evokation der Vorstellungswelt und Atmosphäre der Musik: „Zarte Schneeflocken fallen auf noch zartere Hände, eine gläserne Kälte durchzieht das ganze Werk von vorne bis hinten wie eine Fußspur den Schnee." In diesem Bildbereich bleiben die Impressionen des Autors bis zu seinem Fazit: „Ein Eiszapfen in der Hand: kalt, zerbrechlich, ungreifbar." Das bekräftigt zugleich die vorhergehende Bemerkung des Autors, daß es „schwierig" sei, über diese Platte „eine griffige Besprechung zu schreiben".[89]

Das Eingeständnis des Versagens der Sprache vor der gehörten Musik ist ein zentraler Topos der Musikkritik, dessen rhetorischer Witz, der sich jeweils erst durch den Kontext seiner Äußerung und den Tenor der gesamten Kritik hinreichend vereindeutigt, sehr unterschiedliche Ausprägungen annehmen kann. Es soll darauf verwiesen werden, daß es der Musik daran gebricht, die Phantasie des

---

[88] 2/80, S. 72.
[89] 2/80, S. 71. Entspannter und mit nettem Hinweis auf redaktionsinterne Diskussionen, ein Stilmittel übrigens, das sich erst ca. 1974 in *Sounds* fest etabliert, dann in immer neuen Variationen durchgespielt wird und auch in *Spex* seine Fortsetzung findet, kommt die Rezension zum Album „The World As It Is Today" von den Art Bears daher: „Um den Gehalt bestimmen zu können, braucht man eigentlich nur die Songtitel zu kennen: eine Gruppe von Songs faßt Autor Chris Cutler unter dem Oberbegriff 'Sechs Leichen im Munde der Bourgeoisie' zusammen und diese heißen 'Democracy', 'Truth' '(Armed) Peace', 'Civilisation', 'Law' und 'Freedom'. [...] Musikalisch gesehen sind die Art Bears ebenfalls beinhart wie immer. Nächster Verwandter ihrer komplexen und schrillen Soundgebilde dürften Mayo Thompsons Red Crayola sein, deren Interesse für den Sozialismus die Art Bears ja ebenfalls teilen (Diedrich wendet allerdings zu Recht ein, daß Red Crayola im Gegensatz zu den Art Bears von der Sprachwissenschaft her kommen.)" (9/81, S. 60)

Rezensenten anzuregen. Man möchte deutlich machen, daß eine Musik zur Diskussion steht, die mit ihrer sinnlichen Kraft den Rezensenten überwältige. Sie verdiene ausgiebige Beschreibungen, Assoziationen und Bewertungen, die im Rahmen einer Plattenkritik nicht möglich seien. Der Rezensent variiert an einer solchen Stelle meist die Formel, daß noch viel zu sagen wäre, aber hier nun einmal der Platz nicht hinreiche. Dem Leser wird implizit oder explizit signalisiert, sich möglichst umgehend mit einer Musik vertraut zu machen, die durch den von ihr beanspruchten intellektuellen Aufwand verspricht, einen besonders hohen ästhetischen Gebrauchswert innezuhaben. In einer radikalisierten Version nimmt der Topos der Sprachlosigkeit folgende Gestalt an: es seien nicht schlicht pragmatische Gründe, die den Rezensenten zum beredten Geständnis des Verstummens zwängen, sondern die grundlegende Inkommensurabilität zwischen der Sprache, die auf Intersubjektivität angelegt sei, und dem individuellen, physischen Erlebnis berückender Schönheit oder auch einer weniger sublimierten sinnlichen Affektation, an das Sprache nicht heranreiche.[90] Solche Äußerungen, mit denen Kritiker ökonomisch umzugehen haben, um nicht den Verdacht banaler Inkompetenz, mangelnder intellektueller Anstrengung und fehlender sprachlicher Gewandtheit aufkommen zu lassen, sind natürlich mit mehr oder weniger Berechnung auf einen besonders nachhaltigen rhetorischen Effekt angelegt: die Musik erhält eine Aura des Geheimnisvollen, die das Interesse der Leser an ihr unter Umständen stärker wecken kann, als eine Kritik, die allerlei Superlative für ihren Gegenstand übrig hat, aber den Verdacht nährt, daß es vor allem darum geht, die Souveränität und den olympischen Standort des Kritikers unter Beweis zu stellen. In der behandelten Kritik scheint folgende Verwendung des genannten Topos vorzuliegen: die durchaus zugestandene Qualität der Musik sei von einer solchen Beschaffenheit, daß diese bei nicht ausgemachten Anhängern einer Ästhetik abgehobener, kunstvoller Kälte wohl wenig Anklang finden werde.

Wie schon in der Kritik zu Throbbing Gristles „'... Can The World Be As Sad As It Seems?'"[91] bekräftigt Ruff auch anläßlich seiner Rezension zu „The Voice Of America" von Cabaret Voltaire, daß avancierte Formen in der Popmusik nicht auf einen kontemplativen Rezeptionsmodus festzulegen seien, der im Bereich der Kunstmusik zur habituellen Selbstverständlichkeit gehöre: „Die Seele dieser Musik (von Cabaret Voltaire, R.H.) liegt in ihrer Unmittelbarkeit. Sie wirkt im positiven Sinne aufdringlich, nicht ignorierbar. Sie hat Power. Viel mehr Power als 90 % dessen, was heutzutage unter 'Rock 'n' Roll' (Rebellion, Jugendkultur) angeboten wird." Entsprechend beeilt sich Ruff, seiner Einschätzung, daß für ihn Cabaret Voltaire „die mit interessanteste Gruppe in diesen Tagen" sei, folgende Versicherung hinterherzuschicken, da die ästhetische Kategorie des Interessanten nahelegen könnte, daß sich die Musik darin erschöpfe, inhaltlich und formal Ungewöhnliches zu zelebrieren: „Über dies 'Interesse' hinaus *gefällt* mir ihre Musik

---

[90] Vergleiche z.B. Ruffs Besprechung der LP „Songs Of The Bailing Man" von Pere Ubu; 9/82, S. 55.
[91] Vergleiche 7/80, S. 58.

aber auch tatsächlich. Ich höre sie gern, summe vor mich hin, und bin so der lebende Gegenbeweis für all das Gerede, daß solche Musik lebensfremd oder negativ oder was immer sein soll. Dies nur zum Problem Intellektualität und so."[92]

Großen Spaß hat der Autor am Titel der LP „My Geraniums Are Bulletproof" von Deep Freeze Mice. Locker werden verfügbare Informationen über die Band und Urteile über einzelne Stücke gestreut. Doch dann ein jäher Rückfall in das wohl überflüssigste und abgeschmackteste Klischee der Plattenkritik, das hier durch das forciert umgangssprachliche Verb eine flapsige Note erhält: „Überhaupt zeigen die Deep Freeze Mice auf geniale Weise, wie man humorige Songs auch gefühlvoll gestalten kann, so daß sie auch nach mehrmaligem Hören noch nicht ausgelutscht wirken." Auch im nächsten Absatz gibt sich der Autor locker, möchte nun zu einer witzigen Platte auch witzig sein dürfen: „Auf Seite 2 kommt dann die Härte: 'The Octagonal Rabbit Surplus', eine 26-minütige Collage aus diversen Instrumental-Themen [...], klingt eher wie eine Erstsemester-Ausgabe von Henry Cow. Wer's schafft, diese Seite stillsitzend durchzuhören, gewinnt eine Schokoladenmaus."[93] So sehr es den Plattenkritiken in *Sounds* gut getan hat, ab ca. 1973 den allzu strengen, im Umgang mit Free-Jazz eingeübten Stil strikter Humorlosigkeit aufzugeben und witzige Töne zuzulassen, in der Retrospektive klingen die meisten ziemlich mißraten und geben nur schlechte Satire ab. Das liegt sicherlich zum einen daran, daß aus heutiger Sicht diejenigen Platten und Gruppen, die einst zu satirischer Kritik reizten, oftmals nur noch belanglos und als einfach nicht mehr erwähnenswerte Ausschußware erscheinen, was freilich für The Deep Freeze Mice nicht gilt, und Ruff stößt sich ja auch nur an ihrem übrigens bemerkenswerten Griff ins experimentelle Fach, der billigen Spott nicht verdient. Zum anderen drängt sich jedoch der Eindruck auf, daß man sich um Lobeshymnen und Polemiken mit größerer Leidenschaft und Intensität bemüht als um das Lächerlichmachen überzogener Ansprüche, das deshalb immer wieder zu lax hingeworfenen faulen Witzen führt.[94]

1982, in dem Jahr, in dem Kid P., die verbrauchten Rituale des Musikjournalismus verwerfend, Plattenkritiken in direkte Konsumanweisungen verwandelt, und im Falle einer von ihm besonders geschätzten Band wie Birthday Party („Drunk On The Pope's Blood"), verzichtet auch ein Autor wie Ruff, der sich ansonsten Zurückhaltung auferlegt, in manchen Fällen gar übervorsichtig agiert, auf jegliche Distanz und fordert die Leser unumwunden auf: „Kauft diese Platte!"[95] Seine Sammelbesprechung eines Bündels von Platten der Gruppen

---

[92] 9/80, S. 61.
[93] 1/81, S. 65.
[94] Ruff selbst hat an anderer Stelle und in ganz anderer Absicht einige bemerkenswerte Anmerkungen zum Thema gemacht: „Man sollte sich einmal Gedanken darüber machen, was daran so toll sein soll, ständig Witze und Persiflagen zu fabrizieren bzw. so verwerflich daran, dies nicht zu tun. Es scheint mir doch mehr als fraglich, was oder wem eine grinsende Hip-Nation nützt, denn die Gegebenheiten notorisch humoristisch zu betrachten, scheint mir doch blanke Kompensation." (6/81, S. 60)
[95] 4/82, S. 64. Er lenkt zwar zu einem recht frühen Zeitpunkt die Aufmerksamkeit auf Platten von

Ballet Mecanique, Nasmak, The Ex, Sprung Aus Den Wolken und Theatre Of Hate beginnt der Autor mit einem kleinen Essay, der als Kommentar zum damaligen Stand des Pop-Diskurses angelegt ist und sich gegen die Euphorie jener Freunde hedonistischer Popmusik wendet, deren Gestus er sich in der eben zitierten Äußerung anverwandelt hatte: „Spätkapitalismus, und das Egomanentum regiert. Zwangsläufig wirft ein jeder sein gestärktes Ego ins sozio-kulturelle Getümmel, denn jenseits davon herrschen Vergänglichkeit, Mißtrauen und Unsicherheit, was nach der Sicherheit und dem Optimismus dreier Nachkriegsjahrzehnte ein starkes, eigenes Fundament erfordert. Die unterschwellige Enttäuschung über verfehlte Ziele, über Dummheit und Versagen der restlichen Welt bedingt eine Verteidigungsposition, die sich unverrückbar geben kann, denn schwächende interne Widersprüchlichkeiten (= Angriffsflächen) und Unsicherheitsfaktoren hat man in sorgfältiger Arbeit wegsaniert. Ein solches, sich selbst reproduzierendes, zivilisiertes Ego will von der 'schlechten Welt' natürlich nichts mehr wissen (selbst wenn es interessant und nützlich wäre), findet die Punks überholt, feiert anachronistische Zirkusfiguren wie August Darnell (Kid Creole, R.H.) und entsprechende Späße und alles, was 'Stil hat' oder 'gut abgeht'. Grösster Ärger: der ganze 'Depri-Kram'."[96] Die verquaste Konstruktion, die der Autor jedoch dann bemühen muß, um seinem Anspruch, „daß der Ausdruck von Depression heute voll berechtigt, ja notwendig ist [...]", Nachdruck zu verleihen, rückt sein Anliegen ins Zwielicht: „[...] denn das Wissen um Empfindungen anderer beschleunigt gesellschaftliche Entwicklungsprozesse und verhindert Fehlentscheidungen aufgrund unbrauchbarer Prinzipien. Nur: die pure, selbstbeschauliche Depression ist die Pest. [...] Wir müssen unterscheiden zwischen billigen Existenzphilosophen, die die Musik als Mittel benutzen, andere in die fixen Ideen ihrer verengt-romantischen Kleinbürger-Weltsicht einzuspinnen und solchen, die Distanz (= Weltsicht) genug zu populären Empfindungen haben, um diese unter aktivierendem Aspekt zurückkoppeln zu können, was ja ein bescheidener Beitrag zur menschlichen Weiterentwicklung wäre." Nach Behandlung der Platten kommt der Autor in seinem Schluß auf seinen Vorbehalt gegen die Pop-Freunde in *Sounds* und Umfeld zurück: „[...] es gibt auch positive und lustvolle

---

Gruppen wie The Associates (11/80, S. 63 und 1/82, S. 55f.) und Felt (3/82, S. 59f.), besteht dann aber auf Differenziertheit, die Begeisterung dämpft. Auf „The Affectionate Punch" von den Associates werden drei Songs hervorgehoben und im Resümee als „Glanzpunkte dieses durchweg überdurchschnittlichen Albums" gewürdigt. Ihre LP „Forth Drawer Down" erhält ein Lob, das reichlich antiquiert klingt; es sei „kein schlechter Song auf der gesamten Platte", daher könne der Rezensent jedem raten, „mal ein Ohr zu riskieren". Zu Felts „Crumbling The Antiseptic Beauty" ist folgendes Fazit zu lesen: „Dieser Hang zur stilinternen Verfremdung macht Felt zu einer wichtigen Gruppe, auch wenn ihr Debüt-Album auf den ersten Blick leise enttäuscht." Festzuhalten ist freilich, daß Ruff damit aus der Perspektive größerer historischer Distanz zumeist Recht behalten hat, wohingegen sich die Kritiken, die euphorischen Überschwang ausströmen lassen wollen, dem Vorwurf aussetzen, daß dabei die Musik fast immer viel zu gut wegkommt.
[96] Vergleiche auch 8/82, S. 47f., wo Ruff seine Sammelbesprechung von Punk-Platten mit folgender rhetorischer Frage beginnt: „Ist Moralpflege konservativer als Genußsucht?"

Musik jenseits von Haircut One Hundred."[97] Aber auch nur das und nicht seine sozialpsychologische Ableitung der Pop-Begeisterung läßt sich aufrechterhalten.

Eine aus heutiger Sicht klare Fehleinschätzung, die allerdings wohl damals den meisten Fans von Gang Of Four in mehr oder weniger abgeschwächter Form unterlaufen ist, leistet sich Ruff mit seiner Rezension zu deren „Songs Of The Free". Doch bestimmte Dinge hätte der Rezensent schon damals wissen können: daß Mike Howlett für einen sehr unangenehmen, überproduzierten Sound sorgt, daß die „Gesangsparts" weder „durchweg hinreißend" noch „genial" sind, sondern ihnen die kraftvolle Ökonomie von Entertainment" und partiell von „Solid Gold" fehlt, daß Adjektiv-Paare wie „gefühlvoll und aufklärerisch, weise und kräftigend, arrogant und beseelt von fröhlicher Natur" intellektueller Kitsch sind, der allenfalls ungewollt auch einiges über den verhandelten Gegenstand aussagt. Etwas zu einfach macht es sich auch Ruff, wenn er das hohe Lied des Theoretikers in Abgrenzung zu dem, der nur „kleingeistig schimpft", anstimmt, gleichfalls damit, wenn er Arbeit positiv gegen Faulheit ausspielt. Gang Of Four zumindest gebricht es auf dieser Platte sowohl an Theorie als auch an Schimpf, der vielleicht ein gutes Korrektiv gegen ihr leeres Pathos und ihren ungenießbaren Weltschmerz gewesen wäre. Was immer man zur Verteidigung sinnvoller oder sonstwie nobilitierender Arbeit vorbringen kann, das Ethos der besten Popmusik ist zurecht mehr vom süßen Nichtstun inspiriert.[98] Diese Einwände werden hier, wie auch später bei Diederichsen und anderen Autoren, nicht vorgetragen, um insgesamt zuverlässige Autoren billigem Spott auszusetzen, sondern um zu zeigen, daß immer dann, wenn Gruppen und Musiker für sehr viel mehr stehen als nur für die von ihnen veröffentlichte Musik, die Wahrscheinlichkeit, über mehr oder weniger gravierende musikalische Schwächen leichtfertig hinwegzugehen, wächst. Gang Of Four verkörperten Anfang der achtziger Jahre mit der Musik und den Texten ihrer ersten beiden Platten sowie mit ihrem sonstigen Gebaren in der Öffentlichkeit eine Einlösung der zentralen Vision junger Intellektuelle mit starkem Interesse an Popmusik: deren formal zwingende Verknüpfung mit unnachgiebiger marxistischer Kritik. Es überrascht dann nicht, daß Kritiker in starker Sympathie für diese höchst selten realisierte Einheit ihre Verflüchtigung nicht wahrhaben möchten.

Abschließend bleibt festzuhalten, daß vor allem Autoren wie Keller, Braunsteiner und Ruff dazu beigetragen haben, die Form Plattenkritik in *Sounds* in mehrfacher Hinsicht zu beleben: sie haben Aufmerksamkeit auf vernachlässigte oder gar völlig ignorierte Musikrichtungen gelenkt, einen sachlicheren Ton in ihren Kritiken eingeführt, der sich nur noch gelegentlich der überkommenen Muster bedient, die auf Feuilleton hindeuten oder Rock-Jargon reproduzieren, und sie haben ihre Kritiken an geeigneten Stellen zum Ort ambitionierter ästhetischer und politischer Ideen, idiosynkratischer Begierden und der Darlegung von Fraktionskämpfen innerhalb des Pop-Diskurses gemacht.

---

[97] 6/82, S. 65f.
[98] 7/82, S. 52.

6.7 Diedrich Diederichsen: Pop-Theorie

Ohne Zweifel ist Diedrich Diederichsen der wirkungsmächtigste deutsche Vertreter des avancierten Pop-Diskurses, dem er mit seinen Artikeln und Kritiken als *Sounds*-Redakteur seit 7/79, später dann als Mitarbeiter, Redakteur und Mitherausgeber von *Spex* mit einer in diesem Metier ungewöhnlichen Kontinuität entscheidende, folgenreiche Impulse gegeben hat und noch gibt. Er ist der einzige deutsche Musikjournalist, der seine gesammelten Plattenkritiken in einem größeren Verlag veröffentlichen konnte.[99] Seine Ausnahmestellung im Pop-Journalismus verschaffte ihm einen Autornamen, der Buchpublikationen wie „Schocker", „Sexbeat" und „Freiheit macht arm"[100] verlegerisch kalkulierbar machte, womit er natürlich seine exponierte Position weiter festigen konnte. Dieser wird auch hier insofern Rechnung getragen, als Diederichsens Kritiken sowohl aus *Sounds* wie aus *Spex* ausführlicher behandelt werden. Bei der nun folgenden Betrachtung seiner Rezensionen in *Sounds* soll näher untersucht werden, wie der Autor sehr schnell die meisten der oben skizzierten Stereotypen des konventionellen Rock-Journalismus hinter sich läßt[101] und ein stilistisches Repertoire entwickelt, in dem die Verwandlung von Kritiken in Manifeste ein dominantes Register abgibt. Mit dem Gestus der Entschiedenheit wird die Lage in Popmusik, Politik, Theorie und anderen Lebensbereichen bestimmt, implizit oder explizit eine Tagesordnung festgesetzt, die für alle avancierten Kräfte in ästhetischer und politischer Hinsicht verbindlich sein will. Eine besprochene Platte wird dann vornehmlich daraufhin

---

[99] Diederichsen, *1.500 Schallplatten 1979-1989*. Im folgenden werden die Angaben zu dessen Plattenkritiken sowohl mit Bezug auf die einzelnen Hefte von *Sounds* und *Spex* als auch mit Verweis auf ihre leichter zugängliche Buchform gemacht. Der Beleg zu seiner ersten Plattenkritik in *Sounds* liest sich dann so: 6/79, S. 72 (S. 20), wobei die Zahl in Klammern für die entsprechende Seitenzahl in *1.500 Schallplatten 1979-1989* steht. Diederichsens Kommentare zu seinen Kritiken in diesem Buch sind für den hier unternommenen Versuch, Schreibweisen, Selbstinszenierungen und Meinungen des Autors kritisch zu bestimmen, sehr hilfreich. Sie liefern wertvolle Hinweise zum Stellenwert der einzelnen Kritiken, scheuen vor harter Selbstkritik nicht zurück und geben an einigen Stellen selber ein gutes Beispiel für jene (selbst)reflexive Distanz zu ihrem Gegenstand in formaler und inhaltlicher Hinsicht ab, die auch hier praktiziert werden soll.
[100] Diederichsen, Hebdige, Marx, *Schocker*; Diederichsen, *Sexbeat*, ders., *Freiheit macht arm*, vergleiche auch ders. (Hrsg.), *Staccato*; ders., *Politische Korrekturen*.
[101] Noch 1980 bekundet der Autor geschmäcklerische Freude an „differenzierten und abwechslungsreichen Song-Arrangements" (6/80, S. 68 (S. 28)), weist darauf hin, daß bei „häufigerem Hören die Platte („Real To Real Cacophony" von Simple Minds, R.H.) noch besser (wirkt)", beschwört in derselben Kritik, daß die besten Momente der Platte jene seien, „wo die Kanten und Härten von Schlagzeug und Synthi ungeschliffen geblieben sind" (2/80, S. 73 (S. 25)), gesteht ein, daß er ein „dreimalige(s) konzentrierte(s) Studieren beider Seiten" von Bowies „Scary Monsters" hinter sich hat (9/80, S. 58 (S. 31)), daß ihn eine Platte von XTC („Black Sea") schon „beim ersten Anhören restlos überzeugt" habe, sie „aber trotzdem noch Stoff für Monate bietet". (9/80, S. 62 (S. 32)) Einen unangenehmen Höhepunkt setzten folgende Einlassungen: „HANS-A-PLAST II ist ein schwieriges abwechslungsreiches Album, mit dem auseinanderzusetzen sich lohnt. Viele der Texte enthalten Tiefen und Anspielungen, die sich erst bei häufigerem Gebrauch auftun." (1/81, S. 54 (S. 37); vergleiche des Autors spätere Selbstkritik, in der dieser Text als „Tiefpunkt meiner Kritikerlaufbahn" eingestuft wird." (ders., *1.500 Schallplatten*, S. 92)

überprüft, ob sie eine signifikante Äußerung in einem historischen Moment darstellt. Natürlich hat auch Diederichsen im Zuge seiner Besprechung von mittlerweile wohl mehr als 2.000 Schallplatten den größten Teil mit solchen Rezensionen bestritten, die wenig spektakulär knappe Informationen und Einschätzungen zu den jeweiligen Platten geben. Sein Prestige im Pop-Diskurs freilich verdankt er jenen Kritiken, die sich daran abarbeiten, Popmusik auf historische Situationen mit ihren Kräftekonstellationen zu beziehen. Das vollzieht sich beim Autor in ausdrücklicher Anerkennung der ästhetischen Eigengesetzlichkeit stilistischer Entwicklungen in der Popmusik, verdankt sich also nicht der mechanistischen Vorstellung, daß Popmusik umstandslos den Zeitgeist widerspiegele.

Mit dem Wissen um die spätere Textproduktion des Autors lassen sich natürlich schon in seiner ersten Kritik, die sich mit Lou Reeds Album „The Bells" beschäftigt, wesentliche inhaltliche Positionen und formale Stilmittel identifizieren, die in seinen späteren Kritiken immer wieder auftauchen. Da ist mit Bezug auf eine frühe Platte des Musikers („Transformer") von einem „Jahrzehntkunstwerk" die Rede. Auch wenn damit in diesem Falle nur geringfügig übertrieben wird, so zeigt sich im häufigen Gebrauch solcher und ähnlicher Prädikate bereits ein typisches Stilmittel des Autors, mit Superlativen und sonstigen Einstufungen, die zumindest hart am Rand der Übertreibung stehen, großzügig umzugehen. Die Lou Reed zugeschriebenen Talente wie „Lässigkeit und Arroganz" versucht auch der Autor in seinen Texten umzusetzen, wenn er seine Kritiken zwar mit intellektueller Verbindlichkeit, aber nicht mit akademischer Sprödigkeit vorträgt. Die Hippie-Kritik, die sich später verschärft, deutet sich im Seitenhieb auf beteiligte Musiker an, denen vorgehalten wird, daß sie „vom Laissez-faire infiziert" seien. Die ästhetischen Optionen der kommenden Jahre zeichnen sich ab, wenn „der Plastik-Free Jazz im Titelstück", das „völlig emotionslos und künstlich [...] die furiose Spielweise des 60er-Jahre-Jazz" nachahme, gefeiert wird. Ebenfalls sehr typisch geriert sich der Autor hier auch schon als prophetischer Zeitdiagnostiker, wenn er davon spricht, daß Lou Reed in einem Stück „schon die Langeweile der 80er Jahre vorweg(nimmt)" und abschließend dem Sänger attestiert, daß er „den Geist der Zeit erfaßt (hat)."[102]

Wichtiges und wegweisendes Vokabular, das in einer für *Sounds* ungewöhnlichen Haltung vorgetragen wird, ist auch in der Besprechung zu „Lodger" von

---

[102] 6/79, 72 (20). Von Robert Palmer heißt es in einer späteren Rezension anerkennend, daß „er das Lebensgefühl der *jeunesse doree*, der sorglosen und skrupellosen jungen Reichen (artikulierte) [...]." (8/79, S. 57f. (S. 20)) Scharfsinnig kommt der Autor später zu folgendem Schluß: „Man hätte diese Platte („Secrets", R.H.) verreißen müssen, wenn man nicht den Mann nicht *einmal* hätte würdigen müssen, u.a. dafür, auf den Punkt gebracht zu haben, was Erwachsenen-Pop objektiv immer ist, aber sonst immer versteckt: Sound der Skrupellosigkeit." (ders., *1.500 Schallplatten*, S. 86) Die Kritik zur LP „Fear Of Music" der Talking Heads versucht den Zeitgeist in atemlos kurzen Sätzen zu bestimmen. In überschäumender Begeisterung imaginiert man gleich noch ein kurioses intellektuelles Unterfangen: „So soll Musik sein, 1979. Müßte ich eine normative Ästhetik für moderne Musik schreiben, ich würde auf diese Platte verweisen. Die Musik, die man braucht." Weiter unten wird dekretiert: „Musik der Zukunft: Avantgarde aber tanzbar, intellektuell aber eingängig." (9/79, S. 59, (S. 21))

David Bowie versammelt. Schon die direkte Anrede des Lesepublikums mit „Wer von euch jungen Narzißten [...]",[103] die also weder die traditionelle Rock-Gemeinschaft noch den individualisierten Hörer mit ästhetischem Anspruch, der an avantgardistischen Produktionen, an verfeinerten Kunstwerken von Musikern interessiert ist, die Autorenstatus genießen, anspricht, sondern diejenigen, für die Popmusik das Medium zur Erschaffung ihres selbstverliebten, hedonistischen Ichs ist. Damit gewinnt die Musik und die mit ihr verknüpfte symbolische Welt einen zentralen Status, was den Argwohn der Vertreter jener Sozialisationsinstanzen auf sich zieht, denen mit der Popmusik ein lästiger Konkurrent erwächst. Wie der Autor retrospektiv seine Verwendung des Begriffs „Lebenskonzept" kommentiert, ging es darum, daß „Musik in großem Rahmen mit dem eigenen Leben zu tun haben soll, über ein gelegentliches Sich-Streifen in der *Freizeit* hinaus. Auch über das hinaus, was Musik schon immer für Junge, Neue und Anfänger bedeutet hat - ein anderes Leben." Die Auswahl von Adjektiven wird nachträglich als „Versuch" eingestanden, „so viele Tom-Wolfe-Wörter wie möglich zu gebrauchen: clever, unschlagbar."[104] Neue Akzente setzt der Autor auch in seiner Würdigung der Texte der Platte, wenn er sich, anders als in *Sounds* bis dato üblich, nicht ängstlich darum bekümmert, ihrem zumeist unterstellten tiefen Bedeutungsgehalt bloß hermeneutische Gerechtigkeit widerfahren zu lassen. Vielmehr entledigt er sich dieser Aufgabe des Kritikers mit Blick auf einzelne prägnante Aussagen. Eine ähnliche Haltung bekundet sich in den Bemerkungen zu Schwierigkeiten bei der Deutung des Coverphotos: „Aber selbst unter Aufbietung aller Dechiffrierungskünste, fiel mir nichts Cleveres ein, das sich dahinter verbergen könnte, nur die alten Plattheiten von wegen Helden, Heiland und Größenwahn." Im Fazit werden weitere Adjektive eingeführt, die das überkommene Vokabular bereichern oder ersetzen, ein explizit ästhetischer, modernistisch codierter Anspruch an Popmusik formuliert, wobei diese ungleichzeitig in traditionalistischer Manier als „Rock 'n' Roll" firmiert, und schließlich ebenfalls noch recht konventionell der eigene lebenspraktische Gebrauch der Platte angeführt: „Das ist eine Musik, die modern ist, also Neuerungen der jüngsten Zeit eingearbeitet hat und von Enos Neigungen in dieser Richtung profitiert, die aber gleichzeitig eingängig und mitreißend bleibt, Rock 'n' Roll eben, und bei mir nun schon einige Wochen jeden Tag gespielt wird." Bleibt noch anzufügen, daß in dieser Kritik die Andeutung vielversprechender pop-ästhetischer Ideen durch eine Überbewertung der Musik getrübt wird. Auf dieser, wie auch auf den anderen besseren Platten von Bowie gibt es selten mehr als ein bis zwei herausragende Stücke, aber niemals sechs „Kompositionen", die, „unter den Neuerscheinungen der letzten Monate, zum (musikalisch) Eindrucksvollsten gehören."[105] Das ist keine vereinzelte Fehleinschät-

---

[103] 7/79, S. 56 (S. 20).
[104] Diederichsen, *1.500 Schallplatten*, S. 86.
[105] 7/79, S. 56 (S. 20). Überzogene Erwartungen an Bowie dokumentiert folgendes Geständnis anläßlich des Erscheinens der nachfolgenden LP „Scary Monsters": „Ich habe mir eigentlich gewünscht, daß Bowie auf Dylans Bekehrung zum Christentum mit einem Bekenntnis zum Marxismus reagiert. Aber so weit ist er noch nicht." (9/80, S. 58 (S. 31))

zung des Autors. Ein Mißverhältnis zwischen faszinierender ideologischer Aufladung einer Musik und ihrem dürftigen ästhetisch-musikalischen Gehalt läßt sich bei Diederichsen noch des häufigeren feststellen.

Damit soll nicht in kleinlicher besserwisserischer Manier dem Autor vorgerechnet werden, daß es ihm an Urteilsvermögen mangele, da hier als Fehlurteile kritisierte Einschätzungen sicherlich im einen oder anderen Falle mit guten Gründen verteidigt werden könnten, darüber hinaus natürlich auch geschmackliche Differenzen zuzugestehen sind, ohne gleich die Verbindlichkeit ästhetischen Urteilens abzuleugnen. Vielmehr wird die behauptete Differenz deshalb hervorgehoben, weil sich in ihr ein grundsätzliches Problem des avancierten Musikjournalismus, aber auch anderer avantgardistischer Strömungen dieses Jahrhundert zeigt, die vor allem mit ihren großartigen Manifesten starke Aufmerksamkeit in der Öffentlichkeit erzeugten. Diesen folgte häufig eine recht banale literarische und künstlerische Praxis, die im Vergleich mit den verkündeten revolutionären Perspektiven nur als Enttäuschung erfahren werden konnte, stellte man sich doch mit der konventionellen Fixierung auf die Produktion von Kunstwerken in krassen Widerspruch zum ursprünglichen Versprechen, das eine Überbrückung der Kluft zwischen Kunst und Leben in Aussicht gestellt hatte. Aus der Betrachtung des Verhältnisses zwischen Pop-Diskurs, der Einstellungen, Werte und Lebensentwürfe postuliert, und Popmusik, die diese Vorgaben einzulösen hat, gelangt man zu einer, freilich nur bedingt verallgemeinerungsfähigen Bilanz, die keinen unmittelbaren Anlaß für depressives Lamento abgibt. Zwar auch nur in seltenen Situationen, aber dann mit zumeist weitreichenden Folgen kommen ausgezeichnete Musik und jene Rede zusammen, die ihr Nachdruck und ideologische Schärfe verleiht. Da die Suche nach diesen Momenten nicht zur Ruhe kommt, bleibt nicht aus, daß sich dieses Bemühen mitunter dem Risiko maßloser Übertreibung und grandiosen Irrtums aussetzt.

So sehr man es als Anhänger eines bestimmten Idioms zu schätzen weiß, daß Kritiken nüchtern und kompetent den Gebrauchswert einer Platte taxieren und damit eigene Konsumentscheidungen erleichtern, eine sehr viel intensivere Aufmerksamkeit und dramatisch gespannte Erwartung richtet sich auf jene Besprechungen, in denen einer Musik zugeschrieben wird, daß ihre adäquate Aufnahme das Leben der Rezipientin verändere. Gelingt der Kurzschluß von der zwingenden sinnlichen Kraft der Musik zu wie auch immer privaten Bereichen der Lebenspraxis, dann ist es zunächst unwesentlich, ob die Behauptung des Kritikers ein blosser hermeneutischer Willkürakt ist oder tatsächlich einer genaueren musikhistorischen und pop-ideologischen Analyse standhält. In solchen Kritiken häufen sich dann pathetische Verkündigungen, daß die rezensierte Platte nicht nur die sonstige Musik in einem neuen Licht erscheinen lasse und ein neues Lebensgefühl verbreite, sondern auch eine Kraft der Polarisierung freisetze, die falschen Konsens aufkündigt. Dem Publikum können gar weitreichende ästhetisch-politische Entscheidungen abgefordert werden, die eingefahrenen Konsumgewohnheiten sowie liebgewonnenen Denkweisen und Handlungsroutinen zuwiderlaufen. Mit einer gewissen Überpointierung ergeben sich z.B. folgende Schlüsse: nihilistisch-anarchistische aus den Sex Pistols, analytisch-marxistische aus Gang Of Four, feministische aus den Au Pairs, radikal hedonistische aus ABC. Auch wenn eine genauere Überprüfung der tatsächlichen politischen Wirkungen des Zusammenspiels von rhetorischer Persuasion und euphorischer, auf den Bruch mit dem prosaischen Alltag programmierter Rezeption sicherlich Resultate hervorbrächte, die Ernüchterung unter den emphatischen Parteigängern des Pop-Diskurses nach sich zöge, so ließe sich daraus jedoch kein genereller Einwand gegen diese diskursive Praxis ableiten. Ihre Wirkungen relativieren sich an Bedingungen und Kräfteverhältnissen, gegen deren Wucht subkulturelle Opposition nur wenig vermag. Darüber hinaus gilt, wie an mehreren Stellen bereits ausgeführt wurde, daß politisch codierte Vorstöße im Feld des Pop-Diskurses vollkommen mißverstanden werden, meint man damit elaborierte politische Argumentation überflüssig machen zu können.

In seiner unter dem Pseudonym Roger Willoughby veröffentlichten Rezension zeigt der Autor reflexive Distanz zu sprachlichen Formeln in damaligen Plattenkritiken: „In der Musikkritik macht sich seitdem (seit 1976, R.H.) ein Begriff, eine Phrase breit, die zu vielen Mißverständnissen führt: 'Geradeaus und ohne Schnörkel'. Man liest das heutzutage so oft wie früher den berüchtigten 'Klangteppich', die Folge ist Simplifikation."[106] Genau von diesem Verdacht, daß die Reproduktion verschlissener sprachlicher Muster in Plattenkritiken eine unscharfe Wahrnehmung des Gegenstandes indiziert, läßt sich auch die hier vorgenommene Analyse und Kritik der Schreibweisen und Meinungen in Fanzines und Musikzeitschriften leiten, ohne dabei allerdings im Gestus einer verselbständigten Sprachkritik auszuschließen, daß bemerkenswerte Einschätzungen, Haltungen durchaus auch in wenig gelungenen Formulierungen zum Ausdruck gebracht werden können.

Die kühne Parallelisierung von Musik und Politik, die beim Autor später immer wieder anzutreffen ist, findet einen ersten Höhepunkt in der Besprechung von „Machine Gun Etiquette" von The Damned. Die rhetorische Frage nach der Entwicklung der Band wird schon in salon-bolschewistischem Gestus mit einem Satz beantwortet, der sich an ein berühmtes Lenin-Zitat anlehnt: „Drei Schritte zurück, zwei zur Seite, einen vor." Die Einschätzung der Musik erfährt eine direkte politische Codierung, die ähnlich wie die damalige Aversion gegen Gitarrensolos Abweichungen von den funktionalen Erfordernissen des Songformates und generell musikantische Selbstgefälligkeit als unverzeihliche ideologische Sünde stilisiert, jedoch dann dem Ganzen einen anarchistischen Reiz abgewinnen kann: „Sie bauen ihre guten, cleveren Stücke in elende reaktionäre Instrumentalpassagen ein, man will die Platte verdammen, aber dann kommen Juwelen, Meisterwerke, [...] und ich bin begeistert, hole gleich nochmal die längst verstaubten ersten beiden Damned hervor, und erinnere mich, daß ich sie schon immer toll fand, diese eigenartigen, simplen Zynismen, diese Kinder-Bakunins." Das Gefühl der Ambivalenz gegenüber der Platte wird dann in folgenden Gegensatzpaaren zuge-

---

[106] 8/79, S. 56 (S. 20).

spitzt: „Brechmittel und Offenbarung. Langeweile und Adrenalin." Nachträglich verwandelt der Autor sein damaliges widersprüchliches Changieren zwischen salon-bolschewistischer Strenge und anarchistischer Ausgelassenheit zum „Unterschied zwischen *subversiver* und *gewerkschaftlicher* Politik", wobei „eine Kombination von beidem wie bei The Damned natürlich das Beste" sei. Der Unterschied wird, erneut mit bemerkenswerter selbstreflexiver Distanz und differenzierter Haltung zum eigenen Tun, so erläutert: „Die Verkleidung von Geschmacksumwälzungen als revolutionäre Politik hat ebensoviel Albernes, wie sie der Würde des Heranwachsenden entspricht, die man gar nicht hoch genug ansetzen kann. [...] ([...] Subversion (will) die Zustände zum Einsturz bringen, auf welche Weise auch immer, und durch wen auch immer bewirkt; die gewerkschaftliche Politik aber möchte, daß diejenigen, die unter dem Unguten der Zustände am meisten leiden, sie auch zum Einsturz bringen sollen)."[107] Diese Bestimmungen leiden jedoch an einem gravierenden Irrtum und offenbaren zugleich einen Umgang mit politischem Vokabular, dem es an analytischer Schärfe fehlt. Die skizzierten Bestrebungen sind an der Destruktion ganz unterschiedlicher Zustände interessiert: Subversion wendet sich zumeist gegen die Einengung und Beschränkung einer libertär angesetzten Vorstellung von Freiheit, wohingegen traditioneller konzipierte revolutionäre Politik, Basisinstitutionen der existierenden Gesellschaft gezielt abschaffen will. Eine Politik als gewerkschaftlich zu bezeichnen, die nicht mit ihrer subversiven Natur kokettiert, jedoch radikale Veränderung bewirken möchte, wohingegen doch Gewerkschaften traditionellerweise immer genau das nicht anstreben, bekundet wenig Einsicht in reale politische Verhältnisse.

Vollkommen ausgeprägt hat sich beim Autor die Tendenz, Plattenkritiken in Manifeste zum Stand der Dinge in der Popkultur zu verwandeln, spätestens mit den Ausführungen zur LP „Buy The Contortions" von selbiger Gruppe.[108] Ihrem führenden Kopf, James White, und ihrer Musik und ihren Texten werden all jene Eigenschaften zugeschrieben, die der Autor offenkundig an Popmusik und ihren Protagonisten schätzt: gereizter Narzißmus, aggressiver Nihilismus, Größenwahn, erotische Hysterien. Prophetisch verkündet man mit einem überbordenden Kompositum, das als ad-hoc-Stilbezeichnung dient, daß der von der Gruppe eingeschlagene „Weg der Funk-Punk-Free-Jazz-'anyone-can-do-it'-Disco-Fusion Zukunft hat."[109] Die Assoziationen zur Musik zeugen von einem zu diesem Zeitpunkt neuartigen Hedonismus, der sich vom konsumkritischen Asketismus der seinerzeit machtvollen Alternativszene ebenso abgrenzt wie von der lumpen-

---

[107] 1/80, S. 57 (S. 25) und ders., *1.500 Schallplatten*, S. 88.
[108] 2/80, S. 66f. (S. 25).
[109] 2/80, S. 66 (S. 25). Vorsichtig prophetisch geht es auch in der Besprechung zu Human Leagues „Travelogue" zu: „'Being Boiled', das es schon lange in einer Single-Version gab, ist vielleicht das Paradestück der Human League für die Rockgeschichtsschreiber späterer Generation: Wie die verschiedenen Funktionen der Synthesizer ineinander verschachtelt werden, um plötzlich nur noch mechanisch und rhythmisch zu klingen, dann typisch-englische Art-Rock-Schnörkel, und über allem die klare Stimme." (6/80, S. 68 (S. 28))

proletarischen Genügsamkeit der Punks: „Das ganze sehr wild, Großstadt-Nächte, an zwei Enden brennende Kerze, siedendes Wasser." Die Bemerkungen zum Cover, die den Musiker intimisierend mit dem Vornamen bezeichnen, heben dessen Pop-Charakter hervor: „Das Album-Cover verkündet in großen roten Buchstaben BUY und dokumentiert die Auseinandersetzung mit Industrie, Kommerz, die James schon lange führt, in ironischer Weise."[110] Es signalisiert einen bewußt affirmativen, zynischen Umgang mit den kapitalistischen Realitäten der Produktion und des Konsums von Musik, den Diederichsen unnötig vorsichtig als ironischen qualifiziert. Zugleich bekundet James White mit der stilisierten Überhöhung der Kaufaufforderung ans Publikum seinen Überdruß mit dem halbherzig kritischen Gestus im Rock-Journalismus und bei vielen Vertretern der Independent-Labels.

Im folgenden werden jene Kritiken zwischen Ende 1980 und Winter 1982 genauer betrachtet, die sich an der Idee abarbeiten, eine dem Charakter der Popmusik adäquate Form politischer Intervention zu etablieren, sich von traditionelleren Modellen der Vermittlung von Musik und Politik abgrenzen, die Bezüge zu theoretischen Diskursen herstellen und im Verzicht auf den Maßstab authentischen Ausdrucks Pop-Sensibilität entfalten.[111] The Jam und The Clash verkörpern für den Autor überkommenes linkes Bewußtsein, das einmal als rührender „sozialistischer Realismus" zurückhaltendes Lob erhält,[112] im anderen Falle „verzweifelte Beziehungslosigkeit"[113] sei, das engagierte Aufgreifen von Themen und Problemen, derer sich dann dankbar die staatstragenden Medien annehmen und auf diese Weise ihren kritischen Gehalt einbüßen. Das Übertriebene dieser Kritik an Clashs „Sandinista!"-Album zeigt sich an der redundanten Variation der Ausdrücke, mit der die Inkohärenz der drei Platten herausgestellt werden soll: sie gäben nur ein „Kuddelmuddel", ein „beliebiges Sammelsurium" ab, dem, wie auch nach diesen Beobachtungen nicht anders zu erwarten war, „Zusammenhangslosigkeit" eigne. Gegen The Clash werden The Jam ausgespielt, „[...] bei denen jede Äußerung (theoretisch, poetisch, musikalisch) von Strenge und Erfahrung bestimmt ist [...]." Interessant ist der Klammereinschub, der die Dimensionen der Überlegenheit qualifiziert und offensichtlich aus argumentativer Verlegenheit auf das Adjektiv 'politisch' verzichtet und es durch das neue Zauberwort 'theoretisch' ersetzt. Da die Vorzüge von The Jam beim besten Willen nicht im wie auch immer weitgefaßten Medium der Theorie zu verorten sind, ist die Funktion dieses unmotivierten Kompliments im Zusammenhang der kritischen Abfertigung von The Clash zu bestimmen: es scheint so, daß Theorie hier in einer

---

[110] 2/80, S. 67 (S. 25).
[111] Vergleiche dazu die einschlägigen Ausführungen in Kapitel 4 dieser Arbeit im Abschnitt über „Rock- und Pop-Sensibilität".
[112] 1/81, S. 58 (S. 37). In einer souveränen Kritik wird dort die LP „Sound Affects" von The Jam abgehandelt, wobei der Autor sparsam und gezielt Adjektive verwendet und das Stück „That's Entertainment" als Höhepunkt verzeichnet. (vergleiche auch den instruktiven Kommentar aus der Retrospektive, in: ders., *1.500 Schallplatten*, S. 92)
[113] 2/81, S. 58 (S. 39).

versteckten Andeutung als Stellvertreter für eine Politik eingesetzt wird, die sich nicht „mit beziehungslosen Klischees" aus der dritten Welt, dem „letzte(n) Residuum orthodoxer Linker, wo die Widersprüche noch die alten sind", zufriedengibt. Herablassend werden dann im Schlußabsatz dem verdammten Werk gewisse musikalische Qualitäten an der einen oder anderen Stelle zugestanden: bei einer strengen Selektion des Materials „hätte (es) für ein intelligentes, buntes Mainstream-Pop-Album gereicht [...]."[114]

Einen schärferen Ton schlägt Diederichsen in seiner Rezension zu Robert Wyatts Album „Nothing Can Stop Us" an. Die Parole heißt nun ganz unzweideutig: „Nieder mit The Clash!" Zuvor hatte er gnadenlos mit verschiedenen reformistischen Strömungen und Institutionen abgerechnet, um sich selbst die Lizenz zu verschaffen, „dummes linkes Bewußtsein kritisieren zu dürfen", was The Clash einschloß: „[...] man muß eben wenigstens den Impuls mal erlebt haben, der zu diesem Denken führt, auch wenn das *zoon politikon* heute ein blödes reaktionäres Konzept ist, das nur dazu dient, unverständlich gewordene Jugendliche mit Hilfe von Udo Lindenberg, den Jusos und dem ZDF in die SPD oder die Grünen zurückzuführen, in Bürgerinitiativen wirkungslos altern zu lassen und damit in die staatliche Vernunft zu reintegrieren."[115] So verständlich es im Kontext der damaligen Situation in der Popkultur war, daß sich die jüngere Generation der durch Punk und New Wave sozialisierten Autoren gegen Tendenzen abgrenzten, die ein Wiederaufleben der „mittsechziger Protestsong-Manier"[116] befürchten ließen, so wenig überzeugend ist das spätere Festhalten des Autors an seiner Vereinnahmungsthese mit Blick auf The Clash: „'Probleme', wie sie dann auch die Clash 'mutig' aufgreifen, sind Raster, die dazu da sind, aus dem vitalen Leben Sinn herauszupressen wie früher Profite aus der Arbeitskraft zu gewinnen, die Ökonomie der Kultur- und Informationsgesellschaft." The Clash tragen jedoch auf „Sandinista!" eine abweichende politische Position vor („The Equaliser"), an der allenfalls ein grobschlächtiger Kommunismus, kitschige Revolutionsromantik und der partiell weinerliche Ton des Vortrags auszusetzen ist. Diederichsens Hantieren mit abgegriffenen soziologischen Schlagworten offenbart erneut eine verzerrte Wahrnehmung politisch-ökonomischer Zusammenhänge: weiter ist die Ausbeutung von Arbeitskraft für die Reproduktion kapitalistischer Verhältnisse essentiell; die metaphorische Rede von einer Ökonomie des medial erzeugten

---

[114] 2/81, S. 58 (S. 39f.). Vielleicht war Clash 1981 auch deshalb von der jüngeren Fraktion der *Sounds*-Autoren zum Gegner erklärt worden, weil schon in frühen Artikeln traditionell linker Musik-Journalisten über Punk die Gruppe wegen der ihnen zugestandenen Musikalität und authentischen Gesinnung besser weggekommen war als die nihilistischen Sex Pistols. (vergleiche Steve Strange: „Punk Rock: Die Rückkehr der Rotznase", 1/77; M. Gillig: „Viel Stunk um Punk", 2/77)

[115] 5/82, S. 75 (S. 71). Ungestüm werden in dieser Kritik auch poststrukturale Lesefrüchte, in diesem Fall Foucaults Reflexionen *Was ist ein Autor* ausgestellt: „Wyatt verachtet die Autorenfunktion zutiefst. Nichts nervt ihn mehr als Autor eines Werkes verstanden zu werden. Mit seinem Namen dokumentiert er die Vielfalt des ihn Umgebenden, stellt sich in den Dienst des gefundenen Material (sic)." (5/82, S. 75   (S. 71); vergleiche den nachträglichen Kommentar von Diederichsen, *1.500 Schallplatten*, S. 100))

[116] 2/81, S. 58 (S. 39).

Sinns verkennt, daß eine Befassung mit wie auch immer durch Mediendiskurse präfigurierten Themen und Problemen, die sich gegen basale Eigentums- und Besitzverhältnisse, gegen die bestehende Verteilung gesellschaftlichen Reichtums wendet, gegen Vereinnahmung resistent ist. Wenig ökonomischen Sachverstand zeigt der Autor auch in einer Bemerkung, die mit einem unscharfen Kollektivsingular operiert, wenn behauptet wird, „daß wir auf der profitierenden Seite eines Weltausbeutungszusammenhangs leben."[117] Daß für die benutzten Arbeitskräfte hier, in den westlichen Demokratien, mehr vom gesellschaftlich produzierten Reichtum abfällt als für die Arbeiter, Bauern und Handwerker in den Staaten der Dritten Welt, ändert nichts an ihrer gleichen Stellung innerhalb der Produktionsverhältnisse. Das schlechte linke Gewissen, daß man mit der bescheidenen Teilhabe am hiesigen Luxus irgendwie auch zum Elend der unterentwickelten Länder beiträgt, ist ein denkbar ungeeigneter Ausgangspunkt, um in ernsthafte politische Auseinandersetzungen einzutreten. Eine verläßlichere Basis geben unbefriedigte materielle Interessen auch in den westlichen Ländern ab.

Eine neuartige Form, innerhalb der Popmusik politische Wirkungen zu erzielen, die die Fehler von The Clash überwindet, deutet sich bei Diederichsen in mindestens drei unterschiedlichen Varianten an: in analytischen und avantgardistischen Spielarten radikaler Aufklärung, wofür Gang Of Four,[118] die Au-Pairs, die der Analyse von Produktionsverhältnissen Reflexionen der Geschlechterverhältnisse zur Seite stellen,[119] und Red Crayola[120] einstehen. Eine andere Weise, dem Protestsong zu entsagen und zu politisch relevanter Aussagekraft zu finden, die Überzeugungskraft besitzt, erkennt der Autor in der expressiven Artikulation „politischer Besessenheiten" bei den Sängern der Gruppen The Pop

---

[117] Diederichsen, *1.500 Schallplatten*, S. 92f. und 93.

[118] In der Besprechung von deren zweiter LP „Solid Gold" kann sich der Autor nicht mehr dazu durchringen, diese Platte in den von ihm bekannten Tonfall als verbindlichen Ausdruck der historischen Situation in ästhetischer und politischer Hinsicht zu stilisieren. In der Einleitung wird vermerkt, daß die Gruppe einen „geradezu mythischen Status" einnehme und ihre vorangegangene LP („Entertainment!") „schlichtweg umwerfend" sei. Danach werden der aktuellen Platte stilistische Schwächen vorgehalten. Mit einem defensiven Unterton, der nicht zu überhören ist, wird beschworen, daß der „Rang der Gruppe Gang Of Four indes durch diese Platte nicht angekratzt (wird) [...]." Rückzugsgefechte bestimmen auch den Schluß der Kritik: dem Leser wird der verdächtige Hinweis gegeben, daß die „Platte mit kontinuierlichem Hören (wächst)". Der Autor vertröstet sich und sein Publikum mit der vagen Hoffnung, daß in naher Zukunft eine dritte LP der Gruppe aussteht. (4/81, S. 68 (S. 44))

[119] „Playing With A Different Sex" sei „voll von sprachlichen [...] und gedanklichen Reizen". Es handle sich um eine Band, „die ihren Brecht gelernt hat und einem klassischen Ideal sozialistischer Texte nacheifert." Mit kraftvoller Entschiedenheit heißt es über die Stimme der Sängerin: sie „(läßt) dem Hörer keine Wahl". (7/81, S. 63 (S. 49))

[120] Versehen mit einigen aufschlußreichen Zitaten aus „Kangaroo?" werden in der Kritik die ungewöhnlichen Gegenstände und musikalischen Mittel umrissen, die Mayo Thompson, der ideologische Kopf von The Red Crayola With Art & Language, auf der Platte entfaltet: „Eine Reihe Songs ist Problemen der sowjetischen Revolution gewidmet. 'The Tractor Driver' und 'The Milkmaid' sind simple, schwärmerische Huldigungen im Stile des sozialistischen Realismus der Stalin-Jahre. Auch hier besorgt die Musik (fordernd, kompliziert, aber umwerfend schön und melodisch) die Brechung des Bildes." (6/81, S. 62f. (S. 47))

Group und Dead Kennedys: Mark Stewart und Jello Biafra.[121] Das damals favorisierte Modell imaginiert eine subversive „Mikro-Politik"[122] im Medium eingängiger Popmusik. Verworfen wird die Attitüde eines Einspruchs, der Protest anmeldet. Sie sei in einer pluralistischen Demokratie nur allzu leicht integrierbar. Auch den erwähnten Formen aufklärerischer Kritik und eines heroischen anarchistischen Aufschrei am Rande des Verstummens werden keine breitenwirksamen Effekte zugetraut. So wird Scritti Polittis führende Kraft, Green Gartside, als „kundiger Pop-Bastler" und als Kronzeuge einer neuen Politik angeführt: „Er ist der Mann, der weiß, daß die Revolution eher von den Stapels-Singers als von der Gang Of Four gemacht wird, er weiß um die Lust am Derrida-Lesen, macht aus Nietzsche-Anekdoten einen aufgeweckten, leichtfüßigen Pop-Song, nähert sich mit Lovers-Rock-Stimme via Semiologie dem Percy-Sledge-Satz 'When A Man Loves A Woman' (in 'Gettin' Havin' & Holdin'), er läßt übermütig lange einen Kontrabassisten Charlie Mingus zitieren." Zudem sei Gartside derjenige Musiker, „der am meisten über Mikro-Politik und Pop-Musik zu sagen weiß [...]." Scritti Polittis Single „Jacques Derrida" hatte Diederichsen einen Monat zuvor rezensiert, wobei er seinem abschließenden Urteil, das in typischen Adjektiven der Pop-Sensibilität („leichtfüßig, schnell, charmant und voller kleiner Brüche") schwelgt, einleitend ein für Musikzeitschriften ungewöhnlich langes Zitat des Philosophen aus „Die Schrift und die Differenz" voranstellt.[123] Da Plattenkritiken nicht der Ort für eine ausgiebige Darlegung politischer, theoretischer und ästhetischer Überzeugungen sind, fungieren dort signifikante Begriffe und Namen als ihre Abbreviatur. Sie bekommen zudem durch die mit ihnen verknüpfte Musik eine sinnliche Dimension, die den dadurch angeregten Prozessen der Identifikation und Abgrenzung wesentlich mehr Wucht gibt als es jemals gelehrte, einem kleinen Publikum vorbehaltene Abhandlungen vermögen. Dabei bedarf es nicht immer wie im Falle von Green Gartside eindeutiger Äußerungen aus Interviews und passender Zitate aus Songtexten. Hat sich ein Musiker wie Kevin Rowland auf der ersten LP („Searching For The Young Soul Rebels") seiner Gruppe Dexy's Mid-

---

[121] Sehr unterschiedlich fallen jedoch die Kritiken zu den entsprechenden Platten aus. Während die Besprechung zu „Fresh Fruit From Rotten Vegetables" von den Dead Kennedys durch gut ausgewählte Textzitate und eine prophetische Einschätzung des Stellenwertes des überragenden Stückes 'Holiday In Cambodia' glänzt (11/80, S. 71 (S. 35)), erfährt man in der Rezension zu „We Are Time" von der Pop Group nur sehr wenig, was die Platte musikalisch und textlich leistet. Am Schluß wird gar wieder die Ankunft einer neuen Bewegung begrüßt: „Willkommen dem neuen Expressionismus!" (10/80, S. 62, (S. 32f.))
[122] 10/82, S. 55f. S. (81) und 10/82, S. 56 (S. 82); schon in der Besprechung zu Robert Fripps „God Save The Queen/Under Heavy Manners" mußte sich der Autor selbst ermahnen, sich nicht durch den Titel „The Zero Of The Signified" „zu semiologischen Interpretationen verleiten" zu lassen. (5/80, S. 80 (S. 28)). Ein netter Insider-Witz erlaubt die Erwähnung von R. Barthes in der Rezension zu Mutant Disco: „A Subtle Dislocation Of The Norm": „[...] Ian Penman, unser Lieblingsschreiber beim NME (New Musical Express, R.H.) hat die Liner Notes geschrieben. Weil ihn vermutlich Island (Hersteller des erwähnten Produktes, R.H.) mit unübersetzten Roland-Barthes-Ausgaben bestochen hat." (7/81, S. 66 (S. 49))
[123] 9/82, S. 10 (S. 77f.)); vergleiche Derrida, *Schrift und Differenz*, S. 146.

night Runners mit dezidiert politischen Aussagen hervorgetan, die sich vertrauten politischen Artikulationsformen entzogen,[124] dann genügen vage Anhaltspunkte auf der nächsten Platte (Kevin Rowland & Dexy's Midnight Runners: „Too-Rye-Ay"), um in einem Kompositum, das sehr unterschiedliche Dimensionen verknüpft, von „Rowlands unschlagbarem Arbeiterklasse-Alkohol-Revolution-Religions-Soul" zu reden. Zur Beglaubigung, daß die beiden vorletzten Komponenten zusammenpassen, wird in einem Klammereinschub ein fiktives Adorno-Zitat beigebracht: „'Alle Maoisten haben zur Zeit was mit Katholizismus am Hut', T.W. Adorno aus Canterbury an den NME (New Musical Express, R.H.)."[125]

Die Haltung, die hier deutlich wird, läßt sich als Salon-Bolschewismus charakterisieren. Sie führt zu einem Pseudonym wie Stalin Stalinsen,[126] freundlichen Reverenzen an Leonid Breschnew,[127] feiert eine Single, auf der Robert Wyatt „ganz einfach 'Die Internationale' absingt"[128] und „wünsch(t) den jungen Leuten nur noch die Diktatur des Proletariats an den Hals."[129] Um eine starke Position zu gewinnen, von der aus ins ideologisch-symbolische Feld interveniert und dadurch politische Effekte ausgelöst werden können, mußte ein zentrales Tabu der aufgeklärten intellektuellen Linken gebrochen werden: die als Inbegriff totalitärer Zwangsherrschaft verdammten Länder des real existierenden Sozialismus galten nun in erster Linie als ein dem westlichen Kapitalismus höchst unangenehmer Widersacher, der genau deshalb Sympathien verdient. Distanz zu den hiesigen schlichten Vertretern marxistisch-leninistischer Orthodoxie wahrte man sowohl durch einen offensiven Hedonismus, der westlichen Luxus vorbehaltlos bejahte und sich wiederholt gegen konsumkritisch verbrämte Askese wandte, als auch durch das generelle Reflexionsniveau, auf dem Widersprüche nicht zwanghaft in einer übergeordneten Parteilinie aufgelöst werden mußten.

Blieb Salon-Bolschewismus, der bis in die zweite Hälfte der achtziger Jahre hinein von einem in subkulturell elitären Zirkeln gepflegten Bolshevique Chic[130]

---

[124] Im Artikel über Dexy's Midnight Runners stellt Diederichsen diese LP „neben (die Werke) von The Fall" und hört in ihr „die überzeugendste, klarste Stimme der britischen *Working Class* - kein durch aufgepropfte, veraltete Seminarmarxismen vernebeltes Etwas, kein anti-künstlerisches, anti-intellektuell verkrampftes Bemühen um street credibility, sondern die brachiale, großartige Wiedereinführung von großkotzigen Siegerbegriffen wie Wahrheit." (10/82, S. 38) Damit werden natürlich gleichzeitig die negativen und positiven Markierungen vorgenommen, an denen sich die als politisch begriffene Arbeit des Autors und seiner gleichgesinnten Mitstreiter im Pop-Diskurs ausrichtet.
[125] 9/82, S. 54 (S. 79).
[126] In der Besprechung der Single „Stalin Wasn't Stalling" von Robert Wyatt im Heft 3/81, S. 14 (S. 40) greift Diederichsen zum Pseudonym Stalin Stalinsen.
[127] Vergleiche den Schlußabsatz in der Kritik zu „Rip It Up" von Orange Juice. (12/82, S. 56, (S. 83f.))
[128] Ein Beitrag auf dem in Heft 8/82, S. 52 (S. 77) besprochenen Recommended Records Sampler.
[129] In der Kritik zur LP „Diamond" von Spandau Ballet. (3/82, S. 60, (S. 67f.)) Eine großartige Replik zu dieser Äußerung bringt Kid P. im nächsten Monat in einer Filmkritik: „P.S. Ich wünsche D.D., dem verwöhnten bürgerlichen Schnösel, nicht die Diktatur des Proletariats an den Hals. Er würde davon hinweggefegt werden. P.P.S.: Ich bin ein Arbeiterjunge." (4/82, S. 52)
[130] Vergleiche dazu die Ausführungen Diederichsens in *Sexbeat*, S. 122f. und in der Zeitschrift *Konkret* (8/87, S. 60f.).

begleitet wurde und zwischenzeitlich - verstärkt durch haltlose Hoffnungen auf die Politik Gorbatschows - ein etwas breiteres jugendliches Publikum fand, ein dauerhafter Grundzug des avancierten Pop-Diskurses, so konnte naturgemäß die damals in *Sounds* favorisierte ästhetische Verfahrensweise in der Popmusik, die später als Zitat- oder 82er-Pop bezeichnet wurde, nur für kurze Zeit eine Schlüsselposition im Pop-Diskurs aufrechterhalten. Daß Musiker nicht länger an der Fiktion festhalten wollten, authentische Originalgenies zu sein, die sich zugleich in ihren künstlerischen Hervorbringungen vollständig entäußern und ständig Beweise ihrer inkommensurablen ästhetischen Kreativität zu liefern bemüht sind, statt dessen die Künstlichkeit ihres Tuns herausstellen und beliehene musikalische und ästhetische Traditionen, die in ihrer Arbeit Eingang finden, deutlich markieren, erwies sich als bedeutsamer Einschnitt in der Geschichte der Popmusik. Als zukunftsweisendes Modell ließ es sich jedoch aufgrund seiner formalistischen Dürre, die sehr unterschiedliche Modelle der Betonung von Künstlichkeit und der Aneignung historisch verfügbarer Musikstile ermöglicht, nur nach starken Modifikationen, die wiederum dessen vormals behaupteten Absolutheitsanspruch desavouierten, behaupten.[131]

Noch unbeschwert artikuliert es sich in Rezensionen zur LP der Associates („Sulk"), zur erwähnten Scritti Politti-Platte,[132] aber schon mit unterschwelligen Vorbehalten in der hemmungslos mit Superlativen anhebenden Lobpreisung der LP „Rip It Up" von Orange Juice: „Nicht nur die frechste, auch die schüchternste, nicht nur die hipste, sondern auch die altmodischste, nicht nur die fröhlichste, sondern auch die traurigste [...] Platte des Monats [...]."[133] Das breite Spektrum der Verweise, das die „schwülstige, reich verzierte und luxuriös ausgestattete Welt der Associates" auszeichnet, wird entfaltet, wobei der Autor die Gelegenheit nutzt, apodiktisch den höchsten Rang seines Lieblingsschauspielers zu behaupten: „Die Geschichte der modernen Oper ist um eine Attraktion reicher. Der große Tenor Billy Mackenzie (Sänger der Associates, R.H.) hat sich endlich so verwirklicht, wie es seinem großartigen Talent für die großen dramatischen Gefühle ziemt. Er führt alle Verhaltensweisen großer Bühnenhelden vor, von Arroganz bis zu schmachtender Hingabe, von intelligent beobachtendem Zynismus bis zu verspielter Langeweile. Er ist großes Kind wie Gary Cooper, souveräner Gigolo (wie ihn Bowie immer gern auch auf der Leinwand dargestellt hätte), intellektuell-

---

[131] Die Ausführungen zu Schreibweisen und Meinungen in *Spex* im anschließenden Kapitel 7 werden die veränderte Einstellung zum Zitat-Pop und das Aufkommen stilistischer Entwicklungen, die als Konkurrenz und Erweiterung des Pop-Modells begriffen werden, genauer herausarbeiten. Man gelangt zu der Einsicht, daß ein leichtfertiges Hantieren mit der schlichten Opposition zwischen schlechter, verlogener Authentizität und guter, illusionsloser Künstlichkeit nicht mehr hinreicht, um Bewertungen vornehmen zu können, die ästhetisch-politische Überzeugungskraft haben.

[132] Neben der bereits zitierten Darlegung der Arbeitsweise eines Songs der LP sind noch zum einen die in dieser Kritik genannten „Stichworte", die auf anderweitige, explizitere Ausführungen in *Sounds* anspielen, zu nennen: „Ich sage nur: Zitierkunst, es gibt keine Originale [...]"; zum anderen die weiter unten gegebene, resümierende Einschätzung: „[...] ein vollendetes Neo-Pop-Album, voller kleiner Raffinessen, von hoher Dichte [...]." (10/82, S. 55f. (S. 81f.))

[133] 12/82, S. 56 (S. 83).

melancholisch-weltweiser Liebhaber wie Herbert Marshall und verspielt bis vertrotteltes Genie wie Cary Grant (der beste Schauspieler aller Zeiten)."¹³⁴ Orange Juice werden als „schottische(s) Jungsquartett" vorgestellt, „das den individuellen Ausdruck des leicht erregbaren jungen Körpers ebenso beherrscht wie disziplinierte Pop-Kombinatorik." Es stehe „immer in der Spannung zwischen Hinwendung zum Leben (Liebe, Sex, Zurückweisung) und Kompensation (hingebungsvolle Kennerschaft aller Popstile)." Die hier schon angedeutete Reserve gegenüber der Zitattechnik, die nur durch „Spannung" zu starken, zum Ausdruck drängenden Gefühlen zu rechtfertigen ist, verstärkt sich in den Einlassungen zu einzelnen Stücken der Platte: „Mit ihm (Zeke Manyika, R.H.) kommt viel Philly-Sound, Afrika und Soft-Slow-Soul in die zerbrechlichen Lieder des Edwyn Collins. Er verhilft einem ohnehin optimistischen Song wie 'I Can't Help Myself' (auch wieder die Zitierwut der aktuellen Pop-Auffassung: Pop = stilistischer Supermarkt - 'Black Is Black', Four Tops etc.) zur Hymne der Regeneration." Daß der historische Augenblick, in dem die Arbeitsweise der Gruppe für überzeugende Resultate sorgt, bald vorüber sein könnte, zeichnet sich schon als vage Ahnung ab: „Mit einem Song wie 'Flesh To My Flesh' macht er (Sänger Edwyn Collins, R.H.) es noch einmal möglich, in Würde dahinzuschmelzen."¹³⁵ Die Besprechung der Orange Juice-LP war Diederichsens letzte, mit großer Geste vorgetragene Plattenkritik in *Sounds*, da die Zeitschrift mit dem im Umfang schon erheblich reduzierten Heft 1/83 ihr Erscheinen einstellte. An der vom Autor beförderten Pop-Sensibilität, die in den folgenden Jahren tatsächlich massenhaft Produkte einer verselbständigten „Zitierwut", einer unverbindlichen Aneignung der Pop-Geschichte im „stilistischen Supermarkt" hervorbrachte, hat er in seinen Beiträgen für *Spex*, wobei an die Ambivalenz gegenüber einem naiven Pop-Enthusiasmus angeknüpft werden konnte, die bereits in der zuletzt erwähnten Kritik zu erkennen ist, erhebliche Modifikationen vorgenommen. Darüber hinaus versucht er neue ästhetische Optionen zu entfalten, die zum vormals Propagierten quer liegen, was aus der Perspektive eines dogmatisierten Pop-Bewußtseins als Rückfall in überholt geglaubte Vorstellungen erscheinen konnte.

Diederichsen, so läßt sich resümieren, begründet mit seinen Texten in *Sounds* eine Schreib- und Redeweise über Popmusik, einen Pop-Diskurs, der für die Folgezeit Maßstäbe gesetzt hat. In der riskanten Herstellung politischer Bezüge der Musik, in der Plazierung von Begriffen und Namen, die polarisieren, gewinnen die Kritiken des Autors rhetorische Kraft, die sich in ihrem Bemühen um verbindliche Einschätzung der jeweiligen ästhetisch-kulturellen und politischen Situation gegen die fatale Allianz von bloß subjektivem Meinen und gedankenloser Konformität richtet.

---

¹³⁴ 6/82, S. 60 (S. 74).
¹³⁵ 12/82, S. 56 (S. 84).

6.8 Kid P.: Pop-Leben

Kid P.[136] ist für die Leser von Hollow Skais Magisterarbeit[137] kein unbekannter Autor. Bereits die dort wiedergegebenen Zitate aus dessen Fanzine „Preiserhöhung" aus dem Jahre 1979 heben sich durch ihr spielerisches Moment deutlich von der in diesem Buch dokumentierten Schreibweise sonstiger Fanzine-Autoren ab.[138] Auch in *Sounds* unterscheiden sich Kid P.'s Texte scharf von denen aller anderen Autoren. Anders auch als Diederichsen, der ihm pop-ideologisch nahesteht, läßt Kid P. die mit einer wie auch immer konzipierten Intellektuellenrolle verbundene Distanz, die geforderte Fähigkeit, Abstraktion zu leisten, die Zusammenhänge verdichtet, gänzlich fahren und überläßt sich in seltener polemischer Verärgerung oder in häufigerer euphorischer Begeisterung seinen Gegenständen. Was mit einer Kritik der LP „Drop Out" von The Barracudas in *Sounds* im Heft 6/81 begann, steigerte Kid P. in den Heften aus dem Jahre 1982, in dem er es zur Omnipräsenz als Kritiker der wichtigsten Platten sowie zum schonungslosen Berichterstatter der Musikszene in den größeren Städten brachte. Seine Kritiken sind der bis dahin formal und inhaltlich radikalste Bruch mit den Konventionen der Plattenkritik. Auch heute besitzen sie immer noch einen einzigartigen Stellenwert; die weiteren Entwicklungen in der Popmusik, im Diskurs, der sie begleitet, haben ihnen nichts von ihrer pathetischen und witzigen Kraft nehmen können. Gerät die Lektüre älterer Plattenkritiken wegen der aufgezeigten Redundanzen, Platitüden und Umständlichkeiten oft zur Geduldsprobe, zumal wenn die behandelte Musik heute nur noch wenig oder keinerlei Interesse mehr erwecken kann, so gilt dies für Kid P.'s Texte der Jahre 1981/82 in keiner Weise.

Schon in der angesprochenen ersten Kritik werden einige zentrale Elemente seines Stils versammelt: kurze, schlagzeilenartige, geheimnislose Sätze, die einfache Gegensätze aufmachen oder Paradoxien setzen, dabei auf jegliche Koketterie mit dem Feinsinnigen verzichten. Fehlen darf natürlich nicht die direkt imperativische Anrede des Lesers. So wird die Band vorgestellt: „Die Barracudas sind vier exzentrische Engländer. Sie haben nicht sehr viele Anhänger. Sie sind 60er Jahre US-Beat-Fans. Auf ihrer Reise sind sie bei 1967/68 angekommen. Sie sind die englische Kreuzung aus den Monkeys und der US-TV-Adams-Gruselfamilie. Gebt ihnen Surfbretter, ein verfallenes Herrenhaus, viel Nebel und ein TV-Programm! Schau dir das LP-Cover an und du weißt, was dich erwartet. '4 great guys, 3 great chords, 14 great songs.' (Covertext)." Die spätere Technik des Autors, im Stile des Boulevard-Journalismus An- und Einsichten der Musiker in wahrem oder fingiertem Originalton zu präsentieren, ist hier noch nicht zu finden, statt dessen werden prägnante Zeilen aus den Texten der Gruppe und - wie eben

---

[136] Wie spätestens seit seiner offiziellen Mitarbeit bei *Spex* ab Heft 5/1986 bekannt wurde, ist Kid P.'s bürgerlicher Name Andreas Banaski. Bis zu ihrem Ende im Jahre 1996 fungierte er als Redakteur der Zeitschrift *Tempo*.
[137] H. Skai (bürgerlich H. Poscich), *Punk*.
[138] Vergleiche Skai, *Punk*, S. 38; Anm.22, S. 45; S. 55; Anm.1, S. 66.

gesehen - aus dem Covertext zitiert. Die angeführte Aufzählung spielt auf die schon mythologischen drei Akkorde des Punk an, die auch in die oben zitierte berühmte Formel aus dem Fanzine 'Sniffin' Glue', dem Manifest des Punk-Dilettantismus, Eingang fanden. Noch reduzierter und mit den für Kid P. typischen Superlativen kommt der nächste Absatz daher: „14 klassische, scheppernde Beat-Lieder mit plärrigem Gesang. Die beste Teeny-Pop-Musik. Die Nostalgiemethode. 'Codeine' (Anti-Drogenmelodie der Protestsängerin Buffy St. Marie) ist das gigantischste/trübseligste seit 'Here today, gone tomorrow' von den Ramones." Der Höhepunkt der Kritik ist der mit einer Vermutung, drei Kausalsätzen zu ihrer Begründung und einer abschließenden lapidaren, gleichwohl pathetischen Behauptung versehene Abschnitt. Der Anhängerschaft bekannter Gruppen des Avantgarde-Pop wird ihr prätentiöses Gebaren vorgehalten: „Dumpfe Deutsche und PIL/DAF/XTC-Fans werden sie (Nostalgie und Barracudas) nicht mögen. Weil sie ganz weit vorn sein wollen. Weil sie lieber chinesische Affenmenschen hören. Weil sie das wirkliche Leben nicht kennen. Die Barracudas kennen das wirkliche Leben [...]." Aus den beigebrachten Textzitaten der Gruppe zieht der Autor zwei Schlüsse: „Das Leben ist schlecht. Und schön [...]. Die Barracudas sind witzig und ernsthaft."[139]

In einem ähnlichen Duktus ist die Kritik zu „Guillotine Theatre" von den Cuddly Toys geschrieben; allerdings wird diesmal auf Zitate jedweder Art verzichtet. Sie beginnt mit einer für Plattenkritiken höchst ungewöhnlichen quasi-syllogistischen Ableitung, die zugleich etwas über die Art der Musik auf der rezensierten Platte und ihre Qualität mitteilt: „David Bowie ist nur noch gut, wenn er sich selbst kopiert (Ashes to Ashes). Eno ist nicht mehr gut, weil er sich nicht kopiert (wo sind die 'warm jets'?). Die Cuddly Toys sind gut, weil sie Bowie/den Glamrock kopieren." Daß Selbstkopie und Kopie hier nicht als Mangel an Originalität und Innovation verächtlich gemacht werden, sondern im Gegenzug als sinnvolle Verfahrensweisen durchgehen, ist festzuhalten. Dann begibt sich Kid P. auf Konfrontationskurs: „1977 hießen sie Raped, und wegen ihres Seximage wurden sie von allen stumpfen Hippies (z.B. Rough Trade) gehaßt und boykottiert." Anders als bei der auch von anderen Autoren in jenen Jahren geteilten Abneigung gegen Hippies, die damit in erster Linie auf die damalige Alternativbewegung und die Garde der älteren *Sounds*-Mitarbeiter („boring old farts") zielten, erweitert Kid P. diese Kategorie in einem solchen Umfang, daß darunter alle diejenigen zu subsumieren sind, die nicht rückhaltlos den Werten des Punk und einer hedonistischen Popmusik verpflichtet sind. So gerät das bekannteste Independent-Label, das andere Musikjournalisten immer wieder lobend herausstellen, weil es die Veröffentlichung wichtiger Platten des Punk und New Wave ermöglicht habe, unter polemischen Beschuß. Was immer man von dessen Label-Politik zu halten hat, tatsächlich waren die führenden Leute bei Rough Trade keine Vertreter der Punk-Generation, sondern ältere Kenner der Musikszene, die selektives Interesse an den neuen Strömungen und kleinunternehmerischen Geschäftssinn zu verbin-

---

[139] 6/81, S. 64f.

den wußten. Kid P. vermeidet aber auch eine Idealisierung des Frühwerks der inkriminierten Gruppe, wie sie in schlichteren Fan-Kreisen zu erwarten gewesen wäre, und macht sich statt dessen ein wenig über leerlaufende Sammelleidenschaft lustig: es gebe „zwei Singles mit New York Dolls/Heavy-Gedonner. Wenn du sie hast, kannst sie später deinen Urenkeln zeigen. Wenn nicht, tut's dir auch nicht weh." In der schlichten Kausalität des Boulevard-Journalismus werden die verschlungenen Wege der Veröffentlichung der aktuellen Cuddly Toys-Platte erläutert: „In Japan lieben die Kids sie. Deshalb kommt im Herbst 1979 GUILLOTINE THEATRE auf einem japanischen (!) Label raus. Und jetzt 18 (!) Monate später in England auf dem kleinen Londoner Fresh-Label." Ohne falsche Pietät gegen diskriminierte Minderheiten heißt es vom alten Cover der Platte: darauf „sah die Band aus wie eine gottverdammte Bande heroinsüchtiger Schwuler. 1974-mäßig." Lapidar wird der Gehalt des besagten Produkts konstatiert. Musikalisch sei „Bowie-Revival" zu vernehmen, inhaltlich gebe es „Rock-Kitsch-Theater mit Männern, Frauen, Liebe und Tod. Skurrile Geschichten, wie wir sie von den Engländern nun mal lieben." Unvermittelt wird die für den Autor typische imperativische Anweisung an den Leser/Hörer angefügt: „Lies' sie nach, die Texte liegen bei." Im Schlußabsatz streut Kid P. Hoffnungen auf neue Aktivitäten der Gruppe und spielt den Abstand zwischen einem elitären Kollektivsubjekt („wir") und dem erneut direkt ins Gebet genommenen Adressaten („du") aus: „Wir sind bereit und hören inzwischen ihre alte Platte. Und das solltest du auch, wenn du Sinn für guten *Stil* hast."[140] Dieser Begriff appelliert nicht nur geschickt an die ästhetische Eitelkeit des Lesers, er fordert zugleich eine auf reizvolle Oberflächen und auffällige Selbstinszenierungen ausgerichtete Wahrnehmung der Popmusik, die so weder im hausbackenen Beharren auf anspruchsvoller Musik und tiefsinnigen Texten noch im neueren, avantgardistischen Interesse an Verstörung überkommener Hörgewohnheiten und an neuartigen ideologischen Mustern vorgesehen war. Tatsächlich avancierte Stil in den nächsten Monaten bis zum Ende von *Sounds* zu einer zentralen Kategorie in den Artikeln und Kritiken über aktuelle Popmusik.

Ein halbes Jahr erscheinen keine weiteren Plattenkritiken von Kid P., doch gleich mit der nächsten Besprechung holt er zum entscheidenden Schlag aus: anläßlich der LP „Non-Stop Erotic Cabaret" von Soft Cell werden Elemente einer neuen Ästhetik der Popmusik versammelt, ohne dafür theoretische Betrachtungen anzustellen. Zu den bekannten Stilmitteln des Autors, die in verfeinerter und pointierter Form wiederkehren, gesellt sich ein vollkommen hysterischer Überschwang, der das Geschehen auf der Platte in einer bis dahin unbekannten Weise zu dramatisieren weiß. Mit atemlosen Schlagzeilen, die den Ausnahmestatus der Gruppe und später der Platte dekretieren, und unvollständigen Sätzen, die die Atmosphäre und das geeignete Ambiente der Musik umreißen, zieht Kid P. den Leser in seinen Text hinein: „Nr. 1! Die Tanzband der 80er! Bei psychedelischem Flackerlicht (wie die 60er Jahre Go-Go-Girls) oder eng aneinandergeschmiegt.

---

[140] 6/81, S. 72.

Auf die Tanzfläche oder ins Schlafzimmer (die Lieblingsplätze der Band): 'Dancing laughing drinking loving and now I'm all alone in bedsit land my only home', 'Bedsitter', kauf die Maxi-Single, (auch wenn sie in normaler Länge auf der LP ist), 7min 50 unwiderstehlich pulsierender Tanzbeat. Und 7min 20 das Monumentalmelodrama 'Facility Girls': 'She's a secretary in the daytime'/ a modern venus at the typewriter'/ 'playing your games with your innocent eyes'. Wann hat man je tieferes Gefühl gehört? Und du kannst mehr davon haben. Auf der LP. JEDER Song ein HIT." Keine wohlabgewogenen Urteile mit der Suggestion souveränen Sachverstands sollen den als kritisches Subjekt vorgestellten Leser überzeugen, vielmehr werden hier alle Mittel (direkte Aufforderung, rhetorische Frage, typographische Hervorhebungen) mobilisiert, um den Leser ganz unumwunden zum Kauf von Maxi-Single und LP zu verführen.

Auch die näheren Angaben dazu, welche Art von Musik den Hörer auf der Platte erwartet, erhält man nicht in ausformulierten, vollständigen Sätzen. Vielmehr werden sie in vielen kurzen Satzfetzen, die durch zwei in Klammern gesetzte Relativsätze aufgelockert werden, hastig herausgestoßen. Zusammen ergeben sie eine lange Aufzählung, in der die einzelnen Elemente gleichgeordnet nebeneinander stehen: „Mit den unschlagbaren (zickigen) 60er Jahre-Pop-Melodien. Vaudeville-Tingel-Tangel und Nacht-Nackt-Clubatmosphäre. Überlegene Melodie- und Rhythmusarbeit von David Ball (der aussieht wie ein großer, melancholischer, schüchterner Stoffteddy und es laut BRAVO auch ist), es hört sich einfach an und ist intelligent. Als Gast auf zwei Songs Dave Tolani mit überdrehtem, aufdringlichem Funk-Sax und eleganter Jazz-Klarinette. Summen, Schreien, Wispern, Stöhnen der hervorragenden Backgroundfrauen. Und der kleine, wilde, elegante Sänger Marc Almond (der wie ein kleines, superschwules Spielzeug aussieht, was für eine Wohltat nach den peinlichen Heavy-Lederschwulposen der DAF), der dir sein Gefühl ins Gesicht schlägt." Auffallend ist die eingehende Betrachtung der Kleidung und Aufmachung der Musiker, die übrigens auf einem fast die Hälfte der Seite einnehmenden Photo abgebildet sind, das folgende Unterschrift trägt: „Soft Cell - superschwule Spielzeuge und Nacht-Nackt-Clubatmosphäre". Ein Sakrileg für Rock-Fans ist dabei das implizite Geständnis des Autors, daß er sich Informationen zu einem der Musiker aus der Jugendzeitschrift *Bravo* verschafft habe, die jenen als Inbegriff unkritischen, unseriösen Journalismus gilt.

Auch die Auswahl und Konnotationen der verwendeten Adjektive und Adverbien im zitierten Passus bekundet eine der Rock-Sensibilität völlig fremde Vorstellungswelt. Die besondere Qualität der Melodien wird betont: unter Verzicht auf umständliche Superlative werden jene gleichzeitig „unschlagbar" und „zickig" genannt, wobei durch die positive Besetzung dieses ansonsten abfällig gebrauchten Adjektivs ihr überraschendes Moment akzentuiert wird. Eleganz (zweimal) und Intelligenz werden herausgestrichen, Dimensionen, die sich scheinbar gar nicht mit dem Gefühlsüberschwang, von dem die Kritik ansonsten getragen ist, vertragen. Bekanntlich nahm das Rock-Schema folgende Einteilung vor: hier gefühlsgeladene Rockmusik, in der man Zugang zu den tiefsten Seelenschichten des jeweiligen Musikers erhält, der sich künstlerisch entäußert; Berechnung, der kalkulierte Einsatz von Effekten sowie die kunstvolle Stilisierung des Vortrags und des Auftretens gelten als Abirrung, die der banalen, inauthentischen, kommerziellen Popmusik mit ihren bestenfalls belanglos netten Liedern zum Mitsummen angehört. Daß wahre Popmusik diesen Gegensatz jedoch zwanglos aufheben könne oder zumindest eine starke Spannung zwischen den ansonsten strikt getrennten Sphären aufrechterhalte, macht Kid P. in seinen Einlassungen zu den „genialen Texten" der Platte deutlich: sie „(kommen) aus dem Herz/dem Verstand", sie „(treffen) (mich) ins Herz/Gefühl. Und man kann TANZEN und darin versinken und träumen. Sehnsucht und Lust for life. Songs mit/ über Liebe, Sex, Enttäuschungen, Perversionen (die Pornoshops auf dem Cover, die Gummizellenwände, die Band will keine saubere Fun-Teeny-Musik)." All das, was bei Pop-Avantgardisten, die ihrer Lust am Transgressiven in esoterischen Werken, in auf Schockwirkung berechneten Bühnenauftritten frönen, nicht selten in ästhetischem Leerlauf endet, findet sich hier im Medium eingängiger Popmusik wieder. Deren Künstlichkeit ist nicht emphatischer Ausdrucksabsicht abträglich, sondern ein Element, das diese steigert: „Jeder Song ist ein kleines Hollywood-Melodram mit Licht/Schatten, Tränen, Eleganz, greller Schminke und großen Gefühlen." Im Schlußakkord werden noch einmal alle wesentlichen Pop-Qualitäten der Platte zum Klingen gebracht; das Überblenden der Eigenschaften der Gruppenmitglieder mit denen von Helden einer Fernsehserie spielt auf die Verwirrung der Geschlechterdifferenzen auf der Platte an und ermöglicht eine letzte genüßliche Erwähnung aller Lieblingsadjektive des Autors: „NON-STOP EROTIC CABARET ist eine geniale Platte (kein modisch gestylter Mist, sondern Spaß und Gefühl für Teenies/die, die noch fühlen können). Und Soft Cell ist die eleganteste, kultivierteste und verwirrendste männlich/weiblich Kombination, seit Emma Peel (intelligent, männlich, überlegen) und John Steed (intelligent, weiblich, charmant)."[141]

In den Kritiken der folgenden Monate, beschwingt von den bis dahin gelungenen rhetorischen Coups, variiert der Autor die nun bekannten Stilmittel mit großer Raffinesse. Das starke Verlangen nach einer Welt aus Eleganz, Witz, grossen Gefühlen am Rand des Kitschs[142] sucht unablässig nach der dazugehörigen

---

[141] 1/82, S. 50. Die Begeisterung für Soft Cell hält auch zwei Monate später auf der Singles-Seite an. Das erfordert natürlich wieder superlativische Steigerungen, Adjektive und Assoziationen, die der Stimmungslage der Musik gerecht zu werden versuchen: „Hier ist die Platte/das größte, unersetzlichste, einfachste, erotischste Gefühl des Jahrs [...]: Soft-Cell-'Sexomania'! Natürlich wieder unentbehrlich, diesmal für verliebte, melancholische, traumverlorene Stunden: 'Say hello, wave goodbye' [...]. Noch besser die kleiner-Junge-zieht-in-die-Großstadt-Geschichte 'Fun City' [...], wie warme, auf der Haut abperlende Wasserstrahlen." (3/82, S. 31)

[142] Immer wieder wird dabei die Gelegenheit genutzt, Geständnisse über Vorlieben einzustreuen, die auf Verstörung des Lesepublikums abgezweckt sind: „Jaguar E Cabrio von 1961 (das eleganteste Automobil aller Zeiten)"; Begeisterung über den Auftritt des „unglaubliche(n)/ unverwüstliche(n)/ ewig junge(n) Gary Glitter"; (5/82, S. 70), Spaß an Edgar Wallace („ich sehe gerade den Alfred Vohrer-Klassiker 'Der Zinker'") (6/82, S. 60); Freude über Sieg Italiens bei der Fußball-WM 1982 (die Mannschaft habe „dem Fußball die Wahrheit und Intelligenz zurückgegeben") (9/82, S. 57); Bewunderung der „schwarze(n) Eleganz des französischen Mittelfeldspielers Jean Tigana",

Musik, die dem Leser mit Sätzen wie diesen nahegebracht werden: „Du brauchst es!",[143] „Klebriger Bonbon-Pop-Sex, mit Stil, wie ich es liebe.",[144] „Pop, der uns sicher durch die Hitze bringt.",[145] „GROSSZÜGIG!",[146] „Du wirst darauf nicht verzichten können.",[147] „Diesmal solltest du sie noch kaufen.",[148] „Kauf dir diese Platte mit moderner Unterhaltungs- /Urlaubs- /Reise- /Film- /Tanz-Musik."[149] Kid P.'s freizügige Verwendung der Mittel des Boulevard-Journalismus in sowohl formaler (einfachste Syntax, schlichte Semantik) als auch in inhaltlicher (Klatsch, Kolportage) Hinsicht, die der Autor - weniger in Plattenkritiken[150] als in den Städteporträts - gar zur Darlegung scharfsinniger kultursoziologischer Beobachtungen zu nutzen versteht, sorgt in ihrer Verbindung mit dem Vokabular, den Themen und dem Anspielungshorizont der Pop-Sensibilität für den einzigartigen Reiz seiner Texte. So wird in „Die Wahrheit über Hamburg!"[151] der sozio-kulturelle Hintergrund der bekannteren Leute der Pop-Szene beleuchtet. Man erfährt, über welches kulturelle und ökonomische Kapital ihre Eltern verfügen, was für Schulabschlüsse ihre Kinder zustande gebracht haben, welche Lebensweise sie anstreben oder sie sich bereits habituell zu eigen gemacht haben. Die Projekte der jungen Leute, die frisch und avantgardistisch daherkommen, erscheinen in diesem Licht als wenig überraschendes, dabei höchst prätentiöses Produkt der Sozialisation in bildungs- und großbürgerlichen Kreisen. Eine Aufbereitung dieser Zusammenhänge im Stile der Klatsch-Berichte der *Bild*-Zeitung hat zwei wichtige Nebeneffekte: man entgeht den bekannten, oben dargelegten Fallstricken jugendsoziologischer Dämonisierung oder Verharmlosung subkultureller Milieus; der

---

Forderung nach einem „Disco-Revival" (9/82, S. 61); Schwäche für „wehmütige, besinnliche, weihnachtliche ZDF-Abenteuer-Vierteiler, die im schottischen Hochland spielen" (10/82, S. 55), Vorschlag, „endlich Mr. Spock (vom Raumschiff Enterprise) als letzten intergalaktischen Romantiker zu rehabilitieren" (11/82, S. 68), salon-bolschewistisches Bekenntnis zu Kuba („Überhaupt ist Kuba besser. Kuba hat alles, das Wetter, das Meer, die Zuckerrohrplantagen, die Neger, den Hitchcock-Schauspieler Fidel Castro, Amateurboxer, den Sozialismus, Cuba Libre.") (12/82,   S. 56). Hinzu kommen viele Anspielungen aufs stilvolle Ausgehen, Nachtleben, den Kauf von eleganter, teurer Kleidung usw.
[143] 5/82, S. 70.
[144] 5/82, S. 74.
[145] 7/82, S. 53.
[146] 8/82, S. 46.
[147] 8/82, S. 50.
[148] 9/82, S. 55.
[149] 9/82, S. 57.
[150] In der Rezension zur Visage-LP „The Anvil" wird über Sänger Steve Strange geklatscht, „daß er gern ein seriöser Glamour-Star wäre, obwohl doch jeder weiß, daß er nur ein Würstchen ist", und daß er „in England [...] nur 'ne komische Nummer" sei, „bestenfalls ein Comics-Held [...]." (5/82, S. 84f.) Besorgt gibt sich der Autor im Hinblick auf Kim Wilde, „um das kleine, altkluge Mädchen, das am liebsten 'Macho-Klamotten' trägt (um dem platinblonden Schicksal zu entgehen, in Hinterhöfen alt zu werden oder auf Parties angezogen in Swimming Pools zu fallen)." (7/82, S. 53) Der bekannte Produzent Trevor Horn sei „der englische Musiker/Buchhalter mit den unmöglichen Anzügen". (11/82, S. 64) Die wichtigste Erkenntnis einer Plattenkritik kann manchmal in einem einleitenden Satz wie diesem stecken: „Adam Ant hat Haarausfall." (12/82, S. 57)
[151] 5/82, S. 26-30.

Witz und die Übertriebenheit der Darstellung sorgt für die soziologischer Darstellung fremden Pop-Qualitäten. An diesen werden auch die Aktivitäten des entlarvten Personals gemessen, das gerade dadurch nicht von vornherein als erledigt erscheint. In Kid P.'s pop-naturalistischem Sittengemälde porträtiert worden zu sein, mag mitunter erst recht weiteres Interesse an den Auftritten und Produkten der ins Bild gesetzten Vertreter der jungen Pop-Avantgarde angefacht haben.

Der Autor macht in seinen Texten Ernst mit der oft bemühten Phrase, daß Popmusik zentraler Bestandteil eines allgemeines Lebensgefühls sei. Bestes Beispiel dafür ist die Rezension eines LP-Dreierpakets der Gruppen Altered Images, Madness und der Sängerin Gloria Jones. Der triadisch eingeteilte, utopische, wie sich in einer salon-bolschewistischen Wendung erst am Ende der Kritik herausstellt, Tagesablauf wird mit jeweils jener Platte synchronisiert, die den jeweiligen Abschnitt des Tages auf angenehme Weise bestreiten läßt. Die Erzählung beginnt: „Wenn frühmorgens (sagen wir so um 10) der Wecker klingelt, sollte er gekoppelt sein mit einer automatischen Startvorrichtung für die Altered Images-LP („Pinky Blue", R.H.). Damit sich dein leerer, vor sich hindösender Kopf heilsam füllt mit Clare's apartem Singsang und dem leichten Hintergrundschaumschlag ihrer Begleitcombo. Und später zum passenden Langnesefrühstück aus der 'Good day sunshine'-TV-Reklame (bitte keine Kellogg's Corn Frosties!) pfeifst du Marmeladenbrötchen-kauend mit, wenn Altered Images im infantilen Muppet-Stil den 'Song Sung Blue' von Neil Diamond trällern. Du kriegst zwei großartige Hits [...] und viel Lalala, das dich ideal bei den nicht wichtigen Dingen des Tages (Waschen, Kämmen, Frühsport) begleitet. Nett, sympathisch. Was willst du mehr?" Eine gute Begleitung, wenn man nachmittags die häusliche Szenerie verläßt, gebe Madness mit ihrem Best-Of-Album „Complete Madness" ab. Ausnahmsweise formuliert der Autor an dieser Stelle mal explizit die Einsicht, von der sich eine Reihe seiner Kritiken leiten lassen: die genannte Platte sei „ein weiterer, guter, unumstößlicher Beweis dafür, daß Musik keine Kunst/Kultur und kein Luxus ist, sondern ein weiterer, nützlicher (!) Gebrauchsgegenstand im Alltagsleben." Eisdiele, Hunderennstadion und Kino (mit Beatles-Filmen) werden als ideale Orte geschildert, in denen die Musik von Madness funktioniere: sie sollte „in der Übergangsphase angewendet werden, wenn der Kopf halb gefüllt ist." Den Abend könne man dann „stil- und geschmackvoll" mit Gloria Jones' „6 T's Houseparty" verbringen. Nach einer gelinde ausgedrückt wenig informativen Erläuterung, was unter Northern Soul[152] zu verstehen sei, resümiert Kid P.: „Die meisten, ziemlich obskuren Bands stehen in der Motown-Tradition. Über die Hälfte der Songs sind Meisterwerke. Zu jeder Tages- und Nachtzeit." Im Postskriptum „für Anhänger des sozialistischen Realismus", das durch diese Widmung zwar einen ironischen Unterton erhält, der sich gegen dogmatische Verhärtung

---

[152] Zuverlässigere Auskünfte dazu geben Clara Drechsler und Gerald Hündgen in einem ausgezeichneten *Spex*-Artikel (9/84, S. 14-19; Fragen der Beschaffung klärt der zweite Teil im Heft 10/94, S. 48-50). In der leichter zugänglichen Buchform sind die Essentials dieser Texte ebenfalls zu greifen: G. Hündgen, *Englands längste Nacht: Northern Soul*.

wendet, aber dennoch sehr wohl ernst gemeint ist, wird die bislang ausgemalte Idylle eines von stets passenden Klängen begleiteten perfekten Tages jäh zerstört: „[...] Dies war ein Tag im Leben, wie er sein sollte, wie ihn uns das herrschende, kapitalistische System aber vorenthält. Du mußt dich also mit dem Kauf dieser Platten begnügen."[153]

Wenn die Musik in einem umfassenden Lebensgefühl aufgehoben ist, ihr Charakter bereits zuvor hinlänglich umrissen wurde, dann kann sich die Rezension einer Platte auf Illustrationen und Assoziationen zu diesem Gefühl beschränken. Genau das macht Kid P. in seiner Hymne auf „The Lexicon Of Love" von ABC, die hier vollständig wiedergegeben wird: „Eine dieser stürmischen Liebesaffären, in denen man völlig den Kopf verliert. Keine Zeit zum Grübeln und Nachdenken, weil man sich in Begeisterung, Lieben und Zärtlichkeiten erschöpft. Wenn jedes ernsthafte Wort überflüssig und lächerlich wird. Natürlich ist die erste ABC-Lektion großartig. GROSSZÜGIG. 'All of my heart' ist ein gigantischer, sinnlicher Treffer. Der Sommer ist die Zeit der Wärme und Begeisterung. Abgekühlte, kühlere Zeiten werden uns Gelegenheit geben, unsere Gefühle wieder in Ordnung zu bringen. (Wenn die Liebe erlahmt, und man sich verlegen anschaut, wenn man sich zufällig auf der Straße trifft. Die Zeit für Schwarz-Weiß-Filme.) Aber noch schweben wir. Die Welt bleibt farbig und stilvoll. Cinemascope. Sie: 'Osgood, ich glaube, die Leute da drüben essen etwas anderes als After Eight.' Er: 'Tun wir so, als hätten wir es nicht gemerkt!' GROSSZÜGIG!"[154] Einige der schon angeführten Stilmittel des Autors sind hier in konzentrierter Form versammelt. In kurzen, einprägsamen Sätze, die von pathetischen Adjektiven und Substantiven mit großer Evokationskraft dominiert werden, bewegt sich der Text voran. Distanzlos läßt er sich in die Vorstellungswelt der Musik und ihrer hier nicht eigens angeführten Songtexte fallen, nimmt den damit einhergehenden Verzicht auf die habituelle analytisch-kritische Souveränität der üblichen Musikkritik gerne in Kauf. Die Differenz zwischen einer hochgradig ästhetisch erlebten und inszenierten Wirklichkeit, an der die Rezension selbstvergessen strickt, und der medialen Fiktion, ihrer professionellen Erzeugung von Illusionen, auf die im Text Bezug genommen wird, verschwimmt. Affirmativ werden die Fiktion der Werbung, Werbesprache und Werbetechniken (Typographie) instrumentalisiert.[155]

Die Betrachtung der Wandlungen in der Zeitschrift *Sounds* zwischen 1976 und 1982 macht deutlich, daß sich die defensive Nobilitierung der Popmusik zu Beginn bis Mitte der siebziger Jahre, die nicht zufällig einer kritischen Rede verpflichtet war, die dem Jazz Legitimität zu verschaffen suchte, zum Ende des Jahr-

---

[153] 6/82, S. 60.
[154] 8/82, S. 46.
[155] In einer großartigen selbstreflexiven Wendung auf seine Schreibtätigkeit bei *Sounds* erklärt Kid P.: „Ich habe schon vor einem Jahr festgestellt, daß ich grundsätzlich immer dasselbe schreibe (das euch, ihr Leserbriefschreiber und kleinlichen Nörgler). Oder was erwartet ihr von einem kindlichen Jungen (Mann? Nein!) mit beschränktem Wortschatz und beschränktem Gefühlsleben? Zwischen Überwältigtsein (dafür steht Verwirrung im Blick, ach ja, und Tränen sind die Sache des Jahres) und Arroganz (die sich in einem spöttischen, blöden Grinsen bemerkbar macht)." (11/82, S. 68)

zehnts allmählich, mit einem entscheidenden Schub aber vor allem durch Autoren wie Diedrich Diederichsen und Kid P., in einen selbstbewußten Diskurs der Popkultur überhaupt verwandelt, der die Musik, die natürlich weiter im Mittelpunkt steht, mit Feldern wie Politik, Theorie, Mode, Film, Sex, Liebe, kurz mit allen entscheidenden Dimensionen des gesellschaftlichen und individuellen Lebens korrespondieren läßt. Als prophetisch haben sich Kid P.'s Worte zur Blue Rondo A La Turk-LP „Chewing The Fat" erwiesen, wenn man an die zumeist wenig erfreuliche Musik denkt, die in der Folgezeit im Zeichen von Pop auf den Markt geworfen wurde: „[...] Blue Rondo sind schlechter, langweiliger als Bow Wow Wow, Haircut 100 und Kid Creole. Sie haben nur die Zitate und nicht den Pop."[156]

---

[156] 11/82, S. 56.

7. Spex

7.1 Entstehung, Ziele, materielle Grundlagen

Im Herbst 1980 erscheint die erste Nummer der Zeitschrift *Spex. Musik zur Zeit*.[1] Der ursprüngliche Sinn des Untertitels bestand wohl darin, daß jeglichem historistischen Verhältnis zur Popmusik eine Absage erteilt werden sollte. Mit der Selbstverpflichtung auf Aktualität bekundet man keine sentimentale Angst davor, daß Popmusik „schnell und vergänglich" (so der spätere Titel jener Rubrik in *Spex*, die allerlei Neuigkeiten aus der Pop-Szene und kürzere Berichte und Artikel über Bands und Musiker bündelt) sei, wie sie traditionelle Vertreter des Rock-Ideals immer wieder durchscheinen lassen. Der semantisch unterbestimmte Begriff „Zeit" fungiert darüber hinaus als Statthalter für die Verbindungen zwischen der aktuellen Popmusik und den jeweiligen historischen, gesellschaftlichen und ideologischen Verhältnissen, die sie umrahmen, auf die sie zugleich reagiert oder auf welche sie sogar aktiv einzuwirken versucht.

Mit erstaunlicher Kontinuität[2] für einen Verlag, der auf schwacher ökonomischer Basis operiert, allerdings auch ohne große Steigerung der verkauften Exemplare seit Mitte der achtziger Jahre,[3] konnte die Fortexistenz der Zeitschrift

---

[1] „Spex" ist zunächst einmal im Englischen die umgangssprachliche Kurzform von „(a pair of) spectacles" (Brille) - eine ungebräuchlich gewordene, weitgehend durch „glasses" abgelöste Ausdrucksweise. Das semantische Feld und die lautlichen Konnotationen des Namens mit seiner optischen Metaphorik, der Punk-Assoziation des „x", der Anspielung auf „spectacles" der populären Kultur usw. braucht hier nicht in extenso hermeneutisch ausgeschöpft zu werden. Ende 1989 wurde der Untertitel „Musik zur Zeit" gestrichen; seit dem Frühjahr 1997 trägt *Spex* den Untertitel „Das Magazin für Popkultur". Was bereits im vorangegangenen Kapitel 6 (S. 168, Anm. 28) bezüglich der Zitation von *Sounds*-Plattenkritiken gesagt wurde, gilt auch für *Spex*: fehlerhafte Grammatik und Rechtschreibung in Plattenkritiken wird nicht als solche eigens gekennzeichnet.
[2] Erst 1986 erhält die Zeitschrift das noch heute gültige Format, das etwas größer als DIN A 4 ist. Damit hat sie eine auf dem Zeitschriftenmarkt sehr verbreitete äußere Gestalt angenommen. Ungewöhnlich war das anfängliche Format von *Spex*, das sich auf Zeitungspapier in einer gigantischen, DIN A 3 noch überschreitenden Form präsentierte.
[3] Die letzte Eigenangabe der Auflagenzahl im Impressum der Zeitschrift im Heft 10/87 beziffert sie bei 43.000 Stück. In *Media-Daten. Handbuch der deutschen Werbeträger* (Ausgabe 6/1992; Oktober-Dezember) wird die tatsächlich verbreitete Auflage mit 20.026 Stück angegeben. Der Seitenumfang wächst zwischen Mitte und Ende der achtziger Jahre von gut 50 auf heute über 80 Seiten, womit eine Verdopplung des LP-Rezensionsteils von ungefähr sieben auf durchschnittlich mehr als 15 Seiten einhergeht. Im Frühjahr 1998 kommt diese Rubrik gar auf ca. 20 Seiten. Parallel steigt der Werbeanteil von gerade mal 10 % auf Werte, die zwischen ca. 30% (3/91 u. 9/94) und 20% (9/92 u. 3/93) des Heftumfanges schwanken, wobei Eigenwerbung, zeitschrifteneigener Buchhandel und Empfehlung der *Spex*-Back-Issues nicht mitgerechnet werden. Abgesehen von der obligaten Zigarettenwer-

bis heute gewährleistet werden. Spätestens seit dem Ende von *Sounds* ist die Zeitschrift das wichtigste Organ des Pop-Diskurses in der Bundesrepublik, was auch durch die häufigen Bezugnahmen auf *Spex* in anderen Zeitschriften, Zeitungen und Fanzines bestätigt wird, die freilich nicht selten polemischen Charakter haben.

Sounds entwickelte sich ausgehend von der Konstituierungsphase am Ende der sechziger Jahre vom Fachblatt für Jazz-Kenner zur Jugendzeitschrift für Rockmusik, die sich verspätet für Punk, New Wave und Pop-Avantgarde öffnet, wobei sich die zeitspezifische Allgemeinzuständigkeit für jugendliche Belange z.B. in Sonderteilen über Reisen, Hifi-Zubehör und Neuerscheinungen auf dem Büchermarkt niederschlug, die im Anzeigenteil mit Werbung für solche Konsumgüter honoriert wurde, die auf jugendliche Käuferschichten abzielte. Das Ende von *Sounds* war dann ein im mittelständischen Gewerbe typisches: die Redakteure und Mitarbeiter wurden mit der für sie undurchsichtigen Entscheidung der Geschäftsleitung und Kapitaleigner, daß kein Interesse mehr an der Fortführung der Zeitschrift bestehe, vor vollendete Tatsachen gestellt.

Spex hingegen ist ökonomisch ein auf großen Idealismus und Selbstausbeutung der Mitarbeiter angewiesenes kleinunternehmerisches Vorhaben ohne primäres kommerzielles Interesse, das unter dem Eindruck der Veränderungen der internationalen und nationalen Musikszene durch Punk und New Wave, natürlich letztlich entscheidend durch Initiative eines Kreises Gleichgesinnter zustande kommt. Da z.B. freien Mitarbeitern bis in die zweite Hälfte der achtziger Jahre hinein keine, in den letzten Jahren vergleichsweise geringe Honorare für ihre Beiträge gezahlt wurden, war und ist der Antrieb für eine Mitarbeit bei *Spex* wohl auf einer eher symbolischen Ebene zu suchen: zum einen das gewonnene Prestige, zu den Autoren einer in Szene-Kreisen geschätzten Zeitschrift zu zählen, das vielleicht wegen der seit geraumer Zeit beobachtbaren Anerkennung von *Spex* durch etablierte Presseorgane auch als symbolisches und kulturelles Kapital bei der Bewerbung um Stellen in diesen Unternehmen ausgemünzt werden könnte, zum anderen der Drang der Autoren, einem hinreichend sensibilisierten Publikum vernachlässigte Musik, abweichende Meinungen, Sicht- und Schreibweisen nahezubringen.

Der Beginn des Erscheinens von *Spex* fällt in die Zeit, in der Independent-Labels, Plattenläden, deren Sortiment abseits des Mainstreams liegt, und Fanzines, die zumeist an eine eng umschriebene Szene und Region adressiert waren oder gar nur als Artikulationsorgan ihrer idiosynkratischen Herausgeber fungierten, entstehen. Anders als letztere war *Spex* von einem Ehrgeiz und Sendungsbewußtsein erfüllt, der ihren Herausgebern ein bescheidenes Sich-Einrichten in der selbstgenügsamen Welt der Fanzines nicht als erstrebenswertes Ziel erscheinen ließ. Es galt ein größeres Publikum für die beste „Musik zur Zeit", für die mit ihr verknüpften politischen und ästhetischen Haltungen zu begeistern. Die ursprüngliche

---

bung auf der Rückseite des Heftes bestreitet ansonsten fast ausschließlich die große und kleine Musikindustrie das Werbevolumen. Der Anteil des in den redaktionellen Beiträgen verwendeten Photomaterials sinkt von ungewöhnlichen 35% auf immer noch erstaunliche 25%.

Herausgebermannschaft von *Spex*, die sich aus eigenwilligen Fans aktueller Gruppen und Stile, politisch der radikalen Linken verbundenen Leuten, künstlerisch und gestalterisch ambitionierten Kräften zusammensetzte, vereinigte schon jene Elemente, die dann auch bei veränderter personeller Besetzung von Herausgeber und Redaktion sowie unter anderen musikalischen und politischen Vorzeichen den Charakter der Zeitschrift ausmachen sollten. Bis heute steht *Spex* für eine Betrachtung und Behandlung von Popmusik, die Enthusiasmus für neu auftauchende oder wiederentdeckte Stile und Musiken mit ambitionierter Reflexion ihrer ästhetischen Legitimität, ihres Stellenwertes im Raum politisch-ideologischer Diskurse, ihrer Wirkungen in anderen kulturellen Feldern sowie ihrer Wechselwirkungen mit diesen auf einzigartige Weise miteinander kombiniert. Daß dabei nicht immer die doppelte Gefahr einer entweder allzu unkritischen Parteinahme für spezifische Musiken oder einer überintellektualisierten Verstiegenheit in der Einschätzung des politischen Gehaltes oder zeitdiagnostischen Wertes der jeweils aktuellen Popmusik souverän gemeistert werden konnte, ändert nichts am qualitativen Ausnahmestatus der Zeitschrift. In ihr kommen Musiken, Moden, Haltungen, Meinungen und Schreibweisen zur Geltung, die sonst nirgendwo oder zumindest nicht in ihrer für *Spex* spezifischen Zusammensetzung einen vergleichsweise allgemein zugänglichen publizistischen Ort haben.

7.2 Stationen der Entwicklung

Grob läßt sich die mittlerweile fast fünfzehnjährige Geschichte von *Spex* in vier Phasen einteilen, wobei zum einen das Gewicht der in *Spex* vertretenen Musikrichtungen, zum anderen die damit einhergehende Dominanz bestimmter Autoren mit ihren charakteristischen Schreibweisen berücksichtigt wird.
    1. 1980 bis 1982: in dieser Zeit wird den heroischen Kräften der Neuen Deutschen Welle (u.a. D.A.F., Andreas Dorau, Fehlfarben), den verblichenen oder aufstrebenden Größen des New Wave (Joy Division, Gang Of Four, Birthday Party, Einstürzende Neubauten), dem Avantgarde-Pop (Public Image Ltd., Throbbing Gristle) und der sich selbst emphatisch als Pop begreifenden Musik (ABC, Scritti Politti, Haircut 100, Heaven 17) größte Aufmerksamkeit gewidmet. Obwohl die Zeitschrift über keinen Pop-Ideologen von Diederichsens Format verfügt, auch niemand dort an Kid P.'s kongenialische Umsetzung der Werte der Pop-Sensibilität heranreicht, machen sich doch auf weniger spektakuläre Weise eine ganze Reihe von *Spex*-Autoren (Gerald Hündgen, Peter Bömmels, Olaf Karnik, Dirk Scheuring, Lothar Gorris) die Sache einer neuen Popmusik zu eigen, wobei sich vor allem Markus Heidingsfelder bei der adäquaten stilistischen Umsetzung dieses Anliegens auszeichnet. Als wichtigste und eigenständigste Autorin erweist sich Clara Drechsler in ihren Artikeln und Kritiken, was sie dann auch in den folgenden Jahren bis zu ihrem Austritt aus der Redaktion Anfang 1991 weiter bestätigte, worauf noch in einem gesonderten Abschnitt dieses Kapitels ausführlich einzugehen sein wird.

2. 1983 bis 1985: lange noch sucht man nach einem neuen zündenden Pop-Funken, der für neue Impulse in der Musikszene sorgen könnte, nach adäquatem Ersatz für jenen Schwung, den man der großartigen Musik des Jahres 1982 zugeschrieben hatte. Kandidaten wie Style Council, Aztec Camera und Frankie Goes To Hollywood erweisen sich nur als sehr bedingt tragfähig. Zu den schon genannten Autoren gesellen sich in dieser Phase Ralf Niemczyk und eine Reihe von Kräften, die vorwiegend an Entwicklungen der New Wave interessiert sind. Mit dem Eintritt von D. Diederichsen in die *Spex*-Redaktion ab Heft 8/85 deutet sich bereits die dann im nächsten Jahr unverkennbare Wendung zum White Trash an.

3. 1986 bis Anfang 1990: anstatt weiter auf die neue große Pop-Hoffnung zu warten, werden amerikanischer Hardcore, Weiterentwicklungen scheinbar veralteter Rock- und Wave-Schemata in England und den USA intensiv behandelt. Die nachdrücklichsten Vertreter dieser neuen Variante des Pop-Diskurses sind C. Drechsler und D. Diederichsen. Wesentlich weniger Raum werden den neuen interessanten Stufen in der Entwicklung des HipHop, der Entstehung von House und Acid-House zugestanden. Enttäuscht über die mangelnde Resonanz dieser Musik in *Spex*, verläßt der sich für sie stark verwendende Lothar Gorris die Redaktion. Weitere wichtige Autoren in diesen Jahren sind Thomas Hecken, Harald Hellmann, Jutta Koether und Sebastian Zabel.

4. 1990 bis 1995: L. Gorris' dramatisches Schlußwort täuscht etwas darüber hinweg, daß mittlerweile eine ganze Reihe von *Spex*-Mitarbeitern starkes Interesse für HipHop und House zeigen und in entsprechenden Kritiken und Artikeln dokumentieren. Neben den LP-Kritiken, die Musik aus sehr unterschiedlichen Stilrichtungen behandeln, findet sich im Rezensionsteil eine Vielzahl von Kolumnen, in denen auch Vorlieben für sehr spezielle musikalische Idiome kultiviert werden können. Von einer vorherrschenden Musikrichtung in *Spex* kann also nun keine Rede mehr sein. Zu den auffälligen, typischen Autoren dieser Phase sind Oliver von Felbert, Mark Sikora und Hans Nieswandt zu zählen.

7.3 Schreibweisen und Haltungen

Im folgenden soll anhand einiger Plattenkritiken aus den letzten drei der oben skizzierten Phasen[4] rekonstruiert werden, welcher Schreibstil beim jeweiligen Autor zu verzeichnen ist, welche Informationen dem Leser gegeben werden, welche expliziten bzw. impliziten Bewertungen vom Autor vorgenommen werden, ob und in welcher Form diese Einschätzungen begründet werden. Die Plattenkritiken oszillieren zwischen drei grundlegenden Mustern: eher objektivierend-sachlich angelegte Texte kaprizieren sich vornehmlich auf Angaben zu den Musikern, zum Entstehungsprozeß der Platte, zur musikhistorischen Verortung der Musik und zur

---

[4] Der Zeitraum zwischen 1980 und 1982 ist in der Abhandlung der Kritiken von D. Diederichsen und Kid P. aus dieser Phase (vergleiche Kapitel 6 der vorliegenden Arbeit) hinreichend berücksichtigt worden.

Beschreibung und Bewertung einzelner Stücke in musikalischer und textlicher Hinsicht; pop-theoretisch informierte Texte spielen auf grundsätzlich angelegte, ideologisch-ästhetische Debatten über den Charakter und Stellenwert von Popmusik im allgemeinen an und transformieren die Auseinandersetzung anläßlich der besprochenen Musik und Texte in eine über politisch-ideologisch relevante Haltungen; schließlich entwerfen individualistisch-idiosynkratisch codierte Formen der Kritik durch ihre Thematisierung der Erlebnisse bei der Rezeption, der individuellen Verwendung der Musik und durch mehr oder weniger freie Assoziation zwischen den Ideen der Schreibenden und dem Charakter der verhandelten Musik eine ungewöhnliche Welt, auf die sich der Leser versuchsweise einlassen, sie amüsiert zur Kenntnis nehmen oder verärgert als übertriebene subjektivistische Anmaßung verwerfen kann.

Abgrenzung ist stets eine essentielle, lebenspraktisch folgenreiche Dimension der Rede über Popmusik. Die Option für eine umstrittene Musik bleibt nicht länger bloße Meinung, wenn durch diese ästhetische Entscheidung scheinbar private, persönliche Angelegenheiten politisch aufgeladen werden. Es geht dann gar nicht mehr ausschließlich darum, ob eine bestimmte Musik gut oder schlecht ist, sondern ob die ihr zugeschriebenen Einstellungen, Sichtweisen, Werte und Ideologien geteilt oder abgelehnt werden. Typische in *Spex* vorgenommene Abgrenzungen sind: die gegenüber der durch höhere Schulbildung und sonstige bildungsbürgerliche Sozialisationswege nahegelegten Präferenz fürs Erhabene, Vergeistigte, Anspielungsreiche und moralisch Erbauliche mit der entsprechenden Abscheu vor körperlich erfahrbarem Vergnügen; gegenüber der gymnasial-akademisch antrainierten Angst vor entschiedenen Urteilen und pragmatischer Nüchternheit; gegen rockistische, sexistische und rassistische Ideologeme in den Kritiken von *ME-Sounds*, sensationsheischende Hypes der Zeitgeistmagazine *Tempo* und *Wiener*, gegen die jeweils aktuellen Diskurse in anderen Medien über Musik-Trends, gegen die Objektivierungsversuche hinsichtlich sub- und jugendkultureller Strömungen in der Soziologie und anderen Wissenschaften und schließlich selbstkritisch gegen pop-ideologische Verstiegenheiten im eigenen Hause sowie in anderen geschätzten Organen interner subkultureller Verständigung. T. Hecken macht die pop-theoretische Signifikanz der Zeitschrift im Nebeneinander von anarchoider Wendung „gegen eine bestehende Arbeits- und Sexualmoral aus gegenkulturellen Gründen" und liberalem Hang zu „dekadenter Stilisierung" aus: „Eine Art von bohemehafter 'Poptheorie' [...] neigt dazu, ihr politisch und ästhetisch bestimmtes Geschmacksurteil auch wirklich, wie um die Ahnung gleicher Wirkung zu bekräftigen, auf offen abweichende wie konsumistisch perfektionierte Stilformen gleichermaßen positiv auszurichten; in einem Heft stehen Berichte über anarchistische Hardcore-Gruppen und Apologeten des Muzak-Sound nebeneinander, und dies nicht nur, weil beide Gruppen nun einmal in den Bereich einer 'Musik'-Zeitschrift fallen."[5]

---

[5] Hecken, *Intellektuelle Film- und Popmusikkritik*, S. 236. Erläuternd heißt es dort: „Der Ausdruck 'Poptheorie' zeigt in einem den Gegenstand einer (im Vergleich zur sonstigen musikjournalistischen

7.4 Musik nach Pop: 1983 bis 1985

In dieser Zeit sind vergleichsweise wenig aufregende Entwicklungen in der Musik zu verzeichnen, so daß sich den Autoren, die sich ihrer annahmen, wenig Gelegenheit bot, sich stilistisch und ideologisch zu profilieren. Ihnen widerfährt deshalb wohl keine besondere Ungerechtigkeit, wenn man ihr kritisches Geschäft recht knapp zusammenfaßt; abgesehen freilich von solchen Kritikern, auf die in den noch folgenden Abschnitten dieses Kapitels eigens zurückzukommen sein wird.

Die schon im vorhergegangenen Zeitraum tätigen Kritiker, die um 1982 ihre Hoffnung auf eine zugleich kommerziell erfolgreiche und ästhetisch überzeugende Popmusik richteten, rieben sich in der Folgezeit in wenig erbaulichen Rückzugsgefechten auf. Krampfhaft bemühte man sich z.B. darum, die beliebte Pop-Idee einer Korrespondenz zwischen erscheinender Popmusik und den milderen, wärmeren Jahreszeiten (Frühling, Sommer) mit Inhalt zu füllen. Doch auch die gutwilligsten Autoren gelangten zunehmend zu der Einsicht, daß mit jenem Ausstoß der Musikindustrie, der unter dem Signum Popmusik munter weitersprudelte, nicht allzuviel Staat zu machen sei. So beginnt Scheuring seine Rezension zur Debüt-LP des damals in *Spex*-Kreisen hochgeschätzten Duos Style Council nicht mit großer Pop-Emphase, sondern mit der ernüchternden Einschätzung, daß die LP „Cafe Bleu" leider „so gut nicht" sei.[6] Die Kritiken dieses Autor aus jener Zeit vermitteln ansonsten ein sehr widersprüchliches Bild: solche, die ein ausgeprägtes Verständnis für die Sache einer emphatischen Popmusik kompetent demonstrieren, stehen andere gegenüber, die sich in wenig ersprießlicher Humorigkeit ergehen.[7]

Fast durchgehend unerfreulich gestaltet sich die Lektüre der Elaborate der Wave-Fraktion: H. Henke, F. Lähnemann, F. Sawatzki u.a. spiegeln in ihren Vorlieben die musikalische Depression dieser Zeit, sie lassen in ihren Kritiken auch abgegriffene, im vorangegangenen Kapitel ausführlich dargelegte Platitüden des Musik-Journalismus nicht aus. Eine Ausnahmeerscheinung im Feld der *Spex*-Autoren ist Joachim Ody: stilistisch in feuilletonistischer Manier verfaßt, entfalten seine Kritiken musikhistorische Kenntnisse, die im Kontext einer auf Popmusik zugeschnittenen Zeitschrift höchst ungewöhnlich anmuten.[8]

Form direkten oder indirekten Marketings) intellektuell elaborierten Schreibpraxis, sodann ihre grundsätzlich erst einmal affirmative Haltung zu ihrem Gegenstand, die sich schließlich auch in dem Bemühen zeigt, weder ganz in einen feuilletonistischen noch akademischen Sprachduktus zu verfallen; zuletzt geht noch in den Begriff jene oberflächliche Attitüde ein, die manches Pop Art-Bild auszeichnet, bei dem extreme Immanenz und Affirmation bereits wieder in Kritik (von Ausschlußmoral und Identitätslogik) umschlägt." (ebd., Anm. 59)

[6] *Spex* 4/84, S. 42.
[7] Beispiele für erstere Tendenz: vergleiche 5/84, S. 36, und 6/84, S. 30; letztere zeigt sich in der längeren Rezension zu Frankie Goes To Hollywoods „Welcome To The Pleasure Dome". (12/84, S. 34)
[8] Vergleiche 1/84, S. 46.

7.5 Erkundung neuer Richtungen: 1986 bis 1990

Im besagten Zeitraum zählt Jutta Koether, nunmehr seit vielen Jahren Mitherausgeberin von *Spex*, New York-Korrespondentin der Zeitschrift, jedoch in letzter Zeit nur noch in eingeschränktem Maße als Plattenkritikerin tätig, ohne Zweifel zu den wichtigsten Autoren, was sowohl das quantitative Gewicht ihrer Kritiken als auch deren häufige Plazierung auf den privilegierten ersten beiden Seiten des Rezensionsteils belegt. Das musikalische Interesse der Autorin liegt in der zweiten Hälfte der achtziger Jahre zunächst vorwiegend bei den Produktionen künstlerisch ambitionierter Musiker sowie bei allgemein hochgeschätzten Leuten, deren Arbeiten sich dem schnellen Wechsel der jeweiligen Konjunkturen des Musikgeschäftes partiell entziehen konnten. Später dann widmet die Autorin überraschenderweise neuartigen Spielarten recht vertrauter Muster der Rockmusik besondere Aufmerksamkeit. Programmatisch und in Abgrenzung zum Rockismus alter Prägung, wie er in *Sounds* um 1975 gepflegt wurde, heißt es im Artikel über Guns 'N' Roses, daß „Rock 'n' Roll [...] hier zu verstehen (ist) als Spaß und Glam und ewige Jugend, nicht als Alt-Werden wie Bob Seger." In Anbetracht der Pop-Qualitäten der Musik und des Gebarens der Gruppe, so Koether, „ist man bereit, der netten Prahlerei dieser fünf Leute aus L.A. und dem, woran sie arbeiten, Glauben zu schenken, dieser aus Punk-, Metal- und Trash-Attitüden aus jeweils zweiter Hand gewickelten Musik, die ich jetzt einmal Glam-Metal nennen will."[9]

Im folgenden soll eine für die Autorin typische Kritik genauer betrachtet werden: ihre Besprechung zur LP „69" von A. R. Kane. Schon die ersten beiden Sätze verraten, womit man es in der vorliegenden Kritik zu tun hat: nämlich mit einem als feinsinnige Kunstwahrnehmung angelegtem Feuilleton, das sich um die Auslotung eigener und fremder Gefühls- und Kunstwelten bemüht: „Diese Platte ist NEU. Um das sein zu können geht sie neue Wege mit jedem ihrer Bestandteile, dem Gesang, dem Metallic-Noise, dem verhaltenen, vielfältig nuancierten Feedback, den abgehobenen Melodieschnörkeln und Reigen, von jedem Beat und Bass enthoben, dann wieder mit endlosschleifenartigen zarten Geräuschgebilden, die dann noch in einer kleinen, von einer Winzigkeit Langeweile (oder sagen wir in diesem Fall: von Hyper-Kultiviertheit oder besser: ENNUI-Wolke aufgelöst werden. [...])" Es fällt die Häufung und Verdichtung der Adjektive auf, die sich mit der Bemühung um feinste Abstufungen verbindet. Ein Ausdruck wie „Metallic-Noise" ist ein typisches Kompositum des Pop-Diskurses. Unverkennbar ist die Anstrengung der Autorin, der Atmosphäre der Musik in der Rezension kongenialen sprachlichen Widerhall zu verleihen. Mimetisch versucht sie den Sound ihrer Worte der beschriebenen Musik von A. R. Kane anzuverwandeln: „Es ist ein herrliches Fest, ein neuer Stil, eine NEUE ART. Das einzige Element, das relativ unbehandelt auf dieser [...] Platte [...] verwandt wird, weil groß und heilig, sind Sounds, Stimmung und Melodiebeschaffenheit nach Tim Buckley [...], dies alles metallisch-synthetisch, dann aber rein in die Materie, überquellend barock,

---

9 11/87, S. 17.

psycheeee... und man stößt auf den Titel 'Spermwhale Trip Over' und dann 'The Sun Falls Into The Sea'... Hauch. Sie lassen nicht nur den Boden bibbern, auch die Wurzeln werden angebeamt und das läßt trotz ihrer klanglichen Gleichmut, dieses Auf-einer-Ebene-die-ganze-Platte-über-Bleiben, erbeben. Keine Erschütterungen PLEASE, aber Beben bis zum Äußersten. Neu-Viktorianische Musik. Dahinter das große Nichts. Und doch daraus wieder neue Effekte herauskitzeln... seufz... große Jugend, voller geordneter Paradoxe, Spiele, Acid, Escher-Bücher angukken." Mit der Interjektion der Rührung wird das in Plattenkritiken immer wieder eingestandene Versagen sprachlich-intellektueller Annäherung an die verhandelte Musik signalisiert, was dann hier eine unvermittelte Aufzählung von Assoziationen erlaubt. Um ja nur nicht den sinnlichen Reichtum der Musik zu unterschlagen, forciert die Autorin die Bildlichkeit ihrer Sprache: „'Sixty-Nine' ist ein Tollhaus, ein Wahnsinn, ein Feuerwerk an gut plazierten und noch besser behandelten Schnipseln von Musik und Atmosphäre. Ein radikaler Realismus. Schlau und gut gemacht."[10]

Auch ohne die Information, daß die Autorin als Kunstkritikerin schreibt, darüber hinaus selbst Kunst produziert, ließe sich schon aus der Lektüre der analysierten Kritik ein Erfahrungshintergrund ihrer Verfasserin vermuten, der in diese Richtung weist. An ihren Texten ist das Dilemma kunstsinniger Pop-Freunde festzumachen: zwar wird der Popmusik eine Aufmerksamkeit zuteil, die sich nicht mit lieblosen Gemeinplätzen ihrer Beschreibung und Bewertung zufriedengibt oder ihr Heil in vulgärsoziologischen Phrasen sucht, gleichzeitig rückt sie jedoch im Zuge der ästhetischen Expertise, die man ihr angedeihen läßt, zu einem Kunstobjekt auf, das sich von den Gegenständen des sonstigen Kunstbetriebs kaum mehr unterscheidet. Zu Recht ist es aber das Bestreben der besten Popmusik, sich weder dem ökonomischen Diktat der Musikindustrie zu fügen, noch durch Demonstration der in ihr investierten ästhetischen Anstrengungen Kunstcharakter zu beanspruchen, der sie dann auch in den Genuß staatlicher Förderungswürdigkeit kommen ließe oder ihr sonstige kulturbeflissene und finanzkräftige Freunde, Teilnahme an den elitären Gepflogenheiten und Ritualen des Kunstbetriebs verschaffte. Ihre sinnliche, wie auch vitalistisch verbrämte, Kraft, die in ihr verkörperten Haltungen stehen einem solchen prätentiösen Ansinnen feindlich gegenüber. Avancierte Popmusik hat sich diese Kunstfeindschaft mühsam ertrotzt; ihre eigensinnigen Vorstellungen konnte sie zu einem geringen Teil sogar im Rahmen der marktbeherrschenden großen Medienkonzerne, zum überwiegenden Teil freilich auf der Basis mühevoller und entbehrungsreicher klein- und kleinstkapitalistischer Geschäftigkeit realisieren.

Einen ganz anderen Ton schlägt Lothar Gorris in seinen Kritiken an, mit denen er im hier behandelten Zeitraum zum wichtigsten Fürsprecher des wiedererstarkten HipHop und der neu entstehenden Idiome des House und Acid-House in den Reihen der *Spex*-Autoren aufrückte. In vergleichsweise wenigen Plattenkritiken im eigentlichen Rezensionsteil und in seiner ab Heft 10/87 regelmäßig erschei-

---

[10] 8/88, S. 42.

nenden Kolumne mit dem Titel „Fresh" hat er sich der Entwicklungen in den genannten Stilrichtungen angenommen.

Eine für den Autor typische Kritik, die zudem ein überragendes Album einer Gruppe zum Gegenstand hat, welche in nachfolgenden Auseinandersetzungen des Pop-Diskurses einige Male im Mittelpunkt stand, ist seine Besprechung der LP „It Takes A Nation Of Millions To Hold Us Back" von Public Enemy. Die Kritik knüpft für den nur beiläufig interessierten Leser etwas unvermittelt an die laufende Diskussion über HipHop im Pop-Diskurs an. So gleich der erste Satz, der mit imaginärer Referenz auf bereits Gesagtes anhebt: „Wie gesagt, die Sache hat Sprengkraft - 'Yo! Bum Rush The Show' aus dem letzten Jahr ist deswegen eine der wichtigsten Platten der späten 80er Jahre und mit Sicherheit die radikalste, weil Radikalität in Musik und politischen Inhalten so massiv präsentiert wurde, daß eine der ältesten und mittlerweile blödesten Diskussionen um die politische Wirkung von Musik gar nicht aufkommen konnte." Die Signifikanz der Musik wird mit knappen, treffenden Beschreibungen umrissen, dann richtet sich die Aufmerksamkeit auf die textlich-ideologischen Dimensionen der Platte: „Der vielschichtige, übereinandergesampelte Sound, im Rock sagt man 'Wall of Sound', fordert, an ihm muß man sich abmühen, weil hier nichts mehr Spaß bedeutet, sondern Kampf - 'Party For Your Right To Fight', ein Stück, das alte FBI-Verschwörungstheorien (beteiligt am Tod von M. L. King und Malcom X.) und rassische Erstlingstheorien wieder hervorkramt. [...] Wenn überhaupt etwas neu ist, dann sind das die Attacken auf die Presse und Radio, von denen sie sich als Rassisten und Separatisten beschimpft fühlen." Aus diesem Grund werden in der zweiten Hälfte der Kritik vergleichsweise ausführliche Textzitate vorgestellt, die der Autor jeweils knapp paraphrasiert und kritisch kommentiert. Das Fazit läßt Ambivalenz durchscheinen: der sympathische Agitprop-Rap verfange sich gelegentlich in islamisch-fundamentalistischen Fallstricken: „Alle Stücke sind Attakken, Parolen, Aufklärungsversuche, Agitation, gepaart mit überzogenem Posing, das aber völlig ernst gemeint ist. Chuck D. (der dominante Rapper von Public Enemy, R.H.) sieht sich als Prediger, der die Wahrheit predigt, ohne auch nur einen Schritt zurückzuweichen [...]. Was aber natürlich auch die alten Probleme mit den Islam-gläubigen Public Enemy mit sich bringt und mich etwas hilflos zurückläßt. Chuck D. hat nicht immer recht, und wenn überhaupt, wird er daran scheitern. Nur Reformismus, Kompromißhaftigkeit wird man ihm nicht vorwerfen können."[11] Nur an jenem Punkt, an dem der Autor Bedenken gegen die ideologische Stoßrichtung der Gruppe geltend macht, gibt er seine Zurückhaltung, was die Äußerung explizit subjektiver Eindrücke und Stellungnahmen anbelangt, auf, gesteht Hilflosigkeit ein. Keine spitzfindigen Erklärungsversuche werden unternommen, um den Widerspruch zwischen der musikalischen Qualität der Platte, des hochgradigen Verunsicherungswertes der Gruppe in ästhetischer und ideologischer Hinsicht und ihren Äußerungen in den Texten, in der sonstigen Öffentlichkeit, die massive ideologiekritische Bedenken provozieren, zu schlichten.

---

[11] 8/88, S. 40.

Festzuhalten bleibt, daß die Kritik einen betont sachlichen Stil pflegt, wobei die vorgetragenen Thesen in programmatischer Schlichtheit auf überzogene Behauptungen, Übertreibungen, intellektualistisches Begriffs-Dropping oder gar ausgiebige Referenzen auf theoretische Diskurse verzichten. Die Kehrseite der angenehmen Sachlichkeit der Kritik ist ihr Mangel, rhetorische Funken zu schlagen, die zünden. Es fehlt an Formulierungen, die sowohl musikalische als auch ideologische Eigentümlichkeiten von Public Enemy in einer solchen Prägnanz darzustellen vermögen, daß daran die weitere Diskussion über die Gruppe und über HipHop generell nicht vorbeikäme.

Seit Ende 1987 schreibt Sebastian Zabel für *Spex*, fungiert zwischen November 1988 und März 1990 als Redakteur der Zeitschrift und steuert auch in der Folgezeit bis heute immer wieder Artikel und Kritiken bei. Seine Plattenkritiken zeichnen sich durch kraftvolle Direktheit aus; Abneigungen und Vorlieben werden ohne Rücksichtnahme auf einen der Kunstkritik nachempfundenen, Nuancen behutsam wägenden Feinsinn, ohne ängstliches Schielen auf den je aktuellen Stand pop-ideologischer Grundsatzdebatten dezidiert vorgetragen. Ihr Witz verfängt sich nicht in den Fallstricken der Flapsigkeit und billigen Humors. Pop-Sensibilität bildet die Grundlage, von der aus Zabel begeisterten Zugang zu so unterschiedlichen Stilrichtungen wie Independent Dancefloor, White Trash, amerikanischen Hardcore, House und HipHop findet. Im Unterschied zu vielen anderen *Spex*-Mitarbeitern zeigt der Autor aber weiter ein starkes Interesse an Popmusik im emphatischen Sinne einer möglichst populären, erfolgreichen Musik, die durch historisch genau plazierte Kombination von Melodie und Rhythmus, Gefühl und Haltung eine Verbindlichkeit stiftet, die das Nebeneinander partikularisierter Publikumsfraktionen zu transzendieren vermag.

Von der Schwierigkeit, an dieser Idee in Zeiten festzuhalten, die eine Popmusik hervorbringt, die ein Schwelgen in kühnen Pop-Phantasien kaum mehr aufkommen läßt, darüber hinaus von einem wenig sympathischen Publikum zur Ausstaffierung ihres Lebensstils angeeignet wird, handelt Zabels Besprechung der Lisa Stansfield-LP „Affection" und der Platte „Read My Lips" von Jimmy Sommerville. Der Autor liefert eine Kritik ab, die reizvoll Winkelzüge aggressiver kritischer Abgrenzung auf subjektive Bekenntnisse, verzweifelte Bemühungen um Distanz auf die Verführungskraft der Musik prallen läßt. Gleich in der Einleitung legt er ein Geständnis ab, das ihm im hier relevanten Kontext des avancierten Musikgeschmacks große Begründungslasten aufbürdet: „Um ehrlich zu sein: 'Affection' ist mir in diesem Monat die liebste. Die Schnösel-Ausgabe von *excitement* aka Tanzvergnügen. Ich kann mir die Leute, die jetzt zu hunderttausenden die Megahitsingle 'All Around The World' kaufen, vorstellen und finde diese Vorstellung zum Kotzen. Klar, das ist House für zuhause, ist Swing Out Sister und Sade in der zeitgemäßen Variante, die im Skiurlaub in St. Gallen mal wieder zig reiche Töchter in die Arme von Golf-GTI-Idioten fallen lassen wird." Schonunglos gegen sich selbst, imaginiert der Autor eine Verführungsszenerie, die mit ihrem immer wieder gern attackierten Personal aus dümmlichen Arrivierten und aggressiv-schneidigen Aufstiegswilligen eine Welt entwirft, angesichts derer eine plausible Begründung für seine Verführung durch „Affection" geben zu können, als unmögliches Unterfangen erscheint. Zunächst mobilisiert Zabel sogar noch weitere Argumente gegen die von ihm doch geschätzte Platte, indem er ihr eigentlich das Schlimmste attestiert, was in *Spex* über eine Musik gesagt werden kann: „Schlimmer noch, das ist wirklich superglatte, soulfulness vortäuschende Abgebrühtheit. Aber so fängt man Herzen, die in weißen Konsumentenbrüsten midtempomäßig schlagen. 'Affection' hat nichts von der hoolmäßigen Coolness tanzender, in die göttliche Monotonie elektronischer Loops verliebter Elefantenhosen, aber in meiner Stammkneipe wiederholt gespielt, hat 'All Around The World' nicht nur das Thekenpersonal zum Tanzen gebracht. Ich finde die Ästhetik um 'Affection', die Coldcut/Yazz/Stansfield-Clique und ihren spekulativen, nivellierenden, an 'The Face' angelehnten Hipness-Begriff, der die amerikanische House-Culture lässig absorbiert hat, reichlich übel, doch wie xxx andere kann ich mich nicht der Wirkung entziehen. Zu köstlich ist es, wenn Lisa Stansfield Flora-Purim-like die piepsigen Höhen ihrer Stimme auskostet und süßen Schwachsinn singt, *my baby*, das ist es eben, was das blasse Bürgerbaby zum Swingen bringt, das bei Paddy-McAloon-Lyrik vor Ergriffenheit zu Heulen anfängt und eher einen gutmütigen Fettsack wie Tad und seine lustige Zementmusik für taff hält als A Guy Called Gerald. Denn im Grunde ist einem all das viel näher als beispielsweise die wirklich taffen Electro-Grooves von Gerald, was aber auf der anderen Seite wieder einmal zeigt, wie ungleich wichtiger A Guy Called Gerald und seine Musik ist (und hier könnte man auch, ich sag es ein letztes Mal, Happy Mondays einsetzten) und daß man natürlich trotzdem Lisa Stansfield (und Tad - hahaha!) mögen darf, so wie man über die Jahre alles mögliche gemocht hat, von Bananarama bis Lambada, und was sonst noch uns arme Möchtegern-Bohémiens zum Grooven brachte."[12] Prägnant identifiziert der Autor die zentrale Qualität von House in der dieser Musik eigentümlichen „göttliche(n) Monotonie elektronischer Loops". Er vollführt eine Kapriolen schlagende Apologie des „süßen Schwachsinn(s)", die zugleich ernsthaft vorgetragen wird, jedoch ihre nicht zwingenden, subjektiven Schlüsse selbstironisch als solche deklariert. Liegt auch das Ethos des Pop-Diskurses darin, über klare Abgrenzungen Verbindlichkeit zu schaffen, wobei die soziologische Kartographie der Musikrezeption, die Art und Weise, wie Musiker/Produzenten musikalische Stile und Formen aufgreifen, modifizieren, synthetisieren, wichtige Dimensionen der Einschätzung einer Musik abgeben, so folgt daraus nicht, daß sich dessen Parteigänger eigentlich illegitimen, aber verführerischen Angeboten in dogmatischer Verhärtung rigoros zu verweigern haben. Natürlich kann der Autor in seinem Falle vor allem deshalb mit sympathisierendem Verständnis rechnen, weil er unumwunden die häßlichen Seiten seiner Leidenschaft eingesteht.

---

[12] 1/90, S. 59.

7.6 Streben nach Verbindlichkeit unter Bedingungen stilistischer Vielfalt: 1990 bis 1995

Einer der rührigsten Autoren, die sich seit Anfang 1990 bis 1994 des von Gorris hinterlassenen HipHop-Erbes annehmen, ist Oliver v. Felbert. Gorris wußte mit seinen eher bescheidenen literarischen und pop-ideologischen Qualitäten gut zu haushalten, indem er sich in seinen Kritiken in erster Linie der Aufgabe widmete, einen sicherlich parteilichen, aber dennoch sachlichen Bericht über den jeweils aktuellen Stand der HipHop-Szene zu geben. Anders von Felbert: seine wenig originelle Sicht auf HipHop, die vor pop-theroretisch inspirierten Verallgemeinerungen zurückscheut, trägt er im Gestus eines Fans vor. Der Versuch, den Flair der amerikanischen HipHop-Szene in einer deutschen Musikzeitschrift originalgetreu zu bewahren, führt bei von Felbert nicht selten zu einer zähflüssigen Prosa, die Coolness nur prätendiert, wenn man darunter versteht, sich entspannt, jedoch hellwach und gewitzt auf Wirklichkeit zu beziehen, Unerwartbarkeit und Irritation zu prämiieren. Daß das Streben nach einer authentischen Verkörperung einer solchen Haltung, der sich sowohl viele Musiker als auch ein großer Teil der Journalisten und Kritiker verpflichtet fühlt, leicht als Masche zu verselbständigen droht, zeigt sich auch bei von Felbert. Lichtpunkte in seinen Kritiken sind indes einige gelungene Entlehnungen aus der HipHop-Sprache, die sich gekonnt eines Verfahrens bedienen, das man 'Übersetzung als reflexive Anverwandlung' nennen könnte. Das Ausgangsmaterial für diese Erweiterungen des semantischen Universums der deutschen Sprache kommt vornehmlich aus der amerikanischen Szene-Zeitschrift *The Source*, die unverkennbar für eine ganze Reihe von Autoren mit besonderem Interesse an HipHop als großes Vorbild fungiert.

Mit einer Anspielung auf den Namen der Gruppe beginnt er seine Besprechung des Debütalbums „One For All" von Brand Nubian: „Brandneu sind sie nicht, die Nubier [...]." Es wird eine Situierung der Truppe in der aktuellen Hip-Hop-Szenerie vorgenommen: man erfährt, „daß sie ein besonders dickes 'Peace' an ihren guten Bruder Q-Tip vom Tribe schicken [...] und auch sonst mit dem instinktiven Rumreisen auf Du und Du sind." Auffallend an diesen Bemerkungen sind die demonstrativ auf ihre Wörtlichkeit abhebenden Übersetzungen des Hip-Hop-Jargons : „ein besonders dickes 'Peace'" = a special fat Peace; an den „guten Bruder" = to the good brother. Ebenfalls Abkürzungen und Anspielungen, die sich an den Insider wenden, sind: „Tribe" = A Tribe Called Quest; „instinktive(s) Rumreisen" = Anspielung auf den Titel der ersten LP von A Tribe Called Quest „People's Instinctive Travels And The Paths Of Rhythm", die als bahnbrechende Weiterentwicklung des HipHop auf breiter Basis Anerkennung fand. Fast schon überflüssig ist dann der Hinweis des Autors, daß seine bisherigen Ausführungen „als ein Riesenkompliment" zu verstehen sind.[13]

---

[13] 2/91, S. 42.

Wie in vielen anderen Kritiken auch, geben die ersten Sätze der Besprechung zu „Nevermind"[14] von Nirvana den Tonfall der weiteren Ausführungen vor. Lokker gebraucht Mark Sikora, der sich seit Ende 1989 in Artikeln und Kritiken vornehmlich mit dem weiten Feld zwischen Heavy-Metal und Hardcore befaßt, hier Anglizismen zu den verschiedensten Zwecken: zur Beschreibung von Höreindrücken, zum Spiel mit Stil- und Genrekategorien, zum Schimpfen und zu expressiven, der Comic-Sprache entlehnten Gesten: „Sweeter denn ever. Kuschel-Grunge auf Major-Kurs. Nein, fuck Grunge, heute sind Nirvana less heavy und mehr kuschly = poppy. Kein 'Floyd The Barber, Part 2', aber dafür ein dutzend großartiger Songs, die auch ohne allzuviel ruppiges Rückkoppeln toll sind, denn Melodien, Gesangslinien und all der Scheiß sind argh!, wenn nicht noch besser." Der rhetorische Selbsteinwand des Autors soll dem Argumentationsverlauf Dynamik verleihen, die Häufung von „y"-Endungen den einschmeichelnden Charakter der Musik akzentuieren. Vulgärsprachliche Ausdrücke und das einem uneingeweihten Publikum rätselhafte „argh!", dessen Funktionieren als Qualitätsmerkmal jedoch für Insider des Pop-Diskurses, vor allem der Rede über allerlei Metal-Varianten kaum ein hermeneutisches Problem darstellen dürfte, sorgen für die Glaubwürdigkeit des Autors, grenzen sein Anliegen gleichermaßen deutlich von einem Feinsinn ab, der sich an gehobenen intellektuellen, ästhetischen Betrachtungen delektiert, sowie vom phrasenhaften, affirmativen Duktus einer Prosa, wie sie in Promotion-Texten vorwaltet.

Der sensationelle Verkaufserfolg von „Nevermind" ist wohl den Pop-Qualitäten dieser Platte geschuldet. Als erste Band, die aus dem US-Underground hervorgegangen war, erzielte Nirvana Verkaufsziffern, die mit denen der etablierten Top-Mainstreamacts mithalten konnte. Unter den besser gebildeten Jugendlichen der westlichen Welt nahm die Gruppe seit Anfang 1992 einen Status ein, den Anfang der achtziger Jahre eine Gruppe wie The Police innehatte. Beim melodiösen Part des bekanntesten Songs von Nirvana („Smells Like Teen Spirit") ist sogar musikalische Ähnlichkeit zu jener Gruppe festzustellen, was jedoch ihren Major-LPs („Nevermind", „In Utero") nichts von ihrer Großartigkeit nimmt und nicht zur Validierung der obligaten, dummen Ausverkaufsvorwürfe taugt. Leider stellte sich auch der avancierte Musikjournalismus angesichts des Selbstmordes von Kurt Cobain, dem Sänger und Gitarristen der Gruppe, ein denkbar schlechtes Zeugnis aus. So ist das *Spex*-Tresengespräch über den „ersten MTV-Toten" eine unerträgliche Mischung aus wüster, unwürdiger Spekulation und maßloser Selbstüberschätzung eines Häufleins von Autoren einer vergleichsweise kleinen Zeitschrift, das sich dennoch in der ansonsten stets kritisierten Manier naßforscher Zeitgeistdeuter anheischig macht, auf der Grundlage einer pseudo-soziologischen Zeitdiagnose Strategien und Taktiken für die desperate Generation X auszuklügeln.[15]

---

[14] 10/91, S. 43.
[15] 6/94, S. 20-25.

Der schon ab der zweiten Hälfte des Jahres 1986 für *Spex* tätige Hans Nieswandt steigt Anfang 1990 zum Redakteur der Zeitschrift auf. Seine musikalisches Hauptinteresse in der Folgezeit gilt House, doch auch der Entwicklungen im Hip-Hop nimmt sich der Autor aufmerksam an. Sein rhetorisch-ideologisches Rüstzeug verdankt er unverkennbar einer zeitgemäß applizierten Pop-Sensibilität, die, wie mehrfach dargelegt wurde, Anfang der achtziger Jahre eine verbindliche, elaborierte Form annahm und sich nachfolgend als unverzichtbare, wichtige Betrachtungsweise des Geschehens in der Pop-Szene durchsetzte.

Essayartigen Charakter zeichnen Nieswandts Überlegungen in jener SIRIUS-Kolumne aus, die den passenden Untertitel „Politix of Dancing [...]" trägt. Zu Beginn benennt der Autor die möglichen Leistungen bzw. Fehlleistungen des Redens und Schreibens über Popmusik: „Begrifflichkeiten für Phänomene zu finden und sie dadurch diskutierbar und kommunizierbar zu machen, ist eine Sache. Phänomene durch Begrifflichkeiten in Rekordzeit unbrauchbar zu machen, die andere." Etwas übertrieben erscheint die Angst, in Umlauf gebrachte Phrasen und Slogans könnten Entwicklungen in der Musik, die gerade aufkeimen, nachhaltig schädigen. Zunächst einmal verhindern falsche, verzeichnende Begriffe das, was der Autor zu Recht brauchbaren Begriffen attestiert: nämlich ein verbindliches Vokabular bereitzustellen, das in der rhetorisch-politischen Auseinandersetzung mit konkurrierenden Vokabularen seine polemischen Zwecke der Abgrenzung, Differenzierung oder Erweiterung erreicht. Der konkrete Anlaß für Nieswandts Einlassungen ist der Begriff 'Neo Disco', der eine „postmoderne Sicht von Disco" nahelege. Die für den Autor unausbleiblichen „schlechte(n) Folgen": „Die Produzenten der zweiten Generation lassen sich nämlich nicht mehr von einer persönlichen, fantastisch übertriebenen Idee von 'Disco' inspirieren, sondern nur noch von einer Idee von 'Neo Disco', die sich allein durch das Abrufen bestimmter, festgelegter Klischees und Patterns trägt." Das könnte man jedoch am jeweiligen Einzelfall festmachen, ohne gleich so etwas wie eine „Politix of Dancing" bemühen zu müssen. Zu ihr gelangt Nieswandt, indem er sich die seltsame Logik eines negativ gewendeten Animismus zu eigen macht. Das Hantieren mit Begriffsetiketten führe zur Entzauberung, die ästhetisches Vergnügen einschränke oder gar zum Verschwinden bringe: „Aber so ist es nun mal immer wieder: Sobald eine Sache ausgesprochen ist, ist der Spaß vorbei, wird alles falsch interpretiert, als mögliches, attraktives Sponsoren-Angebot analysiert [...]." Doch das ist erst die Hinführung zum eigentlichen Punkt des Autors, nämlich „daß via diverser 'Neo Disco'-Compilations das so falsche wie alte Image von Discomusik und House als tendenziell rechts, materialistisch und Kommerz-orientiert aufgewärmt werden soll. Und das in einer Zeit, wo sogar jemand wie die alte Dame 'Die Zeit' *SPEX* als 'Dancefloorflügel der RAF' bezeichnet!" Ärgerlich an diesen Bemerkungen ist zweierlei: zum einen werden die pauschalen Vorwürfe von linken Disco-Kritikern (kommerziell = materialistisch = rechts) einfach negiert, ohne sich mit dem populistischen Romantizismus (selbstlos = idealistisch = utopisch-links) auseinanderzusetzen, der eben nur das linke Zerrbild bürgerlicher Kulturkritik abgibt und nichts mit unnachgiebiger Kritik politischer, ökonomischer

Verhältnisse zu tun hat. Zum anderen gefällt sich der Autor in der ihm vom bürgerlichen Feuilleton zugewiesenen Rolle, dem terroristischen Staatsfeind Nr.1 nahezustehen. Die staatstragende Polemik, die die Grenzen der Meinungsäußerung in unserer freiheitlich-demokratischen Grundordnung anmahnt, als Ehrentitel umzudeuten, hebt sich zunächst einmal angenehm von dem verbreiteten Reflex ab, sich instinktiv gegen derartige Vorhaltungen mit dem Hinweis auf die moralische Integrität des eigenen Tuns zu verteidigen. Zudem gelingt so ein cleverer rhetorischer Schachzug, an dem sicherlich die autonom-linke Fraktion in der Leserschaft von *Spex* ihre Freude hat: „Okay, nicht daß die *SPEX*-Mind-Squad die absolute Richtlinienkompetenz über das Geschehen auf deutschen Tanzfluren hätte, nicht daß dieses Statement viel mit der Realität zu tun hätte; aber es erfüllt mich doch mit einer gewissen Genugtuung, daß die bürgerliche Presse inzwischen Dance Music als etwas potentiell Staatsfeindliches versteht. Das ist doch schon mal ein schöner Fortschritt, dahinter sollte man keinesfalls zurück!" Was hier als „schöner Fortschritt" verbucht wird, ist nichts anderes als das Eingeständnis, die eigenen rhetorisch-politischen Bemühungen in erster Linie von ihrem Provokationswert fürs bürgerliche Feuilleton abhängig zu machen. Symbolische Politik dieser Art weicht der frontalen Auseinandersetzung mit der herrschenden Politik samt ihrer journalistischen Rechtfertigung aus.

Nieswandt feiert die Anstrengungen von Kleinunternehmern, sich eine Nische in einem von großen Medienkonzernen beherrschten Markt zu erobern, als „politische(n) Widerstand" : „[...] schon die Tatsache, in einer vollkommen anders orientierten, nach völlig anderen Verkaufsprinzipien organisierten Massen-Musikindustrie die Zähigkeit und den Enthusiasmus aufzubringen, den eigenen bizarren Vorstellungen von Sound-Design einen kleinen Platz auf der Welt zu verschaffen, schon der Trotz, die wenigen verbliebenen Vinylpressen am Leben zu erhalten, ist politischer Widerstand." An diesen und den folgenden Äußerungen des Autors zeigt sich die idealistisch-humanistische Schlagseite einer Betrachtungsweise politischer Zusammenhänge, die sich zu stark auf symbolische Repräsentationen kapriziert: „Zum Glück hat sich die Auffassung darüber, was politische Musik ist, *liberalisiert*. Auch Instrumentalmusik oder archaische Gospellyrics sind den Lebensbedingungen der Produzenten und ihres Publikums entsprechend politisch gepolt. Der Beat schlägt links."

Aus den wie auch immer erbärmlichen Lebensbedingungen der Menschen läßt sich weder die politische Ausrichtung der Musik ableiten, die ihre jeweiligen Leidensgenossen produzieren, noch der politische Reim, den sich Produzenten und Publikum auf ihre Lebenssituation machen. Das impliziert nicht, daß die Produktion und Rezeption der jeweiligen Musiken unpolitisch wäre, wie gerade das Beispiel der schwarzen Musik und ihrer mühseligen Durchsetzung gegen die rassistische Festschreibung weißer Wettbewerbsvorteile zeigt. Doch dabei handelt es sich nicht um einen linken Kampf gegen die Basisinstitutionen der kapitalistischen Gesellschaft, sondern um die Auseinandersetzung darum, jene Teilnahmebedingungen für Schwarze in der kapitalistischen Wirtschaft halbwegs sicherzustellen, die ihrer weißen Konkurrenz selbstverständlich zukommen. Der Mechanismus einer Verwertung innovativer Stile und Musiken durch die großen Medienkonzerne, die mit Zeitverzögerung einsetzt, wird vom Autor korrekt beschrieben: „So ist die Geschichte von Disco, haargenau wie die von allen anderen Formen progressiver Musik, zunächstmal die Geschichte von Minderheiten-Bedürfnissen, die sich ihre eigenen Outlets (Orte, unabhängige Labels, eigene Ästhetiken usw.) schaffen und erst im Laufe der Jahre von großen Verwertungsgesellschaften überhaupt wahrgenommen und in ihrem Sinne vermarktet werden." Modifiziert wird dieser Gedanke auf die aktuelle Situation appliziert. Die Konzentration des Medienkapitals erfordert eine höhere Umschlagsgeschwindigkeit, um weiter ein profitables Wirtschaften zu gewährleisten. Zu diesem Zweck greift die Musikindustrie natürlich auch auf ihre mittlerweile vierzigjährige Erfahrung zurück, um erfolgreich solche Maßnahmen zu treffen, die eine lukrative Verwertung musikalischer Innovationsschübe in der Popmusik wahrscheinlich machen: „Und da sich Disco (in welcher Spielart auch immer, da rechne ich jetzt mal alles von Acid Jazz bis Techno dazu) ja immer wieder neu erfindet, da jedes vom Overground vereinnahmte Etwas immer schon von einem neuen Underground ersetzt ist, ist das bis heute so. Heute geht das nur schneller, weil dieser Mechanismus entsprechend bekannt ist."

Die Qualitäten des Underground sind nicht in erster Linie politischer, sondern vor allem ästhetisch-kultureller Natur: herauszuheben sind die innermusikalische und die ideologisch-lebenspraktische Dimension. Neue musikalische Stile werden durch eigenwillige Zusammensetzung und Variation pop-historischer Stilvorgaben hervorgebracht, durch ungewöhnliche Elemente erweitert, durch Reduktion purifiziert. Mit und neben der Musik verbreiten sich abweichende Meinungen und idiosynkratische Haltungen zu den unterschiedlichsten Gegenständen und Themen, wobei ein breites Spektrum zwischen rigidem Moralismus und hedonistischem Amoralismus, zwischen menschenfreundlicher politischer Korrektheit und gnadenlosem Haß auf alles, was nicht die jeweilige Selbstdefinition ausmacht, zu beobachten ist. Dazu gehören auch neue, praktisch wirksam werdende Bestimmungen des Verhältnisses zum eigenen Körper, die Propagierung bestimmter Kleidungen, Tanzformen, Lebensweisen und Drogen. Diese Explikation der ästhetisch-kulturellen Eigentümlichkeiten und Konsequenzen des Underground läßt freilich deutlich werden, daß keine strikte Trennung dieser subkulturellen Praxis von politischen Diskursen und Kämpfen möglich ist. Dennoch scheint es sinnvoll, um sowohl zu einem angemessenen Verständnis des Funktionierens von Underground zu gelangen, als auch den Ernst und die Dringlichkeit politischer Auseinandersetzungen zu akzentuieren, auf der Differenz zwischen beiden Feldern zu beharren. Es gibt nun einmal keinen bruchlosen Übergang vom Spaß an guter Musik, an idiosynkratischen Verstiegenheiten, an rauschenden Parties und aufputschenden Drogen zum Feld politischer Meinungsbildung. Schlechter, konventioneller Geschmack schließt die Fähigkeit, zu wichtigen politischen Einsichten zu gelangen, nicht aus. Das Gegenteil gilt natürlich auch: fortgeschrittenes, ästhetisch raffiniertes Urteilsvermögen schützt nicht vor reaktionären Ansichten oder zynischer politischer Indifferenz. Im besten Falle können die musikalischen und ideologischen Produkte des Underground politisches Denken und Handeln im skizzierten Sinne anregen, beflügeln und lohnenswert erscheinen lassen.

Abschließend leitet Nieswandt mit der selbstironischen Floskel „Soweit das Wort zum Sonntag" zur schlichten Auflistung aktueller, empfehlenswerter House-Maxis über.[16] Doch auch wenn damit die zuvor hergestellten Analogien zwischen der Herkunft und Entstehung der Musik und ihres jeweiligen ideologischen Charakters zugunsten des pragmatischen Interesses an guter, zum Tanzen brauchbarer Musik relativiert werden, so kann das nichts mehr an dem Befund ändern, daß des Autors Reflexion politischer Zusammenhänge, die von maßloser Selbstüberschätzung des avancierten Pop-Diskurses geprägt ist, vor allem begriffliche Trennschärfe vermissen läßt.

7.7 Anmerkungen zum neuesten Pop-Diskurs in *Spex*

Auf einige Tendenzen der Entwicklung von *Spex* seit den frühen neunziger Jahren sei noch kurz hingewiesen. Ein eher betrübliches Bild gibt die Zeitschrift in den Jahren 1992-94 ab: unvermittelt stehen Schreibweisen nebeneinander, die entweder ein biederes Sich-Einrichten in der Nische alternativer Popmusik ausstrahlen oder einem überzogenen Intellektualismus huldigen. Mit dem allmählichen Dämmern der Einsicht in *Spex*-Kreisen, daß die erwähnten aufregenden Momente des Underground in ganz unterschiedlichen musikalischen Stilen und Genres beheimatet sind, scheint es so, daß sich viele Autoren nicht mehr zu jenem Enthusiasmus aufschwingen können, der zum Bestreben, ein bislang verkanntes, abseitiges Neues zu befördern, unweigerlich dazugehört. Statt dessen pflegt man einen seriösen Musikjournalismus, der sich von seinem historischen Vorläufer in *Sounds*-Heften der späten siebziger Jahre nur durch das seitdem akkumulierte Wissen um Wendungen und Brüche der Pop-Geschichte unterscheidet. Plattenkritiken geraten zum Besinnungsaufsatz oder zur launig hingeworfenen Glosse, in denen auch wieder ungeniert Quantität und Qualität der Hörvorgänge thematisiert,[17] fade Witzelei und Wortspiele untergebracht werden dürfen.

Mit großem Ernst hingegen adaptieren andere Autoren das gängige akademische Vokabular aus Poststrukturalismus, System- und Medientheorie sowie aus den anglo-amerikanischen Cultural Studies, ohne sich allzuviel über die schiefe Relation zwischen theoretischem Aufwand und Erkenntnisgewinn zu bekümmern. Beflügelt werden diese Anstrengungen durch Hoffnungen auf politische Wirksamkeit, die sich leichtfertig darüber hinwegsetzen, daß einer Adaption identitätspolitischer Bestrebungen unter den hiesigen Zuständen sehr enge Schranken gesetzt sind.[18] Daraus resultieren dann Texte, deren in jeder Zeile spürbare Prä-

---

[16] 8/92, S. 48.
[17] Vergleiche Ch. Gurks Besprechung zur Blumfeld-LP „L'Etat Et Moi" im Heft 9/94, S. 62.
[18] Vergleiche dazu die Ausführungen im Abschnitt „Cultural Studies und avancierter Musikjournalismus" in Kapitel 4 der vorliegenden Arbeit.

tention darauf gerichtet ist, Vertrautheit mit den neuesten Wendungen des Pop-Diskurses zu demonstrieren. Nicht die Blässe des anspruchsvollen Gedankens sowie seine Relevanz im Pop-Diskurs ist in Frage zu stellen; allein der Verlust an rhetorischer Kraft ist zu gewärtigen, der mit einem leerlaufenden Theoretizismus einhergeht. Doch in der neuesten Entwicklung der Zeitschrift seit ca. 1995 finden auch theoretisch ambitionierte Autoren wie T. Holert und M. Terkessidis in ihren Kritiken zu einer Schreibweise, die das Verhältnis zwischen verstiegenen pop-theoretischen Ideen, interessanten subjektivistischen Einfällen und pragmatischer Nüchternheit wohltuend ausbalanciert.[19] Gleiches gilt für neuere, gleichermaßen pop-theoretisch versierte und rhetorisch elaborierte Autoren wie Sven von Reden,[20] Ulrich Kriest[21] und Annette Weber[22].

7.8 Clara Drechsler: Pop als Idiosynkrasie

Clara Drechsler gehört zum Kreis jener Leute, die im Herbst 1980 für das erste Erscheinen von *Spex* sorgen. Bis Anfang der neunziger Jahre steuert sie eine Vielzahl von Artikeln und Kritiken zur Zeitschrift bei. In den letzten Jahren hat sie sich dann nur noch mit recht vereinzelten Beiträgen zu Wort gemeldet. Der Duktus ihrer Texte zeichnet sich durch scharfe Distanz zu feuilletonistischer Musikbetrachtung aus: pointierte Apercus, scharfzüngiger Witz, überraschende Geständnisse, flüchtige Skizzen, enigmatische Assoziationen und Anspielungen,[23] selbstbezügliche Einschübe, literarisierend-autobiographische Passagen und wüste Beschimpfungen, die derbes Vokabular gebrauchen, gehen immer wieder frappierende Verbindungen ein. Auf das gängige Vokabular der Bewertung wird fast vollständig verzichtet, ebenso auf abgeschmackte Formen der Beschreibung von Musik anhand der verwendeten Instrumente, der Spielweisen der Musiker und unter Aufbietung schlichter musikhistorischer Vergleiche und Genealogien. Läßt sich Drechsler einmal auf diese Dimensionen ein, denen Kritiken sich auch wohl

---

[19] Vergleiche z. B. M. Terkessidis' gelungene Polemik zu Freundeskreis, „Quadratur des Kreises" (6/97, S. 81); T. Holerts Kritik zu Reprazent feat. Roni Size, „New Forms" (6/97, S. 65).
[20] Seine Tätigkeit als *Spex*-Kritiker beginnt mit einer Rezension von Fugazi: „Red Medicine" im Heft 6/95, S. 41. Vergleiche u.a. seine ausgezeichnete Besprechung der Compilation „1998 Teenbeat Sampler" (5/98, S. 77f.).
[21] Seit Sommer 1997 steuert er Kritiken zur Zeitschrift bei. Vergleiche u.a. die Kritik: Him, „Interpretive Belief System" (10/97, S. 69).
[22] So können ihre Kritiken zu HipHop-Platten durchgängig überzeugen: vergleiche z.B. die Besprechungen zu Missy Elliott, „Supa Dupa Fly" (9/97, S. 63), und Diamond, „Hatred, Passion and Infidelity" (10/97, S. 65f.).
[23] So stellen zwei Plattenkritiken kokett selbstbezüglich in Rechnung, daß die Leserschaft Probleme haben könnte, die konventionell diesem Genre abverlangte Klarheit der Wertungstendenz bzw. die Sachhaltigkeit der vorgetragenen Ausführungen zu erkennen. Zu Stephen Duffys LP „I Love You" lautet das Fazit: „Übrigens: Diese Plattenkritik ist eine positive!" (4/86, S. 38) Die Besprechung der LP „Invisible Lantern" von den Sreaming Trees schließt mit der Bemerkung: „Wer jetzt (natürlich) nicht weiß, wie die Platte sich anhört, kann sie sich ja einfach KAUFEN." (12/88, S. 53)

kaum vollständig entschlagen können, dann geschieht das mit selbstreflexiver Aufmerksamkeit, die um die Abnutzung sprachlicher Muster des Musikjournalismus, um die gedankenlose Automatik des Einrastens von Kritikerfloskeln weiß. Dem Ideal der Kritik, einer Platte Gerechtigkeit widerfahren zu lassen, gibt sie eine eigenwillige Wendung, indem signifikante, dabei oft widersprüchliche Details der Musik, der Texte, des Covers, des Gebarens der Musiker zusammengetragen werden, die sich keiner klaren Wertungstendenz fügen. Zustimmungsheischende Reproduktion des common sense, der geschmacklichen Vorlieben, der ideologischen Konstitution des alternativen Musikpublikums, damit auch des überwiegenden Teils der *Spex*-Leserschaft, liegt ihr fern.

Ihre Polemik setzt zumeist nicht pop-theoretisch, sondern am Habitus, an der Haltung, die in Musik und Text, im Gebaren der Musiker deutlich wird, an. Damit hat sie immer wieder heftige Reaktionen bei den Lesern ausgelöst, wobei die auf den Leserbriefseiten dokumentierten Stellungnahmen eine starke Tendenz zur Polarisierung aufweisen: entschiedenen, mitunter gehässig und obszön geifernden Gegnern der Autorin stehen solche Leser gegenüber, die ihr jene Art von Huldigung entgegenbringen, die ansonsten Pop-Stars vorbehalten ist. Dabei handelt es sich natürlich um das absehbare Echo einer von der Autorin kontinuierlich betriebenen Selbstinszenierung, zu der auch das anläßlich der Singles-Kolumnen abgedruckte Photomaterial gehört, das Drechsler in unterschiedlichen Posen und lebensgeschichtlichen Phasen zeigt. Ihre Haltung auch zu geschätzten Gruppen ist niemals die andächtiger Lobpreisung, die Selbstzurücknahme fordert und den Gegenstand der Bewunderung in hellstem Licht erstrahlen läßt. Statt dessen spürt sie Widersprüchlichkeiten, Schwächen und Eigenarten der Musiker auf, läßt sie unvermittelt auf offensichtliche Sympathiekundgebungen prallen, ohne diesen Gegensatz durch weitere Begründungen auf einer logisch höheren Ebene in ein unproblematisch stimmiges Bild zu überführen. Offensiv nimmt sich die Autorin genauso wichtig wie die von ihr porträtierten, rezensierten Musiker, Konzerte und Platten. Drechsler erzeugt durch den sprunghaften Aufbau ihrer Texte, in denen verschiedenste Eindrücke gleichgeordnet nebeneinandergestellt werden, eine Spannung, die sich wohltuend von der geläufigen Praxis in Plattenkritiken und längeren Artikeln abhebt, ein Urteil, das schnell feststeht, im folgenden bloß anzureichern und zu illustrieren. Die Darlegung idiosynkratischer Nuancen, das Vornehmen ungewöhnlicher Codierungen muten dem Publikum eine genaue Lektüre zu, die jedoch nur selten zum quälenden hermeneutischen Exerzitium wird. Davor bewahrt vor allem die sprühende, abgedrehte Witzigkeit der Autorin. Sie scheut sich nicht, die lachhaften Seiten ihrer Gegenstände herauszustellen, ohne dabei den Ernst, das existentielle Moment ästhetischer Artikulation im Medium Popmusik aus den Augen zu verlieren. Ihre anfänglichen musikalischen Vorlieben für Joy Division, Pop und Soul weichen in der zweiten Hälfte der achtziger Jahre zunehmend der Begeisterung für White Trash, worunter in einer ersten groben Annäherung jene Stilrichtung des Underground zu verstehen ist, die auf billige, verschroben-exzessive Weise überkommene Muster des Blues und Rock 'n' Roll revitalisiert.

Anläßlich der Kritik zur LP „Touch Sensitive" von Bruce Foxton, der früher als Bassist bei der in *Spex*-Kreisen sehr geschätzten Gruppe The Jam fungiert hat, nimmt Drechsler eine grundsätzliche Klärung des Verhältnisses vor, das von der Warte eines avancierten Pop-Verständnisses zum Mainstream einzunehmen ist. Nebenbei macht sie auch deutlich, was sie von den neueren Produkten des Jam-Sängers Paul Weller hält: „Wie sein Ex-Meister Weller schafft auch Foxton den Schritt zur 'Adult Orientated Music', jener geheimnisvollen Popkategorie, deren einzig definiertes Merkmal die erhöhte Verkäuflichkeit an Leute über 25 ist, ob sie nun so konzipiert war oder nicht." Entschieden und unsentimental kündigt die Autorin die Zuständigkeit für weitere Begutachtung von Musik dieser Art auf: „Da jenseits von gut oder schlecht schlecht ist, ohne Zielscheibe für Haß zu bieten, ist Foxton nach dieser Platte für unsere Rezensionen verloren, in andere Gefilde abgewandert. Andere werden sich seiner annehmen."[24]

Ein besonderes Anliegen der Autorin ist es immer wieder, den Stellenwert der Musik in ihrem alltäglichen Leben, die Situationen, Umstände des Schreibens über Musik hervortreten zu lassen. In den Einleitungen zweier Singles-Kolumnen wählt sie einen literarisierenden Duktus, wobei einmal offensichtliche autobiographische Bezüge und ihre fiktionale Überhöhung verknüpft werden, im späteren Text hingegen aus distanzierter Erzählperspektive eine alltägliche Episode im Leben der Autorin, die in die Zeit der Abfassung des nun vorliegenden Textes fällt, wiedergegeben wird. Erstere Einleitung kontrastiert eine Ästhetik der Beat-Prosa, die Profanität und häßliche Widrigkeiten genüßlich ausbreitet, mit der reichen Einbildungskraft, die unzählige Pop-Songs über Regen bekunden, mit einer expressiv aufgeladenen vitalistischen Metaphorik, mit kokett hingeworfenen Geständnissen: „Tatsächlich hat es aufgehört zu regnen! Aus strömendem Regen an den heimischen Schreibtisch geflüchtet, fand ich Schreibmaschine und Manuskript befeuchtet, da gelbbraunes Wasser von der Decke tropfte. 'Der große Regen', schrie ich, ahnungsvoll nach meinem indisch designten Satinmorgenmantel Ausschau haltend. In der oberen Wohnung entdeckte ich hinter der Tapete eine pestbeulige Wasserblase. Smokey Robinson! It's raining! I can stand the rain! Nun scheint es aufzuklaren, just als ich mit der Energie des herabströmenden Wassers einen Heizlüfter in Gang gesetzt hatte, der im Moment der Benetzung sich selbst und den Teppich trockenlegte. Nicht nur ein dampfendes Schauspiel, sondern eine so bezaubernde Energieverschwendung wie sie nur die Natur selbst ersinnen kann. Ein ewiger Kreislauf feuchtwarmer Geistlosigkeit! Und jetzt hat es tatsächlich aufgehört zu regnen. Der feuchtwarme Traum ist zerronnen, doch Geistlosigkeit und Verschwendung bleiben. Was kratzt es mich? Ein Dampfbad klärt Haut und Sinne. Im heilsamen Stadium einer gewissen Aufweichung angelangt kann auch diese trockene Kombination Reize haben! Ich sage nur Beethoven! Warum auch nicht? Wer will mir den Mund verbieten? [...] Und nun zur Sache. Kopf in die Wolken, Füße in die Pfütze."[25]

---

[24] 8/84 S. 42.
[25] 6/84, S. 24.

Weniger ambitioniert, wobei gleich mit dem ersten Wort ein Rahmen abgesteckt wird, der der Trash-Ästhetik angemessen ist, kommt die spätere Einleitung daher: „*Junkyard*... back to ye olde Erika: ein Bag-Girl trabt durch von der Abendsonne mild beleuchtete Straßen. In ihren Tüten Tomaten, Petersilie, Walker Brothers Live in Japan, Axemen-Doppelalbum (28,-) - und einige streng und ziemlich scheppernd am guten, althergebrachten Bluesschema (der Alternative zur Europäischen Funktionsharmonik) orientierten Platten in blöden Covern, hmhm. Durch diese Anschaffungen hat sie ihre Mittel erschöpft. Untätig ruht die Erika-Schreibmaschine mit automatischer Typenhemmung im *Wanzl*-Markeneinkaufswagen [...]. Noch wartet die Menschheit auf die monatliche Singleskolumne. Was nun?"[26]

Gewaltig, mit einer Ästhetik, die das damalige avancierte Pop-Bewußtsein verwirrt, treten The Cult mit ihrer LP „Electric" auf. An der vorab veröffentlichten Single „Love Removal Machine" hatte bereits im Vormonat Diederichsen[27] großen Spaß gehabt; sein Lob des Dreckigen und Primitiven an diesem Stück verweist auf eine wichtige Umcodierung, die in dieser Zeit in der Popmusik stattfindet. Der simple Umstand, daß in einem Stück Elemente traditioneller Rockmusik verwendet werden, reichte als Grund zur ästhetischen Verdammung nicht mehr aus; daraus ließ sich dann entweder ein Neo-Rockismus ableiten, oder man gelangte zu einer erweiterten Fassung der Pop-Sensibilität, die an bestimmten Spielweisen des Hard-Rock und Heavy Metal Pop-, Trash- und Glam-Qualitäten entdecken und goutieren kann. Drechsler scheint in letztere Richtung zu tendieren, wenn sie das Cover der Cult-LP als ein „prachtvolles Geschmacks-Werk" mit dominierender „Gürtelschnallen-Optik" preist. Zu rühmen sei ebenfalls ihr Titel: er markiere „die todsichere Wahl eines Wortes, das fast so schön ist, wie der Zustand, den es beschreibt: saubere Energie." Nun endlich zur Musik, ihrem Charakter, ihren Referenzen: „The Cult treiben Def-Jamming, die eiserne In-die-Pflichtnahme vorliegender Wertsachen, das Menschwerden durch 'sich zusammenbauen' in luftige Höhen. Das einzige, was wir Billy Duffy (Gitarrist der Gruppe, R.H.) gerührt nachwinken können: Mann, ist der schnell geworden (oder Mann, ist das schnell gegangen). Hier begegnen uns Led Zeppelin als sie selbst, 'Born To Be Wild' als es selbst und 'Start Me Up' als 'Start Me Up', nicht in der Interpretation, nicht als Epigonie - The Cult haben nichts geschaffen, außer sich selbst, sich das Herz vollgeschüttet, damit es in genauesten Babybabybabybaby überfließen kann." In die Metaphorik des Fliegens, die Schwerelosigkeit, Erleichterung und sexuelle Lust konnotiert, kleidet die Autorin die lebenssteigernde Kraft der verhandelten Musik: „Sie (The Cult, R.H.) wollen jedem (zuerst sich

---

[26] 8/87, S. 47.
[27] Zur Single „Love Removal Machine" schreibt er dort: „Mein dritte Lieblingssingle ist ein echter Drecksrenner. Primitiv wie Menschen wie Leben wie Robert Plant [Sänger der auch von Drechsler als Referenz genannten Band Led Zeppelin, R.H.] (den Astbury hier so gnadenlos und unverblümt raushängen läßt wie noch nie). Der Charme gewisser Van-Halen-Stücke trifft auf 'All Right Now' [Hit der Gruppe Free Anfang der siebziger Jahre, R.H.] (vor dem Hintergrund des Stones-Riffs von 'Start Me Up'. Ausgerechnet! Klasse!)." (4/87, S. 43; auch in: ders., *1.500 Schallplatten*, S. 140)

selbst) das Stückchen einsetzen, das dem Menschen zum Fliegen fehlt, eine Art kleine Aufmerksamkeit, nicht teuer, weil hierbei ein Preisverfall eingesetzt hat wie beim Taschenrechner: und das ist gut so, denn wer möchte nicht gerne fliegen können, wie? Diese Platte ist eine Freude."[28]

Mit der zitierten Kritik liefert Drechsler die definitive Rechtfertigung der Begeisterung für eine Musik, die nicht als Weiterentwicklung eines zu diesem Zeitpunkt anerkannten Idioms oder als Avantgarde verstanden werden kann. Statt dessen sei sie eine „eiserne In-die-Pflichtnahme vorliegender Wertsachen". Trotz der leichten Identifizierbarkeit jener Vorbilder, denen die Gruppe nacheifert, gilt der Autorin ihre musikalische Verfahrensweise dennoch „nicht als Epigonie"; da The Cult in ihren Cover-Versionen den Originalen nichts hinzufügen wollen, seien sie „nicht als Interpretation" zu verstehen. The Cult haben nur sich selbst geschaffen, „sich das Herz vollgeschüttet, damit es in genauesten Babybabybabybaby überfließen kann." Das Adjektiv „genau", hier in seiner superlativischen Steigerung, verweist auf die Pop-Qualitäten einer Musik, die leicht als blöde Kopie überkommener Rockmusik mißverstanden werden kann. Mit dem beschwörend-kraftvollen Gestammel, das in der Kritik nicht als Zitat aus dem besten Stück der LP („Love Removal Machine") kenntlich gemacht wird, greift Drechsler treffsicher jene Gesangsstelle heraus, an der die Intensität des Songs ihren Höhepunkt erreicht. Darüber hinaus fungiert dieser Ausdruck hier als Formel für das, was an der rezensierten LP begeistert: nämlich dem daniederliegenden Rock-Idiom zu neuer Kraft im Zuge einer Reduktion auf wesentliche Kernelemente verholfen zu haben. Mit der Bemerkung, daß der dem Publikum von The Cult erwiesene Dienst „nicht teuer" sei, „weil hierbei ein Preisverfall eingesetzt hat wie beim Taschenrechner", spielt die Autorin offensichtlich auf die der Trash-Ästhetik immanente Idee des Billigen an. Keine bombastische, überproduzierte Rock-Platte haben The Cult aufgenommen, sondern die einfachen Muster des guten Hard-Rock-Songs mit neuem Leben erfüllt. Später, anläßlich der Danzig-LP „Danzig II - Lucifuge" spricht die Autorin vom „[...] Nachgestellt-Charme der einst im selben Haus entstandenen Cult-LP, Jahrmillionen of Blues-Rock in winzigen Einheiten gespeichert [...]."[29]

Wie oben im *Sounds*-Kapitel ausgeführt wurde, entwickelte sich im avancierten Pop-Bewußtsein zu Beginn der achtziger Jahre eine politische Haltung, die sich gegen zwei im damaligen Feld der Pop- und Rockmusik dominante Auffassungen ihres politischen Stellenwertes wandte: wider einen diffus menschenfreundlichen, unpolemischen Humanismus, der seine Hauptbetätigungsfelder in der Unterstützung von Wohltätigkeitsveranstaltungen und in Wahlkampfhilfe für sozialdemokratische Parteien findet; gegen einen sich kämpferisch gebenden, aktivistischen Vulgärmarxismus, der in seinem ungestümen Werben für die Sache der Revolution im Medium der Popmusik nicht zu einem Bewußtsein von dessen ästhetischer Eigengesetzlichkeit gelangt, das ein Umgießen bereits hinlänglich

---

[28] 5/87, S. 57
[29] 8/90, S. 38.

bekannter Einschätzungen und kerniger Parolen ins Song-Format als politisch und künstlerisch wenig aussichtsreiches Vorhaben erkennen würde. Die Haltung eines Salonbolschewismus, die im Zuge dieser Kritik Gestalt annimmt, wird in einigen Plattenkritiken Drechslers mit besonderem Charme vorgetragen. Was die Last Poets auf ihrer selbstbetitelten LP aus dem Jahre 1984 machten, sei „nicht Soul, sondern eiserne Agitation (kein Agit-Prop)." Deren Gegenstände und die Art ihrer Aufbereitung charakterisiert die Autorin so: „Brutal realistisch und grausam komisch behandeln die Texte die Tücken am Weg zur Revolution: schwarzes Selbstmitleid und verzweifelten Konformismus, naiven black is beautiful-Dünkel [...]." Der salonbolschewistische Höhepunkt der Kritik ist erreicht, wenn die Autorin das ultimative Adjektiv des Pop-Vokabulars („supercool") mit dem Bild einer heroischen Leistung der frühen Sowjetunion verkoppelt: „Dazu entsteht, nur von einem Trommler begleitet, aus Percussion und Stimmen, im Wechsel zwischen Leadvoice und Chor, die seltsame, spröde, beschwörende Melodie der Revolution, supercool, unaufhaltsam wie Transsib und beängstigend wie das schlechteste aller Gewissen." Abschließend zerstreut Drechsler mögliche Befürchtungen, daß es sich hier um ein mühseliges intellektuelles Exerzitium handeln könnte. Hedonismus und politische Bildung gehen vielmehr eine ungewöhnliche Verbindung ein: „Geheimnisvollerweise kann man sich die Platte der Last Poets ausgezeichnet anhören, also nicht nur zu Bildungszwecken oder um mit Englischkenntnissen zu protzen, sondern zum Genuß."[30]

Nicht nur auf der Ebene von Anspielungen, Assoziationen werden in der Kritik zur LP „Neither Washington Nor Moscow" der Redskins salonbolschewistische Punkte gemacht. Frontal weist Drechsler, wobei sie jedoch eine witzige Idee ausspielt, die moralistisch imprägnierte Weder-Noch-Haltung der Gruppe zurück, die sich komplexer politischer Argumentation entziehe: „Alles Wissenswerte über den weiteren politischen Background der Redskins können wir der sorgfältig edierten Broschüre 'Der Internationale Trotzkismus und seine widerlichen Machenschaften' entnehmen, die man bei jeder realsozialistischen Botschaft bestellen kann. Also, will sagen: der Titel 'Weder Washington noch Moskau' muß doch heutzutage zumindest zur Diskussion gestellt werden. (Das müssen sie mit Robert Wyatt abmachen!)" Letzterer diente in der Phase der Formierung eines salonbolschewistischen Bewußtsein, wie in den erwähnten Teilen des *Sounds*-Kapitels dargelegt wurde, mit seiner unbeirrbaren Sympathie für die Sowjetunion, die vor allem als einzige relevante Gegenkraft zum übermächtigen Weltkapitalismus geschätzt wurde, als verläßlicher Kronzeuge, auch wenn dessen orthodoxer Marxismus kaum mit der durch kritische Theorie, französischen (Post-)Strukturalismus hindurchgegangenen Idee subversiver Intervention, von der die jüngere Pop-Intelligenz getragen wurde, in Gleichklang zu bringen war. Drechslers antitrotzkistischer Vorbehalt hindert sie jedoch nicht daran, dem Anliegen der Redskins und der Haltung, in der es sich äußert, Sympathie entgegenzubringen, wobei gleich das entwaffnende Geständnis der Autorin hinterhergeschickt wird,

---

[30] 10/84, S. 44.

das ihr eine schlüssige Begründung für diese Parteinahme nicht einfalle: „[...] ich (nähre) immer noch eine Vorliebe für herzhafte Agitation und 'Wir-würgen-ihnen-es-ihren-ignoranten-Rachen-runter', wenn sie satt und kriegspfadmäßig ist, wie bei den Redskins, swinging Revolution mit flinken Rhythmen und schmackigen Bläsern. Völlig unbegründet glaube ich doch manchmal noch, daß das bestimmt einen Nutzen bringt." Schließlich favorisiert Drechsler eine kontrafaktische Annahme, um die Bemühungen der Redskins angemessen zu würdigen: „Das Beste ist, für eine Plattenlänge so zu tun, als hätte man die anliegende Revolution schon gewonnen. Dann macht es Sinn."[31]

In diesen Kontext gehört auch die Kritik zu Eugene Chadbournes „Vermin Of The Blues", wenn auch nur wegen einer signifikanten Anmerkung zu einem Titel der Platte, die salonbolschewistisches bzw. hip-marxistisches Bewußtsein bekundet. Die Idee eines Hip-Marxismus unterhält ein komplementäres Verhältnis zu der bislang skizzierten salonbolschewistischen Attitüde: diese akzentuiert vor allem die Abgrenzung gegen reformistische, moralistisch-idealistische Bestrebungen, während Hip-Marxismus den Idealfall imaginiert, daß sich die Pop-Kategorie der Hipness, die zu einem bestimmten Zeitpunkt gelungene Materialisation und Kombination einer Vielzahl ästhetischer Entscheidungen, zu kenntnisreichem, polemisch-dezidiertem politischen Bewußtsein gesellt. Zunächst läßt Drechsler eine Abneigung erkennen, die der Pop-Sensibilität entspringt, wenn sie von „weltfremden Jazzern" spricht, die sich an der „abscheulichen Virtuosität" von Chadbournes Platte delektieren. Doch dem stehen die großartigen Resultate Chadbournes gegenüber, wenn er „nur mal eben rockinest-rollinest-man-in-town (ist), wenn er 'I Hate The Man Who Runs This Bar' (...und ich habe meine Gründe!) abjagt, oder einen Kritikertraum 'Bo Diddley Was A Communist' wahrwerden läßt [...]."[32] Letztere Äußerung bedarf einer Erläuterung. Ein „Kritikertraum" würde im Falle, daß Chadbourne mit seinem Songtitel richtig liegt, deshalb wahr, weil dann avanciertes politisches Bewußtsein in einer Person, dem einflußreichen, vielkopierten Bo Diddley, verkörpert wäre, der in seiner Musik, in seinem Auftreten, in den über sein Leben verbreiteten Geschichten ein Gesamtbild abgibt, das einer Reihe von Pop-Ideen schmeichelt.

Exzessiver als viele andere Autoren in *Spex* macht Drechsler davon Gebrauch, Selbstreferenzen auf den Prozeß der Herstellung ihrer Kritiken in diese selbst einzubauen. Erkennbar wird, daß ihre Textproduktion mit hoher Reflexivität auf Sprachmuster in Kritiken reagiert, die sich schnell verfestigen. Eine Aversion gegen Satzkonstruktionen und Vokabulare, die Verstörung tunlichst zu vermeiden suchen, in gedankenloser Fixierung auf Eingängigkeit sich damit begnügen, darauf hinzuweisen, daß eine bestimmte Gruppe eine neue Platte veröffentlicht hat, ihr dann noch eine verwaschene Bewertung angedeihen lassen, treibt sie zu

---

[31] 4/86, S. 36. Vergleiche auch den ausgezeichneten Artikel der Autorin zur Gruppe, der hellsichtig das schlechte Funktionieren ehrenwerter ideologischer Bestrebungen im Medium Popmusik darlegt. (6/86, S. 14-17)
[32] 8/87, S. 48.

stets neuen Versuchsanordnungen im Spiel mit der Form Plattenkritik. So wird in der Besprechung zur LP „II" der Cosmic Psychos die klassische Apotheose-Formel zitiert, deren Unmöglichkeit dann eine frappierend schlichte Bildbeschreibung quittiert: „Cosmic Psychos are god... ne, das geht ja schon nicht, aber ihre Cover sind Gott, geht auch nicht - also: Spaziergänge durch ein Plattencover mit Clara Drechsler. Das ist das Schönste im Monat! Zwei Hälften hat dieses Bild. Es stellt einen Strand dar. Der obere Teil ist beherrscht vom wunderbaren Blau des Himmels, der untere Teil von Sand."[33]

In ihrer Kritik zu Thin White Ropes „In The Spanish Cave" kommentiert Drechsler gleich zu Beginn ihre nachfolgenden Ausführungen selbst: „[...] diese Plattenkritik stirbt in Schönheit." Das ist natürlich eine witzige Übertreibung, die allenfalls auf die Schlußsätze mit ihren Interjektionen zutrifft: „Ah, ist die Platte schön. Laber mich nochmal so heiser über die Schulter an, Kyser... seufz." Doch zurück zum Beginn der Kritik. Die Autorin kontrastiert selbstreflexiv ihren Gegenstand mit einem in Plattenkritiken verbreiteten Topos, den man im Zeitraum zwischen Mai und August immer wieder gern herbeizitiert: Musik als Soundtrack zur warmen, freundlichen Jahreszeit zu deklarieren. Sie versteht ihr Tun hier „als Gegengewicht zu den Schönwetterrezensionen, die sich um diese Jahreszeit einschleichen [...]." In einem grotesken Bild präsentiert Drechsler „In The Spanish Cave" als „[...] eine Platte, die etwas irritierende Traurigkeit und einen feuchten Temperatursturz nachzieht wie ein schlimmes Bein, obwohl hier die Sonne mit einer Wucht auf meinen Pelz knallt und diese komischen hämischen Prinzen hier auf einem notorischen Wüsten-Label veröffentlichen."[34]

Nachdem Drechsler in ihrer Rezension zu „2 Nice Girls" von den Two Nice Girls tatsächlich ein Feuerwerk verwirrender Namensnennungen abgebrannt hat - so unterschiedliche Leute wie Wim Wenders, Stephen Duffy, Prince und Ilse Werner finden Erwähnung -, schreibt sie selbstbezüglich und mit lakonischer Nüchternheit: „Jemals soviel widersprüchliches Namedropping in einer Kritik gefunden? Und dabei ist es nur die ganz normale überbegabte Rough-Trade-Mädchenband [...]."[35] Zwei selbstreferentielle Anmerkungen zum Sprechen über Musik, zum Status und zum Stellenwert des Rezensionswesens in einer Zeitschrift wie *Spex*, streut Drechsler in eine Singles-Kolumne ein. Sie variiert das an anderer Stelle bereits ausführlich behandelte Motiv der Bekundung von Sprachlosigkeit in kritischer Rede. Zunächst heißt es: „Über Musik kann man nicht sprechen [...] dann verliert sie ihren Zauber." Und am Schluß taucht dieser Gedanke dann erneut auf: „Ich jetzt weggehen. Wiedersehen. Auf ein Date with *„The Ravers"* (NOSEFLUTES). Darüber mag ich nicht sprechen. Ist auch besser so. Denn dadurch verliert Musik ihren *Zauber!*" An anderer Stelle erläutert die Autorin, was sie von der Forderung hält, die in Leserbriefen häufig auftaucht, Rezensionen hätten ein handlicher Leitfaden zur Orientierung der Konsumenten beim Tonträ-

---
[33] 5/88, S. 54.
[34] 5/88, S. 59.
[35] 9/89, S. 63.

gerkauf zu sein: „Merkt mal auf, Leser, nicht einschlafen, denn das ist hier kein Serviceteil, sondern ein Wegweiser zur Toleranz."36

In den letzten Jahren konnte sich Drechsler gelegentliche selbstironische Bemerkungen zu ihrem Status als langgediente *Spex*-Autorin nicht verkneifen. So muß sie feststellen, daß sich ihrer Sympathie für den angriffslustigen, totalisierenden Punk-Haß auf einer Platte der God Bullies „die jüngere Generation" nicht anschließen kann. Das äußere sich darin, daß die von der Autorin anvisierte Gruppe, sicherlich aus Erfahrungen mit den jüngeren Kräften der *Spex*-Mitarbeiter verallgemeinert, „(sich dazu) versteigt, diese LP („War On Everybody", R.H.) mit Tom-Jones-Beteiligung als düster und negativ abzutun. Daß 'War On Everybody' und artverwandte Slogans eine Schule des Optimismus repräsentieren, wissen nur noch ganz erfahrene angegreiste Rockhörer wie ich."37

Durchgängig breitet Drechsler in ihren Kritiken offensiv subjektivistische Geständnisse, Erfahrungen, Vorlieben und Abneigungen aus. Daraus erklärt sich wohl nicht unwesentlich der anfangs erwähnte Umstand, daß die Texte der Autorin die Leserschaft polarisieren. Wer in Kritiken nüchterne, allenfalls vorsichtig ironische Sachlichkeit erwartet oder zu den Idiosynkrasien der Autorin generell kein Verhältnis sympathisierender Identifikation aufbringen kann, wird Drechslers Texte als Ärgernis empfinden, sie allenfalls noch mit kühler Indifferenz ignorieren. Mit Reaktionen dieser Art müssen z.B. folgende Worte zu Wreckless Erics-LP „The Donovan Of Trash" rechnen: „Das Unangenehmste in meinem Leben sind eigentlich Musiker, die unerwartet von meiner Telefonnummer Gebrauch machen, es sei denn, es ist eine der angenehmsten Stimmen der Welt dran, mehr ein Schnurren („This Is Eric"), die einem ohne große Vorrede lange Monologe über Franzosen, alte Verstärker, Monoaufnahmen und die Beatles ins Ohr träufelt, die wie Märchen klingen."38

Konkurrenzlos im Vergleich mit den Texten der übrigen *Spex*-Autoren nehmen sich auch jene Bemerkungen Drechslers aus, die Zeit, Ort und subjektive Umstände der Entstehung ihrer Kritiken thematisieren. In die Doppelbesprechung zu Go To Blazes: „Same"/The Surf Trio: „Safari In A Living Graveyard" wird bereits nach wenigen Zeilen folgender Klammereinschub montiert: „(Sollte ich hier etwas kurz angebunden sein, dann nur deswegen, weil in zehn Minuten der vor zwei Wochen angesetzte letzte Abgabetermin endgültig verstreicht, und, nicht daß ich ausgerechnet an dieser Stelle von Sommer faseln will, es gibt auch schönere Sachen, als über Platten zu schreiben...sie hören z.B. und Bier dazu

---

36 8/87, S. 47.
37 2/92, S. 53. In der Einleitung zur „definitve(n) Liste der Tribute-Sampler" diffundiert Drechsler selbstbezüglich autobiographische und gegenständliche Referenz: „Mein Alterswerk nähert sich der Vollendung [...]." (2/93, S. 76)
38 6/93, S. 70f. Zu Beginn der Kritik zur Gallon Drunk-LP „You, The Night ... And The Music" läßt Drechsler, offenkundig aus subjektiver Erfahrung schöpfend, eine Existenzweise plastisch erstehen, die die gewöhnlichen Lebensrhythmen ignoriert: „Unheimlich starker Absturz. Gallon Drunk erinnern mich an schöne Momente der Vergangenheit, kleine Niemandsländer von ein paar Tage oder Wochen, Zeiten ohne Schlaf, ein Leben ohne Gesetz und Naturgesetz ..." (6/92, S. 45)

trinken ...phhhh.)"³⁹ Anstatt in die Manier jener Kritiker zu verfallen, deren mißgelauntes Absolvieren ihres journalistischen Pflichtpensums in lieblos abgefaßten Texten resultiert, erinnert Drechsler gewinnend an die mitunter mühseligen Entstehungsbedingungen von Plattenkritiken: ihr Verfassen, nimmt man diese Aufgabe ernst, ist harte Arbeit und absorbiert Zeit, die für angenehmere Beschäftigungen entfällt. Dem scheint zunächst ihre Rezension zum Sampler „American Gothic - The Krypt-Compilation/ Death Ride '69: „The LP" zu widersprechen. Zynisch, ein derbes polemisches Vokabular gebrauchend, bekennt sich die Autorin zu dem, wogegen die zuletzt zitierte Kritik als Beleg angeführt wurde: „Blinder Fleiß rules O.K.! Wie leidenschaftlich gerne bespreche ich doch auch mal lieblos eine Platte vollgerammelt mit Musik, die ich wirklich nicht um mich haben muß, ein übles Gebinde peinlicher Gruft-Scheiße aus Los Angeles, Heimat der schwulen Verschwörer und widerlich weibischen Poser, die voll geschminkten Auges und mit gurgelnden Stimmen, den lächerlichen Versuch unternehmen, sich irgendwie interessant zu machen." Die dann folgende überraschende Wendung macht jedoch deutlich, daß die bislang angeführten Gründe wohl kaum zur Besprechung der Platte gelangt hätten: „Des beknackten Deklamierens will kein Ende sein, untragbar, aber ausnahmsweise, ich könnte auch nicht sagen, wie's nun dazu kommen konnte, seit fast einem Monat, da das Teil hier in einer Ecke des Büros vor sich hin pulsiert, mein heißer Liebling. Klingt dieser Tage so köstlich altmodisch und vertrauenerweckend, daß ich den mächtigen Wunsch in mir spüre, mit der Platte nachhause in mein *peinliches* Jugendzimmer zu latschen und doomig verworfen auf dem Bett herumzugrübeln, bis meine Mama mir besorgt eine Tasse gemütlich dampfenden Kakao bringt. Screaming Tina (ah!), Subterraneans (ah!), Radio Werewolf (ah!), Black March (uh!), Premature Ejaculations (aaah!) - wahrlich, Nicht-Ereignisse kosmischen Ausmaßes werfen ihre Schatten voraus, daß es knallt. Bad!"⁴⁰ Dieser zweite Teil läßt keinen Zweifel daran, daß bei der Autorin der stärkere Impuls, sich einer Platte kritisch anzunehmen, von individualistischen Umständen ihrer Rezeption und eben nicht von ihrer, wenn auch mit guten Gründen ausgestatteten, professionellen Erledigung ausgeht. In der Besprechung von The Defoliants: „Grrr" findet sich ein Satz, der zugleich entscheidende Qualitäten phantastischer Popmusik, aber auch des gelungenen Schreibens über sie, wofür Drechslers Kritiken in ihrer autobiographisch-literarisierenden, idiosynkratisch durchwirkten Prosa, in ihrer Stilisierung überraschender Widersprüche, ihrer spöttischen Polemik, ihrer Vorliebe für selbstreflexive Wendungen, für eine enigmatisch-bizarre Bildlichkeit beispielhaft einstehen, auf den Punkt bringt: „Die guten Defoliants entsagen dem Kontakt-Erzwingungs-Schlag durch mehr *Härte*, ihre Eigenheit und klassische Schärfe ist diese fruchtbare, um Geistesblitze angereicherte Nervosität, auf die man hofft,

---

³⁹ 7/89, S. 66.
⁴⁰ 4/89, S. 58f.

wenn man müßig rumlungert und sich (zu recht) wieder wesentlich schlauer, besser und danebener vorkommt, als der Rest der Welt."[41]

7.9 Thomas Hecken: Pop, Sachlichkeit, exzentrische Subjektivität

Mit Thomas Hecken gewinnt *Spex* zwischen Ende 1984 und Mitte 1987 einen Autor, der in einer für die Zeitschrift ungewöhnlichen Weise einen nüchternen wissenschaftlichen Duktus mit verstiegenen Pop-Ideen reizvoll zu kombinieren weiß. In dieses Bild fügt sich auch die weitere publizistische Tätigkeit Heckens aus dieser Zeit: der gelehrten Erörterung „Bourdieuscher Geschmacksfragen"[42] im Jahre 1985 läßt er die Forderung nach einer „materialistischen *Vogue*"[43] folgen. Die zeitschrifteneigene Geschichtsschreibung erinnert sich an ihn als „Bochumer Akademiker und Mann für TV und Diskurse".[44] Seine Zuständigkeit im Bereich Fernsehen hatte Hecken in der Kolumne „Sinn Fein",[45] die protokollartig informative, zugleich individualistisch gebrochene Beobachtungen zum laufenden Fernsehprogramm versammelt, unter Beweis gestellt.

Heckens Schreibtätigkeit für *Spex* setzt im Heft 11/84 mit einer Kolumne über „Platten von David Murray"[46] ein, die ihn als Jazz-Kenner ausweist. In der wenige Monate später erscheinenen Rezension zum Sampler „Rockabilly Psychosis" bekundet er auch Interesse an Popmusik, läßt bei seinen knappen Bemerkungen zu den dort vertretenen Gruppen und Stücken Pop-Sensibilität erkennen. Über die in den folgenden Jahren in *Spex* immer wieder gefeierten Tav Falco And The Panther Burns heißt es: sie „sind gleichzeitig getrieben und gelangweilt, gute Mischung." Dem Sänger des Gun Club, Jeffrey Lee Pierce, wird sein „dümmliches Tagebuch im NME (New Musical Express, R.H.)" vorgehalten, den Sting-Rays ein „elegantes (!) Schlagzeug" attestiert. Das Fazit zu den neueren Gruppen lautet: „[...] es fehlt [...] ein Sinn für Aufbau und Drama." Dann die überraschende Wende: „Die Vergangenheit: Mir tut es ja selber leid, aber früher war alles besser." Mit seiner Begeisterung für eine Musik, die zwar im Pop-Idiom vorgetragen wird, jedoch auf die Gesetze der Trash-Ästhetik festgelegt ist und sich nicht explizit als Pop versteht, deutet der Autor einen Aneignungsmodus an, der sich dann in den nächsten Jahren in *Spex* auf breiter Basis durchsetzen wird:

---

[41] 12/89, S. 53.
[42] Hecken 1985, *Kant mit Fourier*, S. 288-297. In *Spex* streicht er an Bourdieus „Feinen Unterschiede" nicht vorrangig dessen theoretischen Stellenwert heraus, an dem sich - wie oben gezeigt (Kapitel 2) - die akademische Rezeption in der Folgezeit festhakte, sondern daß es sich um „ein im besten Sinne wissenschaftliches, soziologisches, marxistisches Buch" handelt. (11/85, S. 45)
[43] *Elaste*, Nr. 16 (Mai/Juni 1986), S. 79.
[44] *Spex*, 10/90, S. 65.
[45] Anknüpfend an die Kolumnen des Jahres 1986 (3/86, S. 50f.; 7/86, S. 50; 8/86, S. 52) gibt Hecken seit Ende 1993 ein Ego-Zine unter dem Titel *Sinn Fein* heraus: bearbeitetes, photokopiertes Bildmaterial und meist jeweils ein Text stellen seltsame Dokumente und autobiographische Notizen in poprealistischer Manier vor.
[46] 11/84, S. 51.

„Die wilden Männer sind wilder, weil sie das Spiel von Regel und Abweichung besser beherrschen (oder erleiden) - The Phantom hart an der Baßlinie und maniert am Mikrophon, Breaks und Gitarre nervös und knapp - Hasil Adkins dünn und lachhaft hektisch - The Legendary Stardust Cowboy in seiner eigenen Welt aus schüchternen Gitarrenriffs, Schreien, nackten Rhythmen und hereinbrechendem Schlagzeugkrach."[47]

Die Rezension zu Platten von David Johanson, Lydia Lunch u.v.a. („Better An Old Demon Than A New God") und Amiri Baraka („New Music - New Poetry") wird mit ihrer geographischen Verortung und allgemeinen Einordnung eingeleitet. In Form einer rhetorischen Frage vergleicht Hecken eine der Platten mit deutschen Versuchen, die ähnlich ansetzen: „Das Plattenlabel des New Yorker Dichters John Giorno hat jetzt schon rund ein dutzend Platten veröffentlicht. Poesie und Musik, Michael Naura und Peter Rühmkorf? Nein, gegen diese Konkurrenz können sich die New Yorker schon durchsetzen. Sie sind ja auch so 'underground'. Wie sie wieder griesgrämig vom Cover schauen." Die Zugehörigkeit zum „Underground" funktioniert als entscheidendes Distinktionsmerkmal in der Popmusik; hartnäckig und oftmals bemüht wirken deshalb die Versuche von Musikern und Künstlern, sich jene Attitüden zuzulegen, die in diesem Reich geschätzt werden. Ironisch benennt der Autor eine stereotype Verkörperung, abweisende Distanz zu den Niederungen gewöhnlicher Existenz zu signalisieren: „griesgrämig vom Cover schauen". Die Berücksichtigung der Cover-Ästhetik verweist darüber hinaus auf Wahrnehmungsveränderungen im Pop-Diskurs: seit Punk beanspruchen Kleidung, Gesten und musik- und kulturhistorische Verweise die gleiche Aufmerksamkeit, wie sie vordem fast ausschließlich der Musik zubilligt worden war. Hecken fährt fort: „In der Mitte sitzt der notorisch überschätzte New Wave-Heilige William Burroughs, der in seiner Vorlesung den üblichen Schmus von sich gibt." Ein doppeltes Sakrileg wird gebrochen: das „S." zwischen William und Burroughs wird frevelhaft weggelassen und des Meisters immer wieder beschworene Größe und Bedeutung heftig angezweifelt. Im Gegensatz zu ihren zumeist devoten Konkurrenten vom Feuilleton gehen Pop-Kritiker offenbar mit ihren Vorläufern und Wegbereitern - Burroughs ist zweifellos der literarisch herausragendste Vertreter der Beat-Generation - respektlos um. Wenn in Szene-Kreisen der Konformismus kultischer Verehrung Einzug hält, dann gilt es, die Relationen zurechtzurücken und das gute anarchistische Prinzip zu aktivieren, Macht, die sich zu verfestigen droht, einer unablässigen Kritik zu unterziehen. Der Autor treibt die Heiligenschändung dann noch ein Stück weiter: „Ich kann mich auch nicht mehr dazu durchringen, Doofheit lustig zu finden." Um die Heftigkeit der Kritik zu unterstreichen, wird das umgangssprachliche „Doofheit" gebraucht. Der Übergang zur Besprechung der zweiten LP enthält eine weitere Invektive gegen den avantgardistischen Kunstbetrieb: „Amiri Baraka a.k.a. LeRoi Jones war auf früheren Giorno-Produkten ebenfalls vertreten, was man angesichts seiner 'Against Bourgeoise Art'-Postulate nur schwer nachvollziehen kann." Dann

---

[47] 2/85, S. 47f.

wartet Hecken mit einer selbstironischen Feuilleton-Parodie auf: „Baraka spricht und ruft zu den und in die Schlagzeug/Bass-Duette von Steve McCall und David Murray, die einen ausgezeichneten Kon-Text (Feuilleton, ich komme) für seine Gedichte schaffen." Der Schlußteil der Rezension widmet sich den Veränderungen der ideologischen Position Barakas seit den sechziger Jahren: „Baraka, der in den 60er Jahren als Jazz-Kritiker der Free-Jazz-Prophet war, vertraut heute wieder mehr auf die Tradition (der Unterdrückten) und auf das schwarze Erbe. Die zerstörte Illusion, daß abstrakte Malerei und freie Musik revolutionäre Mittel seien und nicht assimiliert werden könnten, führt ihn heute zu einem rigiden Marxismus, so daß die weitgehend überholte klassische Idee der Opposition als richtiges strategisches Mittel noch einmal mehr fundamentalisiert wird. Und doch (in einer eher wertekonservativen Perspektive) wird die Idee der Veränderung durch Musik ihren altmodischen Charme behalten - 'Call me Bud Powell'."[48] Die Kraft der Avantgarde-Idee[49] („Idee der Veränderung durch Musik") habe ausgespielt, aber auch an ihre zeitgemäße Variation im Pop-Diskurs der frühen Achtziger, die in einem forciert historisierenden Gestus als „klassische Idee der Opposition als richtiges strategisches Mittel" zugleich distanziert und als Errungenschaft gefeiert wird, sei nicht mehr umstandslos anzuschließen. Die Ausführungen setzen eine gewisse Vertrautheit mit Diskussionen über den Stellenwert von Musik in Prozessen sozialer und politischer Kämpfe voraus, wie sie seit den sechziger Jahren geführt worden sind. Etwas unklar bleibt, wie sich der Autor zum 'rigiden Marxismus' Barakas verhält. Der Schlußsatz spricht dann von „einer eher wertekonservativen Perspektive" und von der Freude am „altmodischen Charme" der „Idee der Veränderung durch Musik"; die Ebene der abstrakten Erörterung musikalisch-politischer Ideen wird verlassen und die Vorliebe für die verhandelte Musik und ihre Aura ohne weitere Begründungen eingestanden.[50]

Mit Bezug auf seinen Gewährsmann („sagt Guido Portmann, der es wissen muß") teilt uns Hecken mit, daß es sich bei der Platte „Schneckentänze" von Johnny Thunders um einen Live-Mitschnitt eines Hamburger Konzertes handelt. Der Name von Johnny Thunders' Band (The Heartbreakers, R.H.) reizt Hecken zu

---

[48] Vergleiche dazu zwei Sammelbände mit Essays von A. Baraka, wobei der ältere *Raise, Race, Rays, Raze* aus dem Jahre 1971 einem „black nationalism" das Wort redet, der jüngere, 1984 veröffentlichte *Daggers and Javelins* den von Hecken apostrophierten 'rigiden Marxismus' vertritt.

[49] In seiner Besprechung eines ganzen Bündels von Avantgarde-Produktionen, die mit der für den Autor typischen Voranstellung des abhängigen Nebensatzes anhebt, gelangt er zum politisch scharfsinnigen Kontrast zwischen erschöpfter kultureller Avantgarde, die es zu allerlei Durchbrüchen und Entgrenzungen gebracht habe, jedoch das Fortbestehen jener ökonomisch-sozialen Verhältnisse zu gewärtigen hat, gegen die sich ihre Bestrebungen wie auch immer vermittelt richteten: „Daß die Avantgarde keine Vorhut mehr ist, wer, von den Avantgardisten selber mal abgesehen, bezweifelt das heute noch. Durchbrechen, Überwinden, Weitergehen, damit ist schon seit einiger Zeit ein für alle mal Schluß, Aus, Vorbei. Wohlgemerkt, das gilt nur für den kulturellen Bereich. In dieser Hinsicht - Durchbrechen, Überwinden - tut sich ja leider im ökonomischen und sozialen Bereich nicht viel. Ist auch schwieriger." (12/85, S. 36)

[50] 3/85, S. 51.

einigen Anmerkungen zu Adolf Winkelmanns gleichnamigen Film: „In der engen und dummen Welt des Rock 'n' Roll pappt dessen Ideologie manchmal alles zusammen. Diese Platte hat glücklicherweise genügend Schnittflächen, schartig mag manches sein, aber nicht stumpf." Dieses Bild läßt sehr plastisch die sinnliche Unmittelbarkeit des Hörens hervortreten. Den Vergleich der Musik mit „alten Schlachtrössern" nimmt Hecken gleich zum Anlaß, den Leser morbide-genußvoll an die Verwurstung von „Hans-Günther Winklers Zossen" zu erinnern. Beispiele eines solchen schwarzen Humors finden sich gelegentlich in Plattenkritiken. Mit dem Interesse einiger *Spex*-Leute an den neuen Metal-Varianten Ende der achtziger Jahre tauchen dann extremere und pathologisch elaborierte Spielarten dieses Humors auf. An die Beschreibung des Klangs, der eigenwilligen Nutzung der Instrumente schließt gleich eine Einschätzung der dabei erzielten Ergebnisse an: „[...] fallen sie (Johnny Thunders und seine Heartbreakers, R.H.) immer wieder aufs neue in scheppernde Schlagzeuge, anderthalb Baßseiten und ätzende Gitarren. Daß gerade dabei dann kleine Meisterwerke rumkommen, scheint die Herren Musiker am meisten zu überraschen." Für den Schluß hat sich Hecken dann noch einen originellen Vergleich ausgedacht, wobei zunächst eine spezifische Pop-Qualität der Platte („distanziert) herausgestellt wird: „Die Aufnahme ist distanziert und hohl genug, so daß man die Musik schon einmal wie ein kleines, häßliches Tier von sich weghalten kann."[51]

Über 40 Singles nimmt sich Hecken vor, um sie nach seinen „strengen Wertmaßstäbe(n)" zu begutachten, wie er in den Anmerkungen zu Fine Young Cannibals „Blue" unmißverständlich klarmacht. Ohne direkt mit diesem Ehrentitel belegt zu werden, läßt der Rezensent durch Anordnung, Länge und Tenor seiner Besprechung von Prefab Sprouts „When Love Breaks Down" erkennen, daß es sich dabei für ihn um die Single des Monats handelt. Zwei Qualitäten des Stücks werden hervorgehoben: zum einen sei es, wie die gesamte „Steve McQueen"-LP, auf der es zu finden ist, von einem „Rhythmusgefühl" getragen, das an „brasilianische Musik" erinnere, zum anderen die spezifische Verfahrensweise der Band bei der verhandelten Single: „Das Schöne bei diesem Stück ist nun, daß Bass- und Keyboardmotive durchaus für einen Zitatpop à la ABC, nämlich für einen 10CC-Fake, hätten verwendet werden können. Aber nein! Paddy McAloon (der führende Kopf der Gruppe, R.H.) hat ziemlich genau erkannt, welche Sachen ein Stück heute in den Relativismussumpf ziehen. Der Ausweg liegt jetzt in der, mit Oskar Maria Graf zu sprechen, Flucht in die Mittelmäßigkeit." Mit diesen Ausführungen schaltet sich Hecken in die damals zentrale Debatte des Pop-Diskurs ein. Das Stück wird als gelungener Ausweg aus den mittlerweile offenkundigen Problemen des Zitatpops gefeiert, der noch vor wenigen Jahren von maßgeblichen Pop-Kritikern euphorisch und uneingeschränkt begrüßt worden war. Die Fronten innerhalb des Pop-Diskurses haben sich zwischen 1982 und 1985 stark verändert: 1982 ging es um den Kampf gegen Rock-Essentialismus und rigide Authentizitätszumutungen, der zu einer Aufwertung des ästhetischen Spiels

---

51 7/85, S. 49.

mit schönen und eleganten Oberflächen führte, in den Jahren bis 1985 hatte sich dann gezeigt, daß die neu erworbenen Lizenzen nur dann zu ästhetisch-ideologisch brauchbaren Resultaten führen, wenn die Musiker durch bohrende subjektive Leiden, starke Idiosynkrasien und radikale Anliegen zum Ausdruck gedrängt werden, wobei natürlich dann der Verfeinerung der künstlerischen Mittel durch pop-historische Anleihen, Verweise und Zitate keine weiteren Schranken zu setzen sind. Auf diesen Diskussionszusammenhang spielt der Autor mit seinen Bemerkungen an. Mit einer rhetorischen Frage, die noch einmal den Rang der Musik akzentuiert, beschließt Hecken seine Ausführungen zu Prefab Sprout: „Muß dazu angefügt werden, daß es sich hierbei um eine sehr avancierte Mittelmäßigkeit handelt?"[52]

Ein Singles-Paket mit Midge Ure, Marillion und The Cult hakt Hecken kurz und entschieden mit folgender Beobachtung ab: „[...] und ich höre einfach in allem Genesis." Eine verblüffende Wendung in der Argumentation schließt sich an: „Außer in Wham! und deshalb mag ich sie. Strukturell gesehen sind sie die Punks von heute. Entschuldigung." Bekanntlich gehört Genesis zu den Bands, gegen die sich einst Punk und seine legitimen Nachfolger verschworen haben. So wird das Kompliment für Wham!, das zunächst sehr seltsam anmutet, für dessen verwinkelt-abstruse Konstruktion sich der Autor entschuldigt, noch nicht viel verständlicher. Das gelingt erst, wenn man sich klarmacht, daß der Verweis auf die Differenz zwischen Punk und Genesis jener von Wham! und Genesis-Nachfolgern eine zweifelsfrei maßlos übertriebene dramatische Dimension verleihen soll. Doch Übertreibungen, mitunter auch recht abwegige Vergleiche, Gleichsetzungen und Parallelisierungen sind in der Pop-Kritik unerläßliche Mittel, um jene Unterscheidungen herzustellen, die der kritisch-polemischen Rede eine gewisse Verbindlichkeit geben können.

Der Single „Word With The Shaman" von David Sylvian verleiht Hecken die wenig schmeichelhafte Auszeichnung „blödester Titel des Monats". Dieses Urteil bestätigt den auch von anderen *Spex*-Autoren geteilten Vorbehalt gegen intellektualisierte Metropolenbewohner, die sich auf die Suche nach allerlei mystischem Geheimwissen machen. Paradox erscheint es dann, daß Musiker, die sich in abstruse Privatmythologien einspinnen, sich apokalyptischen Verschwörungstheorien verschreiben, durchaus die Sympathien vieler *Spex*-Autoren genießen. Dieser Widerspruch löst sich jedoch bei genauerer Betrachtung auf: in beiden Fällen geht es nur am Rande um eine Bewertung der jeweils vertretenen Heilslehren und Prophetien, wobei sich zumindest manche Verschwörungstheorien durch interessante Assoziationen und Verknüpfungen auszeichnen, die der schon beschriebenen eigentümlichen Verfahrensweise des Pop-Diskurses mitunter recht nahekommen. Zur Entscheidung stehen vielmehr unterschiedliche Haltungen: die des frustierten Mittelschichtsangehörigen, der seine Sinnkrise meistern möchte, sich dazu der Güter des Sinnstiftungsmarkts bedient, und die des paranoiden Aus-

---

[52] Ohne Bildungsdünkel lenkt der Autor in diesem Kontext die Aufmerksamkeit der Leser auf Oskar Maria Grafs Buch *Die Flucht ins Mittelmäßige*.

senseiters, der sich nicht den üblichen Reim auf seine Situation machen kann, sich anderen Erklärungsmodellen verschreiben muß, um nicht im Wahnsinn zu enden.[53]

Die kompakte Kritik zur LP „Holy Money" der Swans, die pop-ideologische Ideen und idiosynkratische Wendungen verknüpft, sei im folgenden zunächst vollständig wiedergegeben, bevor einzelne Aspekte genauer betrachtet werden: „In Michael Giras Musik ist immer alles im Takt und intakt. Die isolierten und sezierten Dampframmehämmereien von Bass und Schlagzeug und die dunklen, romantischen Akkorde von Piano und Gitarre wollen den Hörer nicht verstören, sie wollen seinen Körper beherrschen. Diese Musik ist eine rituelle. Alle Worte Giras werden bedeutend. Die Bedeutungen verlieren sich. God-Flesh-Money. Verlieren sich und und werden in SM-Zeremonien als Machtpol gesetzt. Die Gesten dieses Ritus sind nicht ekstatisch, sondern statuarisch. Es ist der Schritt aus der großen Welt in eine eigene Welt-Kontrolle dieser Welt durch selbstinszenierte Unterwerfung und eine Serie von Transsubstantiationen. Ideologiekritik: Ich halte mein polymorph-perverses Ich und die wuselige Welt durch Anzug und fest gebundenen Schlips zusammen. Diese Vernunft läßt mich die Swans als stumpfe Brutalpsychedelie schätzen und verarbeiten." Dreierlei fällt an diesem Text auf: die spärlichen Angaben zur Musik, die in der ersten Hälfte des zweiten Satzes gebündelt werden; die Unterbrechung der Rede, die in Protokollsätzen voranschreitet, durch ein dekonstruktives Manöver in der Mitte des Textes (das Wechselspiel von semantischer Aufladung und Entleerung), das in der Entfaltung der Idee der „Welt-Kontrolle dieser Welt durch selbstinszenierte Unterwerfung und eine Serie von Transsubstantiationen" mündet, die sich in Musik und Text materialisiere; und schließlich der unvermittelte, befremdlich als „Ideologiekritik" deklarierte subjektivistische Gegenentwurf des Autors. Der strengen formalen Komposition der Kritik entspricht der Verzicht auf weitläufige Informationen und Einschätzungen zur Musik, die ins Detail gehen und sich des vertrauten Arsenals an Adjektiven bedienen. Artifiziell und komplex nimmt sich auch der Gedankengang aus, der die Bewegung der Bedeutungsüberhöhung über ihren Widerpart bis hin zur kontrollierten, lustvollen Unterwerfung beschreibt. Nach dieser konzentrierten Ableitung erlebt man das individualistische Eingeständnis des Autors, das eine kokett gebrauchte psychoanalytische Kategorie und eine ebensolche Auskunft zu seinen Kleidungsgewohnheiten zusammenzwingt, wie er also, um den großartigen D.A.F.-Titel zu zitieren, sein „Ich und die Wirklichkeit" koordiniert, als angenehme Auflockerung. Das vom Autor vorgestellte fragmentarische Ich mit seinen Restbeständen an „Vernunft" bewahrt sich eine ästhetische Distanz, die sich, indiziert durch den Gebrauch des Begriffes „Ideologiekritik", mit politischen Bedenken trifft. Aus dieser Position heraus kann es dann die auf der Platte durchexerzierten Unterwerfungsrituale „als stumpfe Brutalpsychedelie schätzen und verarbeiten."[54]

---

[53] 1/86, S. 21.
[54] 12/86, S. 41.

Gleich im ersten Satz wird der Platte „Again Again Again" von Tools You Can Trust eine gewichtige Stellung in der aktuellen Pop-Szenerie zugemessen, indem sie mit einer schon bekannten, sehr vielversprechenden Stilrichtung verglichen, im Anschluß ihre Spezifik akzentuiert wird: „Hier ist die europäische Alternative zum schwarzen HipHop: ebenfalls Rhythmus pur, aber ins Hölzerne, Blecherne, Körpernähere gewendet." Zur weiteren Charakterisierung der Musik wählt Hecken eine literarisch anspruchsvolle Metaphorik: „Jedes Stück von Tools You Can Trust kämpft und fällt durchs bassgetriebene, perkussionsgehaltene Gelände." Ein weiteres Spezifikum wird am Sänger der Gruppe festgemacht: „Die Aufgeregtheit kommt auch gerade von der Stimme Bob Wards, der die gesanglichen Rockabillyeigenarten noch um einiges steigert; jede Zeile der ärgerlichen, propadandistischen Texte ist Rhythmus: gepreßte Schreie, gedrückter Atem, stoßweises Keuchen. Noch nie habe ich eine politintellektuelle Musik gehört, die derart sexuell gewesen wäre." Hecken redet von der „Aufgeregtheit" des Gesangs in einer ungewöhnlich positiven Wendung dieses Substantivs. Üblich ist seine Kontrastierung (und natürlich auch des entsprechenden Adjektivs) zu ungeteilt anerkannten Qualitäten wie Coolness und Gelassenheit. Hier hingegen soll der Musik durch dieses Wort ein besonderer Intensitätsgrad attestiert werden. Ähnlich eigenwillig funktioniert in der Kritik das Adjektiv 'ärgerlich', das ansonsten in Plattenkritiken zumeist einen sehr massiven Vorbehalt zum Ausdruck bringt. Die Texte sind für den Autor gerade deshalb so bemerkenswert, weil sie 'ärgerlich' für diejenigen Hörer sind, die sich derartiges tunlichst nicht sagen lassen wollen. Mit der Formel „noch nie" wird die Einmaligkeit des Gehörten signalisiert, die hier vor allem den nicht erwartbaren sexuellen Qualitäten einer „politintellektuelle(n) Musik" festgemacht werden. Diese zunächst etwas verwirrende Einschätzung in ihrer zugleich emphatischen und zurückhaltend nüchternen Form hebt sich deutlich von der auch in *Spex* üblichen Thematisierung sexueller Assoziationen ab: in einem großen Teil der Plattenkritiken wird von der Stimulation durch die jeweilige Musik in mehr oder weniger verklausuliert-sublimierten oder offenen und dabei oftmals recht derben und tendenziell sexistischen Einlassungen berichtet. Hecken schreibt der Platte Qualitäten zu, die vom Publikum avancierter Musikzeitschriften gesucht werden: intellektuelle Anstrengung im Dienste politischen Kampfes, ohne auf sinnlich-körperliche Stimulation Verzicht leisten zu müssen.[55]

Mehr als 30 Singles hat sich der Autor in seinem letzten Text für *Spex* vorgenommen, um u.a. von seltsamen Erlebnissen vor einer Fernsprechzelle, von den Gedanken seines Körpers, von den Pop-Ambitionen des Bruders der Freundin und von einem „schönen persönlichen Triumph" zu berichten.

Josef K. mit ihrer wiederveröffentlichten Single „Heaven Sent" versetzen den Rezensenten in Begeisterung: „Leben, das weiterlebt und immer gleich schneller weitergeht. Früher hätte man versucht, Rhythmus mit Puls zu vergleichen, aber hier die Gitarren, die säbeln die Zeit weg." Musik, die also das leistet, was Pop-

---

[55] 1/87, S. 59.

Theoretiker immer wieder von ihr fordern, nämlich zeitvergessene Lebenssteigerung und Lebensbeschleunigung.

Fehlmann's Ready Made mit „Ready Made", Alien Sex Fiend mit „Impossible Mission" und Act mit „Snobbery & Decay" reizen Hecken zu einer Attacke gegen postmoderne Tendenzen in der Popmusik, deren rhetorische Wirkung sehr von der eingeschobenen Erzählung einer grotesken Anekdote profitiert. Fehlmann wird vorgehalten, daß er den Begriff des Ready Made „für seinen miesen postmodernen Trick (mißbraucht), ein paar Film- und Fernsehmusiken hintereinander und übereinander abzunudeln." Doch nun endlich zum Erlebnis des Autors vor einer Telefonzelle: „Als ich gestern in der Post vor einer Fernsprechzelle stand, in der Iraner versuchten, mit ihrer Heimat zu telefonieren, fragte mich eine alte zerstörte Frau, ob das der Schwerbehindertenfahrstuhl sei. Ach ja, soziale Skulptur. Ach ja, Blues." Nach einer kurzen Einschätzung der Alien Sex Fiend-Single kommt Hecken auf die Postmoderne zurück: „Einen postmodernen Blues muß mir noch einer zeigen. Zeig mir lieber ganz andere Sachen. Warten müssen und nicht warten können. Sag sie mir. ZTT (die Plattenfirma von Act, R.H.) sagt mir mit üblichem anachronistischem designmusikalischem Pomp 'This is the age of entertaining'. Nein, das ist nach wie vor die Zeit der Sinnsuche." Wie schon die Post-Geschichte, so zeigen auch die drei imperativisch formulierten Sätze Anklänge an das literarische Genre der Autobiographie. Apodiktisch weist der Autor die zentrale These postmoderner Zeitdiagnostiker zurück, daß Ideologien und Metaphysiken ausgespielt hätten und statt dessen ein unbeschwertes (optimistische Variante) bzw. gedanken- und verantwortungsloses (pessimistische Variante) Ausprobieren aller verfügbaren Vergnügungen und Genüsse sich durchzusetzen beginnt.

Die Singles „Love Don't Work This Way" von den Hothouse Flowers und „Shattered Dreams" von Johnny Hates Jazz sind erneut Anlaß, um Selbsterlebtes mitzuteilen: „[...] wie das geht mit solchen Leuten, die das noch erst erreichen wollen, was diese hier bereits geschafft haben." Hecken berichtet davon, was er als „wehrlos freundlicher Mensch" befürchten mußte und von seiner Erleichterung, als „meine Freundlichkeit [...] aus dem Schneider (war)": er brauchte nämlich nicht aus Gründen persönlicher Bekanntschaft irgendetwas über die Gruppe des Bruders seiner Freundin schreiben. Die Darlegung der fiesen Umgangsart innerhalb dieser Gruppe führt zu einem Adorno entliehenen Fazit: „[...] aber ich werde mir wohl merken, daß es in diesem falschen Leben kein richtiges geben kann."[56] Einen Satz verschwendet man dann noch für eine Einschätzung der Singles und ihrer Interpreten: „Die beiden Gruppen unter Vertrag hier sind natürlich schlechte."

HipHop-Singles von DJ Jazzy Jeff & The Fresh Prince („A Touch Of Jazz") und Classical Two („New Generation") verbucht Hecken als unerwartete Einlösung alter Forderungen: „Jahrelang habe ich zu LPs verschiedenster Stilrichtungen gesagt und geschrieben: Ja, wenn doch nur der Rhythmus präziser, bru-

---

[56] Vergleiche Adorno, *Minima Moralia*, S. 42.

taler, trockener und sachlicher wäre... Daß sich das jetzt via HipHop bei einigen Rock-, Heavy Metal-, Jazz- und Soul-Bearbeitungen bewahrheitet, darf ich sicherlich als schönen persönlichen Triumph werten, ein Glücksgefühl, das allerdings insofern unverdient ist, als ich vor ca. zwei Jahren keine fünf Pfennige auf die Rap-Musik gesetzt hätte." Bemerkenswert an diesen Bekenntnissen ist zweierlei: der 1987 vom *Spex*-Publikum noch sehr mißtrauisch und ablehnend betrachtete HipHop wird als Einlösung von Forderungen dargestellt, die an Produktionen jener Musikstile gerichtet wurden, die keiner ästhetischen Legitimation mehr bedürfen. Diese Überzeugungsarbeit verstärkt noch das Eingeständnis des Autors, daß er selbst erst durch die neuesten Entwicklungen im HipHop Zutrauen in die musikalische Innovationskraft dieses Idioms gewonnen hat. Wie der Autor bereits überzeugt wurde, so ist der Leser noch zu überzeugen.

„Cut It Out" von den Go-Betweens schließt die Singles-Besprechung ab. Der Autor kapituliert davor, die Musik eines der Stücke auf dieser Maxi beschreiben zu können; nur auf die entsprechende Stilrichtung wird hingewiesen: „Den Folk Doo Wop der Go-Betweens muß man sich schon selbst anhören." Die natürlich sprachlich vorgetragene Begründung für das Versagen sprachlicher Annäherung zwingt zwei Adjektive zusammen, die kaum zueinander zu passen scheinen: „Süßer und vernünftiger kann man gar nicht mehr sein." Die ungewöhnliche Zusammenstellung von 'süß' (sinnliche Dimension) und 'vernünftig' (logisch-theoretische Dimension) weist der verhandelten Musik den exzeptionellen Rang einer Versöhnung des ansonsten Unvereinbaren zu. Das Sprachlosigkeitsmotiv taucht dann im Schlußakkord wieder auf; diesmal als rhetorische Frage: „Was soll ich noch sagen? Jetzt ist erstmal Schluß." Lakonisch entzieht sich Hecken, dem es vor allem in seinen Kritiken zu den LPs der Swans und Tools You Can Trust sowie in seiner Singles-Kolumne des Jahres 1987 gelingt, pop-ideologische Abgrenzungen und Vorlieben mit individualistischen, narrativ eingefügten Exkursen, Geständnissen und Schlenkern zu durchsäuern, dessen gelungenste Texte sich in einem Duktus aufreizender, nervöser Sachlichkeit ergehen, dabei offensichtlich kein Wort zuviel verlieren möchten, wenn individualistische Vorlieben und Abneigungen sich zu erkennen geben, knappe Bemerkungen zum augenblicklichen Frontverlauf in der Diskussion um Popmusik eingeschaltet werden, den stilistisch-inhaltlichen Zwängen eines Schlußworts, nämlich der Leserschaft unabweisbare Einsichten und Ratschläge oder prophetische Ausblicke geben zu wollen.[57]

7.10 Harald Hellmann: Pop jenseits der Normalität

Seit seiner Kolumne aus dem Heft 1/88 schreibt Harald Hellmann bis heute, allerdings recht unregelmäßig, für *Spex*. In der Rückschau haltenden Nummer zum zehnjährigen Jubiläum der Zeitschrift erfährt man über Hellmann: „Recklinghausener Fanzine-Pionier und Literaturwissenschaftler, heute bei der 'Kölner Illu-

---

[57] 7/87, S. 43.

strierten'".⁵⁸ Seit einigen Jahren ist Hellmann als Übersetzer anglo-amerikanischer Underground-Literatur tätig.

In seinen Kolumnen und wenigen Kritiken läßt Hellmann sehr plastisch, mit tiefschwarzem Humor die Vorstellungswelt und Ästhetik des White Trash, des weißen Mülls erstehen. Weiß deshalb, weil dieses Feld fast ausschließlich weiße Musiker beackern; zu vermuten ist, daß u.a. das vordringliche Interesse schwarzer Musiker an ökonomischer Selbstbehauptung ihrem Engagement für eine Sache abträglich ist, zu deren Definition Erfolglosigkeit, das Fristen einer kümmerlichen, randständigen Existenz gehört. Müll bedeutet in diesem Zusammenhang mindestens zweierlei: zum einen die historisch überkommenen, nicht mehr lukrativ verwertbaren, abgelegten Stile der Vergangenheit, deren erneutes Aufgreifen, das sich meist schlichtester Produktionsverfahren bedient, interessante Effekte des Abgründigen, Schrillen, maßlos Übertriebenen hervorbringen kann, die der aufwendigen, um Erfüllung des jeweils höchsten technischen Standards bemühten Produktionsweise im Mainstream abgehen; zum anderen geht es dabei um das, was eine Gesellschaft, die durch zwanghafte Normalisierung gekennzeichnet ist, an ihren Rändern entstehen läßt: Abweichung, Wahnsinn, Ressentiment, Lethargie und Depression. Musikalisch behandelt Hellmann reine, aber auch erweiterte, entstellte Ausprägungen, Fortschreibungen und Umformungen so unterschiedlicher Idiome wie klassischer Rock 'n' Roll, Surf-Music, Psychobilly, Punk und Hardcore. Gleichrangig neben dem Interesse an der zumeist recht merkwürdigen Musik steht das an ihren durchgeknallten Protagonisten, an Anekdoten aus ihren Biographien, an den in den Texten erzählten Geschichten. Verrücktheiten, kriminelle Abweichungen, Phantasien der Gewalt, des Todes, bizarre Sex-Praktiken und generell abstruse Vorlieben aller Art, die dort zum Vorschein kommen, sind der semantische Kosmos von Hellmanns Prosa. Die betont gelassene Haltung des Autors zu dieser Gegenwelt, die moralische Kritik im Keim erstickt, läßt sicher auch bei einem aufgeschlosseneren Publikum wie der *Spex*-Leserschaft gewisse Irritationen aufkommen. In Hellmanns Kolumnen finden offenkundig autobiographisch inspirierte narrative Elemente Eingang, werden polemische Referenzen auf Filme und TV-Sendungen eingestreut, seltene, aber treffsicher gesetzte politische Anmerkungen montiert.

Seine erste Kolumne in *Spex* trägt den Titel „The Harald of Free Enterprise" - wenige Monate nachdem eine Kanalfähre fast gleichen Namens havarierte. Der von Hellmann wiedergegebene Songtext eines Stückes von Hasil Adkins führt in eine Welt ein, in der sich alles um Mord und Totschlag, Gewalt und Angst vor Gewalt dreht. Adkins bekommt ins Gesicht gesagt, welches Bild er in den Augen des Autors abgibt: „Ich persönlich glaube ja, daß du direkt achtzehnjährig hinter dem Steuer eines gestohlenen V 8, Baujahr 46, auf dieser Welt erschienen bist, beseelt von dem Wunsch, kleine Mädchen durch deine makabren Scherze, und die ganze Welt durch deinen Gesang zu erschrecken." Mit der Prägung „Hasilbilly" erhält auch die auf diesem Feld unbedarfte Leserschaft einen Hinweis darauf, das

---

⁵⁸ 10/90, S. 65.

die hier verhandelte Musik wohl eine höchst eigenwillige Spielart des Psychobilly sein dürfte.

Als Bewohner der von ihm porträtierten Welt grotesken, exaltierten Gebarens präsentiert sich der Autor mit der Geschichte seiner Begeisterung für die Pagans: „Seit etwa zehn Jahren bin ich übrigens stolzer Besitzer einer *Pagans*-Single, und etwa genausolang beschimpfe ich großmäulig meine Mitmenschen als Idioten, wenn sie dieser großen Combo nicht genug Respekt zollen. Auf Fanzineseiten kritzelte ich klein ihren Namen, und wenn alles nicht half, warf ich mich auf den Boden und hielt die Luft an."[59]

Wie bereits in den Ausführungen zu anderen Autoren in *Spex* deutlich wurde, eröffnet die Kolumnenform - zunächst einmal aus schlichten räumlichen Gründen - größere stilistische und thematische Freiheiten. Das Verhältnis zwischen Autor und Gegenstand verschiebt sich in diesem Rahmen: ersterer rückt in den Mittelpunkt, denn aus seiner Warte heraus wird ein ganzes Bündel von Platten genauer betrachtet. Anders als in der Einzelkritik zu einer LP erwartet man in diesem formalen Rahmen nicht, daß sich der Verfasser ausschließlich als ein Berichterstatter präsentiert, der hinter seine Gegenstände zurücktritt, dem allenfalls eine möglichst griffige Bewertung zugestanden wird, die entweder zum Kauf der Platte ermuntert oder davon abrät. Autobiographisch motivierte Geschichten, direkte oder beiläufige, meist individualistisch-idiosynkratisch zugespitzte Bemerkungen zu sehr unterschiedlichen Ereignissen lassen sich zwar auch in der üblichen Kritikform unterbringen, in einer Kolumne jedoch fügen sich diese Elemente zwangloser ein, stehen nicht unter dem Verdacht subjektivistischer Mutwilligkeit. Hellmann macht davon ausgiebig Gebrauch, wenn er einer TV-Moderatorin „einen Schraubenzieher ins Ohr" wünscht, Depressionen angesichts des Personals sowie der angedeuteten Lebensformen in aktuellen Werbespots bekundet, das Publikum abzulehnender Musik und Filme imaginiert, Beobachtungen zum Verhalten des Publikums eines Kabarettisten einstreut, sich einer der „unangenehmsten Begleiterscheinungen des Bus- und Bahnverkehrs" annimmt, eine „Liebe im Revier" gesteht, auf einschlägige Publikationen (Kalender, Fanzines) hinweist, die ins thematische Umfeld seiner Kolumnen gehören.[60]

Die Einleitung zur Kolumne „PLZ 4350" ist Hellmanns am stärksten literarisch strukturierter Text innerhalb seiner Beiträge für *Spex*. Atmosphärische Valeurs beschwören ein Ambiente, in dem wehmütige Reminiszenzen an die Vergangenheit mit nüchterner Bilanzierung der erfolgten Veränderungen zusammentreffen. Der Ort des Geschehens ist mit Hilfe des Titels der Kolumne (Postleitzahl 4350 = Recklinghausen) mühelos zu bestimmen; auch ohne diesen Hinweis und selbst für Nichtbewohner dieser Region wäre die einleitende Erzählung kaum woanders als im Ruhrgebiet zu verorten. Stilistisch bemüht sich die Einleitung um eine Coolness, die ihre großen Vorbilder in der Beat-Prosa seit den fünfziger Jahren hat. Diese Haltung bedeutet hier jedoch kein Erstarren in einer

---

[59] 4/88, S. 46f.
[60] 8/89, S. 53; 12/89, S. 56; 2/90, S. 53; 3/91, S. 52f.

Pose, bei dessen möglichst klarer Profilierung Gefühle und Empfindungen nur stören. Sie werden auch nicht sentimental aufgedrängt, sondern finden in der Genauigkeit der Beobachtung, des Registrierens von Veränderungen ihren Resonanzboden: „Verziehen, daß nachts nicht mehr die Abstiche des Stahlwerks glühen (jetzt ein Supermarkt), daß der Gasturm weg ist (Parkplatz), die Straßenbahn nach Frankreich verkauft wurde und an der Zechenbahn die Schranken immer oben bleiben. Meine Straße gibt sich wirklich Mühe; alte Heimat, ich küsse deinen Boden. Immer noch alles schlecht beleuchtet, schmierig-dunkel, krude Ansammlung unterschiedlichster Bautypen, vom Zechenhaus bis zur aufgepeppten, geteerten Wohnbaracke, erstklassiger Sturm zerrt an kahlen Bäumen, heimliches Rascheln aus stockdunklen Hofeinfahrten, und mit gnadenloser Präzision wird jedesmal wenn ich auftauche ein verblüffend gutgenährter Kater aus einem Kellerfenster vor meine Füße geworfen. Ah, mir schwimmt die Iris weg, als habe man Klaren aus schlechtgespülten Senfgläsern getrunken. Da links in der noch trüberen Sackgasse, an deren Ende jetzt ein unbegreifliches, graues Zelt flattert, aber am nächsten Tag fällt ein Kinderfest ins Wasser und es wird nur Strandhaubitze gespielt, da hinten hatten Heini Brüning und sein Bruder Leo ihren Frisörsalon inkl. Kinderstuhl mit hölzernem Pferdekopf. Heini hatte ein zu kurzes Bein, deswegen einen dieser Frankensteins-Monster-Schuhe, war der einzige der Menschheit bekannte Frisör, dem man nicht direkt das Animierlächeln aus dem Gesicht treten wollte, und machte nach der Pleite Hausbesuche, Haareschneiden in der Küche, Bürstenhaarschnitt: 5 Mark. Jetzt ist er da oben über den Wolken, endgültig hinter dem Mond, wo ich doch ein tolles Lied für ihn habe: 'Barber Brown vs Dennis Round 1' von den Blisters. BB vergurkt die Frisur und Dennis gibt ihm Barbiturate in den Kaffee, gute Poppunk-Episode aus einem äonenalten Konflikt." Unmerklich geht die literarisierende Rückblende in die Besprechung einer aktuellen Single über. Die schöne Erinnerung an den Frisör aus Kindheitstagen, die gleichwohl traurig stimmt, löst sich in einer comicartigen „Poppunk-Episode" auf.[61]

In der Singles-Kolumne des folgenden Monats unter dem Titel „Bowle aus Feuerzeugbenzin" taucht das literarische Element, das im eben zitierten Text ausführlich zur Geltung kommt, erneut auf: diesmal jedoch in einer reduzierten Fassung, in der Aneinanderreihung von Stichworten, deren Evokationskraft zur ausgiebigen Imagination dazugehöriger Geschichten stimuliert: „Der strohdoofe, fröhliche Beat und Pop-Punk der Paranoiacs ist fast so schön wie das mittägliche Klappern aus fremden Küchenfenstern im Sommer. Linoleumböden. Orangensaft. Unbekannte tittige Mädchen. Sumsum-Bienenhonig. Fremdes Leben, laß mich rein." Im ersten Halbsatz zu den Singles der Nursery Crimes: „All Torn Up Inside/What Do You Know" und der Proton Energy Pills: „Spend/Strawberry

---

[61] 4/90, S. 56. In einem Rückverweis auf die Einleitungsgeschichte kokettiert der Autor witzig mit seinem wenig geselligen Naturell: „Als Eddie's, äh Heinis Salon in einen Müllcontainer wanderte, fand sich unter den herb nach Hattric riechenden Schätzchen auch ein Plastikbeutel mit 30, meist zierlichen Sonnenbrillen aus den 50er Jahren, Geschenke für meine Freunde, d.h. ich habe noch 29." (ebd.)

Patch" wird der hedonistische Zug in der besten Popmusik auf den Punkt gebracht: „Nie mehr arbeiten, Hard-Ons hören und in abgesägten Jeans am Strand die Wellen küssen. Sunkist."[62]

Hellmanns Kritik zur LP „Feel The Darkness" von Poison Idea thematisiert explizit Übereinkünfte und Gewißheiten des Pop-Diskurses: „Anfang des Jahres wog er (Jerry A., Sänger der Gruppe, R.H.) rund 170 kg, Gitarrist Pig Champion einiges über 200 kg. Wir sehen: hier sind Leute auf dem Weg zum Renegatentum in seiner edelsten Ausprägung, zum gänzlichen Verzicht auf die klassischen Selbststilisierungen des Outlaws (hager, Ratte - muscles & bones, Kampfmaschine), hin zur amorphen, obszönen Masse, von der man nur weiß, daß sie ziemlich übel gelaunt ist. Positive = boring. Poison Idea klingt nach gut einem Hardcore-Jahrzehnt (immer noch) besser, härter und gemeiner als der Rest der Welt."[63] Umcodierungen dieser Art verschaffen der Popmusik eine Unausrechenbarkeit, die sie weiter als Medium zur Artikulation abweichender Ideen, Gewohnheiten, Vorlieben und Abneigungen offenhält. Diese Bewegungen meiden jedoch stets das Mittlere, Mittelmäßige, das von therapeutischer Seite als gesundes Mittelmaß anempfohlen wird. Leichter Bauchansatz, aber auch andere gewöhnliche Spuren des Alterns, der Erschlaffung, die nicht extrem genug ausfallen, um als Preis für eine wahrhafte Musikerexistenz durchgehen zu können, werden wohl kaum von zukünftigen Umcodierungen profitieren. Daß der Autor einer Trash-Version der Pop-Sensibilität verpflichtet ist, wird deutlich, wenn er die in den frühen achtziger Jahre beliebte Argumentationsfigur, daß man durch das Hören einer bestimmten Musik zu einem großartigen, begehrenswerten Wesen wird, in seiner Kritik zu The Gories: „Outta Here", einer LP, deren musikalisches Gepräge mit den Stichworten „rudimentär-rauher Waschküchentrashbeat, Linoleum-Sleaze und Hinterhof-Losergesang" annäherungsweise zu umreißen sei, travestiert: „Diese Platte macht stark und sexy. Schlagringe zersplittern an einem, und Frauen mit ausgeprägtem Schambein und zu gutem Charakter laufen einem scharenweise nach."[64]

Hellmann, das zeigen die hier behandelten Texte, läßt in unterschiedlichen Stillagen, die von derber Vulgärsprache bis zu einem gehobenen literarischen Tonfall reichen, eine Welt aus abgründigem Irrsinnn, wüstem Haß und naivem Hedonismus entstehen. Er erzählt seltsame Geschichten aus dieser Welt, widersteht indes standhaft der Tendenz zu ihrer Mythisierung, zielt vielmehr auf eine scharfe Abgrenzung zu jener bedrückenden Normalität, wie sie im Fernsehen auftrumpft und im Alltag zu erfahren ist.

---

[62] 5/90, S. 50.
[63] 12/90, S. 51.
[64] 7/92, S. 60.

7.11 Diedrich Diederichsen: Pop-Theorie als Politik

Unter veränderten musikalischen, ideologischen Voraussetzungen betätigt sich Diedrich Diederichsen auch in *Spex* weiter als Pop-Pamphletist. Das Publikum soll nun davon überzeugt werden, daß Variationen des Rock-Idioms, Heavy Metal, Hardcore und später auch HipHop die aufregendsten, fortgeschrittensten ästhetisch-politischen Tendenzen in der Popmusik abgeben. Eine Zersplitterung des Underground in selbstgenügsame Fraktionen, die wenig oder keine Notiz von Entwicklungen außerhalb ihres engen Gesichtskreises nehmen, zeichnet sich am Ende der achtziger Jahre immer deutlicher ab. Damit werden die Bemühungen eines Autors, der sich in seinen Texten stets um übergreifende Verbindlichkeit müht, auf eine harte Probe gestellt. Nicht selten verlieren sich dann auch seine Kritiken in langatmigem, verworrenem Räsonnement. Das gleichzeitige Festhalten an der Idee, daß das Verhältnis von Pop und Politik zwar ein vermitteltes, gleichwohl bruchloses sei, bei Wahrung des Reflexionsniveaus in der Beobachtung von Entwicklungen in der Popmusik, das sich seit den späten siebziger Jahren stetig steigerte, bürdet der Argumentation Lasten auf, die ihrer Nachvollziehbarkeit, der Lesbarkeit des Ausgeführten wenig zuträglich ist, zudem sich gewichtigen inhaltlichen Einwänden aussetzt. Dennoch bleiben Diederichsens Texte in einer Situation, in der sich mittlerweile eine nennenswerte Anzahl von Autoren auf pop-theoretischem Gebiet versucht, ein relevanter Gegenstand der Auseinandersetzung, der ernsthafte Diskussion verdient.

Seine Singles-Kolumnen in *Spex* aus den ersten Jahren nach dem Ende von *Sounds* verlassen sich noch, allerdings bereits mit gebremster Euphorie, auf die Pop-Ideen der vergangenen Jahre. So ist 1983 bei der Besprechung einer Single von Gaby Delgado von den „entscheidenden taktischen Ideen" die Rede und es stellt sich Unbehagen bei Elvis Costello ein, der einen „wertvolle(n), gediegene(n) Pop-Song" geschrieben habe, der „soooo differenziert" sei.[65] Einzelne Besprechungen von Singles aus dem Jahre 1984 weisen schon in eine Richtung, die dann in den nächsten Jahren deutlichere Gestalt annehmen wird: der Cult-Single „Go West" komme das Verdienst zu, daß der Autor „mit einer weiteren Band aus der Szene der kleinen zerrupften Tierchen [...] Frieden geschlossen" habe; diese Gruppe fungiert dann spätestens mit ihrer Single „Love Removal Machine" als Inbegriff einer kraftvollen Wiederaneignung des lange Zeit überkommen gewähnten Rock-Idioms. Erste Konturen gewinnt auch des Autors Theorie der Cover-Version, auf die später häufiger rekurriert wird, hier am Beispiel des Velvet Underground-Songs „Pale Blue Eyes", dessen sich Paul Quinn und Edwyn Collins angenommen haben: „Von einem perfekten Song macht man keine Coverversion, man baut ihm ein Denkmal."[66]

---

[65] Diederichsen, *1.500 Schallplatten*, S. 104f. Wie auch im Falle der *Sounds*-Kritiken des Autors wird zu jenen Rezensionen (1983-1989), die in „1.500 Schallplatten" wiederabgedruckt worden sind, die entsprechende Belegstelle in diesem Buch in Klammern vermerkt.
[66] 10/84, S. 27 (S. 106f.).

Geradezu prophetische Züge trägt die Kritik zu „You Get What You Deserve" von den Scientists, die, so der Autor, „bislang immer für die bröckligste, am geduldigsten in der Scheiße wühlende Variante von Neo-Acid-Gossen-Rock (standen)." Offensichtliche Ähnlichkeiten mit den Stooges schmälern die Leistung der Gruppe keineswegs, ganz im Gegenteil: „Und wie so oft in diesen Tagen, bringt es mehr Gewinn sich an den geringfügigen Veränderungen einer bekannten Formel zu erfreuen, als denen zuzuhören, die sich die alte Formel seinerzeit ausgedacht haben." Der Höhepunkt der Kritik ist folgendes Zukunftsszenario: „In ein paar Jahren wird all dieser Trash-Rock die Standard-Kneipenmusik in den von Hunger, Sucht und Lepra geplagten Subkultur-Armenvierteln der westlichen Großstädte sein, dann wird diese LP zu den Klassikern zählen, die wenigstens noch etwas Aufrichtendes haben und in ihrer Desparatheit noch Distanz zum und die Kraft zur Überwindung des Elends in sich tragen."[67]

Um 1986 zeichnet sich für Diederichsen eine breitere neue, vielversprechende Tendenz in einem Idiom ab, das vom geschärften Pop-Bewußtsein seit den frühen achtziger Jahren noch vollkommen abgelehnt wurde: Rockmusik. Nach ersten vorsichtigen Versuchen einer Neueinschätzung[68] geht die Besprechung zur LP „Desperate Fires" der Jet Black Berries, worüber auch der überdreht selbstironische Ton nicht hinwegtäuschen kann, schon recht weit: „Alles ist extrem wuchtig, breite Pinselstriche sozusagen, von The Kinks bis The Alarm alles beschleunigt, amerikanisiert und intelligent vergröbert (oder verfeinert je nachdem, was nötig war, um alles auf das gleiche Abgehniveau zu befördern, oh Mann, ich bin ein Rockist. Und, oh Mann, das können Sie schreiben: Dies ist die Band, die mich zu einem Rockisten machte.)"[69] Den entscheidenden Einschnitt auf jenem Weg, den

---

[67] 8/85, S. 42 (S. 109). In seiner Kritik zur Fall-LP „This Nation's Saving Grace" spricht der Autor von der „sogenannte(n) strategische(n) Methode", der Musiker folgen können. Ihr Gestus läßt sich dann so umreißen: „So geht's zu, so sind die Übereinkünfte der Gegenwart. Dies ist unsere Antwort, für jedermann verständlich, der die Zeiterscheinungen und sonstigen Erscheinungen, auf die wir uns beziehen, kennt." (11/85, S. 33 (S. 112).) Diese Haltung hat sich Diederichsen, wie schon im *Sounds*-Kapitel dargestellt wurde, in seiner Tätigkeit als Kritiker zu eigen gemacht. Auch in *Spex* macht sich weiter die Neigung bemerkbar, sehr unterschiedlich intensiv durchreflektierte Einfälle und Ideen in der apodiktischen Form des Manifestes zu artikulieren. Einige Beispiele: „Bis heute gilt [...]." (11/87, S. 45f.; S. 158); „Es hat ja wohl jetzt jeder gemerkt [...]." (2/88, S. 42; S. 165); „Es hat immer nur zwei Sorten Musik gegeben [...]." (10/88, S. 60f.; S. 189).
[68] PIL: „The Album" (2/86, S. 36; S. 116), The Count: „New Changes" (8/86, S. 40; S. 125). Ein anderer Fluchtweg aus der Öde des Pop-Idioms eröffnet sich im Universum des Trash. Zu Tav Falco Panther Burns: „Snake Rag EP + Free Live LP" bemerkt Diederichsen, daß letztere „wirklich groß (ist), vor allem das zehnminütige 'Jump Suit', wo zwei, offensichtlich inkompetente, Gitarristen und ein schlaffer, nur die Eins schlagender Minimal-Drummer den besten, zähesten, elegantesten Primitiv-Rockabilly seit einigen besonders öden Drum-Machine-Stücken von Alan Vega bestreiten. Eine kühn-konsequente Kühnheit von einmaliger Schönheit in limitierter Auflage." (9/86, S. 40f.; S. 127) Die spätere Einschätzung der erwähnten Live-LP attestiert ihr Trash, der „über seine Funktion als Kritik der Produktionsbedingungen der herkömmlichen kapitalistischen Plattenindustrie hinausging und Eigenqualitäten entwickelte, Intelligenzentscheidungen fällte in Bezug auf das arme, spröde Material, die höflichste künstlerische Integrität zeigen [...]." (ebd., S. 225)
[69] 10/86, S. 41 (S. 130f.).

bereits ABC auf ihrer LP „Beauty Stab" aus dem Jahre 1983 vorgezeichnet haben und den der Autor nachträglich als den des „artifiziell gesüßten Pop-Zorn(s)"[70] benennt, markiert für ihn The Cult mit der Single „Love Removal Machine", deren Besprechung[71] bereits im Abschnitt zu Drechslers-Kritiken zitiert wurde. An den australischen Celibate Rifles schätzt Diederichsen dann am Ende des Jahres 1987, daß sie „eine Art Hard-Rock" spielen, „ohne alles, was am Hard-Rock alt, attitüdenhaft und rituell geworden war [...]."[72] Programmatisch verkündet der Autor in der Besprechung eines Pakets von Platten amerikanischer Bands: „Zu begrüßen (im Sinne von HALLO!) ist eine neue, zähe, korrekte und zeitgemäße *Gattung*, die sich im Laufe der letzten zwei Jahre langsam angeschlichen hat: der neue weltoffene, amerikanische Indie-Hardrock. Gespielt von Ex-Hardcore-Leuten, die nicht für Melodiefeuerwerke oder Blues oder Country oder gewaltige Verschmelzungen gebaut sind, keine Genies, aber als die gute Kneipenmusik der Nachfolger von Psychobilly und Sixtiesrevival."[73]

Offensiv, jedoch selbstkritisch und -ironisch moderiert, präsentiert sich dann endlich die „Rock-Control"-Kolumne gut ein Jahr später: „Hare Krishna, ihr Arschlöcher! Diskriminierte Musikrichtungen fordern ihr Recht: Rock als Musik und Begriff ist heute in Hip-Kreisen, oder besser Szenekneipen, einem Unrat aus Ideologie und Ressentiment (z.T. von mir und meinesgleichen verschuldet) ausgesetzt, wie etwa Soul und Streicherarrangements in den frühen 70ern oder Disco im Jahre 78 (als Begriffe). Kinder! Es ist nicht mehr nötig, Scritti Politti oder die Gang of Four gegen Roger Chapman und Bruce Springsteen durchzusetzen, das hat sich erledigt." Die nachfolgenden Kritiken versteht der Autor als „Führer durch ein paar Rock-Neuerscheinungen, von Punk bis Free Jazz, wenn man Kriterien von vor zehn bis fünfzehn Jahren an diese Platten anlegen würde, heute ist das alles Rock-Underground."[74] Diese Aussagen bewegen sich schon auf einem

---

[70] Diederichsen, *1.500 Schallplatten*, S. 221.
[71] 4/87, S. 43 (S. 140). Pop-theoretisch führt der zwei Jahre später verfaßte Kommentar aus: „The Cult waren nicht nur Trash (= Kritik einer kanonisch gewordenen Ästhetik und Produktionsweise durch schlecht gespielte und billig aufgenommene Varianten dieser Musik [...]), sondern auch Trash-Pop (= Kritik der herrschenden Ästhetik durch Setzung einer scheinbar neuen, schlecht gespielten, aber teuer, mindestens nach dem neuesten Stand der Technik aufgenommenen Musik). Und diese Kombination war und ist selten." (ebd., S. 228) Vergleiche auch die Kritik zu The Cult: „Sonic Temple": neben dem als großartigen Gefühlskitsch gefeierten Stück „Edie (Ciao Baby)" verortet der Autor die übrige LP als „nicht Zep (Led Zeppelin, R.H.), sondern artifically flavored WRRRRRROCK mit sehr korrekten Kitsch-Melodien [...]." (6/89, S. 46f.)
[72] 12/87, S. 58f. (S. 162).
[73] 1/88, S. 56 (164f.). Nachträglich wird präzisiert: „Nicht so sehr eine neue Gattung war gemeint, sondern eher ein neues Klima. Eine durch Punk bewußt und die europäischen Theorien (82) unbewußt hindurchgegangene Rock-Musik der verschiedenen Subgattungen, die immer einen Trash-Aspekt hatte und plötzlich frei atmen konnte, flügge geworden war (was bei amerikanischer Musik immer etwas länger dauert)." (ebd., S. 231)
[74] 4/89, S. 60-63 (S. 212-214). Parallel zu der hier skizzierten Umcodierung des Rock-Idioms entdeckt Diederichsen die Welt des Heavy-Metal, die sich seit Mitte der achtziger Jahre zunehmend ausdifferenziert. Erste Stationen sind die Kritiken zu Slayer: „Reign In Blood" (2/87, S. 44; S. 134f.) und zum Sampler „Speed Metal Hell" (6/87, S. 40; S. 144). Höhepunkt dieser Entwicklung ist dann

Stand der Diskussion, der nur noch wenig mit der durch The Cult repräsentierten Ausgangssituation zu tun hat. Der Reiz des Bruchs mit den Tabus des vorherigen Pop-Modells (unvermittelter, tendenziell peinlich-kitschig wirkender Gefühlsausdruck, Gitarrensoli) hatte sich mittlerweile verbraucht.

Nach Durchsetzung der Ansicht, daß es eine sinnvolle Aneignung zeitweilig verpönter Phasen der Rockgeschichte geben kann, die kraftvoll von der ästhetisch zwingenden Verwendung von Heavy-Riffs im HipHop zwischen 1985 und 1987 sekundiert wurde, drängte sich wieder die Frage nach ästhetischer Innovation und politischer Widerständigkeit im weiten Feld der Popmusik auf. In dieser Situation akzentuiert Diederichsen die Bedeutsamkeit einer Verfahrensweise, die er auf die Formel „Abstract 'n' Roll" bringt: herausragende Vertreter in der Gegenwart seien so unterschiedliche Gruppen und Musiker wie Gore, Schoolly D. und die Melvins. In der Kritik zur Gore-LP „Hart Gore" operiert der Autor noch mit einem wenig hilfreichen kunsthistorischen Vergleich („die Fortsetzung der Ideen von De Stijl, der niederländischen Konstruktivisten-Bewegung auf musikalischem Gebiet") und versucht sich erfolglos an einer Kategorisierung („New-Age-Punk"), jedoch die entscheidenden, analytisch getrennten Konstituentien der Platte werden treffsicher benannnt: ist zunächst von „eher schleppenden Heavy/Verzerr-Riffs" die Rede, so wird dann in einem Klammereinschub präzisiert, die Gruppe zelebriere „ein Umherschweifen in allen erdenklichen, nicht zu schnellen Heavy-Riffs", welches „kein Solo, keine Leadstimme und keinen Gesang zuläßt. Dafür gibt es zu jedem Song einen Text, den der Zuhörer selbst wahlweise auf holländisch oder englisch zu den Riffs interpretieren kann, wie er will. Man kann es auch lassen und sich das schöne Cover ansehen: ein von einem stehenden Messer sauber durchbohrtes Menschenherz, in bester Still-Life-Manier fotografiert."[75]

In einem Artikel über Gore, der wenige Monate später erscheint, gelangt der Autor schon zu der These, daß musikalische Innovation in sehr verschiedenen historischen Augenblicken im Zuge einer analytisch-abstrakten Behandlung und unvermittelten Parallelführung stilistischer Idiome gelinge: ihn begeistere Gores

---

das Dezember-Heft des Jahres 1989, das sich ausführlich der Entwicklungen zwischen Grindcore und Death Metal in Großbritannien annimmt. In der Folgezeit informieren in *Spex* eine Reihe von Fachkräften kontinuierlich über das Geschehen in diesem Sektor des Underground.

[75] 4/87, S. 45; (S. 139f.). „Abstract 'n' Roll" ist mehrfach Gegenstand der Nachbetrachtung aus dem Jahre 1989 (S. 221, 226 und 228). Einen zu diesem Zeitpunkt noch nicht sehr weit fortgeschrittenen Lernprozeß in Sachen HipHop offenbart Diederichsen, wenn er stolz davon berichtet, daß er mittlerweile „sicher musikalisch reichere und interessantere Sachen zu schätzen" wisse, „wie Stetsasonic, Big Daddy Kane, Just Ice, Boogie Down Productions oder Jungle Brothers", jedoch Schoolly D und seinem DJ Code Money das große Verdienst ihrer „eigenartig abstrakte(n) Herangehensweise an das Problem Text und Geräusch" gebühre. Musikhistorisch sei „Schoolly D nur mit Jesus And Mary Chain, Pere Ubu, Bo Diddley, John Lee Hooker oder den Ramones vergleichbar, als diejenigen, die etwas einfach Abstraktes, auf der Hand liegendes taten, weil sie natürlich abstrakt über Musik dachten und sich nicht von der vorgeschriebenen/vorschreibenden Semantik (Gegenständlichkeit) der Sounds schrecken ließen. Musiker, die nicht erweitern, ausufern, Grenzen niederreißen, wie der konventionellere, aber auch häßlichere Weg der Entwicklung geht, sondern analysieren." (ebd., S. 226)

Verfahrensweise, Instrumentalmusik zu spielen und die dazugehörigen Texte auf einem Textblatt der Platte beizulegen, vor allem deshalb, „weil die strenge, formalistisch-pedantische Zerschneidung von Formen mir von je der liebste Kraftakt auf dem Weg zur setzenden Erfindung war. Sei es der beste aller LP-Anfänge, „Non-Alignment Pact" von Pere Ubu, rechter Kanal hoher Pfeifton, linker Kanal Chuck-Berry-Riff, sei es Jesus And Mary Chain, linker Kanal Simon & Garfunkel, rechter Kanal Noise, sei es Schoolly D, wo völlig unverbunden eine Jimmy-Smith-Orgel neben einem Hardcore-Maschinen-Rhythmus und einem amusischen Genörgel als Rap dahertapert [...]. Stumpfe, einfache, unanfechtbare und in sich logische Tricks, die dem Blödsinn von organischer Entwicklung wiedersprechen [...]."[76] In der Kritik zu „Undertow" von Blind Idiot God verbindet sich an einer Stelle die Freude an einer ästhetisch überzeugenden Realisierung der zitierten Formel mit einem individualistischen Motiv: „Auf der anderen Seite sind die flächigen reinen Schabe-Stücke radikalisiert worden wie in meinem Lieblingsstück 'Drowning', das so klar und direkt den abstract-body-rock definiert und gleichzeitig in eine neue Lage versetzt und ans Herz geht wie seinerzeit Goyas 'Halbuntergegangener Hund', der im letzten Goya-Saal im Prado an letzter Stelle hängt."[77] So schön es auch sein mag, sich an der Erfüllung großartiger ästhetischer Ideen zu berauschen, treten nicht weitere Anschlußmöglichkeiten hinzu, löst sich dieser Triumph in intellektueller Sterilität auf. In den nächsten Jahren waren es immer wieder die Melvins, denen der Autor eine kongeniale Umsetzung der programmatischen Forderungen des „Abstract 'n' Roll" bescheinigte. Kokett versucht er das Interesse der intellektuelle Fraktion der Leserschaft auf diese Gruppe zu lenken, wenn er in einem Stück der überschätzten LP „Bullhead", die gegenüber dem Vorgänger-Album „Ozma" deutlich abfällt, „wahrhaft dekonstruktivistischen Rock 'n' Roll" erkennen will.[78]

---

[76] 8/87, S. 12. Zur ausgezeichneten Gore-Doppel-CD „Lifelong Deadline" aus dem Jahre 1992 schreibt Diederichsen flapsig, der zu dieser Zeit Kritiken zu HipHop-Acts in langatmige Besinnungsaufsätze verwandelt, daß sie einen „Zusammenhangs- und Anspielungsreichtum" aufweise, der „ein bißchen ville für eine Schallplattenkritik" sei und „eher eine Tageszeitungsseite-Analyse verdient hätte." Dem unnötig bescheidenen „Daher nur andeutungsweise, was hier passiert [...]" folgt eine informative Beschreibung, die z.B. scharfsinnig vermerkt, daß hier „[...] Schnipsel [...] 'musikalisch' behandelt (werden): da wird etwa aus einem (über die ganze Platte verteilten) Vogelzwitschern und einer Motorsäge ein Loop gebastelt, den dann das Schlagzeug begleitet." Problematisch scheint jedoch die über das Konzept „Hörspiel-Entwurf" vermittelte Parallelführung von Gore und HipHop, mit der die Kritik schließt. (12/92, S. 67f.)

[77] 12/88, S. 55f.; (S. 193). Der in der Kritik zur Bitch Magnet-LP „Ben Hur" angestellten semantischen Reflexion über Coolness läßt der Autor einen selbstbewußten Umgang mit der von ihm geprägten pop-ästhetischen Kategorie folgen: „Früher hieß 'cool' nicht nur 'korrekt', 'unpeinlich', 'statthaft' oder 'angesagt', damals, zu Zeiten der zweiten Beatnik-Generation und des Cool Jazz streunten noch Elemente der Original-Bedeutung im Bedeutungshof herum. Cool war auch 'abweisend', 'intellektuell', 'überlegen' und immer eine Abstraktionsstufe über der alltagsverhafteten Begriffswelt der Anderen (und natürlich: *burning inside*). In diesem Sinne bewegen sich Bitch Magnet [...] unaufhaltsam auf etwas zu, was man 'Cool Grunge' nennen muß (eine Unterabteilung meiner Gattung 'Abstract 'n' Roll')." (12/90, S. 54)

[78] 3/91, S. 54f.; vergleiche auch die Besprechung zu „Lysol" (11/92, S. 62f.). „Ozma" hatte M.

Nach dem überdrehten Hype der amerikanischen Plattenfirma SST, der im Frühjahr 1988 beginnt,[79] verblaßte auch für Diederichsen spätestens im Verlaufe des Jahres 1991 das vormals strahlende Bild des Labels. Im Zuge seiner Aneignung der Tradition des Situationismus macht er sich an die Arbeit, eine neue Definition von Pop zu skizzieren, die Konsequenzen aus den Schwächen, der historischen Hinfälligkeit der 82er-Konzeption zieht, gleichwohl an der Relevanz offensiver stilistischer und ideologischer Entscheidungen und Meinungen festhält. Fündig wird er bei Gruppen wie Urge Overkill[80] und bei der pop-theoretisch noch interessanteren Nation Of Ulysses. Deren „Plays Pretty For Baby" weise eine „Mischung aus taktischem Früh-80er-Verbalradikalismus [...] und 'ernstgemeinten' Reverenzen [...] an die Lettristische Internationale" auf. Den schnell einrastenden Vorbehalt, daß man das alles schon zu Genüge kenne, läßt der Autor nicht gelten: „das Prankstertum und der Post-Situationismus" von Nation Of Ulysses dürfe nicht als verspätete modische Attitüde mißverstanden werden. Mit ihrem Auftreten, ihren kulturrevolutionären Parolen, die sie unablässig propagieren, versuche die Gruppe sich „eher einem Sinn von Gegengeschichte unterzuordnen bzw. darin einzusortieren [...]." Die produktive Widersprüchlichkeit dieses Unterfangens bestehe darin, daß „Youth Rebellion hier einerseits ein Witz (ist) [...], andererseits eine endlose politische Geschichte, die erstmal als solche wahrgenommen werden muß, um unter veränderten Bedingungen wieder an sie anknüpfen zu können." Über das leidige Problem, daß Nation Of Ulysses dankbaren Diskussionsstoff für den Pop-Diskurs beisteuert, jedoch musikalisch nicht recht zu überzeugen weiß, geht Diederichsen allzu leichtfertig - einem ähnlichen Einwand setzen sich auch seine HipHop-Kritiken aus jener Zeit aus - hinweg, wenn er schreibt: „Daß die Musik - ein mal mehr, mal weniger inspirierter Spätcore mit gelegentlichen Jazzeinlagen - nur ein Vorwand ist, diese Erklärungen abzugeben, schmälert weder ihren noch deren Wert."[81] Die beim Autor ohnehin stark ausgeprägte Neigung, in Plattenkritiken schnell sehr grundsätzlich zu werden, was unweigerlich auf Kosten der Aufmerksamkeit für unscheinbare, aber bedeutsame

---

Sikora in einer ausgezeichneten Kritik (2/90, S. 44) rezensiert. Die neueste Wendung in der Geschichte der „Abstract 'n' Roll-Bewegung" markiert für Diederichsen das Trio Chuck Dukowski, Paul Cutler, Bill Stinson auf ihrer Platte „United Gang Members": ihr sei „ein Vorschlag für künftiges Meta-Songwriting" zu entnehmen. Ein schöner selbstbezüglicher Schlenker soll das stutzende Publikum bei Laune halten, zu einer geeigneten Rezeption der Platte beitragen: „[...] Deren Manierismus (der Melvins, R.H.) wird ein neues meta-organisches Gestaltungsprinzip entgegengesetzt (oder drübergestülpt), dessen Resultate gar nicht so ausgedacht klingen müssen, wie dem einen oder anderen diese Sätze [...]." (6/94, S. 64)
[79] Vergleiche 3/88, S. 38 (S. 167), 7/88 (S. 179) und den retrospektiven Kommentar in *1.500 Schallplatten*, S. 232-233, der eine schiefe intellektualistische Apologie der sehr heterogenen Musik versucht, die auf dem Label bis dato erschienen ist.
[80] Ihrem Album „Supersonic Storybook" wird „ein einmaliger Sinn für das Pop-Unbewußte der von Pop entferntesten Spielarten aggressiven amerikanischen Underground-Rocks" bescheinigt (7/91, S. 62f.), und „Saturation" sei „großer Camp", dem seine nun anstehende massenhafte Verbreitung nichts anhaben könne. (7/93, S. 61f.)
[81] 11/92, S. 76. Vergleiche auch Zabels Besprechung zu „13-Point Program To Destroy America" (12/91, S. 48f.) und von Felberts Interview-Artikel (6/92, S. 8f.).

musikalische Details geht, hat sich in seinen Rezensionen der letzten Jahre noch weiter verschärft. Nur noch selten kann er dem Drang zu grundsätzlichen Erwägungen widerstehen,[82] auch die Tendenz zur ausgreifenden historisierenden Verortung[83] paßt in das Bild einer intellektualistischen Aneignungsweise, in der jene kraftvollen affektiven Impulse, aus deren rhetorischer Stilisierung die kritische Rede im Pop-Diskurs ihre Dringlichkeit erhält, sich zu verflüchtigen drohen. Als Vorstufe zu diesen neueren Entwicklungen läßt sich rückblickend eine ältere Manie Diederichsens betrachten: die omnipräsente musikgeschichtliche Proportionalgleichung. Zwar ist ihr Informationsgehalt meist zu dürftig, um brauchbare Orientierung geben zu können, jedoch ihre häufig überdreht witzige Verwendung, wenn es z.B. über die Band No Means No heißt, daß sie „sich zur 'Negativen Dialektik' (verhält) wie die Ramones zur Unabhängigkeitserklärung",[84] sorgt glücklicherweise dafür, die Lektüre des analogisch Verknüpften nicht mit krampfhaften Interpretationsbemühungen zur Klärung ihres scheinbar tiefsinnigen Gehalts zu belasten.

Schmerzhaft macht sich das Fehlen individualistisch-idiosynkratischer Momente, der Mangel an witzigen selbstreferentiellen Wendungen in Diederichsens Kritiken bemerkbar, die dort noch in der zweiten Hälfte der achtziger Jahre an der einen oder anderen Stelle auftauchten: Geschichten über des Autors Lieblings-Imbißbude, einen zutiefst freudlosen Polterabend; ein witziger Vergleich der rezensierten Musik mit „Platten von A. R. Penck oder mir"; autobiographisch verbürgte Differenzierungen zwischen Eisenbahngeräuschen; eine aufschlußreiche Aufzählung darüber, was der Autor während der Abfassung seiner Singles-Kolumne an Überraschungseiern und französischen Zigaretten verbraucht hat, was er einem „hochgezüchtete(n) Musiker-Solipsismus" entgegenzusetzen hat.[85] Wiederholt wird ein selbstreflexiver, dabei jedoch nicht akdemisch ernsthaft angelegter, sondern humorvoll inszenierter Bezug auf das eigene Tun eingestreut, der dazu beiträgt, daß Kritik nicht in Formelhaftigkeit erstarrt, zum bloßen Abspulen einer gerade gängigen Phraseologie verkommt.[86] Die verbreitete Meinung, Schreiben über Popmusik sei eine spontane, nur auf Widergabe vorgeblich objektiver Daten und scheinbar subjektiver Befindlichkeiten verpflichtete Angelegenheit, blamiert sich an den höchst konventionellen Schreibweisen, die aus dieser Haltung zumeist resultieren. Auch in den letzten Jahren führt das Einflechten selbstbezüglicher Schleifen gelegentlich zu witzigen Resultaten: so verspricht der Autor, mit der Zitation einer „Alliterationsorgie" genau das wiederzugeben, was an der besprochenen, musikalisch schwachen Platte bemerkenswert sei, womit

---

[82] Siehe u.a. 7/92, S. 44; 12/92, S. 62; 2/93, S. 69, für Reflexionen, die in intellektuellen Kitsch abgleiten.
[83] Vergleiche die einleitende Passage der Kritik zu The Fall: „Infotainment Scan" (5/93, S. 75).
[84] 12/89, S. 48; vergleiche auch 10/87, S. 42 und 46.
[85] 4/86, S. 43 (S. 117), und 9/87, S. 50 (S. 152); 5/88, S. 63 (S. 173), und 7/88, S. 60 (S. 181f.); 6/88, S. 50 (S. 175); 6/88, S. 53 (S. 177); 7/88, S. 64 (S. 180).
[86] 7/88, S. 54f. (182); 12/88, S. 59 (S. 193f.); 5/89, S. 47f. (214f.).

sich dann ihr Kauf erübrige.[87] In diesen Zusammenhang gehört die selbstkritische Wendung Diederichsens, daß Kritiker seines Zuschnitts allerlei Bands zu höchsten Ehren verhalfen, deren Platten jene sich als passenden Soundtrack zu ihren leidenschaftlich verfochtenen Ideen und Strategien zurechtimaginieren konnten, was freilich nur dann funktionierte, wenn man sich geflissentlich einer genaueren Prüfung enthob, wie es um ihre musikalischen Qualitäten bestellt sei.[88] Diese Einsicht schärft die Aufmerksamkeit für einen verbreiteten Mechanismus, daß nämlich Kritiker anläßlich solcher Platten, die langgehegte pop-ideologische Visionen ins strahlende Licht ästhetischer Objektivität zu tauchen gestatten und ihnen damit eine Würde verleihen, die sie im Reich der Meinungen kaum erlangen dürften, einem apologetischen Duktus anheimfallen, der selbst offenkundige Schwächen durch Ignoranz oder beschönigende Umdeutung zu glätten versteht.

Über ein gutes Korrektiv gegen diese Tendenz, die auch bei ihm des öfteren durchschlägt, verfügt Diederichsen selbst, wenn er sich von einer materialistischen Sensibilität, von einem Sinn für die harten politisch-ökonomischen Rahmenbedingungen der Musik leiten läßt, die alle Anstrengungen kultureller Codierung in ihre Schranken weist. So geht ihm beim Durchhören eines Samplers, der bei einem Londoner Independent-Label erschienen ist, auf, „[...] daß es so etwas wie einen Indie-Stil gibt, wo doch Indie nichts anderes bezeichnet als Produktionsbedingungen (aber die Welt ist ja sowieso immer marxistischer gebaut als wir denken)."[89] Einen eleganten salonbolschewistischen Kommentar hält der Autor zu einem Stück der Gruppe The Beloved bereit, deren musikalisches Treiben sich auf der LP „Where It Is" zwischen „idealistischer Verdunkelung" und harmloser Nettigkeit bewege: „[...] und dann machen sie sich auch genau die passenden richtigen Gedanken: 'If Pennies Came From Heaven, Could Karl Marx Have Been Mistaken?' (Songtitel). Nein, denn es waren ja nur Sterntaler, nicht konvertible Währung."[90] Ohne Umschweife übt Diederichsen im ersten Teil seiner Rezension zu Test Departments „Terra Firma" eine Kritik an der metaphysischen Naturidee der Gruppe, die solide marxistisch argumentiert, wenn er der Band die Perspektive „einer vernünftigen sozialistischen Bearbeitung und Ausbeutung der Natur" entgegenhält. Eine Auseinandersetzung auf dieser inhaltlichen Ebene genüge jedoch nicht; in einer Plattenkritik interessiere darüber hinaus der Stellenwert von Naturmetaphysik im Zusammenhang der Pop-Geschichte. So gesteht der Autor ein, daß für ihn „sonnenwendfeiernde Hippies" durchaus „eine gewisse Anziehungskraft" haben; außerdem besitze die von der Gruppe propagierte „Rückkehr zum Lateinischen als Umgangssprache" einen gewissen „Pop-

---

[87] 8/91, S. 47.
[88] 7/93, S. 61f.
[89] 10/87, S. 47f. (S. 157). In eine ähnliche Richtung argumentiert der schon mehrfach erwähnte Kommentar, hier zu einer Culture Club-LP, wenn sentenzartig in einem Klammereinschub vermerkt wird: „([...] aber ich wiederhole immer gerne, daß die Lehre aus all den Jahren in Firmen und Werbeagenturen lautet: im Zweifelsfall hat immer der vulgärste Vulgärmaterialismus recht)." (ders., *1.500 Schallplatten*, S. 223)
[90] 1/88, S. 48 (S. 163).

Charme".⁹¹ Scheinbar gänzlich unvermittelt heißt es in der Kritik zu Eleventh Dream Day: „Lived To Tell": „Als würden da nicht Dinge verhandelt, die zur Diskussion stehen, sondern die seit langer Zeit klar sind (mutwillig verdrängt und in Vergessenheit geraten: Klassenkampf, Klassenkampf, Klassenkampf ...Reprise und fade). [...] Ich habe keine Ahnung von ihrer politischen Position, aber dies klingt wie richtiges Bewußtsein (american version: The Right Thing)."⁹² Einige Seiten später löst sich das Rätsel der heftigen salonbolschewistischen Anwandlung auf. Offensichtlich haben ihn Äußerungen im *Spex*-Umfeld zu dieser manierierten Reaktion getrieben, die bewußt auf umständliche Erklärungen verzichtet. Nachdem der Autor dem Publikum den politischen Kontext, in dem die HipHop-Gruppe 2 Black 2 Strong („Burn Baby Burn") mit ihren ideologisch vorteilhaften, allerdings musikalisch bedauerlichen Differenzen zu Louis Farrakhan bzw. seiner Anhängerschaft in HipHop-Kreisen zu situieren ist, auseinandergesetzt hat, setzt erneut das agitatorische Stakkato ein: „Und für die von sogenannten 'dogmatischen Klassenkampfparolen' geschmacklich Verunsicherten unter unseren Lesern (und Schreibern): Klassenkampf! Klassenkampf! Klassenkampf!"⁹³

Wie bereits angedeutet, avanciert HipHop seit ca. 1989 zu einem der Schwerpunkte in Diederichsens musikkritischer Arbeit.⁹⁴ Jedoch erst Anfang 1991 legt er mit seiner Kritik zu „Positive Reaction" von der britischen HipHop-Formation Caveman⁹⁵ eine Rezension zu einer Langspielplatte vor, die diesem Idiom zuzurechnen ist. Der Duktus in dieser Kritik, der Auskünfte zur Musik und das Laborieren an pop-theoretischen Grundsatzfragen in ein austariertes Verhältnis bringt, findet in den dann folgenden Rezensionen zu HipHop-Platten keine Fortsetzung. In Kritiken, die immer weitschweifiger geraten, werden formale Qualitäten⁹⁶ und ideologisch-strategische Dimensionen der Texte („lyrics")⁹⁷ sowie die Mitgliedschaft der beteiligten Musiker in wie auch immer autonomen Organisationen im Rahmen religiös-fundamentalistischer Bestrebungen gewürdigt und exzessiv man-

---

⁹¹ 8/88, S. 45f. (S. 183f.).
⁹² 4/91, S. 48.
⁹³ 4/91, S. 58f.
⁹⁴ Davon zeugen zum einen die Kommentare in „1.500 Schallplatten", zum anderen die essayartigen Ausführungen zu „Ghetto Music: The Blueprint Of Hip Hop" von Boogie Down Productions in seiner Kolumne „Platte des Monats" in der Zeitschrift *Konkret* (September 1989, S. 68f.).
⁹⁵ 3/91, S. 48f.
⁹⁶ Vergleiche dazu die Kritiken zu Silver Bulllet: „Bring Down The Walls No Limit Squad Return" (7/91, S. 41) und Son Of Bazerk: „Bazerk! Bazerk! Bazerk!" (8/91, S. 36), wobei erstere in textlicher und zweitere in musikalischer Hinsicht zu Fehleinschätzungen gelangen.
⁹⁷ Vergleiche dazu den Traktat zu den Platten der Poor Righteous Teachers: „Pure Poverty", Leaders Of The New School: „A Future Without A Past" und Two Kings In A Cipher: „From Pyramids To Projects" (10/91, S. 43f.); alle Längenrekorde schlägt die Rezension zu Ice Cubes „Death Certificate"; kokett schenkt sie der Musik nur in den folgenden zweieinhalb Zeilen ihre Aufmerksamkeit: „Ach ja, die Musik? Sie macht, daß wir uns über diese Dinge unterhalten. Eine ziemliche Leistung." (12/91, S. 38f.); und die erneut sehr umfangreiche Rezension zu Sister Souljah: „360° Of Power", die ihren Rezeptionsstil in dem folgenden Klammereinschub offensiv deklariert: „(Hier steht so wenig über die Musik und so viel über die Worte, weil das eben die zeitgenössische - inszenierte - Literatur ist.)" (6/92, S. 56)

cherlei Widersprüche entfaltet, die sich darin artikulieren. Anstatt aus der Lektüre sexistischen Gefasels und religiös überhöhter Verschwörungstheorien, das viele HipHop-Platten durchzieht, zu der sinnvollen Folgerung zu gelangen, daß HipHop auf dieser Ebene keine anschlußfähige politische Angelegenheit darstellt, leitet der Autor aus dem semantischen Kosmos, in dem sich eine Reihe namhafter HipHop-Leute bewegen, lieber eine „funktionstüchtige postmodern-tribalistische Strategie" ab.[98] Man möchte sich nicht mit der nüchternen Einschätzung zufriedengeben, die natürlich stets am aktuellen musikalischen Geschehen aufs neue zu spezifizieren wäre, daß HipHop allenfalls durch die Wucht der Musik, durch herauslösbare Wendungen in den Texten und das aufreizend hedonistisch-amoralische Gebaren der Musiker eine Rezeption sowohl in den USA als auch in Europa hervorbringt, der auf sehr vermittelte Weise ein politischer Zug innewohnt.[99] So betrachtet, unterscheiden sich die Wirkungen, die von HipHop ausgehen mögen, nicht prinzipiell von denen anderer relevanter Popmusik. Bestenfalls entstehen dabei Haltungen, die sich nicht länger mit den rassistischen, sexistischen und politisch-ökonomischen Schranken des Auslebens von Ideen guten Lebens abfinden wollen. Die politische Tagesordnung, die sich daraus ergeben könnte, fordert dann jedoch ein Denken und Handeln, das einer anderen Logik zu folgen hat als die des ausgelassenen Vergnügens an Popmusik.

Generell schwanken Diederichsens Kritiken in *Spex* zwischen der prägnanten Stilisierung genau beobachteter ästhetisch-musikalischer Details und Strukturen, dem Beharren auf zentralen materialistischen Einsichten und der gelegentlich nicht konsequent durchgehaltenen Fühlung zur Qualität des musikalischen Materials, einem fehlenden Sinn für die Grenzen, die den Wirkungsmöglichkeiten der avancierten Popmusik sowie dem auf sie bezogenen Diskurs unter den heutigen politischen und ökonomischen Bedingungen gesetzt sind. Dieser Schwäche korrespondiert in formaler Hinsicht die Verwandlung von Kritiken in Traktate, die leichtfertig bewährte Muster des Mediums Plattenkritik, ihre Verpflichtung auf argumentative Pointierung bei gleichzeitiger Großzügigkeit hinsichtlich eigensinnig-individualistischer Brechungen, preisgeben.

7.12 Schluß

Betrachtet man die Entwicklung des Pop-Diskurses seit Anfang der siebziger Jahre bis heute, dann erscheint *Spex* als legitimer Nachfolger der Zeitschrift *Sounds*. Hier wie dort entwickelt man in den frühen achtziger Jahren eine Haltung, die abgekürzt als Pop-Sensibilität gefaßt werden kann. Unter veränderten

---

[98] 10/91, S. 43f.
[99] In seiner Kritik zur LP „Gun Talk" von Just-Ice tendiert auch Diederichsen in diese Richtung: „Das Beste aber ist seine (Just-Ice's, R.H.) Atemtechnik; seine Lufthol-Schnaufer, deutlich nach vorn gemischt, bilden noch einen zweiten funky Track, von einer Energie, mit der man Verhältnisse zum Kollabieren bringen kann. Fast zu schade für Musik." (6/93, S. 67)

musikalischen, politisch-sozialen Vorzeichen, die neue Vorlieben und Haltungen im Pop-Diskurs entstehen lassen, verschiebt sich in *Spex* das Zentrum der Aufmerksamkeit von solcher Musik, die sich noch berechtigte Hoffnung auf kommerziellen Erfolg machen darf, hin zu eher abseitigen Varianten, die freilich auch in the long run oder nach stilistischen Modifikationen in die Charts aufrücken können. Deren hier beobachtete kritische Rezeption vollzieht sich auf sehr verschiedene Weise; ihren bemerkenswertesten Ausprägungen gelingt es, Plattenkritik als Form zu entwickeln, in der idiosynkratischer Ausdruck, selbstbezügliches Operieren des Pop-Diskurses, politisch codierte Interpretation des musikalischen, textlichen Materials und des pop-kulturellen Kontextes erkennen lassen, daß man Popmusik zugleich ästhetisch und politisch-kulturell ernstnimmt, ohne das ihr inhärente starke Moment des Unernstes, des Übermuts, der Verantwortungslosigkeit zu leugnen. Jene kritischen Vorbehalte, die im Zuge der Aufarbeitung von Schreibweisen und Meinungen in *Spex* geäußert wurden, sollen die bedeutsamen Errungenschaften der Zeitschrift nicht schmälern. Sie gibt ein zugleich engagiertes und reflexiv gebrochenes Medium ab, das einen Vergleich mit den ausführlich behandelten anglo-amerikanischen Cultural Studies nicht zu scheuen braucht. Der Pop-Diskurs, der sich in *Spex* als eigenständiges Feld ausdifferenziert, gleichwohl eine unausrechenbare, hybride Gestalt bewahrt hat, zielt auf ästhetische Distinktion, die gleichzeitig politische Codierungen der Produktion und Rezeption populärer Kultur beobachtet und in diesen diskursiven Prozeß mit vielfältigen rhetorischen Mitteln eingreift.

Literaturverzeichnis

Abercrombie, Nicholas, Stephen Hill und Bryan S. Turner, eds., Dominant Ideologies, London, New York 1992 (1990).
Adorno, Theodor W., On Popular Music, in: Simon Frith und Andrew Goodwin, eds., On Record: Rock, Pop, and the Written Word, London 1990 (1941), S. 301-314.
Adorno, Theodor W., Minima Moralia. Reflexionen aus dem beschädigten Leben, Frankfurt am Main 1981 (1951).
Adorno, Theodor W., Prismen. Kulturkritik und Gesellschaft, Frankfurt am Main 1976 (1955).
Adorno, Theodor W., Dissonanzen. Musik in der verwalteten Welt, Göttingen 1982 (1956).
Adorno, Theodor W., Einleitung in die Musiksoziologie. Zwölf theoretische Vorlesungen, Frankfurt am Main 1980 (1962).
Adorno, Theodor W., Eingriffe. Neun kritische Modelle, Frankfurt am Main 1974 (1963).
Adorno, Theodor W., Ohne Leitbild. Parva Aesthetica, Frankfurt am Main 1979 (1967).
Adorno, Theodor W., Résumé über Kulturindustrie, in: ders., Ohne Leitbild. Parva Aesthetica, Frankfurt am Main, S. 60-70.
Adorno, Theodor W., Stichworte. Kritische Modelle 2, Frankfurt am Main 1978 (1969).
Adorno, Theodor W., Ästhetische Theorie, Frankfurt am Main 1980 (1970).
Adorno, Theodor W., Soziologische Schriften I, Frankfurt am Main 1979 (1972).
Agentur Bilwet, Medien-Archiv, Bensheim, Düsseldorf 1993 (1992).
Agger, Ben, Cultural Studies as Critical Theory, London u.a. 1992.
Allen, Robert C., ed., Channels of Discourse, Reassembled, Chapel Hill, London 1992 (1987).
Allerbeck, Klaus, und Leopold Rosenmayr, Einführung in die Jugendsoziologie. Theorien, Methoden und empirische Materialien, Heidelberg 1976.
Althusser, Louis, Für Marx, Frankfurt am Main 1974 (1965).
Ang, Ien, und David Morley, Mayonnaise Culture and Other European Follies, in: *Cultural Studies*, Vol. 3 (1989), S. 133-144.
Ang, Ien, und Joke Hermes, Gender and/in Media Consumption, in: Marie-Luise Angerer und Johanna Dorer (Hrsg.), Gender und Medien. Theoretische Ansätze, empirische Befunde und Praxis der Massenkommunikation: Ein Textbuch zur Einführung, Wien 1994 (1991), S. 114-133.
Ang, Ien, Das Gefühl Dallas. Zur Produktion des Trivialen, Bielefeld 1986 (1985).
Ang, Ien, Desperately Seeking the Audience, London, New York 1991.
Ang, Ien, Ethnography and radical contextualism in audience studies, in: dies., Living Room Wars: Rethinking Media Audiences for a Postmodern World, London, New York 1996, S. 66-81.
Angerer, Marie-Luise, und Johanna Dorer (Hrsg.), Gender und Medien. Theoretische Ansätze, empirische Befunde und Praxis der Massenkommunikation: Ein Textbuch zur Einführung, Wien 1994.
Annas, Max, und Ralph Christoph (Hrsg.), Neue Soundtracks für den Volksempfänger. Nazirock, Jugendkultur und rechter Mainstream, Berlin, Amsterdam 1993.
Anz, Philipp, und Patrick Walder (Hrsg.), techno, Zürich 1995.
Attali, Jacques, The Political Economy of Music, Manchester 1985 (1977).

Aufermann, Jörg, Werbung, Presse und manipulierte Öffentlichkeit, in: ders., Hans Bohrmann und Rolf Sülzer (Hrsg.), Gesellschaftliche Kommunikation und Information, Bd. 2, Frankfurt am Main 1973, S. 544-567.

Baacke, Dieter, Beat - Die sprachlose Opposition, München 1970 (1968).

Baacke, Dieter, Die 13- bis 18jährigen. Einführung in Probleme des Jugendalters, Weinheim, Basel ^{5}1991, ^{6}1993 (1983).

Baacke, Dieter, Jugendkulturen und Pop-Musik, in: ders. et al. (Hrsg.), Am Ende postmodern? Next Wave in der Pädagogik, Weinheim, München 1985, S. 154-174.

Baacke, Dieter, Jugend und Jugendkulturen: Darstellung und Deutung, Weinheim, München 1987, ^{2}1993.

Baacke, Dieter, Sozialökologische Ansätze in der Jugendforschung, in: Heinz-Hermann Krüger (Hrsg.), Handbuch der Jugendforschung, Opladen 1988, S. 71-94.

Baacke, Dieter, und Wilfried Ferchhoff, Jugend, Kultur und Freizeit, in: Heinz-Hermann Krüger (Hrsg.), Handbuch der Jugendforschung, Opladen 1988, S. 291-325.

Baacke, Dieter, und Wilfried Ferchhoff, Jugend und Kultur, in: Heinz-Hermann Krüger (Hrsg.), Handbuch der Jugendforschung, Opladen ^{2}1993, S. 403-445.

Bachtin, Michail, Rabelais und seine Welt. Volkskultur als Gegenkultur, Frankfurt am Main 1987 (1965).

Bachtin, Michail, Literatur und Karneval. Zur Romantheorie und Lachkultur, München 1969.

Baker, Danny, Introduction, in: V. Boston, ed., Shockwave, London 1978.

Bangs, Lester, Psychotic Reactions and Carburetor Dung, London 1988.

Baraka, Amiri I. (Jones, L. R.), Blues People, New York 1963 (dt., Blues People. Schwarze und ihre Musik im weißen Amerika, Wiesbaden o.J., ca. 1981).

Baraka, Amiri I., Raise, Race, Rays, Raze: Essays since 1965, New York 1971.

Baraka, Amiri I., Daggers and Javelins: Essays, 1974-1979, New York 1984.

Barker, Martin, und Anne Beezer, eds., Reading into Cultural Studies, London, New York 1992.

Barthes, Roland, Mythen des Alltags, Frankfurt am Main 1970 (1957).

Baudrillard, Jean, Kool Killer oder der Aufstand der Zeichen, Berlin 1978.

Baudrillard, Jean, Von der Verführung, München 1992 (1979).

Beadle, J. J., Will Pop Eat Itself? Pop Music in the Soundbite Era, London, Boston 1993.

Beck, Ulrich, Jenseits von Stand und Klasse. Auf dem Weg in die individualisierte Arbeitnehmergesellschaft, in: *Merkur*, Jg. 38 (1984), S. 485-497.

Beck, Ulrich, Risikogesellschaft. Auf dem Weg in eine andere Moderne, Frankfurt am Main 1986.

Becker, Howard S., Außenseiter. Zur Soziologie abweichenden Verhaltens, Frankfurt am Main 1981 (amerik., Outsiders: Studies in the Sociology of Deviance, 1963).

Beer, Ursula, Familien- und Jugendsoziologie. Ein Abriß für die sozialpädagogische Ausbildung und Arbeit, Neuwied, Berlin 1963.

Behr, Wolfgang, Jugendkrise und Jugendprotest, Stuttgart u.a. 1982.

Behrens, Roger, Auf der Suche nach dem richtigen Leben im falschen. Zur Kritik von Alltagsphilosophie und Lebensästhetik, in: *Widerspruch. Zeitschrift für Philosophie*, Jg. 15 (1995), H. 27, S. 66-77.

Behrens, Roger, Musik und Werbung oder: die reklamierte Kunst, in: *Widerspruch. Zeitschrift für Philosophie*, Jg. 16 (1996), H. 28, S. 52-66.

Behrens, Roger, Pop Kultur Industrie. Zur Philosophie der populären Musik, Würzburg 1996.

Behrens, Roger, Die Ungleichzeitigkeit des realen Humanismus. Konsequenzen, Experimente und Montagen in kritischer Theorie, Cuxhaven, Dartford 1996.

Behrens, Roger, Soziale Verhältnisse - Klangverhältnisse. Versuch einer Entzerrung der ausgesparten Problematik der Materialdialektik in der Populärmusik, in: *testcard. Beiträge zur Popgeschichte*, Nr. 3 (November 1996), S. 20-37.

Behrens, Roger, Das hedonistische Ohr. Präliminarien zur Ästhetik musikalischer Subkulturen, in: *Musik & Ästhetik*, Jg. 1 (1997), S. 75-92.

Bell, Daniel, Die Zukunft der westlichen Welt. Kultur und Technologie im Widerstreit (amerik., The Cultural Contradictions of Capitalism), Frankfurt am Main 1976.

Benjamin, Walter, Das Kunstwerk im Zeitalter seiner technischen Reproduzierbarkeit, Frankfurt am Main 1963 (1936).

Benjamin, Walter, Geschichtsphilosophische Thesen, in: ders., Zur Kritik der Gewalt und andere Aufsätze, Frankfurt am Main 1981, S. 78-94.

Berger, R. J., Ch. E. Cottle und P. Searles, Feminism and Pornography, Westport (Conn.) 1991.

Berking, Helmut, und Sieghard Neckel, Die Politik der Lebensstile in einem Berliner Bezirk. Zu einigen Formen nachtraditionaler Vergesellschaftung, in: Lebenslagen, Lebensläufe, Lebensstile (*Soziale Welt*: Sonderband 7), hrsg. v. Peter A. Berger und Stefan Hradil, Göttingen 1990, S. 481-500.

Bennett, Tony, Colin Mercer und Janet Woollacott, eds., Popular Culture and Social Relations, Milton Keynes, Philadelphia 1986.

Bennett, Tony, Introduction: 'the turn to Gramsci', in: ders., Colin Mercer und Janet Woollacott, eds., Popular Culture and Social Relations, Milton Keynes, Philadelphia 1986, S. Xi-XiX.

Bennett, Tony, Simon Frith, Lawrence Grossberg, John Shepherd und Graeme Turner, eds., Rock and Popular Music: Politics, Policies, Institutions, London, New York 1993.

Bezzola, Tobia, Das Lachen der Beatles und das Schweigen von Marcel Duchamp. Massenbohemisierung und bohemistische Massenkultur, in: *Ästhetik und Kommunikation*, Jg. 23 (1994), H. 84, S. 97-101.

Black, Bob, Beneath the Underground, Portland (Oregon) 1994.

Blasius, Jörg, und Joachim Winkler, Gibt es die „feinen Unterschiede". Eine empirische Überprüfung der Bourdieuschen Theorie, in: *Kölner Zeitschrift für Soziologie und Sozialpsychologie*, Jg. 41 (1989), S. 72-94.

Blasius, Jörg, und Joachim Winkler, Feine Unterschiede - Antwort auf Arnim Höher, in: *Kölner Zeitschrift für Soziologie und Sozialpsychologie*, Jg. 41 (1989), S. 736-740.

Blask, Falko, und Michael Fuchs-Gamböck, Techno. Eine Generation in Ekstase, Bergisch-Gladbach 1995.

Bloom, Harold, The Western Canon: The Books and School of the Ages, New York 1994.

Böckelmann, Frank, Theorie der Massenkommunikation. Das System hergestellter Öffentlichkeit, Wirkungsforschung und gesellschaftliche Kommunikationsverhältnisse, Frankfurt am Main 1975.

Böhme, Hartmut, und Klaus R. Scherpe (Hrsg.), Literatur und Kulturwissenschaften. Positionen, Theorien, Modelle, Reinbek bei Hamburg 1996.

Böpple, Friedhelm, und Ralf Knüfer, Generation XTC. Techno und Ekstase, Berlin 1996.

Born, Georgina, Modern Music Culture: On Shock, Pop and Synthesis, in: *New Formations*, Vol. 7 (1987), S. 51-78.

Born, Werner, Der Auftrittsvertrag für Musikgruppen im Bereich der Rock- und Popmusik, Frankfurt am Main, Bern, New York, Paris 1990.

Boston, V., ed., Shockwave. With introductions by Danny Baker & Ian Rakoff, London 1978.

Bourdieu, Pierre, Die feinen Unterschiede. Kritik der gesellschaftlichen Urteilskraft, Frankfurt am Main 1982 (frz., La distinction. Critique sociale du jugement, 1979).

Bourdieu, Pierre, Soziologische Fragen, Frankfurt am Main 1993 (1980).

Bourdieu, Pierre, Ökonomisches Kapital, kulturelles Kapital, soziales Kapital, in: Soziale Ungleichheiten (*Soziale Welt*: Sonderband 2), hrsg. v. Reinhard Kreckel, Göttingen 1983, S. 183-198.

Brake, Mike, Soziologie der jugendlichen Subkulturen, Frankfurt am Main 1981.

Brake, Mike, Comparative youth culture. The Sociology of Youth Cultures and Youth Subcultures in America, Britain and Canada, London, New York 1985.

Brantlinger, Patrick, Crusoe's Footprints: Cultural Studies in Britain and America, New York, London 1990.

Braun, Werner, Musikkritik. Versuch einer historisch-kritischen Standortbestimmung, Köln 1972.

Brecht, Bertolt, Der Rundfunk als Kommunikationsapparat, in: ders., Schriften zur Literatur und Kunst I: 1920-1932, Frankfurt am Main 1967, S. 132-140.

Breyvogel, Wilfried (Hrsg.), Pädagogische Jugendforschung. Erkenntnisse und Perspektiven, Opladen 1989.

Bruder-Bezzel, Almuth, und Jürgen Bruder, Jugend. Psychologie einer Kultur, München 1984.

Budd, Michael, Richard M. Entman und C. Steinman, The Affirmative Character of U.S. Cultural Studies, in: *Critical Studies in Mass Communication*, Vol. 7 (1990), S. 169-184.

Burchill, Julie, Love It Or Shove It, London 1985.

Burchill, Julie, Damaged Gods: Cults and Heroes Reappraised, London u.a. 1986.

Burchill, Julie, Über Prince/ Pop/ Elvis ..., Köln 1987.

Bushoff, Peter, underground-press: Die Untergrundpresse der USA als Bestandteil des New-Journalism-Phänomens, Frankfurt am Main 1983.

Büsser, Martin, if the kids are united. Von Punk zu Hardcore und zurück, Mainz 1995.

Büsser, Martin, Musikmagazine und Fanzines in Deutschland, in: Jens Neumann (Hrsg.), Fanzines - Wissenschaftliche Betrachtungen zum Thema, Mainz 1997, S. 17-44 (zuerst in: *testcard. Beiträge zur Musikgeschichte*, Nr. 2 [April 1996], S. 175-189).

Büsser, Martin, Die verwaltete Jugend. Punk vs. Techno, in: SPoKK (Hrsg.), Kursbuch JugendKultur. Stile, Szenen und Identitäten vor der Jahrtausendwende, Mannheim 1997, S. 80-88.

Cain, William E., Reconceptualizing American Literary/Cultural Studies: Rhetoric, History, and Politics in the Humanities, New York, London 1996.

Certeau, Michel de, Kunst des Handelns, Berlin 1988 (1980).

Chambers, Iain, Urban Rhythms: Pop Music and Popular Culture, Houndmills, Basingstoke u.a. 1985.

Chambers, Iain, Popular Culture: The Metropolitan Experience, London, New York 1986.

Chapple, Steve, und Reebee Garofalo, Rock 'n' Roll Is Here To Pay - The History and Politics of the Music Industry, Chicago 1978 (dt., Wem gehört die Rock-Musik? Geschichte und Politik der Musikindustrie, Reinbek 1980).

Charlton, Michael, und Silvia Schneider (Hrsg.), Rezeptionsforschung. Theorien und Untersuchungen zum Umgang mit Massenmedien, Opladen 1997.

Charters, Anne, ed., The Penguin Book of the Beats, London, New York 1992.

Christgau, Robert, Any Old Way You Choose It. Rock and Other Pop Music, 1967-1973, Baltimore 1973.

Clarke, John u.a., Jugendkultur als Widerstand, Frankfurt am Main 1979.

Clausen, Lars, Jugendsoziologie, Stuttgart u.a. 1976.

Cloos, Peter, Jugend als Avantgarde ihrer eigenen Abschaffung. Neuere Studien und Publikationen zur Pop- und Jugendkultur, in: *Sozialwissenschaftliche Literatur Rundschau*, Jg. 21 (1998), S. 37-54.

Cohen, Stanley, Folk Devils and Moral Panics: The Creation of the Mods and Rockers, London 1972.

Cohn, Nik, Pop from the Beginning, London 1969 (dt., AWopBopaLooBop ALopBamBoom. Pop History, Reinbek 1971, Neuausgabe mit einem Nachwort von Ingeborg Schober, München, Mainz 1995).

Collins, Jim, Uncommon Cultures: Popular Culture and Post-Modernism, New York, London 1989.

Core, Phil, Camp. The Lie That Tells The Truth, New York, London 1984.

Cosgrove, Stuart, Music is the Key: Die erste Geschichte von House, in: Gerald Hündgen (Hrsg.), Chasin' a Dream. Die Musik des schwarzen Amerika von Soul bis HipHop, Köln 1989, S. 219-235.

Coupland, Douglas, Generation X: Tales For An Accelerated Culture, New York 1991, London 1992 (dt., Generation X. Geschichten für eine immer schneller werdende Kultur, Hamburg 1991).

Curran, James, The New Revisionism in Mass Communication Research: A Reappraisal, in: ders., David Morley und Valerie Walkerdine, eds., Cultural Studies and Communications, London, New York u.a. 1996, S. 258-278.

Curran, James, Media Dialogue: A Reply, in: ders., David Morley und Valerie Walkerdine, eds., Cultural Studies and Communications, London, New York u.a. 1996, S. 294-299.

Curran, James, David Morley und Valerie Walkerdine, eds., Cultural Studies and Communications, London, New York u.a. 1996.

Cutler, Chris, File Under Popular: theoretical and critical writings on music, London 1985 (dt., File Under Popular. Texte zur populären Musik, Neustadt 1995).

Davies, Ioan, Cultural Studies and Beyond: Fragments of Empire, London, New York 1995.

Davis, Robert Con, und Ronald Schleifer, eds., Contemporary Literary Criticism: Literary and Cultural Studies, New York, London 1989.

Debord, Guy, Rapport über die Konstruktion von Situationen und die Organisations- und Aktionsbedingungen der Internationalen Situationistischen Tendenz und andere Schriften, Hamburg 1980.

Denisoff, Robert S., Tarnished Gold. The Record Industry Revisited, New Brunswick (New Jersey) 1986.

Dennis, E. E., und W. L. Rivers, Other Voices: The New Journalism in America, San Francisco 1974.

Derrida, Jacques, Die Schrift und die Differenz, Frankfurt am Main ^{2}1985 (1967).

Dewey, John, Art as Experience, New York 1980 [1934] (dt., Kunst als Erfahrung, Frankfurt am Main 1980).

Diederichsen, Diedrich, Sexbeat. 1972 bis heute, Köln 1985.

Diederichsen, Diedrich, 1.500 Schallplatten. 1979-1989, Köln 1989.

Diederichsen, Diedrich, Musik und Dissidenz in den 80er Jahren - Inhaltsverzeichnis einer Theorie, in: ders., 1.500 Schallplatten. 1979-1989, Köln 1989.

Diederichsen, Diedrich, Popocatepetl. 10 Jahre Schallplatten, Graz 1989.

Diederichsen, Diedrich, Todesblei. Get Out Of Germany, in: *Spex* 1/1991, S. 54-57 und 74.

Diederichsen, Diedrich, Schwarze Musik und weiße Hörer, Pt. 1 & 2, in: *Symptome: Zeitschrift für epistemologische Baustellen* (1991; H. 7, S. 28-39; H. 8, S. 52-56).

Diederichsen, Diedrich, PC zwischen PoMo und MuCu. Ein Erfahrungsbericht, in: *Neue Rundschau*, Jg. 103 (1992), S. 23-39.

Diederichsen, Diedrich, Freiheit macht arm. Das Leben nach Rock 'n' Roll 1990-93, Köln 1993.

Diederichsen, Diedrich, Schwarze Musik und weiße Hörer, in: ders., Freiheit macht arm. Das Leben nach Rock 'n' Roll 1990-93, Köln 1993, S. 53-96.

Diederichsen, Diedrich, Wer fürchtet sich vor dem Cop Killer. Zehn Thesen zu Pop und Politik, in: *SPIEGEL SPEZIAL* 2/1994, S. 23-27.

Diederichsen, Diedrich, Politische Korrekturen, Köln 1996.

Diederichsen, Diedrich, Dick Hebdige und Olaf Dante Marx, Schocker. Stile und Moden der Subkultur, Reinbek bei Hamburg 1983.

Diederichsen, Diedrich (Hrsg.), Staccato. Musik und Leben. Heidelberg 1982.

Diefenbach, Katja, Wegwerfhymnen für die Ewigkeit. Techno im Kontext der Diskussion über Nazirock, Jugendkultur und rechten Mainstream, in: *medien + erziehung*, Jg. 37 (1993), S. 210-214.

Die Studentenbewegung: Eine Abrechnung mit den Jubiläumslügen, in: *MSZ (Marxistische Streit- und Zeitschrift) - Gegen die Kosten der Freiheit*, Nr. 6 (Juni 1988), S. 10-12, u. Nr. 7/8 (Juli/August 1988), S. 33-38.

Döpfner, Matthias O. C., Musikkritik in Deutschland nach 1945. Inhaltliche und formale Tendenzen - Eine kritische Analyse, Frankfurt am Main, Bern u.a. 1991.

Dunn, Tony, The evolution of cultural studies, in: David Punter, ed., Introduction to Contemporary Cultural Studies, London, New York 1986, S. 71-91.

During, Simon, The Cultural Studies Reader, London, New York 1993.

Dyer, Richard, Stars, London 1986 (1979).

Dyer, Richard, Coming to Terms, in: R. Ferguson, M. Gever, T.T. Minh-ha und Cornel West, eds., Out There: Marginalization and Contemporary Culture, New York, Cambridge (Mass.), London 1990, S. 269-278 (auch in: ders., Only Entertainment, London, New York 1992, S. 121-134).

Eco, Umberto, Apokalyptiker und Integrierte. Zur kritischen Kritik der Massenkultur, Frankfurt am Main 1986 (1964, 1978).

Eco, Umberto, Über Gott und die Welt. Essays und Glossen, München 1987 (1973, 1977, 1983).

Eco, Umberto, Für eine semiotische Guerilla, in: ders., Über Gott und die Welt. Essays und Glossen, München 1987 (1967), S. 146-156.

Eder, Klaus (Hrsg.), Klassenlage, Lebensstil und kulturelle Praxis. Theoretische und empirische Beiträge zur Auseinandersetzung mit Pierre Bourdieus Klassentheorie, Frankfurt am Main 1989.

Ehrenstein, David, The Aesthetics of Meltzer, in: *enclitic*, Vol. 9 (1987), S. 151-155.

Eliot, Marc, Rockonomics. The Money behind the Music, London u.a. 1989 (1990).

Engels, Friedrich, Die Entwicklung des Sozialismus von der Utopie zur Wissenschaft, in: Marx-Engels-Werke (MEW), Bd. 19, Berlin 1982 (1880), S. 177-228.

Engels, Friedrich, Ludwig Feuerbach und der Ausgang der klassischen deutschen Philosophie, in: MEW, Bd. 21, Berlin 1984 (1888), S. 259-307.

Engels, Friedrich, Herr Eugen Dührings Umwälzung der Wissenschaft („Anti-Dühring"), in: MEW, Bd. 20, Berlin 1978 (1894), S. 1-303.

Faulstich, Werner, Auf dem Weg zur totalen Mediengesellschaft. Kleiner Überblick über Daten, Zahlen, Trends der 80er Jahre - Mit Exkursen zu Delta der Venus, Blue Velvet und Alf, in: Christian W. Thomsen (Hrsg.), Aufbruch in die Neunziger. Ideen, Entwicklungen, Perspektiven der achtziger Jahre, Köln 1991, S. 97-141.

Fend, Helmut, Sozialgeschichte des Aufwachsens. Bedingungen des Aufwachsens und Jugendgestalten im zwanzigsten Jahrhundert, Frankfurt am Main 1988.

Ferchhoff, Wilfried, Jugend und Jugendforschung - Jugendkulturen unter der Lupe der Wissenschaft, in: *deutsche jugend*, Jg. 39 (1991), S. 103-112.

Ferchhoff, Wilfried, Jugend an der Wende des 20. Jahrhunderts. Lebensformen und Lebensstile, Opladen 1993.

Ferchhoff, Wilfried, Jugendkulturelle Individualisierungen und (Stil)differenzierungen in den 90er Jahren, in: ders., Uwe Sander und Ralf Vollbrecht (Hrsg.), Jugendkulturen - Faszination und Ambivalenz. Einblicke in jugendliche Lebenswelten, Festschrift für Dieter Baacke zum 60. Geburtstag, Weinheim, München 1995, S. 52-65.

Ferchhoff, Wilfried, Uwe Sander und Ralf Vollbrecht (Hrsg.), Jugendkulturen - Faszination und Ambivalenz. Einblicke in jugendliche Lebenswelten, Festschrift für Dieter Baacke zum 60. Geburtstag, Weinheim, München 1995.

Ferguson, Marjorie, und Peter Golding, eds., Cultural Studies in Question, London, Thousand Oaks, New Delhi 1997.

Feuer, Jane, Reading *Dynasty*: Television and Reception Theory, in: *The South Atlantic Quarterly*, Vol. 88 (1989), S. 443-460.

Fish, Stanley, Doing What Comes Naturally. Change, Rhetoric, and the Practice of Theory in Literary and Legal Studies, Oxford u.a. 1989.

Fish, Stanley, Professional Correctness: Literary Studies and Political Change, Oxford 1995.

Fish, Stanley, Boutique Multiculturalism, or Why Liberals Are Incapable of Thinking about Hate Speech, in: *Critical Inquiry*, Vol. 23 (1997), S. 378-395.

Fiske, John, Television Culture, London, New York 1987.

Fiske, John, Reading The Popular, London, New York 1989.

Fiske, John, Understanding Popular Culture, London, New York 1989.

Fiske, John, Popular Discrimination, in: James Naremore und Patrick Brantlinger, eds., Modernity and Mass Culture, Bloomington, Indianapolis 1991, S. 103-116.

Fiske, John, The Cultural Economy of Fandom, in: L. A. Lewis, ed., The Adoring Audience: Fan Culture and Popular Media, London, New York 1992, S. 30-49 (dt., Die kulturelle Ökonomie des Fantums, in: SPoKK [Hrsg.], Kursbuch JugendKultur. Stile, Szenen und Identitäten vor der Jahrtausendwende, Mannheim 1997, S. 54-69).

Fiske, John, Cultural Studies and the Culture of Everyday Life, in: Lawrence Grossberg u.a., eds., Cultural Studies, New York u.a. 1992, S.154-165.

Flaig, Berthold, Thomas Meyer und Johannes Ueltzhöffer, Alltagsästhetik und politische Kultur. Zur ästhetischen Dimension politischer Bildung und politischer Kommunikation, Bonn 1993.

Fluck, Winfried, Populäre Kultur. Ein Studienbuch zur Funktionsbestimmung und Interpretation populärer Kultur, Stuttgart 1979.

Fluck, Winfried, 'Amerikanisierung' der Kultur. Zur Geschichte der amerikanischen Populärkultur, in: Harald Wenzel (Hrsg.), Die Amerikanisierung des Medienalltags, Frankfurt, New York 1998, S. 13-52.

Freud, Sigmund, Der Witz und seine Beziehung zum Unbewußten, in: ders., Studienausgabe Bd. IV, Psychologische Schriften, Frankfurt am Main 1982 (1905), S. 13-219.

Frith, Simon, What can a poor boy do? Rock 'n' Revolution: eine traurige Geschichte, in: Jörg Gülden und Klaus Humann (Hrsg.), Rock-Session 1, Reinbek bei Hamburg 1977, S. 40-55.

Frith, Simon, Zur Ideologie des Punk, in: Jörg Gülden und Klaus Humann (Hrsg.), Rock-Session 2, Reinbek bei Hamburg 1978, S. 25-32.

Frith, Simon, Sociology of Rock, London 1978.

Frith, Simon, Sounds effects: Youth, leisure, and the politics of rock 'n' roll, New York 1981 (dt., Jugendkultur und Rockmusik, Reinbek bei Hamburg 1981).

Frith, Simon, Rock and the Politics of Memory, in: Sohnya Sayres, Anders Stephanson, Stanley Aronowitz und Fredric Jameson, eds., The 60s Without Apology, Minneapolis 1985 (1984), S. 59-69.

Frith, Simon, Art Versus Technolgy. The Strange Case of Popular Music, in: M. Gurevitch und M. R. Levy, eds., *Mass Communication Review Yearbook*, Volume 6, Newbury Park 1987, S. 239-255 (zuerst in: *Media, Culture & Society*, Vol. 8 [1985]).

Frith, Simon, Towards an aesthetic of popular music, in: Richard Leppert und Susan McClary, eds., Music and society: the politics of composition, performance and reception, Cambridge (England) u.a. 1987, S. 133-149.

Frith, Simon, Rock and Popular Culture, in: Donald Lazere, ed., American Media and Mass Culture: Left Perspectives, Berkeley, Los Angeles, London 1987, S. 309-319.

Frith, Simon, Copyright and the Music Business, in: *Popular Music*, Vol. 7 (1987), S. 57-75.

Frith, Simon, Art Ideology and Pop Practice, in: Cary Nelson und Lawrence Grossberg, eds., Marxism and the Interpretation of Culture, Houndmills, Basingstoke u.a. 1988, S. 461-475.

Frith, Simon, Video Pop: Picking Up the Pieces, in: ders., ed., Facing the Music, New York 1988, S. 88-130.

Frith, Simon, Music for Pleasure. Essays in the Sociology of Pop, New York 1988.

Frith, Simon, Frankie said: But what did they mean?, in: Alan Tomlinson, ed., Consumption, Identity, and Style: Marketing, meanings, and the packaging of pleasure, London, New York 1990, S. 172-185.

Frith, Simon, The Good, the Bad, and the Indifferent: Defending Popular Culture from the Populists, in: *diacritics*, Vol. 21 (1991), S. 102-115.

Frith, Simon, The Cultural Study of Popular Music, in: Lawrence Grossberg, Cary Nelson und Paula A. Treichler, eds., Cultural Studies, New York, London 1992, S. 174-186.

Frith, Simon, Literary Studies as cultural studies - whose literature? whose culture?, in: *Critical Quarterly*, Vol. 34 (1992), S. 3-26.

Frith, Simon, Political correctness, in: *Critical Quarterly*, Vol. 35 (1993), S. 41-54.

Frith, Simon, Performing Rites: On the Value of Popular Music, Oxford, New York 1996.

Frith, Simon, und Howard Horne, Art Into Pop, London, New York 1987.

Frith, Simon, und Andrew Goodwin, eds., On Record: Rock, Pop, and the Written Word, London 1990.

Gaines, Joan M., Contested Culture: The Image, The Voice and The Law, London 1992.

Garnham, Nicholas, Political Economy and Cultural Studies: Reconciliation or Divorce?, in: *Critical Studies in Mass Communication*, Vol. 12 (1995), S. 62-71.

Garofalo, Reebee, Whose World, What Beat: The Transnational Music Industry, Identity and Cultural Imperialism, in: *the world of music*, Vol. 35 (1993), S. 16-32.

Gebauer, Gunter, und Christoph Wulf (Hrsg.), Praxis und Ästhetik. Neue Perspektiven im Denken Pierre Bourdieus, Frankfurt am Main 1993.

Geertz, Clifford, Dichte Beschreibung. Beiträge zum Verstehen kultureller Systeme, Frankfurt am Main 1983 (1973).

Gendron, Bernard, Theodor Adorno Meets The Cadillacs, in: Tania Modleski, ed., Studies in Entertainment: Critical Approaches to Mass Culture, Bloomington, Indianapolis 1986, S. 18-36.

Giddens, Anthony, Die Klassenstruktur fortgeschrittener Gesellschaften, Frankfurt am Main 1984 (1973).

Giessen, Hans W., Zeitgeist populär - seine Darstellung in deutschsprachigen postmodernen Songtexten (bis 1989), St. Ingbert 1992.

Giessen, Hans W., 'Ich sing' ein deutsches Lied.' Chauvinistische Poptexte und der neue Rechtsradikalismus, in: *Soziale Welt*, Jg. 44 (1993), S. 555-569.

Giessen, Hans W., Indikatoren des Zeitgeistes. Poptexte beschreiben gesellschaftliche Entwicklungen, in: *Publizistik. Vierteljahreshefte für Kommunikationsforschung*, Jg. 39 (1994), S. 307-313.

Gilroy, Paul, British Cultural Studies and the Pitfalls of Identity, in: James Curran, David Morley und Valerie Walkerdine, eds., Cultural Studies and Communications, London, New York u.a. 1996, S. 35-49.

Gitlin, Todd, The Anti-political Populism of Cultural Studies, in: Marjorie Ferguson und Peter Golding, eds., Cultural Studies in Question, London, Thousand Oaks, New Delhi 1997, S. 25-38.

Glaser, Renate, und Matthias Luserke (Hrsg.), Literaturwissenschaft - Kulturwissenschaft. Positionen, Themen, Perspektiven, Opladen 1995.

Glessing, Robert J., The Underground Press in America, Bloomington, London 1970.
Göttlich, Udo, Kritik der Medien. Reflexionsstufen kritisch-materialistischer Medientheorien am Beispiel von Leo Löwenthal und Raymond Williams, Opladen 1996.
Goetz, Rainald, Rave, Frankfurt am Main 1998.
Goffman, Erving, Fun in Games, in: ders., Encounters. Two Studies in Sociology of Interaction, London 1961.
Goffman, Erving, On Cooling the Mark Out: Somes Aspects of Adaption to Failure, in: Arnold M. Rose, ed., Human Behaviour and Social Processes, Boston 1962, S. 482-505.
Goffman, Erving, Wo was los ist - wo es action gibt, in: ders., Interaktionsrituale. Über Verhalten in direkter Kommunikation, Frankfurt am Main 1971 (1967), S. 164-292.
Goffman, Erving, Rahmen-Analyse. Ein Versuch über die Organisation von Alltagserfahrungen, Frankfurt am Main 1980 (1974).
Goodwin, Andrew, Music Video in the (Post) Modern World, in: Screen, Vol. 28 (1987), S. 36-55.
Goodwin, Andrew, Sample and Hold: Pop Music in the Digital Age of Reproduction, in: Simon Frith und ders., eds., On Record: Rock, Pop, and the Written Word, London 1990 (1988), S. 258-273.
Goodwin, Andrew, Dancing in the Distraction Factory: Music Television and Popular Culture, Minneapolis 1992.
Graf, Oskar Maria, Die Flucht ins Mittelmäßige, München 1976 (1959).
Gramsci, Antonio, Marxismus und Kultur. Ideologie, Alltag, Literatur, hrsg. v. Sabine Kebir, Hamburg 1987 (1983).
Griese, Hans M., Sozialwissenschaftliche Jugendtheorien. Eine Einführung, Weinheim, Basel ³1987 (1977).
Grossberg, Lawrence, 'I'd Rather Feel Bad than not Feel Anything at All': Rock and Roll, Pleasure and Power, in: enclitic, Vol. 8 (1984), S. 94-111.
Grossberg, Lawrence, Is There Rock After Punk?, in: Simon Frith und Andrew Goodwin, eds., On Record: Rock, Pop, and the Written Word, London 1990 (1986), S. 111-123.
Grossberg, Lawrence, Putting the Pop Back into Postmodernism, in: Andrew Ross, ed., Universal Abandon? The Politics of Postmodernism, Edinburgh 1989, S. 167-190.
Grossberg, Lawrence, We gotta get out of this place: popular conservatism and postmodern culture, New York, London 1992.
Grossberg, Lawrence, Cultural Studies Vs. Political Economy: Is Anyone Else Bored with this Debate?, in: Critical Studies in Mass Communication, Vol. 12 (1995), S. 72-81.
Grossberg, Lawrence, Cary Nelson und Paula A. Treichler, eds., Cultural Studies, New York, London 1992.
Grotum, Thomas, Die Halbstarken. Zur Geschichte einer Jugendkultur der 50er Jahre, Frankfurt und New York 1994.
Gülden, Jörg, und Klaus Humann (Hrsg.), Rock-Session 1, Reinbek bei Hamburg 1977.
Guggenberger, Bernd, Wenn uns die Arbeit ausgeht. Die aktuelle Diskussion um Arbeitszeitverkürzung, Einkommen und die Grenzen des Sozialstaats, München 1988.
Habermas, Jürgen, Strukturwandel der Öffentlichkeit. Untersuchungen zu einer Kategorie der bürgerlichen Gesellschaft, Frankfurt am Main 1990 (1962).
Habermas, Jürgen, Theorie des kommunikativen Handelns, 2 Bde., Frankfurt am Main 1981.
Harris, David, From Class Struggle To The Politics Of Pleasure: The Effects Of Gramscianism On Cultural Studies, London, New York 1992.
Haug, Wolfgang F., Kritik der Warenästhetik, Frankfurt am Main 1971.
Hebdige, Dick, Subculture: The Meaning of Style, New York 1979.
Hebdige, Dick, Hiding in the Light: On Images and Things, London 1988.

Heck, Marion, und Uwe Husslein, Roots of Fan(zine)dom, in: Ralf Bornowski und Uwe Husslein, Fanzines - ...they are like wild, exotic mushrooms...: Reader und Index zu deutschsprachigen Fanzines, Wuppertal 1996, S. 7-11.

Hecken, Thomas, Kant mit Fourier? Bourdieusche Geschmacksfragen, in: *Merkur*, Jg. 39 (1985), S. 288-297.

Hecken, Thomas, Die neuen Volljährigen, in: *Der Alltag*, Nr. 3 (1986), S. 120-124.

Hecken, Thomas, Medienkonsum, in: *Der Alltag*, Nr. 3 (1989), S. 138-141.

Hecken, Thomas, Gestalten des Eros. Die schöne Literatur und der sexuelle Akt, Opladen 1997.

Hecken, Thomas, Kunst und/oder Leben. Futuristisches, dadaistisches Varieté, situationistische Aktion, Pop Art, in: ders. (Hrsg.), Der Reiz des Trivialen. Künstler, Intellektuelle und die Popkultur, Opladen 1997, S. 109-140.

Hecken, Thomas, Der Reiz des Trivialen. Idealistische Ästhetik, Trivialliteraturforschung, Geschmackssoziologie und die Aufnahme populärer Kultur, in: ders. (Hrsg.), Der Reiz des Trivialen. Künstler, Intellektuelle und die Popkultur, Opladen 1997, S. 13-48.

Hecken, Thomas, Intellektuelle Film- und Popmusikkritik. Frankfurter Schule, Hitchcocko-Hawksianer, Camp, Pop-Theorie, in: ders. (Hrsg.), Der Reiz des Trivialen. Künstler, Intellektuelle und die Popkultur, Opladen 1997, S. 201-240.

Hecken, Thomas (Hrsg.), Der Reiz des Trivialen. Künstler, Intellektuelle und die Popkultur, Opladen 1997.

Helms, H G, Zu den ökonomischen Bedingungen der neuen Musik, in: Ulrich Dibelius (Hrsg.), Verwaltete Musik: Analyse und Kritik eines Zustandes, München 1971, S. 15-40.

Henderson, Lesley, Lesbian Pornography: Cultural Transgression and Sexual Demystification, in: S. Munt, ed., New Lesbian Criticism: Literary and Cultural Readings, New York u..a. 1992, S. 173-191.

Hepp, Andreas, und Rainer Winter (Hrsg.), Kultur - Medien - Macht. Cultural Studies und Medienanalyse, Opladen 1997.

Herth, Alexandra, Sprachliche Analyse von Fanzines, in: Jens Neumann (Hrsg.), Fanzines - Wissenschaftliche Betrachtungen zum Thema, Mainz 1997, S. 137-206.

Himmelmann, Günther, Arbeitswert, Mehrwert und Verteilung. Zur Problematik von Theorie und Praxis in der Marxschen Lehre, Opladen 1974.

Hinz, Ralf, Die Kontroverse um Rortys postmodernen Liberalismus, in: *Leviathan*, Jg. 21 (1993), S. 127-145.

Hinz, Ralf, Formen der Geschichtsschreibung über Popmusik, in: Popmusic: yesterday - today - tomorrow. 9 Beiträge vom 8. Internationalen Studentischen Symposium für Musikwissenschaft in Köln 1993, hrsg. v. Markus Henger und Matthias Prell (Hrsg.), Regensburg 1995, S. 133-150.

Hinz, Ralf, Cultural Studies. Themen, Argumente, Kritik, in: Thomas Hecken (Hrsg.), Der Reiz des Trivialen. Künstler, Intellektuelle und die Popkultur, Opladen 1997, S. 163-200.

Hinz, Ralf, John Deweys pragmatistische Ästhetik und die Folgen, im Erscheinen (Opladen, ca. Frühjahr 1999).

Hirsch, Hans, Schallplatten zwischen Kunst und Kommerz. Fakten, Tendenzen und Überlegungen zur Produktion und Verbreitung von Tonträgern, Wilhelmshaven 1987.

Hirsch, Joachim, Auf dem Wege zum Postfordismus. Die aktuelle Neuformierung des Kapitalismus und ihre politischen Folgen, in: *Das Argument* Nr. 151 (1985), S. 325-342.

Hirsch, Paul M., Processing Fads and Fashions: An Organization-Set Analysis of Cultural Industry Systems, in: Simon Frith und Andrew Goodwin, eds., On Record: Rock, Pop, and the Written Word, London 1990, S. 127-139 (zuerst in: *American Journal of Sociology*, Vol. 77 [1972]).

Hirschkop, Ken, Introduction: Bakhtin and cultural theory, in: ders. und David Shepherd, eds., Bakhtin and cultural theory, Manchester, New York 1989, S. 1-38.

Höher, Arnim, Auf dem Wege zu einer Rezeption der Soziologie Pierre Bourdieus? Replik zu dem Artikel von Jörg Blasius und Joachim Winkler „Gibt es die 'feinen Unterschiede'?", in: *Kölner Zeitschrift für Soziologie und Sozialpsychologie*, Jg. 41 (1989), S. 729-736.

Hörz, Peter F.N., Beton macht Spaß - Annäherung an die jugendliche Subkultur der Skater, in: *deutsche jugend*, Jg. 42 (1994), S. 33-37.

Hoggart, Richard, The Uses of Literacy, London 1957.

Holert, Tom, und Mark Terkessidis (Hrsg.), Mainstream der Minderheiten. Pop in der Kontrollgesellschaft, Berlin 1996.

Hollstein, Walter, Der Untergrund. Zur Soziologie jugendlicher Protestbewegungen, Neuwied, Berlin 1969.

Holmes, J. C., Go, New York 1988 (1952).

Honneth, Axel, Die zerrissene Welt der symbolischen Formen. Zum kultursoziologischen Werk P. Bourdieus, in: *Kölner Zeitschrift für Soziologie und Sozialpsychologie*, Jg. 36 (1984), S. 147-164.

Honneth, Axel, Kritische Theorie. Vom Zentrum zur Peripherie einer Denktradition, in: *Kölner Zeitschrift für Soziologie und Sozialpsychologie*, Jg. 41 (1989), S. 1-32.

Horkheimer, Max, und Theodor W. Adorno, Dialektik der Aufklärung. Philosophische Fragmente, Frankfurt am Main 1969 (1944).

Hornstein, Walter, Ein halbes Jahrzehnt 'Pädagogische Jugendforschung' - Überlegungen am Ende eines Forschungsprogramms, in: Wilfried Breyvogel (Hrsg.), Pädagogische Jugendforschung. Erkenntnisse und Perspektiven, Opladen 1989, S. 227-257.

Hradil, Stefan, System und Akteur. Eine empirische Kritik der soziologischen Kulturtheorie Pierre Bourdieus, in: Klaus Eder (Hrsg.), Klassenlage, Lebensstil und kulturelle Praxis. Theoretische und empirische Beiträge zur Auseinandersetzung mit Pierre Bourdieus Klassentheorie, Frankfurt am Main 1989, S. 111-141.

Hubschmid, Christian, In den Tiefen des Techno. Über technisch ermöglichte Kreativität in der Populärmusik, in: *Neue Zürcher Zeitung* (vom 2.3.1995), S. 33.

Hündgen, Gerald, Englands längste Nacht: Northern Soul, in: ders. (Hrsg.), Chasin' a Dream. Die Musik des schwarzen Amerika von Soul bis HipHop, Köln 1989, S. 180-191.

Huisken, Freerk, Zur Kritik bürgerlicher Didaktik und Bildungsökonomie, München 1972.

Inglis, Fred, Cultural Studies, Oxford, Cambridge (Mass.) 1993.

Ingrao, Pietro, und Rossana Rossanda, Verabredungen zum Jahrhundertende. Eine Debatte über die Entwicklung des Kapitalismus und die Aufgaben der Linken, hrsg. v. Hartwig Heine. Mit Beiträgen von Elmar Altvater, Joachim Bischoff, Frank Deppe u.a., Hamburg 1995.

Jacob, Günther, Agit-Pop. Schwarze Musik und weiße Hörer: Texte zu Rassismus und Nationalismus, HipHop und Raggamuffin, Berlin, Amsterdam 1993.

Jacob, Günther, Hip Hop - Folklore wider Willen: Das Ghetto als Disneyland, in: *Die Zeit*, Nr. 37 (vom 9.9. 1994), S. 80.

Jacob, Günther, Update, in: David Dufresne, Rap Revolution, Zürich, Mainz 1997, S. 270-366.

Jacob, Günther, Interview mit Thomas B., HipHop, Rassismus und die Krise der Pop-Subversion, in: David Dufresne, Rap Revolution, Zürich, Mainz 1997, S. 420-441.

James, David E., Poetry/Punk/Production: Some Recent Writing in LA, in: E. Ann Kaplan, ed., Postmodernism and Its Discontents. Theories, Practices,. London, New York 1988, S. 163-186.

Jameson, Frederic, Postmoderne - zur Logik der Kultur im Spätkapitalismus, in: Andreas Huyssen und Klaus R. Scherpe (Hrsg.), Postmoderne. Zeichen eines kulturellen Wandels, Reinbek bei Hamburg 1986, S. 45-102.

Jenkins, Henry, Star Trek Rerun, Reread, Rewritten: Fan Writing as Textual Poaching, in: Constance Penley, E. Lyon, L. Spigel und J. Bergstrom, eds., Close Encounters: Film, Feminism, and Science Fiction, Minneapolis u.a. 1991, S. 171-202.

Jenkins, Henry, Textual Poachers: Television Fans and Participatory Culture, New York, London 1992.

Jones, Simon, Black Culture, White Youth: The Reggae Tradition from JA to UK, Houndmills, Basingstoke u.a. 1988.

Jones, Steve, Who Fought The Law? The American Music Industry and the Global Popular Music Market, in: Tony Bennett, Simon Frith, Lawrence Grossberg, John Shepherd und Graeme Turner, eds., Rock and Popular Music: Politics, Policies, Institutions, London, New York 1993, S. 83-95.

Jugendwerk der Deutschen Shell (Hrsg.), Jugend '81: Lebensentwürfe, Alltagskulturen, Zukunftsbilder, 2 Bde., Opladen 1982.

Jugendwerk der Deutschen Shell (Hrsg.), Näherungsversuche, Jugend '81: eine Studie, eine Tagung, Reaktionen, Leverkusen 1983.

Jugendwerk der Deutschen Shell (Hrsg.), Jugendliche und Erwachsene '85. Generationen im Vergleich, Bd. 2: Freizeit und Jugendkultur, Opladen 1985.

Jugendwerk der Deutschen Shell (Hrsg.), Jugend '92. Lebenslagen, Orientierungen und Entwicklungsperspektiven im vereinigten Deutschland, Bd. 1: Gesamtdarstellung und biografische Porträts; Bd. 2: Im Spiegel der Wissenschaften, Opladen 1992.

Jugendwerk der Deutschen Shell (Hrsg.), Jugend '97. Zukunkftsperspektiven - Gesellschaftliches Engagement - Politische Orientierungen, Opladen 1997.

Jungheinrich, Hans-Klaus, Über musikalische Erfahrung, in: Hans Werner Henze (Hrsg.), Die Chiffren. Musik und Sprache (Neue Aspekte der musikalischen Ästhetik IV), Frankfurt am Main 1990, S. 192-210.

Juno, A., und V. Vale, eds., Re/Search # 11: Pranks!, San Franzisco 1987.

Jurga, Martin (Hrsg.), Lindenstraße. Produktion und Rezeption einer Erfolgsserie, Opladen 1995.

Kabel, Rainer, M. Sönnichsen und A. Splanemann, Jugend der 80er Jahre: im Spiegel von Umfragen, Berlin 1987.

Kaempfe, Alexander, Die Funktion der sowjetischen Literaturtheorie, Nachwort in: Michail Bachtin, Literatur und Karneval. Zur Romantheorie und Lachkultur, München 1985 (1969), S. 133-148.

Kaden, Christian, Musiksoziologie, Berlin, Wilhelmshaven 1984.

Kant, Immanuel, Kritik der Urteilskraft, Werkausgabe Bd. X, hrsg. v. Wilhelm Weischedel, Frankfurt am Main 1974 (1790).

Kaplan, E. Ann, Rocking Around the Clock: Music Television, Postmodernism, and Consumer Culture, New York 1987.

Kaplan, E. Ann, Introduction, in: dies., ed., Postmodernism and its Discontents. Theories and Practices, London, New York 1988, S. 1-9.

Kellner, Douglas, Toward a Multiperspectival Cultural Studies, in: *The Centennial Review*, Vol. 36 (1992), S. 5-42.

Kellner, Douglas, Overcoming the Divide: Cultural Studies and Political Economy, in: Marjorie Ferguson und Peter Golding, eds., Cultural Studies in Question, eds., London, Thousand Oaks, New Delhi 1997, S. 102-120.

Kemper, Peter, 'Der Rock ist ein Gebrauchswert'. Warum Adorno die Beatles verschmähte, in: *Merkur*, Jg. 45 (1991), S. 890-902.

Kipnis, Laura, (Male) Desire and (Female) Disgust: Reading *Hustler*, in: Lawrence Grossberg, Cary Nelson und Paula A. Treichler, eds., Cultural Studies, New York, London 1992, S. 373-391.

Krais, Beate, Soziales Feld, Macht und kulturelle Praxis. Die Untersuchungen Bourdieus über die verschiedenen Fraktionen der 'herrschenden Klasse' in Frankreich, in: Klaus Eder (Hrsg.), Klassenlage, Lebensstil und kulturelle Praxis. Theoretische und empirische Beiträge zur Auseinandersetzung mit Pierre Bourdieus Klassentheorie, Frankfurt am Main 1989, S. 47-70.

Kramer, Jürgen, British Cultural Studies, München 1997.

Kreckel, Reinhard., Klassenbegriff und Ungleichheitsforschung, in: Lebenslagen, Lebensläufe, Lebensstile (*Soziale Welt*: Sonderband 7), hrsg. v. Peter A. Berger und Stefan Hradil, Göttingen 1990, S. 51-79.

Kreutz, Henrik, Soziologie der Jugend, München 1974.

Kreutzner, Gabriele, Next Time on DYNASTY. Studien zu einem populären Serientext im amerikanischen Fernsehen der achtziger Jahre, Trier 1991.

Kreuzer, Helmut, Exkurs über die Boheme, in: Deutsche Literatur im 20. Jahrhundert. Strukturen und Gestalten, hrsg. v. O. Mann und W. Rothe, Bern, München ^{5}1967 (1954), S. 222-234.

Kreuzer, Helmut, Die Boheme. Beiträge zu ihrer Beschreibung, Stuttgart 1968.

Krotz, Friedrich, Fernsehrezeption kultursoziologisch betrachtet: Der Beitrag der cultural studies zur Konzeption und Erforschung des Mediengebrauchs, in: *Soziale Welt*, Jg. 46 (1995), S. 245-265.

Krüger, Heinz-Hermann (Hrsg.), Handbuch der Jugendforschung, Opladen 1988, ^{2}1993.

Lachmann, Renate, Vorwort, in: Michail Bachtin, Rabelais und seine Welt. Volkskultur als Gegenkultur, Frankfurt am Main 1987, S. 7-46.

Laing, David, One Chord Wonders: Power and Meaning in Punk Rock, Milton Keynes, Philadelphia 1985.

Lamnek, Siegfried, Theorien abweichenden Verhaltens. Eine Einführung für Soziologen, Psychologen, Pädagogen, Juristen, Politologen, Kommunikationswissenschaftler und Sozialarbeiter, München 1979.

Land der Hoffnung - Land der Krise: Jugendkulturen im Ruhrgebiet 1900-1987, hrsg. v. Wilfried Breyvogel und Heinz-Herrmann Krüger, Berlin, Bonn 1987.

Lau, Thomas, Die heiligen Narren. Punk 1976-1986, Berlin, New York 1992.

Leitch, Thomas M., The Case for Studying Popular Culture, in: *The South Atlantic Quarterly*, Vol. 84 (1985), S. 115-126.

Lessing, Helmut, Dieter Damm, Manfred Liebel und Michael Naumann, Lebenszeichen der Jugend: Kultur, Beziehung und Lebensbewältigung im Jugendalter, Weinheim, München 1986.

Lessing, Helmut, und Manfred Liebel, Jugend in der Klassengesellschaft. Marxistische Jugendforschung und antikapitalistische Jugendarbeit, München 1974.

Lewis, G. H., The Sociology of Popular Culture, in: *Current Sociology*, Vol. 26 (1978).

Liebau, Eckart, Die Bildung des Geschmacks. Eine Studie zur pädagogischen Kultur, in: *Neue Sammlung*, Jg. 31 (1991), S. 246-269.

Lindner, Burkhardt, Technische Reproduzierbarkeit und Kulturindustrie. 'Positives Barbarentum im Kontext', in: ders. (Hrsg.), 'Links hatte noch alles sich zu enträtseln ...' Walter Benjamin im Kontext, Frankfurt am Main 1978, S. 180-223.

Lindner, Rolf, Jugendkultur und Subkultur als soziologische Konzepte, in: Mike Brake, Soziologie der jugendlichen Subkulturen, Frankfurt am Main 1981, S. 172-193.

Lindner, Rolf (Hrsg.), Punk Rock, Frankfurt am Main 1978.

Lipton, Lawrence, The Holy Barbarians, New York 1959 (dt., Die heiligen Barbaren, Düsseldorf 1960).

Luhmann, Niklas, Politische Theorie im Wohlfahrtsstaat, München, Wien 1981.

Luhmann, Niklas, Zum Begriff der sozialen Klassen, in: ders. (Hrsg.), Soziale Differenzierung, Opladen 1985, S. 119-162.

Luhmann, Niklas, Kapital und Arbeit. Probleme einer Unterscheidung, in: Die Moderne - Kontinuitäten und Zäsuren (*Soziale Welt*: Sonderband 5), hrsg. v. Johannes Berger, Göttingen 1986, S. 57-78.

Luhmann, Niklas, Kapitalismus und Utopie, in: *Merkur*, Jg. 48 (1994), S. 189-198.
Maas, Utz, Nachwort, in: Paul Willis, 'Profane Culture': Rocker, Hippies: Subversive Stile der Jugendkultur, Frankfurt am Main 1981, S. 259-269.
MacCabe, Colin, Defining popular culture, in: ders., ed., High Theory/Low Culture: Analysing popular television and film, Manchester 1986, S. 1-10.
Mahnkopf, Birgit, Verbürgerlichung. Die Legende vom Ende des Proletariats, Frankfurt am Main, New York 1985.
Mailer, Norman, The White Negro. Superficial Reflections on the Hipster, in: ders., Advertisements for Myself, New York 1966 (1957), S. 311-331.
Marcus, Greil, Lipstick Traces: Von Dada bis Punk - kulturelle Avantgarden und ihre Wege aus dem 20. Jahrhundert, Hamburg 1992 (amerik., Lipstick Traces: A Secret History of the Twentieth Century, 1989).
Marcuse, Herbert, Der eindimensionale Mensch. Studien zur Ideologie in der fortgeschrittenen Industriegesellschaft, Darmstadt, Neuwied 1980 (1964).
Marcuse, Herbert, Konterrevolution und Revolte, Frankfurt am Main 1973 (1972).
Marcuse, Herbert, Versuch über die Befreiung, Frankfurt am Main 1980 (1969).
Marx, Karl, und Friedrich Engels, Die heilige Familie oder Kritik der kritischen Kritik: Gegen Bruno Bauer und Konsorten, in: Marx-Engels-Werke (MEW), Bd. 2, Berlin 1976 (1845), S. 3-223.
Marx, Karl, Der achtzehnte Brumaire des Louis Bonaparte, in: MEW, Bd. 8, Berlin 1982 (1851/52), S. 111-207.
Marx, Karl, Grundrisse der Kritik der politischen Ökonomie, in: MEW, Bd. 42, Berlin 1983 (1857/58).
Marx, Karl, Lohn, Preis und Profit, in: MEW, Bd. 16, Berlin 1981 (1865), S. 101-152.
Marx, Karl, Das Kapital. Kritik der politischen Ökonomie: Erster Band, Buch I: Der Produktionsprozeß des Kapitals, in: MEW, Bd. 23, Berlin 1979 (1867).
Marx, Karl, Kritik des Gothaer Programms, in: MEW, Bd. 19, Berlin 1982 (1875), S. 11-32.
Marx, Karl, Das Kapital. Kritik der politischen Ökonomie, Zweiter Band, Buch II: Der Zirkulationsprozeß des Kapitals, in: MEW, Bd. 24, Berlin 1963 (1893).
Marx, Karl, Das Kapital. Kritik der politischen Ökonomie, Dritter Band, Buch III: Der Gesamtprozeß der kapitalistischen Produktion, in: MEW, Bd. 25, Berlin 1964 (1894).
Marx, Karl, Theorien über den Mehrwert (Vierter Band des 'Kapitals'), MEW, Bd. 26.1, 26.2 u. 26.3, Berlin 1976, 1974 u. 1976.
Marx, Karl, Ökonomisches Manuskript 1861-1863. Teil I, MEW, Bd. 43, Berlin 1990.
May, Michael, Provokation Punk. Versuch einer Neufassung des Stilbegriffs in der Jugendforschung, Frankfurt am Main 1986.
McGuigan, Jim, Cultural Populism, London, New York 1992.
McLuhan, Marshall, Medien verstehen. Der McLuhan-Reader, hrsg. v. Martin Baltes, Fritz Böhler, Rainer Höltschl und Jürgen Reuß, Mannheim 1997.
McNally, D., Desolate Angel. Jack Kerouac, the Beat Generation, and America, New York 1979.
McRobbie, Angela, Settling Accounts with Subcultures: A Feminist Critique, in: Simon Frith und Andrew Goodwin, eds., On Record. Rock, Pop, and the Written Word, London 1990 (1980), S. 66-80.
McRobbie, Angela, Introduction, in: dies., ed., Zoot Suits and Second Hand Dresses: An Anthology of Fashion and Music, Houndmills u.a. 1989, S. Xi-XX.
McRobbie, Angela, Feminism and Youth Culture: From *Jackie* to *Just Seventeen*, Houndmills u.a. 1991.
McRobbie, Angela, New Times in Cultural Studies, in: *New Formations*, Vol. 5 (1991), S. 1-17.

McRobbie, Angela, Post-Marxism and Cultural Studies: A Post-script, in: Lawrence Grossberg, Cary Nelson und Paula A. Treichler, eds., Cultural Studies, New York, London 1992, S. 719-730.

Meltzer, Richard, The Aesthetics of Rock. New Introduction by Greil Marcus, New York 1987 (1970).

Meltzer, Richard, Gulcher: Post-Rock Cultural Pluralism in America (1649-1980), San Franzisco 1972.

Meueler, Christof, Pop und Bricolage. Einmal Underground und zurück: kleine Bewegungslehre der Popmusik, in: SPoKK (Hrsg.), Kursbuch JugendKultur. Stile, Szenen und Identitäten vor der Jahrtausendwende, Mannheim 1997, S. 32-39.

Meueler, Christof, Auf Montage im Techno-Land, in: SPoKK (Hrsg.), Kursbuch JugendKultur. Stile, Szenen und Identitäten vor der Jahrtausendwende, Mannheim 1997, S. 243-250.

Moabit, Johnny, Hardcore- und Punk-Fanzines, in: *Die Beute - Politik und Verbrechen*, 4/94 (Winter 1994/95), S. 126-129.

Modleski, Tania, Femininity as mas(s)querade: a feminist approach to mass culture, in: Colin MacCabe, ed., High Theory/Low Culture: Analysing popular television and film, Manchester 1986, S. 37-52.

Modleski, Tania, Introduction, in: dies., ed., Studies in Entertainment: Critical Approaches to Mass Culture, Bloomington, Indianapolis 1986, S. iX-XiX.

Mörth, Ingo, und Gerhard Fröhlich (Hrsg.), Das symbolische Kapital der Lebensstile. Zur Kultursoziologie der Moderne nach Pierre Bourdieu, Frankfurt am Main 1994.

Montgormery, Michael V., Carnivals and Commonplaces: Bakhtin's Chronotope, Cultural Studies, and Film, New York, San Francisco u.a. 1993.

Morley, David, Television, Audiences and Cultural Studies, London, New York 1992.

Morley, David, Populism, Revisionism and the 'New' Audience Research, in: James Curran, ders. und Valerie Walkerdine, eds., Cultural Studies and Communications, London, New York u.a. 1996, S. 279-293.

Morley, David, Media Dialogue: Reading the Readings of the Readings ..., in: James Curran, ders. und Valerie Walkerdine, eds., Cultural Studies and Communications, London, New York u.a. 1996, S. 300-305.

Morley, David, Theoretical Orthodoxies: Textualism, Constructivism and the 'New Ethnography' in Cultural Studies, in: Marjorie Ferguson und Peter Golding, eds., Cultural Studies in Question, London, Thousand Oaks, New Delhi 1997, S. 121-137.

Morris, Meaghan, Banality in Cultural Studies, in: Patricia Mellencamp, ed., Logics of television: essays in cultural criticism, Bloomington, Indianapolis 1990, S. 14-43.

Mueller, J. H., Fragen des musikalischen Geschmacks. Eine musiksoziologische Studie, Köln, Opladen 1963.

Müller, Hans-Peter, Kultur, Geschmack und Distinktion. Grundzüge der Kultursoziologie P. Bourdieus, in: Kultur und Gesellschaft, Sonderheft der *Kölner Zeitschrift für Soziologie und Sozialpsychologie*, hrsg. v. Friedrich Neidhardt et al., Opladen 1986, S. 162-190.

Müller, Hans-Peter, Lebensstile. Ein neues Paradigma der Differenzierungs- und Ungleichheitsforschung, in: *Kölner Zeitschrift für Soziologie und Sozialpsychologie*, Jg. 41 (1989), S. 53-71.

Müller, Hans-Peter, Sozialstruktur und Lebensstile. Der neuere theoretische Diskurs der sozialen Ungleichheit, Frankfurt am Main 1992.

Müller-Doohm, Stefan, und Klaus Neumann-Braun (Hrsg.), Kulturinszenierungen, Frankfurt am Main 1995.

Münch, Thomas, 'Hit me with your rhythm stick' - Musikalische Gefühlsinszenierung im Radio, in: Kulturinszenierungen, hrsg. v. Stefan Müller-Doohm und Klaus Neumann-Braun, Frankfurt am Main 1995, S. 167-185.

Mukerji, Chandra, und Michael Schudson, Introduction: Rethinking Popular Culture, in: dies, eds., Rethinking Popular Culture: Contemporary Perspectives in Cultural Studies, Berkeley u.a. 1991, S. 1-61.

Naumann, Michael, Alltagsmythen, in: Helmut Lessing u.a. (Hrsg.), Lebenszeichen der Jugend: Kultur, Beziehung und Lebensbewältigung im Jugendalter, Weinheim, München 1986, S. 131-135.

Neckel, Sieghard, Status und Scham. Zur symbolischen Reproduktion sozialer Ungleichheit, Frankfurt am Main 1991.

Negt, Oskar, und Alexander Kluge, Öffentlichkeit und Erfahrung. Zur Organisationsanalyse von bürgerlicher und proletarischer Öffentlichkeit, Frankfurt am Main 1977 (1972).

Negus, Keith, Producing Pop: Culture and Conflict in the Popular Music Industry, London, New York u.a. 1992.

Nehring, Neil, Flowers in the Dustbin: Culture, Anarchy, and Postwar England, Ann Arbor 1993.

Nelson, Cary, und Lawrence Grossberg, eds., Marxism and the Interpretation of Culture, Houndmills, Basingstoke u.a. 1988.

Neumann, Jens (Hrsg.), Fanzines - Wissenschaftliche Betrachtungen zum Thema, Mainz 1997.

Newfield, Christopher, What Was Political Correctness? Race, the Right, and Managerial Democracy in the Humanities, in: *Critical Inquiry*, Vol. 19 (1993), S. 308-336.

Offe, Claus, Strukturprobleme des kapitalistischen Staates, Frankfurt am Main 1972.

Offe, Claus, 'Arbeitsgesellschaft': Strukturprobleme und Zukunftsperspektiven, Frankfurt am Main, New York 1984.

Offe, Claus, Bindung, Fessel, Bremse. Die Unübersichtlichkeit von Selbstbeschränkungsformeln, in: Axel Honneth, Thomas McCarthy, Claus Offe und Albrecht Wellmer (Hrsg.), Zwischenbetrachtungen. Im Prozeß der Aufklärung. Jürgen Habermas zum 60. Geburtstag, Frankfurt am Main 1989, S. 739-774 (Auszug in: Ulrich Beck, Politik in der Risikogesellschaft. Essays und Analysen. Mit Beiträgen von Oskar Lafontaine, Erhard Eppler u.a., Frankfurt am Main 1991, S. 225-231).

Ohrt, Roberto, Phantom Avantgarde. Eine Geschichte der Situationistischen Internationale und der modernen Kunst, Hamburg 1990.

Onna, Benno von, Jugend und Vergesellschaftung. Eine Auseinandersetzung mit der Jugendsoziologie, Frankfurt am Main 1976.

Onna, Benno von, Jugend in der Klassengesellschaft: historisch-materialistische Perspektive, in: Manfred Markefka und Rosemarie Nave-Herz (Hrsg.), Handbuch der Familien- und Jugendforschung, Bd. 2: Jugendforschung, Neuwied, Frankfurt am Main 1989, S. 125-133.

Ortner, Lorelies, Wortschatz der Pop-/Rockmusik: Das Vokabular der Beiträge über Pop-/Rockmusik, Düsseldorf 1982.

O'Sullivan, Tim, John Hartley, Danny Saunders, Martin Montgomery und John Fiske, Key Concepts in Communication and Cultural Studies, London, New York 1994.

Ott, Paul, und Hollow Skai (Hrsg.), Wir waren Helden für einen Tag. Aus deutschsprachigen Fanzines 1977-1981, Reinbek bei Hamburg 1983.

Paglia, Camille, Sex, Art, and American Culture, New York 1992.

Pattison, Robert, The Triumph of Vulgarity: Rock Music in the Mirror of Romanticism, New York 1987.

Pearson, Geoffrey, The Deviant Imagination: Psychiatry, Social Work and Social Change, London u.a. 1975.

Penley, Constance, Feminism, Psychoanalysis, and the Study of Popular Culture, in: Lawrence Grossberg, Cary Nelson und Paula A. Treichler, eds., New York und London 1992, S. 479-500.

Peters, Helge, Devianz und Kontrolle. Eine Einführung in die Soziologie abweichenden Verhaltens, Weinheim, München 1989.

Pleasance, Helen, Open or closed: popular magazines and dominant culture, in: Sarah Franklin, Celia Lury und Jackie Stacey, eds., Off-Centre: Feminism and Cultural Studies, London, New York 1991, S. 69-84.

Plumpe, Gerhard, Der Autor als Rechtssubjekt, in: Literaturwissenschaft, Grundkurs 2, hrsg. v. Helmut Brackert und Jörn Stückrath, Reinbek bei Hamburg 1981, S. 179-193.

Plumpe, Gerhard, Kunst und juristischer Diskurs. Mit einer Vorbemerkung zum Diskursbegriff, in: Jürgen Fohrmann und Harro Müller (Hrsg.), Diskurstheorien und Literaturwissenschaft, Frankfurt am Main 1988, S. 330-345.

Plumpe, Gerhard, Der tote Blick. Zum Diskurs der Photographie in der Zeit des Realismus, München 1990.

Plumpe, Gerhard, Ästhetische Kommunikation der Moderne (Bd. 1: Von Kant bis Hegel; Bd. 2: Von Nietzsche bis zur Gegenwart), Opladen 1993.

Plumpe, Gerhard, Die Literatur der Philosophie, in: ders. und Niels Werber (Hrsg.), Beobachtungen der Literatur. Aspekte einer polykontexturalen Literaturwissenschaft, Opladen 1995, S. 165-181.

Polsky, Ned, The Village Beat Scene: Summer 1960, in: ders., Hustlers, Beats, and Others, Chicago, London 1985 (1969), S. 144-182.

Poschardt, Ulf, DJ-Culture, Hamburg 1995.

Powell, E. H., Beyond Utopia: The 'Beat Generation' as a Challenge for the Sociology of Knowledge, in: Arnold M. Rose, ed., Human Behaviour and Social Processes, Boston 1962, S. 360-377.

Prokop, Dieter, Faszination und Langeweile. Die populären Medien, Stuttgart 1979.

Prokop, Dieter, Massenkultur und Spontaneität. Zur veränderten Warenform der Massenkommunikation im Spätkapitalismus - Aufsätze, Frankfurt am Main 1974.

Prokop, Dieter, Medien-Macht und Medien-Wirkung. Ein geschichtlicher Überblick, Freiburg im Breisgau 1995.

Qualen, Jon, The Music Industry: The End of Vinyl, London 1985.

Rado, Lisa, The Case for Cultural/Gender/Modernist Studies, in: dies., ed., Modernism, Gender, and Culture: A Cultural Studies Approach, New York, London 1997, S. 3-14.

Real, Michael R., Super Media: A Cultural Studies Approach, London, New Delhi 1989.

Redhead, Steve, The Politics of Ecstasy, in: ders., ed., Rave Off: Politics and deviance in contemporary youth culture, Aldershot u.a. 1993, S. 7-27.

Redhead, Steve, Derek Wynne und Justin O'Connor, eds., The Clubcultures Reader: Readings in Popular Cultural Studies, Oxford, Malden (Mass.) 1997.

Reynolds, John Frederick, ed., Rhetoric, Cultural Studies, and Literacy: Selected Papers from the 1994 Conference of the Rhetoric Society of America, Hillsdale (New Jersey), Hove 1995.

Reynolds, Simon, Blissed Out: The Raptures of Rock, London 1990.

Ricardo, David, Grundsätze der politischen Ökonomie und der Besteuerung, Frankfurt am Main 1972 (^{3}1821).

Ritsert, Jürgen, Gesellschaft. Einführung in den Grundbegriff der Soziologie, Frankfurt am Main, New York 1988.

Ritsert, Jürgen, Der Kampf um das Surplusprodukt. Einführung in den klassischen Klassenbegriff, Frankfurt am Main, New York 1988.

Robinson, D. C., Youth and Popular Music: A Theoretical Rationale for an International Study, in: *Gazette*, Vol. 37 (1986), S. 33-50.

Rolff, Hans-Günther, Sozialisation und Auslese durch die Schule, Heidelberg ^{7}1974.

Roman, L. G., Intimacy, Labor, and Class: Ideologies of Feminine Sexuality in the Punk Slam Dance, in: dies. und L. K. Christian-Smith, eds., Becoming Feminine: The Politics of Popular Culture, London u.a. 1988, S. 143-184.

Ronneberger, Friedrich, Sozialisation durch Massenkommunikation, in: ders. (Hrsg.), Sozialisation durch Massenkommunikation. Der Mensch als soziales und personales Wesen, Stuttgart 1971, S. 32-101.

Rorty, Richard, Consequences of Pragmatism (Essays: 1972-1980), Minneapolis 1982.

Rorty, Richard, Kontingenz, Ironie und Solidarität, Frankfurt am Main 1989.

Rorty, Richard, Objectivity, Relativism, and Truth. Philosophical Papers Volume 1, Cambridge (Mass.) 1991.

Rorty, Richard, Essays on Heidegger and others. Philosophical Papers Volume 2, Cambridge (Mass.) 1991.

Rosenmayr, Leopold, Zur theoretischen Neuorientierung der Jugendsoziologie, in: Klaus R. Allerbeck und ders. (Hrsg.), Aufstand der Jugend? Neue Aspekte der Jugendsoziologie, München 1971, S. 229-268.

Ross, Andrew, No Respect: Intellectuals and Popular Culture, New York, London u.a. 1989.

Ross, Andrew, The Rock 'n' Roll Ghost, in: *October*, Vol. 50 (1989), S. 108-117.

Rubey, Dan, Voguing at the Carnival: Desire and Pleasure on MTV, in: *The South Atlantic Quarterly*, Vol. 90 (1991), S. 871-906.

Ryan, Bill, Making Capital from Culture: The Corporate Form of Capitalist Cultural Production, Berlin, New York 1992.

San Juan Jr., E., Hegemony and Strategies of Transgression: Essays in Cultural Studies and Comparative Literature, Albany 1995.

Savage, Jon, England's Dreaming: Sex Pistols and Punk Rock, London 1991.

Schäfers, Bernhard, Soziologie des Jugendalters. Eine Einführung, Opladen 1982, ^{5}1994.

Schelsky, Helmut, Die skeptische Generation. Eine Soziologie der deutschen Jugend, Frankfurt am Main u.a. 1975 (1957).

Schiappa, Edward, Intellectuals and the Place of Culture Critique, in: John Frederick Reynolds, ed., Rhetoric, Cultural Studies, and Literacy: Selected Papers from the 1994 Conference of the Rhetoric Society of America, Hillsdale (New Jersey), Hove 1995, S. 21-27.

Schmidt, Siegfried, D. Sinofzik und B. Spieß, Wo lassen Sie leben? Kulturfaktor Werbung - Entwicklungen und Trends der 80er Jahre, in: Christian W. Thomsen (Hrsg.), Aufbruch in die Neunziger. Ideen, Entwicklungen, Perspektiven der achtziger Jahre, Köln 1991, S. 142-170.

Schneider, Irmela (Hrsg.), Serien-Welten. Strukturen US-amerikanischer Serien aus vier Jahrzehnten, Opladen 1995.

Schock und Schöpfung: Jugendästhetik im 20.Jahrhundert, hrsg. v. Deutschen Werkbund e.V. und Württembergischen Kunstverein Stuttgart, Darmstadt, Neuwied 1986.

Schulze, Gerhard, Die Erlebnisgesellschaft. Kultursoziologie der Gegenwart, Frankfurt am Main 1992.

Schumpeter, J.A., Kapitalismus, Sozialismus und Demokratie, München 1972 (1942).

Schwarz, Bill, Where Is Cultural Studies, in: *Cultural Studies*, Vol. 8 (1994), S. 376-393.

Schwendter, Rolf, Theorie der Subkultur, Frankfurt am Main ^{3}1978 (1971).

Schwendter, Rolf, Theoretiker der Subkultur, in: Kultur. Bestimmungen im 20. Jahrhundert, hrsg. v. Helmut Brackert und Fritz Werfelmeyer, Frankfurt am Main 1990, S. 398-420.

Seiter, Ellen, Hans Borchers, Gabriele Kreutzner und Eva-Maria Warth, 'Don't treat us like we're so stupid and naive': Toward an ethnography of soap opera viewers, in: Marie-Luise Angerer und Johanna Dorer (Hrsg.), Gender und Medien. Theoretische Ansätze, empirische Befunde und Praxis der Massenkommunikation: Ein Textbuch zur Einführung, Wien 1994 (zuerst veröffent-

licht in: Ellen Seiter et al., eds., Remote Control: Television, Audiences, and Cultural Power, London, New York 1989, S. 161-180).
Shemel, Shmuel, und M. W. Krasilovsky, This Business of Music, New York 1969 (1964).
Shiach, Morag, Discourse on Popular Culture: Class, Gender and History in Cultural Analysis, 1730 to the Present, Cambridge, Oxford 1989.
Shusterman, Richard, Pragmatist Aesthetics: Living Beauty, Rethinking Art, Oxford, Cambridge (Mass.) 1992 (dt., Kunst Leben. Die Ästhetik des Pragmatismus, Frankfurt am Main 1994).
Simon, Titus, Rocker in der Bundesrepublik. Eine Subkultur zwischen Jugendprotest und Traditionsbildung, Weinheim 1989.
Situationistische Internationale 1958-1969, Gesammelte Ausgaben des Organs der Situationistischen Internationale, Bd. 1 u. 2, Hamburg 1976/1977.
Skai, Hollow, Punk. Versuch der künstlerischen Realisierung einer neuen Lebenshaltung, Hamburg 1981.
Smith, Adam, Der Wohlstand der Nationen. Eine Untersuchung seiner Natur und seiner Ursachen, München 1974 (1776, 1789).
Soeffner, Hans-Georg, Stil und Stilisierung. Punk oder die Überhöhung des Alltags, in: Stil. Geschichten eines kulturwissenschaftlichen Diskurselements, Hans-Ulrich Gumbrecht und Klaus Ludwig Pfeiffer (Hrsg.), Frankfurt am Main 1988, S. 317-341.
Sontag, Susan, Notes on Camp, in: A Susan Sontag Reader, Harmondsworth 1982 (1964), S. 105-119.
Sounds: Platten 66-77 - 1827 Kritiken, Frankfurt am Main 1982 (1979).
Spengemann, Gabriele, Jack Kerouac: Spontaneous Prose. Ein Beitrag zur Theorie und Praxis der Textgestaltung von ON THE ROAD und VISIONS OF CODY, Frankfurt am Main, Bern u.a. 1980.
SPoKK (Hrsg.), Kursbuch JugendKultur. Stile, Szenen und Identitäten vor der Jahrtausendwende, Mannheim 1997.
Stallybrass, Peter, und Allon White, The Politics and Poetics of Transgression, Ithaca (New York) 1986.
Stark-von der Haar, Elke, Arbeiterjugend - heute: Jugend ohne Zukunft?, Neuwied, Darmstadt 1977.
Steinert, Heinz, Die Entdeckung der Kulturindustrie oder: Warum Professor Adorno Jazz-Musik nicht leiden konnte, Wien 1992.
Storey, John, Cultural Studies And The Study Of Popular Culture: Theories And Methods, Athens (Georgia) 1996.
Straw, Will, 'Organized Disorder': The Changing Space of the Record Shop, in: Steve Redhead, Derek Wynne und Justin O'Connor, eds., The Clubcultures Reader: Readings in Popular Cultural Studies, Oxford, Malden (Mass.) 1997, S. 57-65.
Street, John, Rebel Rock: The Politics of Popular Music, Oxford, New York 1986.
Street, John, Red Wedge: another strange story of pop's politics, in: *Critical Quarterly*, Vol. 30 (1988), S. 79-91.
Thornton, Sarah, Moral Panic, the Media and British Rave Culture, in: Andrew Ross und Tricia Rose, eds., Microphone Fiends: Youth Music and Youth Culture, New York, London 1994, S. 176-192.
Thornton, Sarah, Club Cultures: Music, Media and Subcultural Capital, Cambridge, Oxford 1995.
Thwaites, Tony, Lloyd Davis und Warwick Mules, Tools for Cultural Studies: An Introduction, South Melbourne 1994.
Tippelt, Rudolf, und U. Becker, Jugendforschung in der Bundesrepublik. Ein Bericht des SINUS-Instituts im Auftrag des Bundesministers für Jugend, Familie und Gesundheit, Opladen 1984.
Toop, David, The Rap Attack. African Jive to New York Hip Hop, London 1984.

Toop, David, Rap Attack 2. African Rap To Global Hip Hop, London 1991 (dt., Rap Attack: African Jive bis Global HipHop, St. Andrä-Wördern 1992).

Trotzki, Leo, Literatur und Revolution, Essen 1994 (1924).

Turner, Graeme, British Cultural Studies: An Introduction, Boston 1990.

Ullmaier, Johannes, Pop Shoot Pop. Über Historisierung und Kanonbildung in der Popmusik, Rüsselsheim 1995.

Veblen, Theodor, Theorie der feinen Leute. Eine ökonomische Untersuchung der Institutionen, Köln, Berlin o.J. (1899).

Viénet, Rene, Wütende und Situationisten in der Bewegung der Besetzungen, Hamburg 1977 (1968).

Vogelsang, Waldemar, Jugendliche Video-Cliquen. Action- und Horrorvideos als Kristallisationspunkte einer neuen Fankultur, Opladen 1991.

Vogelsang, Waldemar, Jugend- und Medienkulturen. Ein Beitrag zur Ethnographie medienvermittelter Jugendwelten, in: *Kölner Zeitschrift für Soziologie und Sozialpsychologie*, Jg. 46 (1994), S. 464-491.

Vogt, Ludgera, Kunst oder Kitsch: ein 'feiner Unterschied'? Soziologische Aspekte ästhetischer Wertung, in: *Soziale Welt*, Jg. 45 (1994), S. 363-384.

Vollbrecht, Ralf, Die Bedeutung von Stil. Jugendkulturen und Jugendszenen im Licht der neueren Lebensstildiskussion, in: Wilfried Ferchhoff, Uwe Sander und ders. (Hrsg.), Jugendkulturen - Faszination und Ambivalenz. Einblicke in jugendliche Lebenswelten, Festschrift für Dieter Baacke zum 60. Geburtstag, Weinheim, München 1995, S. 23-37.

Vollbrecht, Ralf, Von Subkulturen zu Lebensstilen. Jugendkulturen im Wandel, in: SPoKK (Hrsg.), Kursbuch JugendKultur. Stile, Szenen und Identitäten vor der Jahrtausendwende, Mannheim 1997, S. 22-31.

Voullième, Helmut, Die Faszination der Rockmusik: Überlegungen aus bildungstheoretischer Perspektive, Opladen 1987.

West, Cornel, The American Evasion of Philosophy: A Genealogy of Pragmatism, Houndmills u.a. 1989.

Westbam, Mix, Cuts & Scratches mit Rainald Goetz, Berlin 1997.

Williams, Raymond, Culture and Society 1780-1850, London 1966 (1958).

Williams, Raymond, Keywords: A Vocabulary of Culture and Society, London 1976.

Williams, Raymond, The Future of Cultural Studies, in: ders., The Politics of Modernism. Against the New Conformists, London, New York 1989, S. 151-162.

Willis, Paul, Spaß und Widerstand. Gegenkultur in der Arbeiterschule, Frankfurt am Main 1979 (engl., Learning to labour. How working class kids get working class jobs, 1977).

Willis, Paul, 'Profane Culture': Rocker, Hippies: Subversive Stile der Jugendkultur, Frankfurt am Main 1981 (engl., Profane Culture, 1978).

Willis, Paul, Jugend-Stile. Zur Ästhetik der gemeinsamen Kultur, Hamburg 1991 (engl., Common Culture: Symbolic work at play in the everyday cultures of the young, 1990).

Willis, Susan, A Primer for Daily Life, London, New York 1991.

Willis, Susan, Hardcore: Subculture American Style, in: *Critical Inquiry*, Vol. 19 (1993), S. 365-383.

Winter, Carsten (Hrsg.), Kulturwissenschaft. Perspektiven, Erfahrungen, Beobachtungen, Bonn 1996.

Winter, Rainer, Der produktive Zuschauer. Medienaneignung als kultureller und ästhetischer Prozeß, München 1995.

Winter, Rainer, und Roland Eckert, Mediengeschichte und kulturelle Differenzierung. Zur Entstehung und Funktion von Wahlnachbarschaften, Opladen 1990.

York, Peter, Style Wars, London 1980.

Zimmer, Jürgen, Jugendkulturen und Jugendstile, in: *Das Argument*, Nr. 139 (1983), S. 348-359.

Zimmermann, Jürgen, Rock'n Roller, Beats und Punks. Rockgeschichte und Sozialisation, Essen 1984.
Zinnecker, Jürgen, Jugend im Raum gesellschaftlicher Klassen. Neue Überlegungen zu einem alten Thema, in: Wilhelm Heitmeyer (Hrsg.), Interdisziplinäre Jugendforschung. Fragestellungen, Problemlagen, Neuorientierungen, Weinheim, München 1986, S. 99-132.
Zinnecker, Jürgen, Jugendkultur 1940-1985, Opladen 1987.

Namenregister

ABC 8, 97, 201, 217f., 221, 250, 261
Abercrombie, Nicholas 82, Anm. 66
Act 253
Adkins, Hasil 247, 256
Adorno, Theodor W. 8, 65, 76, 77ff., 101, 117, 132, Anm. 230; 138, 141, 207, 254
Adverts, The 189
A Guy Called Gerald 229
Alien Sex Fiend 253
Allerbeck, Klaus 50, Anm. 1; 57, Anm. 20
Almond, Marc 214
Altered Images 216f.
Althusser, Louis 8, 82, 90, 93, 117
Altvater, Elmar 20
Ang, Ien 70f., 116, Anm. 174; 132, Anm. 229; 135
Ant, Adam 216, Anm. 150
Armstrong, Louis 121, Anm. 196
A. R. Kane 225
Art Bears 192
Associates, The 8, 195, Anm. 95; 209
Attali, Jacques 32f., 38, Anm. 71
A Tribe Called Quest 231
Au Pairs 100, 201
Aztec Camera 222
Baacke, Dieter 54, 58f., 60, Anm. 28 u. 29
Bacall, Lauren 110
Bachtin, Michail 73, 76, 82, Anm. 66; 84f., 88, Anm. 91; 112, 184
Baker, Danny 146
Banaski, Andreas 210, Anm. 136
Bangs, Lester 162
Baraka, Amiri 106, 247-249
Barracudas, The 211f.
Barthes, Roland 73, 76, 86, 88, Anm. 91; 90, 93, 206, Anm. 122
Baudrillard, Jean 76, 87f., 117, 134, Anm. 241
Beck, Ulrich 21, 43f.
Becker, Howard S. 122f.
Beer, Ursula 51, Anm. 4
Beethoven, Ludwig v. 80, 120, 239
Behrens, Roger 140f.
Bell, Daniel 19, Anm. 5

Beloved, The 267
Benjamin, Walter 25, 37, 66, 73, 76, 83f., 87
Bennett, Tony 70, 82, Anm. 66; 84
Bezzola, Tobia 47, Anm. 105
Biafra, Jello 206
Big Daddy Kane 263, Anm. 75
Birthday Party, The 195, 221
Bischoff, Jürgen 20
Bitch Magnet 264, Anm. 77
Blanchot, Maurice 184
Blisters, The 258
Bloom, Harold 131, 136
Blue Rondo A La Turk 218
Böckelmann, Frank 21f., 30, 35, 130, Anm. 224
Bömmels, Peter 221
Bohn, Chris 162
Boogie Down Productions 263, Anm. 75; 267, Anm. 94
Born, Georgina 32
Born, Werner 27, Anm. 36
Bourdieu, Pierre 8, 9, 15, 32, Anm. 55; 34, 40ff., 46f., 53, Anm. 8; 58, 89, 108, Anm. 154; 109, 118, 123, 125, 129, 138, Anm. 258; 140, 246
Bowie, David 176, 187, 199f., 209, 212
Branca, Glenn 96
Brand Nubian 230
Branson, Richard 26
Braun, Werner 161f., 164
Bravo 214
Brecht, Bertolt 73, 76, 83f., 87
Breyvogel, Wilfried 57, Anm. 20
Brummel, Beau 89, Anm. 94
Budd, Michael 131f.
Büsser, Martin 61, Anm. 34; 140, 149, Anm. 17
Burchill, Julie 162
Burroughs, William S. 76, Anm. 42; 247f.
Buzzcocks, The 189
Cabaret Voltaire 8, 194
Campbell, Naomi 110
Caveman 267f.

Center for Contemporary Cultural Studies (CCCS) 51, Anm. 3; 52, Anm. 6; 56, 58, 75, 92, 128
Certeau, Michel de 130f.
Chadbourne, Eugene 242
Chambers, Iain 116, Anm. 177
Chapman, Roger 262
Chapple, Steve 38
Charters, Anne 52, Anm. 7
Christgau, Robert 162
Clapton, Eric 163
Clash, The 25, 192, 204-205
Classical Two, The 254
Clausen, Lars 58, Anm. 20
Cloos, Peter 61, Anm. 35; 137, Anm. 258
Cobain, Kurt 231f.
Cohen, Phil 90
Cohen, Stanley 53, Anm. 8; 146, Anm. 7
Cohn, Nik 162
Collins, Edwyn 209, 260
Collins, Jim 117
Collins, Phil 121
Contortions, The 203
Cooper, Gary 209
Core, Phil 89, Anm. 94
Cosmic Psychos 243
Costello, Elvis 260
Coupland, Douglas 33, Anm. 58
Crisp, Quentin 89, Anm. 94
Cuddly Toys 213
Cult, The 239-241, 250, 260-262, 269
Cutler, Chris 32, 193, Anm. 89
Cutler, Paul 264, Anm. 78
D.A.F. (Deutsch-Amerikanische Freundschaft) 211, 214, 221, 252
Damned, The 189, 203
Darnell, August (Kid Creole) 196, 218
Davies, Ioan 133f.
Dead Kennedys 206
Deep Freeze Mice, The 194f.
Defoliants, The 246
Delgado, Gabi 259f.
Denisoff, Serge 21, Anm. 14; 34, Anm. 50
Deppe, Frank 20
Derrida, Jacques 184f., 207
Devo 191
Dewey, John 70
Dexy's Midnight Runners 207

Diederichsen, Detlef (Ewald Braunsteiner) 170, 192, 197
Diederichsen, Diedrich 74, Anm. 34; 102f., 107, Anm. 151; 138f., 162, 170, 192, 196, 197ff., 218, 221f., 239, 259ff.
Diefenbach, Katja 162
Diddley, Bo 24, 243, 263, Anm. 75
DJ Jazzy Jeff & The Fresh Prince 254
Döpfner, Matthias O. C. 160
Dorau, Andreas 221
Drechsler, Clara 221f., 236ff., 261
Duffy, Stephen 237, Anm. 23; 244
Dukowski, Chuck 264, Anm. 78
Dunn, Tony 76, Anm. 42
Durkheim, Emile 52, Anm. 6
Dyer, Richard 36, Anm. 67
Dylan, Bob 200, Anm. 105
Eco, Umberto 76, 86f., 89
Edmunds, Dave 170
808 State 8
Einstürzende Neubauten 221
Entman, Richard M. 131f.
Eisenstadt, S. N. 50, Anm. 1; 55, Anm. 13
Eliot, Marc, 36, 39, Anm. 72
Engels, Friedrich 9, 14, 17f., 23, 40, 44, 55, Anm. 13; 82, 86
Eleventh Dream Day 267
FACE, THE 98f., 119, 230
Fall, The 189, 192, Anm. 87; 207, Anm. 124; 260, Anm. 67; 265, Anm. 83
Farrakhan, Louis 267
Faulstich, Werner 32, Anm. 54
Fehlfarben 221
Fehlmann's Ready Made 253
Felbert, Oliver v. 222, 230, 265, Anm. 81
Felt 195, Anm. 95
Fend, Helmut 61, Anm. 35
Ferchhoff, Wilfried 58f., 60, Anm. 29
Feuer, Jane 116, Anm. 175
Fine Young Cannibals 260
Fish, Stanley 60, Anm. 28; 74, Anm. 34; 101, 131, 134f., 165
Fiske, John 77, 85, Anm. 77; 114ff., 125
Flaig, Berthold 46
Flipside 143f., 152, Anm. 20
Fluck, Winfried 68
Foucault, Michel 8, 103, 137
Foxton, Bruce 238

Frankie Goes To Hollywood 97f., 222, 224, Anm. 7
Freud, Sigmund 107, 111, 112f.
Fripp, Robert 206, Anm. 122
Frith, Simon 24, 26, 30ff., 74, Anm. 34; 93ff., 114, 117, 119ff., 131f.
Gaines, Joan M. 36, Anm. 64
Gallon Drunk 245f., Anm. 38
Gang Of Four 100, 123, 191, 196f., 201, 206f., 221, 262
Garofalo, Reebee 32, Anm. 54; 38
Gartside, Green 207
Geertz, Clifford 75
Gegenstandpunkt: Politische Vierteljahreszeitschrift 20, Anm. 12
Gendron, Bernard 80
Genesis 120, 250
Giddens, Anthony 18
Gillig, Manfred 174f., 178
Gilroy, Paul 74
Giorno, John 247f.
Gitlin, Todd 133f.
Go-Betweens, The 254
Gockel, Bernd 174, 179f., 186
God Bullies 244
Goetz, Rainald 139, Anm. 262
Goffman, Erving 67
Goodman, Paul 76, Anm. 42
Goodwin, Andrew 25, 84, 88, Anm. 91
Gore 262f.
Gories, The 259
Gorris, Lothar 221, 222, 227, 230
Go To Blazes 245
Graf, Oskar Maria 250
Gramsci, Antonio 76, 81f., 84, 90, 138, Anm. 261
Grant, Cary 209
Griese, Hans M. 55, Anm. 13
Grossberg, Lawrence 71, Anm. 24; 103ff., 114
Grotum, Thomas 52, Anm. 5
Gülden, Jörg 174, 179f., 182
Guggenberger, Bernd 19, Anm. 8
Gun Club 247
Guns 'N' Roses 225
Gurk, Christoph 235, Anm. 17
Habermas, Jürgen 8, 18, 22
Haircut 100 196, 218

Hall, Stephen 82, Anm. 66
Hall, Stuart 76, 90
Happy Mondays 229
Hard-Ons, The 258
Harris, David 82, Anm. 66
Haug, Wolfgang F. 36
Heartbreakers, The 249
Heaven 17 221
Hebdige, Dick 57, Anm. 19; 86, 90ff., 98-100, 103, 108, 114, 115, 125f., 128, Anm. 219; 130, 146f., 151
Hecken, Thomas 8, 38, 61, Anm. 31; 65, Anm. 1; 66, Anm. 2; 108, Anm. 157; 130, Anm. 225; 137, Anm. 257; 222f., 246ff.
Heidingsfelder, Markus 221
Heine, Heinrich 164
Hellmann, Harald 222, 266ff.
Helms, H G 23
Hendrix, Jimi 163, 180
Henry Cow 191, 193
Herth, Alexandra 152, Anm. 21
Hilsberg, Alfred 170, 183, 191
Hirsch, Hans 27, Anm. 37
Hirsch, Paul M. 27, Anm. 37
Hirschkop, Ken 84, Anm. 75
Hörz, Peter F. N. 63, Anm. 40
Hoggart, Richard 74f., 136
Holert, Tom 137, 139, Anm. 262; 236
Horkheimer, Max 77ff., 117, 131, Anm. 230
Holmes, J. C. 52, Anm. 7
Hollstein, Walter 54
Honneth, Axel 40, Anm. 74; 79, Anm. 49
Hooker, John Lee 251, Anm. 52
Hornstein, Walter 61
Hoskyns, Barney 162
Hothouse Flowers, The 254
Hündgen, Gerald 221
Huisken, Freerk 40, Anm. 75
Human League, The 203, Anm. 109
Hustler, The 109ff.
Ingrao, Pietro 20
Iser, Wolfgang 184
Jacob, Günther 139f., 162
Jam, The 203, 204, 238
James, David E. 143f., 152, Anm. 20; 153f., 155
James, Henry 123
Jameson, Frederic 68, 116

Jenkins, Henry 113, Anm. 171
Jesus And Mary Chain, The 263, Anm. 75
Johanson, David 247
Johnny Hates Jazz 254
Jones, Gloria 216f.
Jones, Steve 25
Josef K. 8, 253
Joyce, James 61, Anm. 35; 69
Joy Division 8, 189, 221, 238
Jugendwerk der Deutschen Shell 56, Anm. 18; 57, Anm. 19
Jungle Brothers 263, Anm. 75
Just-Ice 263, Anm. 75; 268, Anm. 99
Kabel, Rainer 63
Kaden, Christian 23
Kaempfe, Alexander 85
Kaiser, G. 51, Anm. 4
Kant, Immanuel 65, Anm. 1
Karnik, Olaf 221
Keller, Hans 170, 187-190, 191, 197
Kemper, Peter 80
Kerouac, Jack 52, Anm. 7
Kid Creole 195, 218
Kid P. 171, 192, 195, 210ff., 221
Kipnis, Laura 108ff.
Kluge, Alexander 22
Koether, Jutta 222, 225f.
Krasilovsky, M. W. 27
Kreckel, Reinhard 20, Anm. 9
Kreutz, Henrik 50, Anm. 1; 55, Anm. 13; 57, Anm. 20
Kreuzer, Helmut 47, Anm. 105
Kriest, Ulrich 236
Krüger, Heinz-Herrmann 57, Anm. 20; 61, Anm. 33
Lacan, Jacques 113f., 184f.
Lachmann, Renate 85, Anm. 76
Laing, David 38, Anm. 71
Lamneck, Siegfried 51, Anm. 2
Last Poets, The 241
Lau, Thomas 144, Anm. 3
Legendary Stardust Cowboy, The 247
Legge, Gordon 69, Anm. 10; 125, Anm. 211
Lenin, W. I. 55, Anm. 13; 202
Lessing, Helmut 55
Liebau, Eckhart 45, Anm. 98
Liebel, Manfred 55
Lindenberg, Udo 204

Lindner, Burkhardt 83, Anm. 70
Lindner, Rolf 52, Anm. 6; 57, Anm. 19
linkeck 45, Anm. 97
Lippegaus, Karl 174f.
Lipton, Lawrence, 52f., Anm. 7
Luhmann, Niklas 8, 20, Anm. 9
Lunch, Lydia 189, 247
MacCabe, Colin 82
MacKenzie, Billy 209
Madness 216f.
Mahler, Gustav 69, 164
Mahnkopf, Birgit 51, Anm. 3
Mailer, Norman 76, Anm. 42; 107
Marcus, Greil 93, Anm. 110
Marcuse, Herbert 54, 82
Marillion 250
Marx, Karl 9, 14, 17ff., 22f., 26ff., 40f., 43f., 47, 54, 55, Anm. 13; 82, 86, 88, 131, Anm. 226; 137, 140, 267
McAloon, Paddy 229, 250
McCall, Steve 248
McGuigan, Jim 76, Anm. 43
McLuhan, Marshall 22, Anm. 20
McRobbie, Angela 128, 131, Anm. 227; 136, Anm. 256
Meltzer, Richard 167, Anm. 27
Melvins 262, 264
Merkur 20, Anm. 9; 62, Anm. 38
ME-Sounds 223
Meueler, Christof 61, Anm. 34
Mingus, Charlie 207
Mitchell, Joni 174f.
Moabit, Johnny 151, Anm. 19
Modleski, Tania 88, 131, Anm. 227
Montgomery, Michael V. 84, Anm. 75
Morley, David 70f., 115, Anm. 174; 132-134
Morley, Paul 162
Morris, Meaghan 131, Anm. 227
Mozart, Wolfgang Amadeus 164
Muchow, H. H. 51, Anm. 4
Müller, Hans-Peter 46, Anm. 104
Münch, Thomas 138, Anm. 259
Mukerji, Chandra 70, 71, 74, 86
Murdoch, Rupert 26
Murray, David 246, 248
Nation Of Ulysses 264f.
Naura, Michael 247
Neckel, Sieghard 46

Negt, Oskar 22
Nehring, Neil 100f.
New Order 8
New York Dolls 212
Niemczyk, Ralf 222
Nieswandt, Hans 222, 232-235
Nirvana 126, 151, 231
Nursery Crimes, The 258
Oberschelp, Jürgen 89, Anm. 95
Ody, Joachim 224
Offe, Claus, 18f.
Onna, Benno v. 56
Orange Juice 209f.
Pagans, The 256
Paglia, Camille 185
Palmer, Robert 199, Anm. 102
Paranoiacs, The 258
Parker, Charlie 121, Anm. 196
Pattison, Robert 183f.
Pearson, Geoffrey 51
Peel, John 8
Penman, Ian 162, 206, Anm. 122
Penley, Constance 113f.
Pere Ubu 177, 194, Anm. 90; 263
Phantom, The 247
Pierce, Jeffrey Lee 247
PIL (Public Image Limited) 189, 211, 221
Plumpe, Gerhard 24f., Anm. 26; 70, Anm. 18
Poison Idea 258
Police, The 231
Polsky, Ned 52, Anm. 7
Pop Group, The 206
Poschardt, Ulf 25
Powell, Bud 248
Powell, E. H. 53
Prefab Sprout 8, 249f.
Prokop, Dieter 22
Proton Energy Pills, The 258
Pop, Iggy 187f.
Public Enemy 227f.
Qualen, Jon 30, Anm. 49; 32, Anm. 54
Quinke, Ralph 174-176
Parsons, Talcott 50, Anm. 1; 52
Presley, Elvis 107
Radway, Janice 116
Ramones, The 263, Anm. 75
Red Crayola, The 193, Anm. 89; 206, Anm. 120

Reden, Sven v. 236
Redhead, Steve 88, Anm. 91
Redskins 241
Reed, Lou 176, 187, 198f.
Reynolds, Simon 25f., 162
Ricardo, David 29
Riesman, David 76, Anm. 42
Ritsert, Jürgen 19f., Anm. 9
Rolff, Hans-Günther 56, Anm. 17
Ronneberger, Friedrich 22, Anm. 20
Rorty, Richard 69f., 135
Rosenmayer, Leopold 50, Anm. 1; 57, Anm. 20
Ross, Andrew 68f, 81, 83, 89, 106, 109, 113, 117
Rossanda, Rossana 20
Rowland, Kevin 207
Roxy Music 178
Rubey, Dan 84, Anm. 75
Rühmkorf, Peter 247
Ruff, Michael 170, 192ff.
Runaways, The 187
Sandock, Mal 8
Savage, Jon 93, Anm. 110
Schelsky, Helmut 51f., 55, Anm. 13
Scheuring, Dirk 221, 224
Schlüter, Michael 174f.
Schmidt, Siegfried J. 33, Anm. 58
Schneidinger, Dirk 167, Anm. 27
Schober, Ingeborg 174-176
Schoolly D. 8, 262f.
Schudson, Michael 70, 71, 74, 86
Schulze, Gerhard 21, 42ff., 137f., Anm. 258
Schumacher, Arne 174f., 177
Schumpeter, Joseph A. 29
Schwaner, Teja 174, 179f., 183
Schwarz, Bill 75, Anm. 41
Schwendter, Rolf 52, 54, 56, Anm. 16
Scientists, The 260
Scritti Politti 8, 97, 206f., 209, 221
Seger, Bob 170
Sex Pistols 8, 107, 181, 188, 201, 204, Anm. 114
Shaw, George Bernard 164
Shemel, Shmuel 27
Shiach, Morag 75
Shusterman, Richard 70
Sikora, Mark 222, 231, 264, Anm. 78

Simon, Titus 58, Anm. 24
Skai, Hollow 144, Anm. 3; 210
Slayer 262, Anm. 74
Smith, Adam 29
Soeffner, Hans-Georg 57, Anm. 19
Soft Cell 8, 213-215
Sommerville, Jimmy 228
Sontag, Susan 76, 88f., 109
Sounds 16, 100, Anm. 129; 143, 149, 151, 152, 156ff., 220, 223, 225, 235, 241, 242, 259, 269
Source, The 230
Spandau Ballet 208, Anm. 129
Spengemann, Gabriele 53, Anm. 7
Spex 8, 16, 72, Anm. 29; 97, Anm. 119; 100, Anm. 129; 102, 136, 138f., 143, 149-152, 154, 155, 156, 163, 165, 197, 210, 219ff.
Springsteen, Bruce 101, 107, 262
Stallybrass, Peter 85
Stansfield, Lisa 228
Stark-von der Haar, Elke 55
Steinert, Heinz 80
Steinman, C. 132f.
Stetsasonic 263, Anm. 75
Stewart, Mark 206
Sting Rays, The 247
Stinson, Bill 264, Anm. 78
Stooges, The 260
Stranglers, The 8, 176
Straw, Will 31
Street, John 122, Anm. 199; 162
Style Council, The 222, 224
Surf Trio, The 245
Swans 251, 254
Tad 229
Talking Heads 199, Anm. 102
Tav Falco And The Panther Burns 246, 260, Anm. 68
Tempo 223
Tenbruck, Friedrich 55, Anm. 13
10 CC 249
Terkessidis, Mark 137, 236
testcard 139-142
Test Department 266f.
Thin White Rope 243
Thompson, Mayo 193, Anm. 89; 206, Anm. 120

Thornton, Sarah 53, Anm. 8; 117, Anm. 181; 146, Anm. 9
Throbbing Gristle 194, 221
Thunders, Johnny 249
Tools You Can Trust 252, 254
Trotzki, Leo 37f., 136
Turner, Bryan S. 82, Anm. 66
Turner, Graeme 75, Anm. 41
2 Black 2 Strong 267
Two Nice Girls 243
Ullmaier, Johannes 140f.
Ure, Midge 250
Urge Overkill 264
Vogelsang, Waldemar 63, Anm. 40
Vogt, Ludgera 119, Anm. 189
Vollbrecht, Ralf 61, Anm. 34
Vouillème, Helmut 61, Anm. 35
Weber, Annette 236
Weber, Max 18, 43, 61, Anm. 35
Weller, Paul 238
Wenders, Wim 243
Werber, Niels 70, Anm. 18
Werner, Ilse 243
Wham! 250
White, Allon 85
White, James 203
Wiener 34, Anm. 58; 223
Wilde, Kim 216, Anm. 152
Wilde, Oscar 89, Anm. 94
Williams, Raymond 74f., 76, 136
Willis, Paul 27, Anm. 38; 58, Anm. 24
Winkelmann, Adolf 249
Winter, Rainer 138, Anm. 259
Wire 176
Wolfe, Tom 199
Wreckless, Eric 244
Wyatt, Robert 204f., 208, 242
XTC 198, Anm. 101; 211
York, Peter 145, Anm. 6
Young, Neil 174, 186, Anm. 75
Zabel, Sebastian 222, 228f., 265, Anm. 81
ZAP 149f., 153
Zinnecker, Jürgen 42, Anm. 80
ZTT 98, 253

MIX
Papier aus verantwortungsvollen Quellen
Paper from responsible sources
FSC® C105338

If you have any concerns about our products,
you can contact us on
ProductSafety@springernature.com

In case Publisher is established outside the EU,
the EU authorized representative is:
**Springer Nature Customer Service Center GmbH
Europaplatz 3, 69115 Heidelberg, Germany**

Printed by Libri Plureos GmbH
in Hamburg, Germany